国家出版基金项目
NATIONAL PUBLICATION FOUNDATION
四川省巴蜀文化研究中心重點科研項目
巴蜀文化研究大家系列

十三經恒解

箋解本

卷之二

《論語恒解》（下論）

《孟子恒解》

〔清〕劉沅◎著
總主編◎譚繼和
總策劃◎施維
箋解　譚繼和　祁和暉

巴蜀書社

圖書在版編目（CIP）數據

十三經恒解（箋解本）/（清）劉沅著；譚繼和、祁和暉箋解
—成都：巴蜀書社，2016. 1
ISBN 978-7-5531-0569-7

Ⅰ.①十… Ⅱ.①劉… ②譚… Ⅲ.①經學②《十三經》-注釋 Ⅳ.①Z126. 2

中國版本圖書館 CIP 數據核字（2015）第 175942 號

（清）劉　沅　著
十三經恒解（箋解本）
譚繼和　祁和暉　箋解

出品人	林　建　侯安國
策劃編輯	施　維
責任編輯	張照華　張亮亮　肖　靜　封　龍 張紅義　王群栗　趙邦媛　童際鵬
出　版	巴蜀書社 地址：成都槐樹街 2 號　郵編：610031 總編室電話：（028）86259397
網　址	www. bsbook. com
發　行	巴蜀書社 發行科電話：（028）86259422　86259423
經　銷	新華書店
印　刷	四川省南方印務有限公司
版　次	2016 年 1 月第 1 版
印　次	2016 年 1 月第 1 次印刷
成品尺寸	210mm×290mm
印　張	218. 5
書　號	ISBN 978-7-5531-0569-7
定　價	2000. 00 元（全 10 卷）

目　録

論語恒解

孟子恒解

十三經恒解

箋解本

卷之二

論語恒解

（下論）

任利榮◎整理

論語恒解下論上册晚年定本

先進第十一凡三十五章

子曰：先進於禮樂，野人也；後進於禮樂，君子也。如用之，則吾從先進。

朱子曰：先進、後進，猶言前輩、後輩。野人，謂郊外之民。周室雖衰，禮樂本一王之政，非有二也。行禮者華實殊，而因有先進、後進。野人、君子，詞有抑揚。四句皆時人之言也。用之，見用於時。設言以矯時人失中之弊。

附　解

前人不敢以用之爲用於时言。蓋以夫子苟得位而治，必將損益變通，不盡從周也。而王罕皆則云，如字承上作轉，就現成説。張甄陶亦云如字非虚字。不知夫子在當時一布衣耳，自言已用先進，人豈遂以爲法乎？禮樂不可斯須去身，夫子又何時不用禮樂？其意蓋曰：先進於禮樂，今之所謂野人也；後進於禮樂，今之所謂君子也。時人所尚如此，豈不以先進爲陋哉？不知禮有一定至中之則。先進文質得宜，如使我得志乘時，亦惟從先進而不從後進，所以明時人之弊，而婉其詞以相悟也。若使夫子果得乘，時文、武、周公之大經大法，亦豈有刊除？不過因時變通，有以補前王之所不及耳。言各有當，何得執拘方以失其意。

子曰：從我於陳、蔡者，皆不及門也。德行：顔淵、閔子騫、冉伯牛、仲弓。言語：宰我、子貢。政事：冉有、季路。文學：子游、子夏。

從、行，並去聲。朱子曰：夫子嘗厄於陳蔡之間，弟子多從之者。此時皆不在門，故夫子思之。而記者因記當時諸賢所長，是夫子所以尤難忘情也。四科非夫子之教條，諸人亦不以是詣終，特與難之時，有如此耳。德行，道有得而見諸行事。言語，據理陳詞。政事，國家經制之事。文學，博古而嫻禮儀，無弇陋也。

附解

《史記》言楚昭王使人聘孔子，孔子將往陳、蔡，大夫患其用楚，圍之。朱子曰：是時，陳、蔡服於楚，安敢圍孔子？張氏椿曰：是時，陳屬於楚，蔡已遷於州來。陳蔡之蔡，故蔡也，今汝寧府上蔡縣。陳，今陳州，南界上蔡。按此於地里爲確，而所以厄陳蔡之故，卒不可知也。孔安國謂：孔子去衛如曹，曹不容，又之宋，遭匡人之難，又之陳，會吴伐陳，陳亂，故乏食。然其所指乃哀五六年事，與《問陳》章去衛絶糧事不合。蓋絶糧在哀元年，厄陳、蔡在哀六年，當是二事，而前人誤以爲一耳。唐明皇以此章所記爲十哲，從祀夫子廟堂。宋理宗乃以顔、曾、思、孟爲四配，四配之下爲十哲。其實此章乃從陳、蔡諸賢中之傑出者耳，非顔、曾之下惟此十人爲賢，諸人亦非遂限於所造，德行尚矣。其他言語之子貢，終聞性道。政事之季路，亦號升堂，游夏得其精華，西河傳經，皆幾大成，豈容拘以定論？至閻百詩考年譜，謂：子游是時十八，子夏十九。竊謂古人年齒，秦火而後多不可稽，簡策流傳，彼此互異，不必據以立説。要以聖賢大中至正之理衡之，則聖門文學當不如是易爲耳，故程子亦謂：非秉筆爲詞章者。

子曰：回也非助我者也，於吾言無所不説。

説，音悦。助我者，善疑問而有以相長。門弟子多以質遜於回自諉，故子言己，以相長望於門人，如回之無所不説，得益轉少，不必以之爲例也，蓋謙以誘之之詞。

附解

爲學之道，能信。尤貴能疑助我者。子夏、子貢之流善於求問，最是上達要緊功夫，顔子穎悟沈潛，不可以他人例，安得及門皆如之哉？當時二三子必有以資不如回自謝者，故夫子云然。言回之無所不説，其於吾言中之意、言外之旨，固皆有以得其會通矣。而吾轉有歉然者，蓋義理無窮，吾安能必盡無遺憾哉？吾方以相長望於二三子，如回者，吾喜之。吾不執回以概二三子也。二三子其思質疑辨難以助予之所不及，不必因回而自遜，語意全是爲衆門人不如回者誘掖。與他處專贊顔子者不同。不然，抹殺助我一流，既不可通，而若憾實喜，上句終嫌語硬，蓋衆門人非特學不如回，亦其資稟限之，能爲助我之輩，則可進於回。觀夫子與子貢之弗如回，則此章爲巽詞誘導，定無可疑。

子曰：孝哉閔子騫！人不間於其父母昆弟之言。

間，去聲。姜氏宸英曰：孝哉閔子騫，即人言而夫子述之也。父母兄弟稱其孝，必其誠身事親友弟之道，皆盡而後孚於遠近之人，子故信之。

附　解

《韓詩外傳》載：子騫早喪母，後母生子，疾惡子騫，以蘆花衣之，父察知，欲逐後母。子騫曰：母在，一子寒；母去，三子單。父善而止，母悔改，成慈母。宋韓琦言：古聖帝明王爲不少矣，獨舜稱大孝，豈其餘盡不孝哉？父母慈而子孝，此事之常，不足道也。然則夫子於七十子中獨稱閔子之孝，諒非無故，但作時文不必實拈耳。閔子弟閔蒙、閔革，母龔氏，見閔子墓碑。

南容三復白圭，孔子以其兄之子妻之。

三、妻，並去聲。君子圭璧，其身不留餘憾。三復白圭，謹言之意殷，實敦行之志切也。孔子以兄子妻之，重全德也。《抑》之詩曰：白圭之玷，尚可磨也。斯言之玷，不可爲也。

附　解

講家多謂不必添出謹行，只重謹言。殊不知言顧行，行顧言，乃君子修德之常。若專謹言而不慎行，所謹者非其所宜謹，而所行者又未必可以言也。何其意之偏而淺視南容哉？弊由呆視朱子邦有道所以不廢二句，而未通其旨耳。記者即謹言一節以明其行修已久，夫子妻之，亦非第以其能謹言而已。譚梁生以爲孔子適周問禮，老子送孔子曰：聰明深察而近於死，好議人者也。博辨宏遠而危其身，好發人之惡者也。南容實與聞焉。此三復白圭之所由來，其説亦可以廣學者之志。此章與上論不同，不獨爲擇配記。

季康子問：弟子孰爲好學？孔子對曰：有顔回者好學，不幸短命死矣，今也則亡。

好，去聲。哀公、康子，皆非能知學之人。但哀公，君也，不可以不知而不言。若康子則無庸絜語矣。此亦聖人之時中也。

顔淵死，顔路請子之車以爲之椁。子曰：才不才，亦各言其子也。鯉也死，有棺而無椁。吾不徒行以爲之椁，以吾從大夫之後，不可徒行也。

貧者葬，可無椁。而從大夫之後，不可徒行。顔路之請，推夫子愛回之心以愛其死也，而夫子亦斷於義，若使子富於財，則必不靳其請矣。

附　解

《公羊傳》云：顔淵死，子曰：噫！天喪予！天喪予！子路死，子曰：天祝予！天祝予！西狩獲麟，意蓋言二子之死，見夫子道窮如西狩獲麟。夫子興非時之嘆也。而後儒不得其意，妄爲穿鑿。何休注云：顔淵死，在哀公三年。《史記》云：伯魚，年五十，先孔子卒。孔子十九而娶亓官氏，伯魚死，夫子年已六十有九，而回死又在後。司馬承貞《史記索隱》云：此久遠之書，年數錯誤，未可詳也。校其年，則顔回死，孔子年六十一，伯魚卒，孔子年且七十矣。王肅以鯉也死爲設事之詞，至本朝閻百詩則直謂：《史記·仲尼列傳》顔淵少孔子三十歲，下當是脱一七字，蓋生於魯昭公二十八年丁亥，卒於魯哀公十三年戊午，是年伯魚卒，當在前，方合顔子三十二歲之數。假設之言未免笑滚了人，其錯考諸書，巧爲比合固已，但必謂《列傳》脱落，增一字以伸其説，亦猶未免笑滚了人。大抵古人年歲無關大義者，皆不必泥，只就本文直斷爲是。

顔淵死。子曰：噫！天喪予！天喪予！

喪，去聲。朱子曰：噫，傷痛聲。至道精微中行難得，夫子爲後世人心憂，而嘆身後無人也。痛回，故不得不呼告於天。

附　解

一理也，天、地、人共由之，曰道。夫子之道，堯、舜、禹、湯、文、武之道，亦人人共有之道也。道全而後可以爲人，夫子不得行道以濟時，苟其徒有全道者，後世有聖人作，則必求聖人之臣，吾徒應運而興，以道治世則以之成己，即可以成人，安知不得志於時，使道大明。顔子篤信好學而不永年，故深嘆之。非如後世好名之士視道如私物，師弟授受，矜爲獨得之奇也。要知聖人止是修己，迨己德既成，則恫瘝斯民之心，自不容已。不必求知，亦未嘗不欲人知，知之而以道相勉。在上，則可以乂安天下，使人人歸於聖賢。在下，亦可以友教英才，使久久漸爲風俗。故得人而教，至爲難得。孔子痛回早亡，以爲繼此無人矣。然曾子、子貢之徒承其道以貽後，經戰國、暴秦至於楚漢，而項籍既亡，魯國尚守絃歌，《詩》《書》盡燬。壁中忽聞絲竹，天不欲天理絶於人寰，安能使夫子之道終喪？學者但當以修身爲急。知道即人之所以爲人，至於知與不知、傳與不傳，毫弗介意，庶乎可爲孔子之徒矣。

顔淵死，子哭之慟。從者曰：子慟矣！曰：有慟乎？非夫人之爲慟而誰爲？

夫，音扶。爲，去聲。哭踊有節，慟則情之過矣。但夫子爲道而慟，故胡氏以爲性情之正。非夫人之爲慟而誰爲，所以勵門人也。

顔淵死，門人欲厚葬之，子曰：不可。門人厚葬之。子曰：回也視予猶父也，予不得視猶子也。非我也，夫二三子也。

喪具稱家之有無，非薄也。財不足而妄求，則非義。人之所以不朽者，天理也，非形質也。非義則死者不安，生者不順，子故以門人爲非。門人，蓋顔子之門人。

附解

父子師弟，一也。然聖人以理義相成，無苟從世俗以爲愛敬之理。顔子聞道於夫子，全而受者，全而歸，師弟之誼隆矣。棺椁、葬祭之事有無過禮，貧必安分，乃理之常。門人以世俗之情相愛敬，而不知非禮，則非回平日之心，不安於死矣。夫子惟以禮教人，而門人非禮累回，且大悖夫子之教，不安於生矣。猶父之説，述其平昔之實，明回必不受此非禮。

季路問事鬼神。子曰：未能事人，焉能事鬼？敢問死。曰：未知生，焉知死？

焉，於虔反。鬼神，二氣之靈。而人者，五行之粹。子路問事鬼神，而夫子專言鬼者，對人而言。事人，謂五倫，無忝也。人道得而天道自合，何問鬼神？得天理而始爲人，全天理者，生不徒生，死不徒死，故知死不如知生。程子曰：死生，人鬼，一而二，二而一者。或言夫子不告子路，不知乃所以深告之也。

附　解

萬物皆天地所生，而人獨得其粹。性即天理，盡其性，則人亦天矣。鬼神者，陰陽之靈。陰陽統於太極。太極，天之命也。人性，天之太極也。全而受者，全而歸，爲天地之肖子，更何忝於所生？德爲聖人，此舜所以爲大孝也。鬼神祇是一陰一陽，全人道者，中和在抱，天地合德。夫子曰：天且不違，而況於人乎？況於鬼神乎？此未能事人焉能事鬼之説也。至於生死之故，亦祇此一陰一陽之理。夫子言天地之心，五行之秀，即謂其得天地之性，生而誠身則窮理盡性，以至於命，生爲天地所眷顧，死爲造化之功臣。從古聖人，在帝左右，千載如生，皆是此理，故知所以生，即知所以死。後世以天道爲高遠，鬼神爲恍惚，則任其心之所爲，失其性之固有，既不得爲人，又何問其死？子路之問爲切問，夫子之告爲精言矣。要之，天人一理，人神一氣，不愧不怍，故孟子以爲至樂。若世俗言氣聚而生，氣散而死，以生死爲泛泛然，則蔑視此身，將並天地父母之恩，亦以爲偶然，其爲世教害非淺也。

閔子侍側，誾誾如也；子路，行行如也；冉有、子貢，侃侃如也。子樂。

行，胡浪反。樂，音洛。誾誾，和厚。行行，剛直。侃侃，光明。三者皆學養有得，故樂之。

若由也，不得其死然。

强而無學以柔之，則不達於時中，故因以戒子路。

附　解

人性皆善，而氣質不同，非仁至義盡，不能化其氣質之累。四賢秉質既優，又事夫子久，内養之深見於容貌如此，非第由天資也。子路仕衛，父母之邦家貧，而仕如委吏、乘田之流，本無可議者。孔悝之難，既爲其臣，聞難，自當往視。其欲脱孔悝，恐蒯聵害悝也。固不知蒯聵特劫悝使助己，未嘗欲害之。因子路欲燔臺，蒯聵懼，其果然遂以石乞、盂黶敵子路，子路倉猝，蓋未攜器械，不知所以，遂被其害。其實初志非即欲死其難也。夫子聞其死而悲傷，哭曰：天祝予！天祝予！同於哭顔子，未嘗以爲非義。本朝張甄陶辨之甚詳，可破俗論。

魯人爲長府。閔子騫曰：仍舊貫，如之何？何必改作？子曰：夫人不言，言必有中。

夫，音扶。中，去聲。長府，府名，蓋如晉固宫之屬。《左傳》昭公居長府伐季氏。貫，事也。是時魯政積弱，修德自强，乃其本務，無益而勞民，故閔子婉止之。中，當禮也。閔子未嘗仕魯，蓋魯人訪之，因其言而遂止也。

附　解

《左傳》魯昭公將伐季氏，居於長府。注云：官府名。《周禮》太宰以八灋治官府。鄭謂：百官所居曰府。長府爲公所，其地必宏敞堅固，故魯人欲爲之，若以爲藏貨財之府。是時四分公室，土地、人民半歸三家，而季氏富於周公，魯君安得有厚斂之蓋藏？左氏載：公伐季氏之時，不居公宫，而居長府。其爲完固之地可想，故不必作府藏解也。

子曰：由之瑟，奚爲於丘之門？門人不敬子路。子曰：由也升堂矣，未入於室也。

夫子嘗曰成於樂，蓋爲學之極。至於隱微氣象之間，悉消融其渣滓，而後可適於中和，子路學成而未化。由之瑟，奚爲於丘之門？進之以己德之和，非擯諸門外也。門人不喻夫子之本意，故夫子復申言之。入室，即謂中和之致，非方抑之而旋揚之也。門、堂、室相因，語言之妙。

附　解

在丘之門者，由也。今也由之瑟不合於丘，殊非由夙昔期丘之意。丘之門，不應有此瑟。由之心，又何用爲此瑟也？是指其心曲之弊，以冀其變化，非專斥責之也。門人不敬子路，則竟以夫子之門爲無由矣，故夫子曰：我之責由，蓋謂其學已升堂，特和平不足，故即瑟以教之，非以其人不應在丘門也。二三子尚不如由，又不解予教由之意，則大非也。語意如此，前後止是一意，不可誤認。

子貢問：師與商也孰賢？子曰：師也過，商也不及。曰：然則師愈與？子曰：過猶不及。

與，平聲。學非高明，則識不廣。而非謹篤，則志不純。有兼全，無偏勝，則中可致矣。子貢意師爲優，子故折之以正。朱子曰：道以中庸爲至，賢知之過，雖若勝於愚不肖之不及，然其失中則一也。愈，猶勝也。

附　解

《中庸》言：道之不行，本於賢智太過，愚不肖不及，天下之人惟此二者而已。道本至平至常，而實至神至奇。神奇即寓於平常之中，平常即具有神奇之妙。是以達天之學不外性功，孝弟之至通乎神明。高曠之士志量高遠，矜博洽，騖新奇，而不知五性、五倫，天之經也。拘墟之士立心醇，謹見聞隘規模淺，而不知天地民物，己之責也。子貢之質與師相類，故意以爲賢，夫子曉之以過猶不及，然後造道之詣以明。

季氏富於周公，而求也爲之聚斂而附益之。子曰：非吾徒也。小子鳴鼓而攻之，可也。

爲，去聲。冉有以足民之才施於季氏，而不引以忠愛奉公，則雖自然之利，猶富賊也，故夫子斥責之，欲門人鳴鼓而攻，實欲使告之而改也。《晉語》趙宣子曰：伐備鐘鼓，聲其罪也。此鳴鼓之義。

附　解

冉有，十哲之列，侃侃如也，政事之材，豈如頭會箕斂之流黨惡害民？蓋其足民之才，生財有道。雖衹此，惟正之供，常用之例，措置得宜，民樂輸將，用無匱乏。如劉晏、田千秋之輩，别有一番經紀良才，非必攘君剝民也。聚斂二字，與《大學》不同，只作蓄積有餘解。然則夫子何以責之，蓋魯之貧弱也，由季氏專魯之政，財賦盡歸其家，故曰：富於周公。冉子爲季氏信任，應宜引以忠君奉公，以土地、人民、財貨還之國家。即不然，猶當設法經畫潛默轉移，漸漸富國强公。如或道不能行，則惟去之而已。乃昧於此理，徒知自展其才，不知季氏益富，則公家益貧，而强饑愈熾，是誤用其才，非匡時救弊之道。孟子曰：無能改於其德，而賦粟倍。他日賦粟，正供所出也。夫子之責之，正惡其不能改德，失平日屬望之意。孟子之言甚明，是此章注脚，後世不得其解，以爲催科，以爲心計，皆爲誣枉。至馮厚齋則以爲夫子責冉有，乃所以責季氏。冉有爲法受惡，所不容辭。非！孔門果有此不堪之人靦然十哲之列也？其言亦未得實，總由未悉當日情事，及夫子望求維魯之意耳。

柴也愚。參也魯。師也辟。由也喭。

辟，婢亦反。喭，五旦反。凡人氣質，各有所偏，去其偏，則歸於正，特難爲不自省者望也。愚，少變通。魯，無才慧。辟，外務。喭，粗率也。皆四子少時之事。柴，孔子弟子，姓高，字子羔。程子曰：聖門學者，聰明才辨，不爲不多，而卒傳其道乃質魯之人耳，故學以誠篤爲貴。尤可爲末學砭矣。

附 解

人性本於天，天理至善，故性無不善；氣質成於地及先德，故多有偏。四子之質如此，經夫子指示而皆力學，久而變化之，卒爲賢才。不特曾子終聞大道，即子羔亦卓然自立。如《家語》記柴之事皆是。子路升堂，子張臨没自言君子曰：終其庶幾也。及執德不宏、信道不篤等語，與曾子宏毅之言一轍，可見其已聞大道。後人不知其爲少時之偏，一概妄議，大非矣。

子曰：回也其庶乎，屢空。賜不受命而貨殖焉，億則屢中。

中，去聲。庶，庶幾。空，虛明也。屢空，即三月不違仁之義。命，謂賦稟。不受命，謂其亦能力學，不爲氣稟所困，但好殖貨財，不如顔子之安貧耳。貨殖，貨財生殖。億，料事。中，知其得失，又言其才識之明。

附 解

屢空，空字，前人恐流於佛之言，空故訓爲空匱。然佛之言空，亦謂性體空明，私欲净盡耳。非謂人倫日用，皆屬空幻也。人心易動而難静，易雜而難純，雖聖人德已大成，猶必精一執中。常人憧憧朋從，無一息之安止。聖人以存養教人，收視返聽、敬止執中，收有覺之放心，復虛明之天性。始於操存，終於神化。孟子所謂養氣而不動心也。夫子教人爲仁，即是此理。特孔子時，禮教猶存，故未明言養氣。孟子始指明之，蓋静者動之本也。外之所發視乎中之所存，故爲學之功，静存動察，内外交修，本末交養。顔子之屢空，心有主而私妄漸少矣。若天假之年，固可純一。夫子特表之以勵子貢。若安貧止是樂道之一節，上論美其安貧，爲不堪其憂者勸戒，非謂能安貧者皆能樂道者也。若不受嗟來，甘心凍餓，即是大賢，世間豈少此人？前人惟恐人廢倫常，故忌諱空字，不知理散於萬物而皆具於心。心有人心、道心，除去人心，純乎道心，必由克復，而克復之功不外存心養性。性無爲，心有覺，空則至虛，虛極而後憧憧之心可以不擾於外。文王之純也，天命之穆也，一而二，二而一也。上天之載，原無聲臭，故空者性之本體也。人第知心之靈可以應事，不知心至静，而後爲未發之中心，不可强制也。以虚無養之即是空之義，自儒者忌諱空與虚無，而養心之功無矣。雖息息檢察而心之陰私不化，必不能至虚、至静。佛言：真空不空，謂性也。妙有不有，謂心也。心與性是一、是二？惟聖人盡性。無心非性，故上通天命，下該萬變。常人則心之擾，失其性之良，故克己者克去陰邪，復禮者復還性始，克非力攻之，謂因陰邪之氣亦本於生，初最爲難去，故喻之以克。其實克己衹是收已放之心，入虚明之舍，以空空之心養浩然之氣耳。後世僧流亦知養空而不得受中之本來，道流養氣而不知盡性之全體，儒者知道在倫常矣，而不知萬事本於心，萬理含於性。心不正，性不純，則必不能修齊、治平，各得其道，故空者養其源也。至於一念之動而慎獨，善則擴充，惡則克治，必求事事恰好，則學問、思辨、篤行，夫子言之已詳。因顔子、子貢俱已知博文約禮者，特心性之功純疵不同，故相形以策勵之。不受命與屢中皆許之之詞，惟貨殖句乃斥其不如顔子，若以不受命爲不安命，則子貢之貨殖豈非道譽求者乎？則誣子貢矣。顔子安貧，子貢所知，故不復言。時解因此句因解屢空爲安貧，然安貧衹是一節之美賢哉？《回也》章表其安貧，爲因貧廢學者鍼砭，此章以兩人相形，爲子貢勸義，各有當也。

子張問善人之道。子曰：不踐迹，亦不入於室。

迹，聖賢之成法。所以約人於善，不必踐而皆善，質至美矣。室，則精義入神之處，蓋心純乎理，必學而後至也。

子曰：論篤是與。君子者乎？色莊者乎？

與，如字。篤，誠實意。君子之論皆道德之華。色莊者，貌爲篤而已。常人無養氣、知言之學，則易爲所惑，欲大核其實也。

子路問：聞斯行諸？子曰：有父兄在，如之何其聞斯行之？冉有問：聞斯行諸？子曰：聞斯行之。公西華曰：由也問聞斯行諸，子曰有父兄在；求也問聞斯行諸，子曰聞斯行之。赤也惑，敢問。子曰：求也退，故進之；由也兼人，故退之。

此就二賢氣質之偏言。有父母者，當知其道也。有當諭親於道者，有當幾諫爲孝者，不可一概而行，非專爲二人言之。

子畏於匡，顔淵後。子曰：吾以女爲死矣！曰：子在。回何敢死？

女，音汝。朱子曰：後，相失在後。陽虎曾暴於匡，夫子貌似陽虎，故過匡而匡人圍之，匡人非必害夫子，夫子固義不容死。以女爲死，恐其不察而死也。顏子亦知義不可死，夫子必有以自全，故曰：子在，回何敢死也。記此見聖賢心理之符，而師弟相依之切。

附　解

匡人誤圍夫子，夫子本無可死之道，顏子亦無必赴鬭之理。聖賢皆可以不死，事解而相慶之言，亦足見其平日審於義者精也。舊注殊未安，而胡安國又以上告天子云云，啓人之疑論益紛矣。《國語》晉欒貞子曰：民生於三事之如一。父生之，師教之，君食之，故一事之。惟其所在則致死焉。此自是常理，而毛西河非之，誤。又有謂顏路在顏子不當死於師者，亦誤。

季子然問：仲由、冉求，可謂大臣與？子曰：吾以子爲異之問，曾由與求之問。所謂大臣者，以道事君，不可則止。今由與求也，可謂具臣矣。曰：然則從之者與？子曰：弒父與君，亦不從也。

與，平聲。朱子曰：子然，季氏子弟。自多其家得臣二子，故問之。異，非常也。曾，猶乃也。輕二子以抑季然也。蓋季然欲由、求助己，而不知二子皆有正大之氣者也。具臣，無愧臣職。大臣則道足以格心。厥後由、求助夫子，墮都出甲卒以安魯，豈苟於膴仕者哉？餘詳《康子問從政》章。

子路使子羔爲費宰。子曰：賊夫人之子。子路曰：有民人焉，有社稷焉，何必讀書，然後爲學。子曰：是故惡夫佞者。

夫，音扶。惡，去聲。門弟子學於夫子，往往藉升斗以自贍。子路使子羔殆爲此耳，但費巖疆，子羔爲之不勝任而廢學，故曰賊之。讀書所以窮理，而徒讀書者未必能治民人，子路之言未爲大謬，但其使子羔之意不如此，故夫子不以爲非而惡其佞。其後，子羔爲成宰，不爲費宰，蓋子路因子言而他任，亦可見其使之之本懷矣。民人，猶人民。社稷，州社、里社皆配以稷也。

附　解

子羔爲成宰，著有治績，非不可任者，因費爲季氏巖邑，才不勝任，故夫子責之。大抵魯政日非，若非諸賢共爲分理，默爲轉移，三家未必不爲三晉。此意前人未之見。及愚有論在《季桓子》章。

子路、曾皙、冉有、公西華侍坐。

孔氏曰：皙，曾參父，名點。講學之暇以齒次坐。

子曰：以吾一日長乎爾，毋吾以也。居則曰：不吾知也！如或知爾，則何以哉？

長，上聲。朱子曰：言我雖年少長於女，然女勿以我長而難言。蓋諸賢素有求知之言，夫子使其忘分自陳，以觀信心之實以用也。

子路率爾而對曰：千乘之國，攝乎大國之間，加之以師旅，因之以饑饉。由也爲之，比及三年，可使有勇，且知方也。夫子哂之。

乘，去聲。饑，音機。饉，音僅。比，上聲。哂，詩忍反。朱子曰：攝，管束也。二千五百人爲師，五百人爲旅。因，仍也。穀不熟曰饑，菜不熟曰饉。方，向也，謂向義而親其上，死其長也。哂，微笑也。率爾，慷慨自陳之貌。千乘之國，古公侯之大國，春秋時之次國。攝於大國，師旅饑饉，當時所常有。子路即時事以自狀其才。比，助語辭。有勇、知方，養教得其道矣。

求！爾何如？對曰：方六七十如五六十，求也爲之，比及三年，可使足民。如其禮樂，以俟君子。

朱子曰：求！爾何如？孔子問也。下放此。如，猶或也。足，富足。俟君子，言非己所能。求以子路見哂，故以小國自任。然春秋時，小國足民尤難禮樂教化之具。

赤！爾何如？對曰：非曰能之，願學焉。宗廟之事，如會同，端章甫，願爲小相焉。

相，去聲。鄭氏曰：宗廟之事，謂祭祀。諸侯時見曰會，衆頫曰同。端，元端，禮衣也。章甫，禮冠，諸侯之常服。小相，相君之禮，求所俟之禮樂化民成俗之道，而赤則嫺禮樂之儀者也，不敢擬於君子而自居。小相、宗廟、會同，舉其大以該其餘也。

點！爾何如？鼓瑟希，鏗爾，舍瑟而作，對曰：異乎三子者之撰。子曰：何傷乎？亦各言其志也。曰：莫春者，春服既成，冠者五六人，童子六七人，浴乎沂，風乎舞雩，詠而歸。夫子喟然嘆曰：吾與點也。

鏗，苦耕反。舍，上聲。撰，士免反。莫、冠，並去聲。沂，魚衣反。雩，音于。以齒則曾點當次，對以鼓瑟，故子後問之。朱子曰：希，間歇也。作，起也。撰，具也。莫春，和煦之時。春服，單袷之衣。浴，盥濯也，今上巳祓除是也。沂，水名，在魯城南。風，乘涼也。舞雩，祭天禱雨之處有壇墠樹木也。詠，歌也。閻百詩曰：曲阜縣南七里有温泉，流入沂水。鼓瑟三句，詳其從容閑適之狀。異乎三子之撰，自言無以及三子，謙詞也。夫子使之自言其志，毋以異撰爲嫌。莫春、童冠、風浴、詠歸，其平居閑適之志如斯，而夫子茂對時育之懷，適爲所觸，故不覺喟然嘆曰：吾與點也。

三子者出，曾皙後。曾皙曰：夫三子者之言何如？子曰：亦各言其志也已矣。

夫，音扶。點疑己志不在酬知而夫子許之，故問三子以自證。子曰亦各言其志，許其各有實得也。

曰：夫子何哂由也？曰：爲國以禮，其言不讓，是故哂之。

點言三子皆是，何獨哂由？子言其爲國以禮，特言不讓，故哂之。

惟求則非邦也與？安見方六七十如五六十而非邦也者？

與，平聲，下同。點疑自居千乘爲不讓，故問。唯求則非邦也與，子明其爲邦，點猶未知哂由之故也。

惟赤則非邦也與？宗廟會同，非諸侯而何？赤也爲之小，孰能爲之大？

赤自居於小相，點疑其非邦。夫子曰：宗廟會同，豈非邦與？而赤方以小自任，則可見其言之讓，而子路之可哂，在詞氣間明矣。三子既各有可與，則己之見與非爲其忘世亦明矣。

附　解

聖賢之學，盡性而已。全其所性，則用舍行藏莫不自得。獨善、兼善，原無兩副本領，但四子俱不能即到此種境界。《中庸》言鳶飛魚躍謂天地之理，彌綸六合，無物不得其所。非超迹象以求深，外人倫而適性也。沂水、春風則狂士襟懷灑落氣象，後人不知天理全具於身，誠身事天，亦止完得吾身，得天之分量，雖淵淵浩浩，此心與造化同流。而翼翼安安，無事不與斯民相習，而以沂水、春風、鳶飛、魚躍爲一心，獨得之奇，使人莫知嚮方，蓋以禪宗末流養空空之心，矜超妙之見，詁聖人之學也。夫聖人之心，無非天理。文王之德之純固上符於穆，而日用倫常實無時或外止敬，故孔顔樂處，曾點狂時，其大略相似，而性真之獨喻者不同。狂者志趣高遠，不屑屑於卑汙淺近，胷中亦有一番瀟灑光景，而隱微幽獨未能天理純全，粹然無我，則自適有餘，成己、成人或不足也。此章夫子叩諸賢之實學，不欲其以空疏鳴高。三子言志皆有成能，獨曾點生平志尚清高，承子之問，謂己無以酬知，故曰異乎三子者之撰，自謙，非自詡也。不料夫子喟然與之，故三子出而獨後問三子，以證夫子與己之故。夫子言三子皆各言其志，實有所得則所以與己非，以其不務功名可知矣。惟由獨見哂，未知何故。又進問之，子言其爲國以禮，特其言不讓，點以由自居於千乘之諸侯爲不讓，故疑求非諸侯，子言求亦邦矣，而由不讓之，故猶未解。又問及赤，迨子言赤自居小相，乃恍然於由之不讓，特自居千乘不如求，赤以小邦自居，得立言之體耳。至夫子所以與點之故，不過取其隨遇而安，不必定以知我而始自足，在點衹是天資高曠，志趣灑然，在夫子即用之則行，舍之則藏，無入而不自得。三子不問，蓋已知得夫子與之之故。朱注於點太説得過，高於後半。曾點之問，未疏其意義，致沂水春風爲説禮者剽竊。三子言志，似未爲夫子許可。其晦聖賢之實學不已甚歟？兩各言其志，迥不相同。曾點是謙詞，夫子是深許。三子言皆實學，而人多混看。試思曾點若自鳴其異，尚得爲賢者乎？而夫子豈不斥責之乎？曰：何傷乎？亦各言其志。正以其自遜慰安之使自言耳。夫聖人自得而無求於外，然實成己，而即欲成人，性分中有真、樂、悲、憫，又何嘗一日而忘？三子自言如此，夫子告武伯亦如此。其學之務實，才之濟時，皆非後世所易得。此章大旨不明，令後世疏誕傲僻之流藉口沂水、春風，反廢人倫經濟，故曾點數問，斷不可少，而講家塵封竟忘章首夫子發問之意，又以曾點之問三子，是證與己之故，又不知三子者之言，何如一節是夫子許三子，亦何孟浪也。張氏椿曰：魯有二沂。《水經注》沂出蓋縣艾山東南，逕東莞縣故城西，與出黄狐山之小沂水，合至下邳縣，入泗，此大沂水也。又《泗水注》泗逕魯城西南，合折水，折水出魯城東南。尼丘山西北，即顏母致禱處，平地發泉，此小沂水也。愚按：周正建子而民事仍從夏時，此言莫春仍夏時也，詳見《春秋注》。

顏淵第十二凡二十四章

顏淵問仁。子曰：克己復禮爲仁。一日克己復禮，天下歸仁焉。爲仁由己，而由人乎哉？

仁，即性也，以其爲天理所含蓄，如木果之有仁，故曰仁。己，私欲，根於心陰，非由外附者也。克勝而滅之。禮，兼内外而言，謂天理，自然之條理。復，全其量之本。然一日克復，積久而誠也。天下歸仁，萬事萬理莫不統於仁，一以貫之之義，由己不由人，欲顏子毅其性分之力。

顏淵曰：請問其目？子曰：非禮勿視，非禮勿聽，非禮勿言，非禮勿動。顏淵曰：回雖不敏，請事斯語矣。

目，制外之目。視、聽、言、動，皆心之用，而氣質之靈以禮則發而中節。此章蓋顏子進道之始功，以其質美，故夫子語之特詳。

附解

仁者，人之所以爲人，即性也。在天曰太極。第此理在先天渾然、粹然者，無稍欠闕。有生以後，氣質拘而七情擾，天理不勝人欲矣。夫子以求仁教人，使之静而存養，動而省察，内外交修，本末交養，功非一端。顔子問仁之實，夫子因其天資高明，將始終功效總括言之，及再問而後示以下學之功。克己復禮爲仁，語其本末之道也。一日二句，言功效之大。爲仁二句，言爲之在我。己者何？氣質中之陰滓也。人身秉天地之氣而生，其異於禽獸者，理也。理存乎心，而心體陽中含陰，爲善難，爲惡易，皆此陰火之靈，本流動不息故也。爲仁者，以安止之法求放心而歸於中，極至虚至静以生浩然之氣，由有諸己而充實，而光輝，而化神，有許多功夫次第。心非可以强制也，必虚静以養之。克己者，天理充實之後渾然在抱，陰私之氣全無。有覺之人心悉聽命於純一之天性，如克而勝之耳。非天人交戰有術焉，以攻之復禮者，復性也。人未生以前，性本無不善，因氣質拘累，物欲牽引，遂失其本來之天性，克己至净，而天理返乎性始，故曰復也。然夫子不曰理而曰禮者，理之本體渾然耳，著於外而始有迹象。禮者，天理之節文，其見於百爲而莫不當理，即禮也。仁之在心，無可見，必於禮見之。仁，禮之本；禮，仁之用。言復禮而後内外兼盡，非空空守静，如告子之不動心也。一日克復，天下歸仁，極言克復之不易而性量之該括無窮。此一日乃仁熟義精之候，非忽然了悟而已。其克復實功，必親相授受，不能悉著於文。夫子必爲顔子示之，而記者略之，非故爲略之，實不能以文字傳之也。非禮四句白文，明言其目，可知綱領有在，而後人執以爲克復之全功，抑思禮隨時而變通，聖人因心而作則，即文武周公之禮，在當時已多不可行，夫子言禮未嘗拘拘成法，况後世禮制益疏，未必矩步規行便可以修齊治平，故非禮四句只是當乎天理而已。而凡聖人之禮，亦該其中焉。仁禮二字，若德造其極，則合天地而通神明，若得其一端，亦有裨於人紀，但此章以全體之仁言。禮字，亦該本末精粗不可以他處言，仁禮者相概也。夫天理一而已，賦於人而爲仁，仁具於心而心在，後天則陽性之純不敵陰私之雜，故一心而分爲二，曰道心、人心。人心者，知覺運動之靈，非可無也，而必以禮宰之。克復之後，無心非理，即無一非性矣。先儒言心而但以持守克治爲主，持守克治不可少也。而氣質之私，非可以力攻智取，故孟子發明養氣不動心之義。孔子豈不以此教人哉？春秋雖衰，禮法猶存，故孔子以禮爲先，而養氣之功不載於遺文。至戰國而禮教裂矣，孟子乃明示之。夫氣者，質之所以成，而心者氣之帥，天理爲心之本體，氣質爲心之郛郭，浩然之氣，天之所以爲天，故養之而德可合天。克己復禮豈能外此圖功哉？人爲萬物之靈，受氣於天，成形於地，先天得乾性坤命而生，故性無不善。後天以坎性離情爲質，故性不盡善，而夫子亦曰相近，不明乎天地之奧與成形成性之原，安能知仁之實際與克復之功能哉？程子《四箴》於義未全，愚嘗擬之，附識於此。其《視箴》曰：五氣精華，神聚於目，眩逐喪明，迴光若谷，誠以守中，謹幾志鵠，美色若讎，惟恐汙黷，志氣如神，日月雙沐。其《聽箴》曰：氣應坎精，惟耳爲靈，神泉響答，五音瓏玲，心爲之宰，應感靡寧，嚴凝天德，慎擇渭涇，聞如未聞，非禮勿聽。其《言箴》曰：舌爲心竅，動與神俱，義謹出悖，心矢嘉謨，必慎必戒，若訥若愚，禍機德應，善惡分途，神明内隱，誠一不渝，表裏中正，閟此靈樞。其《動箴》曰：四體百爲，應乎天則，動惟厥時，心理協極，禮度謹嚴，雖小必飭，惟聖爲師，内外合德，以中以誠，顛沛無息，習久自然，無入不得。

仲弓問仁。子曰：出門如見大賓，使民如承大祭。己所不欲，勿施於人。在邦無怨，在家無怨。仲弓曰：雍雖不敏，請事斯語矣。

敬兼動静，而動尤易忽。又仲弓從政者也，故即出門使民以言敬，而無地無人不當敬，可知矣。無所見而莊肅，本易使而嚴恭，其誠一爲何如？不欲勿施，本敬以行恕，而仁在中，邦家無怨，不留遺憾於一心，非必盡人而信從也。

附　解

理一也，而隨時、隨地、隨事不同，故聖人教人因人造就，究歸於一致。《家語》記孔子論仲弓曰：有土之君子。子貢稱其使臣如借，蓋仲弓爲季氏宰，有位於朝，與他人異，出門使民在邦，在家正其日用，所有事非虚擬而言也。蓋敬之一字，無一息不當然，然苟泛泛陳詞，轉令人無從下手，故夫子各就其人而言，乃爲切實之功。敬字是仁字骨子，恕字是敬字推施，要衹全其此心之良而已。顔子之爲人，豈不須敬恕？讀者切不可膠柱鼓瑟。乾道、坤道，朱子言之太泥。程子曰：未出門使民之時，儼若思時也。有諸中而後見於外，觀其出門使民之時，其敬如此，則前乎此者敬可知矣。蓋敬非可以勉强而能持久也，故即出門使民，足見動静交養之功。又《家語》孔子稱仲弓曰：有土之君子也，有衆使也，有刑用也，然後可行恕焉。有土猶有位，言其爲當時有土中之君子也。下三句申明其所以爲君子，言使衆、用刑，人情易於自用之候，於此乃見其人之能恕與否。而仲弓以恕行之，故爲君子，語意正與此章使民句相合。子貢稱其使民如借，亦是此義。而注者誤解，並此章亦無從印證。上章，顏子是初用功時，此章仲弓是已用功時，其克己復禮功夫，二人皆行之，不可以顏子爲優，仲弓爲劣。前人太泥。又按：《左傳》仲尼曰：古也有志，克己復禮，仁也。臼季曰：臣聞之，使民如賓，承事如祭，仁之則也，可見聖人傳心要法，雜見諸書，特無人識得，而夫子舉以教其徒也。故文武周公盛時，爲仁之功從事者多，流傳末世，猶有人述之，而夫子之好古敏求，述而不作，固非虛語。後世不得其義，則以爲生而即聖，又不知爲仁祇是全人之道，甚以夫子爲罕言仁，似學者不可輕易求仁，誤世非淺矣。

司馬牛問仁。子曰：仁者，其言也訒。

司馬牛，名耕，字子牛，宋人。朱子曰：訒，忍也。若有所忍而不易發。仁者，静其言也。訒由旁觀，見其慎密如斯也。

曰：其言也訒，斯謂之仁矣乎？子曰：爲之難，言之得無訒乎？

牛以訒言爲易，不知所以訒者非爲言也。爲，即爲仁之事。

附　解

言爲心聲，心静則言不躁，心誠則言不僞。除却躁僞二字，言更何處不訒？仁者，言可爲經，覺世牖民，如孔孟之講學，好辨伊旦之反覆，指陳不得謂其太過，下學未能純乎天理，則慎言，所以顧行默識，所以體道其言也。訒，是切實指牛以求仁之功也。老子曰：多言數窮，不如守中。亦是此意。

司馬牛問君子。子曰：君子不憂不懼。曰：不憂不懼，斯謂之君子矣乎？子曰：内省不疚，夫何憂何懼？

朱子曰：向魋作亂，牛嘗憂懼，故夫子告之以此。疚，病也。君子有終身之憂，無一朝之患，爲其德之，在我者難純，而事之外來者無損也。牛以兄弟之不德爲憂，則至情也。以事變之累己爲憂，則俗人矣。子告以君子之自得，欲其反己問心，盡乎天理、人情之極致，内省不疚，非義精仁熟，未易言也。

司馬牛憂曰：人皆有兄弟，我獨亡！

牛之兄弟無道，有必亡之理，牛之憂之，至情也。

子夏曰：商聞之矣：死生有命，富貴在天。

牛蓋嘗挽救之而不可，故子夏寬譬之。有命，則禍不足以相及。在天，則存亡亦非偶然。

君子敬而無失，與人恭而有禮，四海之内，皆兄弟也。君子何患乎無兄弟也。

此正告以感動兄弟之道。言敬恭有禮，則疎者亦可感，親者何患不能化也？

附 解

人倫之不幸，雖聖人無如何。惟恃在我者，不愧而已。牛憂兄弟，是其理燭於幾先，而至情不能自已，不得以爲非也。惟是兄弟之間，惟積誠感動，委曲周全，而凶頑之至，真有不可感化者，則亦惟自盡其心與道耳。五倫惟弟兄不可相强，其道主於仁讓。舜有象，周公有管蔡，柳下有盗蹠，至愛至敬，委曲求全，而不可則，亦惟仁義不衰，以盡天性之誼。若爲惡不悛，殞身不惜，無以身相徇之理。蓋自修其德以承先祀，委曲周全以恤兄弟之後，道僅如是而已。子夏既寬牛以患害之無妨，又勉牛以自盡之實功，而尚有謂其語病者，何哉？死生有命二句，最易説壞，命即天理，人之承天者不同，則天之禍福之者自異。言牛與兄弟罪不相及，牛爲世胄，富貴其所自有，今兄弟無道，宗社將亡，然不幸而魋實爲政，牛乃不遇，是司馬氏之當衰，天也。其所由來者漸矣二句説得最是周到，下乃告以自修之道。

子張問明。子曰：浸潤之譖，膚受之愬，不行焉，可謂明也已矣。浸潤之譖，膚受之愬，不行焉，可謂遠也已矣。

譖，莊蔭反。愬，蘇怒反。子張問明，意蓋欲求明於遠，如十世可知之類。夫子告之以不蔽於近即是明，即是明之遠也。浸潤，如水浸潤，毁人而令人不覺。膚受，謂如真有切身之痛。愬，己之冤。是非養性於中和，而洞達乎物理不能察也。

附 解

聖人非能盡天下之事而知之能之也。其心至明，凡見聞立决其是非，其心至虚，合天下之才以爲己才。子張從事夫子，克己復禮、内外交養之功必早聞之，特以天下事物人情至繁且雜，恐難周知，故問明察之道。不知自心存養未純，是非之本早昧，遇詐僞之來便爲所惑。若涵養深粹，天理爛熟於心，省察綦嚴，人情閲歷者至，則如明鏡當前，妍媸立判。浸潤二者之行，祇是平日無知人之明，性情有躁率之弊能均不行，必其養性陶情，體察人情物理，已至故爲至明至遠，其本原則在心性也。因子張固有内養之功者，故不詳示學者，毋徒取辨於臨時焉。世事萬端，以私智臆測則益其僞，以至理權衡，則一歸於中。聖人誠無不通，故明無不遠。浸潤、膚受，近在几席之間，而禍及天下之大，又安得以不明而泛泛視之？

子貢問政。子曰：足食，足兵，民信之矣。子貢曰：必不得已而去，於斯三者何先？曰：去兵。子貢曰：必不得已而去，於斯二者何先？曰：去食。自古皆有死，民無信不立。

上，去聲。當時不恤民而兵争，民多解體。子貢仕魯而問足食、足兵、養教，兼全民信，則愛敬之至也。下二節設言以窮其説，去兵不及修器械，兵旅去食則糧儲竭矣。信者，人之所以立，垂死而不以欺僞待人，則民亦不欺之。

附　解

子貢此問當是仕魯之時。是時，魯君無權，民心不附，故夫子告之云。然語氣趨重民信之句，言食足、兵足，則民自信之矣。蓋食足則平日恤民之政已周，兵足則親上死長之義已洽，故民信之。子貢見得三者，皆全非旦夕之功。設言以窮其變，而夫子曰：自古皆有死，民無信不立。語氣與民信之矣句神迴氣合。蓋足食足兵，當時亦有知之者，而不得民信，故事雖有三而民信爲重，然當時魯政久在權門，子貢又未大用，此章之言，亦存其説而已。

棘子成曰：君子質而已矣，何以文爲？子貢曰：惜乎，夫子之説，君子也。駟不及舌。

朱子曰：棘子成，衛大夫。疾時人文勝，故爲此言。子貢言子成之言，乃君子之意，然言出於舌，則駟馬不能追之，又惜其失言也。

文猶質也，質猶文也。虎豹之鞟猶犬羊之鞟。

皮去毛曰鞟。子貢以子成救弊之意。爲君子，則非不知質之重於文也，特以其意主去文，故言文之不可無猶質，質之不可偏勝猶文。虎豹之鞟與犬羊之鞟何異？正以其文而别貴賤耳。申言文質不可偏廢意，非謂文重於質也。

哀公問於有若曰：年饑，用不足，如之何？有若對曰：盍徹乎？曰：二，吾猶不足，如之何其徹也？對曰：百姓足，君孰與不足？百姓不足，君孰與足？

昭公五年，舍中軍，四分公室，季氏擇二，二子各一，皆盡征之而貢於公，蓋民田盡入私家，公之所有者，宗室小臣耳。地狹斂重，民無蓄積，年饑則正供不給，故不足用。二謂自宣公稅畝，又逐畝什取其一，爲什而取二也。以徹則恩洽於民，而民心向之，且豐凶有備。有若，欲公厚民以自强，而申言君民一體之義，使决計行徹也。詳見附解。

附　解

此章義理闊大，有子按切時勢以立言，非泛作常談也。今按《春秋》證明之。周制：井地之法，井九百畝，公田百畝，又以二十畝爲民廬舍，則公衹有八十畝，八家同力共耕八百八十畝，每年計其所獲多少照畝均分，而以公田八十畝之所出盡入於公。以八十畝視八百，名曰什一，此八十畝所獲。君儲諸倉廩以爲宫室、衣服、飲食、匪頒、賜予之用。至國有大兵大役，其費出於民，如征伐則有車乘、甲胄、芻糧；興作則有板幹、工築、朝覲、會盟。君行師從，卿行旅從，民即爲兵。扉糧貲屨，皆民自備是取。民原自不薄，但先王立法重農賤末，省耕、省稼，其法極詳，如《周禮》農官之屬。及公田稼不善非民，私田稼不善非吏，春秋補助之類，總欲民勤農畝。至用民之力，歲不過三日，豐年用三日，可任也者家五人之類。又嚴爲之制，民自不困於征役，且賦稅所供只此公田常數，豐歉皆以多寡爲均分，無取盈之法，故爲良法美意。春秋盟會征伐日煩，小國困於大國，常常徵用民力，既已苦煩，而公田八十畝所出實不足以供諸費，故宣公又於公田之外，於民田八百畝之内十分又取其一，如收一石，則取一斗，亦只是照本年所出多寡均取之，此是於常法什一之外又增取八分之一，故爲什二。本朝張甄陶不明此理，以爲非什二者。非。奈世益降，國益卑，列邦兵會，誅求無厭，難以立國，於是季武子乃增一中軍，從前二軍，皆屬於公，有事則命大夫統之以出，至是武子作三軍，三家各統一軍，即各征其軍之田稅。但季氏爲上卿，有大事必先之，一切盟會兵伐，彼力難獨供，久久勢必累及孟仲二家，又將改制，故穆叔曰：政將及子，子必不能。政，列國徵求之政也。武子固請，言必不累及二家，故盟諸僖閎，詛諸五父之衢，迨後政令煩費，果應穆叔之言。季氏於昭公五年又毀中軍，四分公室，蓋從前三分公室，猶留一分與君，至此四分皆入三家，季氏二，孟仲各一，是將魯田盡數均分入私，即每井八十畝之公田，亦入三家矣。惟是八十畝公田所出，三子代公斂而奉公，故曰：皆盡徵之而貢於公。但名爲貢公，此中或多或寡任憑三子增減，公無如何。尚有未入三子者，不過前代式微舊臣及宗臣，零星土田山澤閒田之屬，三家所不甚愛惜者，公之貧久矣，然田歸三家，一切軍旅大事亦三子任之，公無與焉。故公所入雖微，猶得頗足於用。但田既入於私家，民不知有君，且每年所應貢者，三家又不如數而給公，祇得又向宗室、小臣中加稅求之。一遇年饑，民無所出，三子全不入貢，則憊甚矣。哀公之問，正是如此實在情形。有若以爲公之所以如此，祇是徹法壞而公民無田，故至此。盍仍行徹法乎？哀公不知其意，以爲現在什二而取尚不足用，如何尚可行徹？有若言：國以民爲本，君果行徹如先王之舊，一切取民有制，凡事節省。彼民也，爲誅求所困如在湯火，一旦得輕徭減賦，盡力耕作，養其身家，感君之恩如同天地，且取之不竭。民有餘財，安有坐視君困不爲供億者乎？此法一行，公祇就公臣之屬行之，而合國之民素臣服於三子者，見公民如此，亦將歸向，恐後三子雖禁之不能也。此乃有子絶妙經綸、救時良藥。不然，現在苦貧又勸減賦，於理實不免迂闊，且三家久專政柄，哀公安得而自主行徹，是有子徒空言以悦聽耳，亦何取哉？朱子加賦以足用，節用以厚民。於兩人問答本旨最醒，惜講家不得其實，故爲印證如此。

子張問崇德、辨惑。子曰：主忠信，徙義，崇德也。

德，天性也。萬物無以加，故崇忠盡心。信，不欺，以此爲主，理日純而心泰矣。又日日徙義，愈進於高明，物何以尚之？

愛之欲其生，惡之欲其死。既欲其生，又欲其死，是惑也。

惡，去聲。惑之事無窮，即易見者以曉之。愛、惡之私，至於顛倒死生以遂其欲，則惑甚矣。然其端乃自一念，故君子必誠其意。

誠不以富，亦祇以異。

二句於上文不屬，錯簡無疑。

附解

德者，天之理而人得之以爲性，物無以尚，本崇也。世人以詐僞浮薄自逞其心，遂使吾天良牿於物誘。子張問崇德，蓋已從事於養心之學，而見天理難存，事幾難辨，夫子告以忠信。徙義，功至簡密。蓋人心惟多私多妄，故嗜欲日增，天理日微。主忠信，則凡事誠一不貳，私僞少而道心始純，再於日用行事詳辨義理，由非而遷於是，更於是之中又求其是，久久精義入神而内德益純粹矣。至於惑之一字，祇是自心無主，任好惡之私，忘義理之正，夫子故以愛惡之偏，明其悖理之甚。生死，非人所能使之然也。然徇私而不從理，則甚至於其生其死，皆欲如我之意。此其爲惑，人所顯然共知者，即此以見愛惡不可不慎也。然愛惡之偏由於中情之昧，所以清其源者，在誠意正心。子張平日所從事雖未能力行，無忝固已，早聞於夫子，故不必爲之絜説也。

齊景公問政於孔子。孔子對曰：君君、臣臣、父父、子子。

朱子曰：齊景公，名杵臼，是時景公失政，而大夫陳氏厚施於國，景公又多内嬖，而不立太子，人倫不正，而後有政，以正之君臣父子，其大端也，各盡其道，則政正。

公曰：善哉！信如君不君、臣不臣、父不父、子不子，雖有粟，吾得而食諸？

所以正人倫之道非易言也。景公不能進究而徒善其言，故齊終於致亂。

附　解

天命之性祇此一理，貫徹於人倫事物之中。天下古今一人有一人之情事，則盡其道而歸於一者，不同其不同也，乃其所以爲同也。問政之説，兩論屢見，此章對齊景公言直從大本大原上立論，蓋聖人救亂之苦衷也。君臣父子各有其道，仁、敬、孝、慈，一以貫之，曰誠而已矣。欲踐其實，必由窮理盡性幾於欲盡。理純，乃能各盡其道。夫子此言已該得《大學》《中庸》、雎麟官禮在内。當景公危岌之時，非夫子秉政，不能一旦秩然，若使景公爲之猶無濟也，何也？素無根本之學故也。聞夫子言，竟不問其實之如何？蓋彼之君臣父子不正，固尚未自知也，故曰能自見之謂明。抑夫子此言，後世之踐之者幾人哉！漢高祖、唐太宗，興王之正者也。人彘之慘、元武門之事，留憾千古。而吕雉、武曌禍亂因之，故愚嘗謂三代以下法律之密，刑政之嚴，或有加於聖人者，而治不古若，則以人倫之本、誠正之道不講也。苟非汲汲於大學之道，安能清其源哉？

子曰：片言可以折獄者，其由也與？

折，之舌反。與，平聲。折，屈服也。子路積誠感人，不待言而始信，故極擬之如此，非謂折獄之貴於敏也。

子路無宿諾。

朱子曰：宿，留也。記者因記其平日之實功，不輕諾，自不留諾，力行忠恕之學也。

附　解

此章狀子路之誠明，非論折獄。《易》曰：君子以明慎致刑，議獄緩死。《書》曰：伏念五六日，至於旬時。《禮》曰：悉其聰明，致其忠愛以盡之。蓋聖賢教民在刑罰之先，不幸而有獄，必不敢輕心掉之。况獄原於争，兩造、兩詞必當剖别，斷無片言折獄之事。惟子路析理至明，行義至勇，言之善者必諾，諾者必踐。人服其至公無私、至誠無息，故夫子以此形容之。而記者恐人誤會，因記其平日也。下章楊氏之言，朱子列之圈外，不可從。

子曰：聽訟，吾猶人也。必也使無訟乎。

民有欲則争，無弗得所而又有教化以正其心。仁讓不欺，訟何由起？夫子言此，悼末俗而思恭己之治也。

附　解

此與上章不相連屬，楊氏之説非。

子張問政。子曰：居之無倦，行之以忠。

無倦，敬也，以忠誠也。事本於心，心稍倦則肆。心驗於事，事稍僞則欺。爲政者以民爲子，以子民之事承天道，則居之、行之，不容、不密如此。

附　解

兩之字指政之理而言。政者，正也。正一己之心思動静而因以正人。爲政之道，子張蓋素所習聞，夫子策以無倦、以忠，此中便有天德王道，至誠不息功夫在，欲踐爲政之實，非從事大學，何自問津？

子曰：博學於文，約之以禮，亦可以弗畔矣夫。

重出。

子曰：君子成人之美，不成人之惡。小人反是。

朱子曰：成者，誘掖與獎勸以成其事也。君子析理至精，而與人爲善，憫人爲惡之意無已，故成不成迥殊。小人美惡不明，又以忌狹行之，何能然也？

附　解

美惡之分，天理人欲而已。非平日窮理盡性，則以是爲非，以非爲是，所成不成，未必悉當。况夫美可成，而又有事勢以阻之；惡不可成，而又有威福以迫之。欲爲君子，難矣哉！小人自棄其美，因忌人爲美。愚嘗有言：君子不與小人爲讐，而小人必與君子爲讐，其心性之不投若冰炭，然深嘆人欲之陷溺甚於斧斤也，可哀也哉！

季康子問政於孔子。孔子對曰：政者，正也。子帥以正，孰敢不正？

難以顯言其不正，故釋正之義。而曰子帥以正，欲其深思而自得也。戒其下凌上替，意在隱躍之間。

附　解

季康子竊君之柄，攘君之民，强人從己，如何可得？政者，正也。正己而化人，必先戢其僭踰，孚其恩信。一切大人正己物正。語義雖可通，對康子説，却尚隔一層。

季康子患盗，問於孔子。孔子對曰：苟子之不欲，雖賞之不竊。

康子奉父遺言，召子歸魯，蓋猶知敬夫子者。且是時子年已老，故可正言其失。欲，貪欲也。賞之不竊，廉耻生於富足，天良不忍昧也。

附　解

天下安有賞盗之事，亦無賞而不爲之理？講家以爲極言之耳。不知不欲二字中有許多經濟事，非第廉潔自守之謂。欺君罔上，剝民肥己，都祇爲一欲字誤事。不欲者漠然於富貴寵禄，一心惟知愛君愛民，平日爲民謀生養、敷教化，期於家給人足，各有恒心，民樂其生而趨於爲善，故雖賞而不竊也。惜康子庸乳不能進究其故。左氏載臧武仲對季孫詰盗一節，義與此相發。而《汲冢周書》記魯國多盜，康子獲盜，詰之，盜斥言其非。顯係因此章而附會之者，非古也。

季康子問政於孔子曰：如殺無道，以就有道，何如？孔子對曰：子爲政，焉用殺？子欲善，而民善矣。君子之德風，小人之德草。草上之風，必偃。

焉，於虔反。善者，人之同心也。爲政者，民所瞻仰，欲善即善，其機甚捷，喻以風草歆動之詞，然非實有哀民之心，仁民之學者亦何能欲民善耶？朱子曰：上，一作尚，加也。

附　解

康子一大夫耳，竟侈殺於夫子之前，驕恣極矣。苟逆折之，將益觸其怒，故前章言厲，此章言婉，蓋仁民之心也。傳曰：天生民而立之君，使司牧之，勿使失性。有位者不體天愛民之心以子民，而反倚勢行暴，天其恕之耶？子爲政，焉用殺？子欲善而民善矣。夫子聞殺之一言，巽詞婉導，其音悲切。

子張問：士何如，斯可謂之達矣？

達者，無所不宜之意。

子曰：何哉，爾所謂達者？

恐其以外務爲達，故詰之。

子曰：在邦必聞，在家必聞。

蓋以有名，稱爲達。

子曰：是聞也，非達也。

聞，務其名。達，踐其實。明剖其界以示之。

夫達也者，質直而好義，察言而觀色，慮以下人。在邦必達，在家必達。

夫，音扶，下同。好、下，皆去聲。直，順理而無私，曲以直爲質，無委曲徇人之心。好義，必求協於時中。察言觀色，審乎心，與理之安而辨其是非，慮以下人，不自恃而取諸人以爲善也。邦家必達，無弗當於人心天理，非盡人而譽之。

夫聞也者，色取仁而行違，居之不疑。在邦必聞，在家必聞。

行，去聲。貌爲仁人而行實奸僞，又儼然自以爲是。庸人甘其欺而昧其實，亦附和之，然天理微矣。

附　解

子張務外，身心切要之圖，皆欲人知。雖亦有志之念，然求名則實少矣。故夫子特與劃清達聞界限。達者以誠行之，無事不求合乎天理人心，非必人人都稱譽也。聞者假行，竊名以欺遠，近人受其愚從而譽之，其實無至誠之修。如王莽以謙恭移漢鼎，而安石以虛名結主，知此等人最不易識。達者祇求理之無阻，聞者祇求名之動人，其立心制行有天淵之别。此關不明，君子小人無從辨之。聖人遯世不悔，不知不愠，豈有一世人皆尊信乃爲君子者乎？第天理民彝是非，久自有公論耳。

樊遲從遊於舞雩之下，曰：敢問崇德、修慝、辨惑。子曰：善哉問！

天理曰德，惡匿於心曰慝，闇於理則惑，三者皆心性存養之功。從遊尚以爲問，平日可知，故善之。

先事後得，非崇德與？攻其惡，無攻人之惡，非修慝與？一朝之忿，忘其身以及其親，非惑與？

與，平聲。先，急也。後，緩忘也。急於義而無計利之心，天理日純矣，故德崇。念念責己，而無菲薄他人之念則慝净。凡私之動者甚微，而流害甚大。一朝之忿忘身及親，舉易見者示之，欲其辨於未形也。

附　解

人若未嘗從事大學之道，德、慝、惑三者，尚不知從何分别，遲之爲此言也。其切於修己何如？而朱子以爲粗鄙近利，蓋未知一朝之忿之義。夫惑之事無窮，要其端始於一念。理欲公私，不精其辨，則一毫之忿至於大敗名義，而不知即忿之易，動者以見惑起於私妄，即一朝之妄其身及親，以見惑當辨之於早，非謂遲尚有逞忿忘身之行也。讀古人書，不得其意，將並其人誣之，不可不慎。

樊遲問仁。子曰：愛人。問知。子曰：知人。

上知字，去聲，下同。記者因下文而記此言，遲之問知，用繼問仁而問也。

樊遲未達。

遲於愛人無疑，蓋以人難盡知，有沈吟之狀。記者記此句，以見夫子復告之由來也。

子曰：舉直錯諸枉，能使枉者直。

夫子見遲沈吟，恐其疑知妨仁，故復告之如此。

樊遲退，見子夏，曰：鄉也吾見於夫子而問知，子曰：舉直錯諸枉，能使枉者直。何謂也？

鄉，去聲。見，賢遍反。遲本疑人難盡知，而子又告以舉直錯枉能使枉直，所告非所疑，故復不解，而退見子夏以質之。其曰：吾見於夫子而問知。則知未達之故在知也。

子夏曰：富哉言乎！舜有天下，選於衆，舉皋陶，不仁者遠矣。湯有天下，選於衆，舉伊尹，不仁者遠矣。

選，息戀反。陶，音遥。遠，如字。子夏言子疑在知，而夫子所言不專爲知，因證以舜、湯之事，於是遲知子兼仁、知而言。且知，知人者知其賢而舉之，非必盡人知之，己之疑亦解矣。此章三人意見各出，記者以明暗之筆記之。

附解

此章遲誤會子言而子夏釋之。記者以蛛絲馬迹之筆傳神。舊注曾氏之説是。夫子揣遲之意，非遲未達之意也。蓋遲問仁無疑，復又問知。聞知人之説，正在沈吟，夫子恐其以知爲妨仁，故復語之。第遲之未達正以人難盡知，不能舉錯皆宜如仲弓焉。知賢才之意及聞子言，則以爲知者别有使枉者直之道，而所以能知人者，猶未明也。特所告非所疑，遂不敢復問，而質於子夏，其曰：鄉也問知，則非疑知之妨仁，可知也。子夏以爲夫子言知者之事而仁在其中，證以舜湯，則所謂知人者，非必盡人而知之，而遲疑亦可釋然矣。不然使遲未達之，故恐知妨仁，則使枉一言已自了然，不必又見。子夏而云問知，自言問知是所以未達之故也。蓋聖人無所不知者，理也。至於心曲隱微，未見諸言行，豈能盡徹？遲本先問仁，後問知，愛人易解，已無可疑，惟是人不易知，故聞言而沈吟思索，現於意象之間，夫子恐其疑知之妨仁，故曰：舉直錯諸枉，則能使枉者直矣。但遲正在思索知人之義，舉直錯枉，其所已知者也。彼所思者如何能一一知其直枉而舉錯之，及夫子言舉錯能使枉直，益增眩惑。蓋夫子一意，樊遲又一意，故不解所謂也。但禮君子於其所尊，弗敢質。遲不解夫子所謂，如何敢再問？故見子夏而曰：鄉也，吾問知耳，夫子言舉直錯枉，是知之事也。又言能使枉者直，何耶？其意以爲吾方慮直枉難分，而夫子告我以能使枉直，豈知者别有使枉者直之道乎？子夏曰：富哉言乎！夫子不僅爲知言也，因舉舜湯實之，於是遲知子兼仁、知而言。且知，知者知人，只是知其賢者舉之，非盡天下而人人知之，己之疑亦解矣。夫子語意包孕面面俱圓，得子夏而畢宣。若如曾介説，遲未達知仁之相爲用，則一聞子言能使枉直，必已了然，何以愚昧至此？且見子夏猶云吾見夫子而問知耶？而子夏又何以云富哉言乎耶？記者因夫子與子夏之言先記其問仁，並着樊遲未達一句，以見夫子言舉直錯枉之由來，而遲所以又誤會之，故於叙遲之問曰鄉也問知，以見遲未達之意，並不曾想到仁上去，非遲有善忘之病，方纔疑知妨仁，見子夏便忘了仁字一邊也，故如舊所説見子夏問之，故終不分明，而遲亦癡人耳，明者詳之。或曰：夫子豈不知遲意而言耶？子又何以知遲之意，非疑仁知相妨耶？曰：遲之未達，乃記者形容其狀，並未明問。夫子告誡婆心，復申其説，舉錯二語非甚難知，蓋遲意之所思者在此，而夫子所告者如彼，兩不相合，故不明白。復有見夫子而問知之問，且即此一言，而遲之所未達者，已可知矣。若所疑在知妨仁，何以明説使枉者直而不悟耶？當時夫子只是揣其情狀而告之，今則始終情事已經記者記明，故可知語言誤會之故。豈妄肆猜疑必欲與前賢相反耶？讀者試平心將兩次問答之意思之，必有以知予説也。蓋鄉也問知一言，遲已將來達之故明明説出。

子貢問友。子曰：忠告而善道之，不可則止，毋自辱焉。

告，上毒反。道，去聲。盡其誠以告之，善其術以導之，蓋兼言與事而言，自辱則人己兩失，不如善以全交也。

曾子曰：君子以文會友，以友輔仁。

以己之文會友而不自恃其能，取友之善輔仁，而益精進其德。言君子取友用心之密如此。

附　解

本文語意一串而下，朱子兩平説，遂使講家紛訟。蓋取友之道，原以自輔，不敢謂己之有餘，祇求濟吾之不足。文者道之散殊，己既嘗用力於文矣，而以之會友，折衷其是否。至於友有一長一善，必返諸吾身，有是與否，思齊内省是輔仁。實際曾子爲取友而自是者發。二以字煞有精神，二友字中間紐合，非可兩兩平説。前輩如尹起莘、許樂陽、王罕皆皆主串説，而未透立言之意，故申論之。

子路第十三凡三十章

子路問政。子曰：先之，勞之。請益。曰：無倦。

凡導民以善，責己必嚴，凡謀民之業，心力必周。無倦，勤恒而已。

附　解

蘇東坡之説亦是，但云凡民之事，以身勞之，則未安。蓋民事無皆君代之理，祇是此心此理，必求自盡其父母之責，不可留一毫遺憾，便是勞之也。

仲弓爲季氏宰，問政。子曰：先有司，赦小過，舉賢才。曰：焉知賢才而舉之？曰：舉爾所知，爾所不知，人其舍諸？

舍，上聲。魯之政在季氏，季氏之宰雖總家政，實可有裨於國政，故仲弓亦爲之總。大體惜人才達幽隱，維魯之事即在其中矣。仲弓患不能知，夫子患不能舉，皆惓惓之心，而大小有别耳。

附　解

魯自文宣失政，政由三家，而季氏世爲上卿，刑賞予奪，彼實專之。又周制各君其國，各子其民，本國士民非甚不得已，無出仕外邦者。以夫子之聖，季康子召之即歸，桓子用之爲宰攝相，亦應非聖人委曲以行道，蓋父母國之道也。聖門諸賢行道濟時，若欲一旦爲上卿大夫，如夷吾、孫叔之舉，既有難期，而爲貧而仕，由陪貳以躋卿佐，乃當時王制之常。苟非夤緣苟合，自可受職不慚。仲弓德行之科，夫子許其可使南面，而爲季氏宰，夫子告之如此，蓋以魯政在季氏。如此盡職奉公，爲季之良，即爲國之幹，何害於道？故當時門人凡仕季氏者，夫子未嘗以爲非。惟冉有爲之聚斂，乃蒙斥責。閔子騫無藉禄仕，又不屑爲季氏私邑，當時情事如此，前人以冉季事季氏爲非，何不比而觀之耶？舉賢士之難，以春秋世胄公族盤踞已久，如晉代上品無寒門，下品無中正之習，故仲弓慮之。然而一賢拔擢，衆賢彙征，又宰爲衆望所好尚者，人争趨之，故不患不能盡知也。此等書義，若不明其時事，又烏知聖賢立言之心。爾所不知，人其舍諸，非謂不知者置之，正以果能舉賢，則凡知賢者，皆盡以其賢來告也。

子路曰：衛君待子而爲政，子將奚先？子曰：必也正名乎！

是時衛侯輒即位十年，晉師久退而未迎父歸國，則嗣位之名不正矣。

子路曰：有是哉，子之迂也！奚其正？

子路意夫子有救亂之術，而拘於常理，故以爲迂。

子曰：野哉由也！君子於其所不知，蓋闕如也。

責其粗率妄對。

名不正，則言不順；言不順，則事不成。

名者，名其事也。事非其實，則言不順，而人亦不服，事何以成也？

事不成，則禮樂不興；禮樂不興，則刑罰不中；刑罰不中，則民無所措手足。

中，去聲。正名所以正其事也。凡事當理而洽於人心，則禮樂在其中。反是，則爲事不成。刑罰者，佐禮樂之具也。范氏曰：事得其序之謂禮，物得其和之謂樂。

故君子名之必可言也，言之必可行也。君子於其言，無所苟而已矣。

上言不正名之弊，此乃言名者，言行之柄，不可苟也。

附　解

此章先儒議論多窒，惟本朝張甄陶得其情事。按，《春秋傳》齊景公與晉争霸，衛靈苦晉，先往從之。魯定公八年，晉趙鞅侵衛，盟衛侯於鄟澤，使涉沱、成何捘衛侯之手及腕，衛靈怒而叛晉。晉人請改盟，弗許。晉人歸罪涉沱，殺之。成何奔燕，衛竟不從晉，且助范中行氏，鞅深忿之。至魯哀公二年四月，衛靈公卒，公子郢既不肯立，蒯聵又得罪出奔。南子在堂除卻立輒，更無他人。六月，晉趙鞅帥師納蒯聵，實欲藉此滅衛。衛知其謀，立輒拒之，晉謀不遂，乃納蒯聵於戚。在晉，如金人立劉豫以疲宋；在衛，如宋立子魚，明立景泰，實乃權宜之計。使輒不立，則内無主而晉寇至，衛不血食矣。故子貢亦不能決有爲衛君之問。迨晉師既退，輒竟不返國於父，公然據立，則於理爲不順。此章之言在哀公十一年，則輒已立十年，居位日久，恩信足以結於臣民，當遜位迎父，告於先君，妥置南子，兩全子道，乃爲天理人情之正。夫子曰正名，亦無非曉以父子至情，全其内外之美。苟聵得立，輒仍青宫，國猶是己之國也。俗説不過疑人方用我，我令遜位，於事爲不可行。然聖人只此三綱五常扶植世教，豈有枉道正人之理乎？孟子言舜竊負而逃，棄天下如敝屣，正以天下無重於父母者。若輒迎蒯聵，聵不立而命其仍爲君，則名正矣。苟蒯聵自立，是輒求仁而得仁矣。若貪戀富貴，隱忍害心，豈復成人乎？治國無過禮樂，父子大倫授受之際，含糊不清，根本先亂，如何設政施行？子路以出公之立事屬有因，不必深求。夫子則必推究其弊，歸於大經，故曰無所苟也。使衛君果用夫子，夫子必有善爲感動周全之法。觀狄梁公能反周爲唐，李鄴侯亦善處骨肉，豈子反不如之？如或衛君不從，則惟有翻然引去耳。聖人立身之正，豈可以世俗之見相測？名不正，則言不順；言不順，則事不成。蓋倒説語。有其事必有其名，有其名乃可言。言之而不順，以其失實故也。名既非實，則欲爲其事，理既不順，人亦不服，事何以成？下文名之必可言，乃正言之。禮樂，凡事皆離不得。禮只是就序意，樂只是浹洽意，推而至於同節、同和，皆此道也。禮樂教人，不率者必以刑罰威之。舍禮樂而言刑罰，民何以堪？聖人絶大經濟，自謹小慎微而出，即此可見矣。正名非細事，三代以下有國者皆不能踐。漢高祖因三老董公一言爲義帝發喪，遂超出唐宋以後。李世民手刃同氣，其原本於割捨不得榮禄。唐肅宗即位，靈武不先請命元宗，終陷於不孝。宋太祖陳橋兵變，暗昧不明。太宗燭影大聲，千載疑案。苟知正名之説，雖一介之細必深慎重，况人倫之間乎？學者凡此等事，當體諸身心力行而致之，乃不徒紙上陳言耳。

樊遲請學稼。子曰：吾不如老農。請學爲圃。曰：吾不如老圃。

馬氏曰：樹五穀曰稼。樹菜蔬曰圃。是時樊遲仕魯，求利民而計及農圃。子曰不如，以其非爲政之大體也。

樊遲出。子曰：小人哉！樊須也。

朱子曰：小人謂細民。斥其爲民上而不務乎大。

上好禮，則民莫敢不敬；上好義，則民莫敢不服；上好信，則民莫敢不用情。夫如是，則四方之民襁負其子而至矣，焉用稼？

好，去聲。夫，音扶。襁，居丈反。焉，於虔反。禮主於敬，義無不宜，信無不誠，上深嗜而力行之，民心向化，老農、老圃皆集矣。襁，邢氏曰：織縷爲之，以約小兒於背。

附　解

古者侯國之地不過百里，如今一州一縣而已。仕者各仕其國，惟命卿大夫位尊職重，采地優隆。其下一官一職，禄求足以代耕，不廢學業，故聖門諸賢，如樊遲、冉有、季路等，有職於朝，時時從夫子遊，以其地至近，其職易稱。如今本縣胥吏之徒，在公在私兩無妨耳。漢時掾丞吏屬猶沿周舊制，往往由縣小吏致位公卿。樊遲仕魯，確有明徵。先儒未經拈出，於樊遲所問答多失其旨，若粗鄙近利之譏，尤掠影之甚者也。

子曰：誦《詩》三百，授之以政，不達；使於四方，不能專對。雖多，亦奚以爲？

使，去聲。先王採政治風俗，人情美惡之迹，被於絃歌，使人優游饜飫，以養其和平。性情正而政治通，故達政而善。言語不達，不能專對，非考究之功不深，乃變化氣質之道無有也。雖多，亦奚以爲？蓋深惜之。專對者一人獨對，古行人皆有副，此不能對，則揖彼代對也。

附　解

古人爲學皆自身心義理上用功，不貴誦讀。且其時亦無甚書籍。孟子言誦詩、讀書，書如《尚書》之類，詩則古今歌吟，而《詩》爲尤重，蓋童而習之，無故不離。陶淑身心、涵養變化，和平中正之德成則可無所不宜也。此章必有爲而言，然不可考矣。

子曰：其身正，不令而行；其身不正，雖令不從。

正身者，不徒令，明德之學也，自天子至於庶人，徒令者窒。

附　解

此章不僅爲臨民者言，爲君長、父兄、師保皆然。正身之學，《大學》言之已詳。

子曰：魯、衛之政，兄弟也。

魯爲宗邦，子嘗三至衛，嘆其衰而冀其盛，深慨慕於初封也。朱子曰：魯，周公之後；衛，康叔之後。本兄弟之國，而是時衰亂，政亦相似，故嘆之。

子謂衛公子荊善居室。始有，曰：苟合矣；少有，曰：苟完矣；富有，曰：苟美矣。

王氏曰：荊與蘧瑗、史鰌並爲君子。居室，猶言居家。始有、少有、富有，皆其分內自然之禄。即其言以想其意，而理足勝私，隨時知足，異乎怙侈者矣。合，器具粗足。完，皆備。美，華飾也。苟，猶言僥倖。

附　解

必使天下人人貧賤爲樂，此亦難行之事。居室自是人生要事。許白雲謂：儒者以治生爲急務。謂其衣食粗足，易以養廉耳。孟子曰：孔子三月無君則皇皇。惟士無田，則亦不祭。周制世官世禄以爲酬庸。卿大夫襲前人之蔭，亦其本分。第富宜好禮，欲不可縱，不此之務，而小則敗行，大則覆宗，實堪悼嘆。夫子舉子荊爲法，蓋惟無求足於外物之想，故其言如此。苟字、矣字，言已出望外無俟他求矣，非性分常足不能有此，春秋爲尤難得。後世若孔奮之奉母珍膳，而身同妻子甘菜茹，鍾離意之不受張恢珠璣，皆卓乎有守與子荊争烈者也。公子荊無所考，吴公子札説之，則其賢可知。《世族譜》謂：字南楚，獻公子。不可信。若荆公子，則别爲一人。

子適衛，冉有僕。子曰：庶矣哉！

夫子仁民之心觸於衛，庶而嘆也。

冉有曰：既庶矣，又何加焉？曰：富之。曰：既富矣，又何加焉？曰：教之。

富之、教之，其責在上，其道則因時而處中，非明德者不能也。冉有能進究之，子言亦宜有會矣。

附　解

自有天地以來，除却富教二字，天下無事功。自有聖人以來，除却此二字，亦無經濟。但天地之生物也無窮，而人之承天也有限，盛者必衰，聚者必散，乃理之常。惟聖人在上，以天之心爲心，又能以天之道爲道，心性倫常裕其源者甚深，禮樂經制立其法者至美，乃能綿數百年之澤，貽數百世之安。周自后稷至於文武，所以垂八百之基也。雖然世益久、民益多，則道必益弊。必聖人之學不泯，然後隨時皆有聖人之才，以維氣數之窮。非然者，遇可爲之時而無其道，有可爲之道而無其時，三代以下所以治不如古，職此之由。故學術正而後有治術，誠正修齊之道未全，則富教之事，亦不能隨時處中，可大、可久。富之教之兩之字，責有獨專，道無旁貸，是在人自修而自勉之。

子曰：苟有用我者，期月而已可也，三年有成。

用我，委國而聽。期月，匝一月也。周室雖卑，王章具在，酌文武周公之政，而宜於民，宏綱大體，期月可也。三年則教化大行，移風易俗之實效，蓋夫子言世尚可爲如此，非自炫也。

附　解

聖人道大德全，衹此心性倫紀中和位育之實全備於身，能以天之心、天之道維天綱而全民命。至於見諸政治，則不過禮樂法度，因時制宜，做到恰好處去。能使天下人人各遂其生，各復其性，非有不可測度、換骨金丹、飛騰妙術也。舊解以期月爲期年，衹爲一月之間，難遽云可耳。不知在後世，禮崩樂壞，法紀蕩然，則難期月振作。周家以忠厚開基，文武周公之法至詳且美。至春秋時久弊生，理勢宜然。夫子苟得志，如伊尹太公之遇，則舉文武之政而振作之，去其太甚，文其不及，合人情、宜土俗，期月之間何難？綱舉目張，丕然一新。若化成俗，美則須優游漸漬，故需三年。當時遁世之流以夫子爲多事，功利之流以夫子爲迂疎，故夫子言予之區區，欲有爲於世者，非徒多事，誠以天下事尚可爲，而治功非甚難也。須見聖人一腔救世婆心，勿作自負口吻。

子曰：善人爲邦百年，亦可以勝殘去殺矣。誠哉是言也！

勝，平聲。去，上聲。善人，有善而無惡者也。春秋殘殺之風，上行下效，爲邦者欲勝之、去之而不能，子故述古語以見，必善人而後可欲其急於爲善。

附　解

此章諸説紛紛，皆不得聖人口吻。若謂善人便是仁人，則與下章相背，且於亦字説不去。若謂善人不爲全美，則誠哉是言句亦不通。邵康節則謂：時無百年之世，世無百年之人。一似夫子徒作此虛言，於理亦屬有礙。或曰：從殘殺之世，思望至治而不可得，不得已而及此也。或曰：極言殘殺之難勝，須善人爲邦百年，亦可以如是也。諸説雖各有所見，然按之本文，實不如此。蓋當時殘殺之風倡之於上，效之於下，已不下數百年。世主徒刑威相迫，所令反其所好，欲去殘殺，如抱薪救火，揚湯止沸耳。惟有不嗜殺人者，以哀憫斯民之心爲之養、爲之教，選用善人涵濡變化，庶可以勝殘去殺。古人言善人爲邦百年，亦可以勝殘去殺，見其不易也。夫子述其言而善之，欲人爲善，勿以殺止善。夫果有善人爲邦，則必能用。善人仁心仁政，必丕然改觀，亦奚俟百年而後無殘殺哉？漢高、唐宗非善人也，約法三章而秦民大悦，謂爲長者，信用魏徵而貞觀之治，幾於比美成康。故爲邦百年，在古人不過極言殘殺之難除，在夫子特言勝殘殺之必在爲善，安可拘泥而言，致多疑竇也哉！明者思之。

子曰：如有王者，必世而後仁。

朱子曰：王者，謂聖人受命而興，三十年爲一世。仁，謂教化浹也。此慨世風之薄而思轉移之難，與上章理一而詞意不同，蓋仁風必漸漬而成。春秋凌亂暴虐，如有王者，必世後仁，况無有哉！蓋傷之也。

子曰：苟正其身矣，於從政乎何有？不能正其身，如正人何？

此爲鄉大夫而言。人謂君臣上下也。

冉子退朝。子曰：何晏也？對曰：有政。子曰：其事也，如有政，雖不吾以，吾其與聞之。

朝，音潮。與，去聲。朝，季氏私朝。晏，晚也。以，用也。與聞之者，子爲國老，且居近君側，聞之易也。冉子以季氏私事爲政，子正其名以教之。

附　解

此章義至明白，舊注説得太深，似夫子譏諷季氏，又未明示冉子，殊非也。按，春秋大夫專政，由晉爲盟主，諸侯服從晉。襄公卒，子靈公少，趙盾執政，以大夫而會盟諸侯，後遂以爲常規。既而列國亦均以大夫往會，凡有會盟征伐，晉率諸侯，令各國皆出貲費，其大夫之執政者司其事。魯自季友有功，嗣後子孫世爲上卿，孟仲二家亦同襄事，久久權移於三家，魯君無權，各國皆然，非獨魯也。文子、武子猶未太甚，平子愈强，故昭公忿而伐之，不勝。孫齊客死於外，非平子逐之也。定公爲季氏所立，不討季氏而反與桓子嬉遊。桓子亦庸懦，制於家臣。因冉子、子路仕季氏，時稱道孔子，故桓子以定公命使子爲司寇，攝相。夫子師弟意在維魯，墮都出甲，陰翦其勢，三家蓋已憚之。受女樂，而子行。恐禍及已，不得不然之勢也。桓子將没，命其子召孔子，孔子乃歸，而年已老。此章正康子之時，魯政在季氏，孔子所以不再仕。然康子尚敬服夫子，每事多問焉。大夫執政，書思對命，嘉謨入告，籌之於先，與家臣私相諮謀乃事理之常，非私朝便不可謀國政也。蓋冉子爲季氏私事稽時而晏退，因一時躁率，對曰有政。夫子聲入心通，接口答曰其事也。明非國家之事，不得名政，正公私之名而不深責冉子，以政與事，冉子所知，平日亦非黨於季氏，特滑口粗心耳。吾其與聞，不是子已退老，魯君凡事猶當謀及於子，一者子居魯都，近君，凡朝廷有政，見聞最速。二者康子平日素敬夫子，如問政、問田賦，尚不至如任心橫行之人。非故作含諷語以刺季氏也。不然，康子嘗問政矣，子曰：政者，正也。子帥以正，孰敢不正？不以康子爲不宜問政也。事君敬其事，臣之事，又何嘗非君之政？故不可求深反淺，晦當日之情事焉。其必嚴事與政之辨者，爲公則政，爲私則事，即告子路正名之義云爾。

定公問：一言而可以興邦，有諸？

言謂近今之言。定公此問，蓋有採納之意。

孔子對曰：言不可以若是，其幾也。人之言曰：爲君難，爲臣不易。如知爲君之難也，不幾乎一言而興邦乎？

易，去聲。幾，期也。人言君臣交儆。子言誠知難而慎之，保邦未危，可以興也。

曰：一言而喪邦，有諸？孔子對曰：言不可以若是，其幾也。人之言曰：予無樂乎爲君，唯其言而莫予違也。如其善而莫之違也，不亦善乎？如不善而莫之違也。不幾乎一言而喪邦乎？

喪，去聲。樂，音洛。以莫予違爲樂，則安於不善，無由聞過，所以喪邦也。

附　解

思艱圖易，聖所以興；暴慢自恣，狂所以覆。此理甚明。第取必於一言則難，夫子先言不可若是，其幾，後引人言而推其意。非一言之可以興亡，而用此一言者之異也。古訓是式，興亡之迹何窮？定公所問，特謂人言耳。人主聽納不遺，要在分晰美惡，然非實有窮理正心之功，亦不能剖其幾而踐其事也。此意公未嘗究，子亦未即遽言。察人言者，則不可不知。董公一言興漢，李勣一言滅唐，事幾間不容髮，一言何可忽諸？子必先言不可若是，其幾，何也？即令漢王爲義帝發喪而不任賢才，唐高宗立武氏而能攬紀綱，猶未遽興亡也。故子言至爲精慎。

葉公問政。子曰：近者說，遠者來。

葉，音義，並見第七篇。說，音悦。葉公，楚之良，其問政，將以强楚必有疲民於遠者。近説、遠來，使之務安其内，以懷柔吴越，抑斯問也，其在昭王復國之初乎！

附解

聖人衹此一理，因人而付，斷無有泛泛告語不關痛癢者。時解凡議論必求其渾括，不知理得其真，言各有當，未嘗不四通八達也，學者當類推之。明人徐纘高能切楚立論，亦未得其實事。近或以王道立論，則大悖於《春秋》之旨矣。

子夏爲莒父宰，問政。子曰：無欲速，無見小利。欲速則不達，見小利則大事不成。

父，音甫。莒父，魯西鄙小邑。速，亦有效非其至者。漸民以仁，摩民以義，必循序而後臻於美備。小亦有利，非其上者，各遂其生，皆復其性，必宏毅而樹其規爲也。戒以學質之所偏，而復申其事理如此。

附解

政之實，子夏所素知之，故不復言，特就其質之易偏者告之。一邑耳，而子以王道勖之，蓋聖人無兩副本領也。後世謂：百里才，公輔器。此優彼絀，蓋緣無聖門一段實學。又或但以不達爲阻礙事機，或亦知戒小利而所謂大事者，亦非夫子所指，皆似是而非，不可不辨也。《困勉録》云：漢景欲速平諸王，召七王之反；唐文宗欲速去宦官，致甘露之變；唐太宗行仁義不終，欲逞志於遼左；宋真宗與契丹和好，遂肆意於天。書其言與本章語意相去遠甚。漢景、唐文病在不得善馭之道，不在欲速。太宗、真宗有初鮮終，不是見小利。

葉公語孔子曰：吾黨有直躬者，其父攘羊，而子證之。

語，去聲。孔氏曰：直躬，直身而行者。周氏曰：有因而盜曰攘。以不孝爲直，蓋直之理不明久矣。

孔子曰：吾黨之直者異於是。父爲子隱，子爲父隱，直在其中矣。

爲，去聲。理正爲直。父子相隱，雖私也，而實正也。凡人有過所以必代隱者，非特包容之量，冀其自新而復歸於正，况父子乎！故曰：直在其中。不正而言直，則非直。詳見附解。

附 解

《吕氏春秋》載：楚有直躬者，其父竊羊而子謁之上，上將執而誅之，直躬者請代之，荊王赦之。孔子聞而斥之，則葉公此問固非設詞。張甄陶以爲因鬻拳兵諫，申無宇執人於王宫，葉公有疑而問，非也。邢昺以葉公爲毁訾儒教，亦誤。今律大功以上得相容隱，本於漢宣帝。春秋時刑書未備，折獄惟良視乎其人，則葉公此問乃當時俗見，自夫子折之而天理以明，亦甚賴乎有是問也。直字不盡好，孤直、剛直、峭直、偏直、狂直，皆非惟順理而行，不枉屈乃佳。《詩》曰：好是正直。不正，不得言直也。《左傳》楚殺子南，楚王先告其子棄疾，棄疾不敢告父，後與父俱死。吕伯恭以爲殺其父而告之，則棄疾之爲人可知，蓋人倫不幸之變，雖聖人亦或有之。要其所以處之者至中、至正，而無害於天理，此固非無誠正修身之學者所能也。棄疾不能以死難之心先致其幾諫，而又無以救父，徒知不敢違君，豈非未聞君子之道哉？

樊遲問仁。子曰：居處恭，執事敬，與人忠。雖之夷狄，不可棄也。

恭則攝其儀者至詳；敬則省其心者至密；忠，不欺不二也。三者非爲人而然，所以熟其天理，何可棄焉？

附 解

仁，體事而無不在。其本則操於心，其理則備於身，三者檢攝内外。居處、執事、與人因地而異其用。其實恭、敬、忠三字，一串不可分别，總由平日有以養心，自然三者不苟，非但强制於外也，故不言仁而仁在其中。遲蓋以爲仁之功，静存不敵外擾之多而問。夫子教以三者，則告顔子非禮四句，皆在其中矣。講家往往淺視此章，高視顔子。豈非未嘗身體乎？夷狄亦人，則亦同此心理，安可棄之？

子貢問曰：何如斯可謂之士矣？子曰：行己有耻，使於四方，不辱君命，可謂士矣。

使，去聲。行己，行其性分職業所當爲。有耻，不留愧怍。不辱命，德望隆而經權之義熟，非特能言而已。

曰：敢問其次。曰：宗族稱孝焉，鄉黨稱弟焉。

弟，去聲。孝弟至德而僅稱於宗族鄉黨，蓋僅能寡過，未能修身，爲世法也。

曰：敢問其次。曰：言必信，行必果，硜硜然小人哉！抑亦可以爲次矣。

行，去聲。硜，苦耕反。朱子曰：果，必行也。硜，小石之堅確者。小人，言其識量之淺狹也。不權義而必於信，果雖失之偏，亦可自全其介。

曰：今之從政者何如？子曰：噫！斗筲之人，何足算也？

筲，所交反。算，亦作筭，悉亂反。今之從政者，謂勢利之徒。斗，量名，容十升。鄭康成曰：噫，心不平之聲。筲，竹器，容斗二升。算，數也。子深嘆其忝士林而爲民害也。

附　解

子貢天資高邁，平日志趣非常，此章則甚爲切實，蓋將聞性與天道時也。首節就子貢所能爲者勖之，身分甚高。行已有恥，勿但作有羞惡説，聖德王功皆己分内事也。行其性分職分所當爲，而一毫愧怍，自心恥之，蓋德幾於精純矣。使於四方，德望足以服人，才能足以應變，即履險蹈危，必全大節，即此一端以明才之非小，故爲第一流人品。孝弟之至，通神明，光四海，乃曰宗族鄉黨稱之而已，則其孝弟僅於恪謹寡過，無明體達用之材，故爲其次。末節與大人言，不必信，正相反，硜硜然小人哉，形其志量之膠固也。此雖無變通之學，然猶知守己亦不害其爲士。末節子貢之問原有不滿之心，而子鄙之、慨之，則斗筲之人其爲世害，聖賢所同嫉也。程子謂：子貢之意欲爲皎皎之行。鑿空之詞，厚誣子貢，不可從。

子曰：不得中行而與之，必也狂狷乎。狂者進取，狷者有所不爲也。

狷，音絹。夫子獎進狂狷，欲其自愛而幾中道，與孟子之意不同。包氏曰：中行，行能得其中者。狂者進取於善道，狷者守節也。

附　解

孔門狂狷之士甚多，夫子恐其自棄，故爲此言。言中行既不可得，則可與，必以狂狷，蓋人情每多卑鄙。狂者，一意以聖人爲期，不爲嗜欲所困。狷者，禮義自閑，不爲非義，皆美質也。若能自愛而自勉焉，何異於中行哉？純是奬勸之詞。孟子引孔子之言，則重狷者而惡鄉愿，又是一意矣。勿混視之。

子曰：南人有言曰：人而無恒，不可以作巫醫。善夫！

恒，胡登反。夫，音扶。南人爲巫醫言，子善之，以明凡事皆不可以無恒也。孔氏曰：南人，南國之人。朱子曰：恒，常久也。巫，所以交鬼神。醫，所以寄生死。

不恒其德，或承之羞。

引《易》而言德，尤不可無恒，否則召羞。朱子曰：承，進也。

子曰：不占而已矣。

言由其不占，故無恒，而不自羞也。

附　解

人皆有德，而蔽於物，溺於欲，有初鮮終，由是輾轉於世俗卑靡之途，以聖人爲不可學。夫子引南人之言，見凡事皆當有恒，然他事無成，猶或不關身心，若德，則吾身之理命於天者，恒與否，榮辱係焉。《易》言不恒，以羞惡之良惕之。曰或承之，言羞之來也甚捷。當時時長保其恒，方可免羞。夫子曰：不恒德而召羞者，皆不占此爻耳。文法嶺斷雲連，意實相承説下，舊解欠明。食醫、疾醫，下士其法，本於神農，繼之者黄帝、岐伯、伊尹，皆聖人之循，故能洞見陰陽造化之本，天時人事之變，而盡其神明之道。巫之興也，先王以幽明一理，恐人昧理而自遠於天，故假之以通幽明。神不遠人，惟德可享。《周禮》春官所掌喪祭裁旱，皆用之。亦調燮陰陽之一道。《楚語》曰：古者民之精爽，不攜貳者，而又能齊肅中正。其知能上下比義，其聖能光遠宣朗，其明能光照之，其聰能聽徹之，如是其神明降之，聖人以此調劑陰陽，與醫皆非賤役也。後世窮理盡性之學既罕，天人相契之理亦微，巫覡多途，流爲邪妄，儒者不察其原，並欲廢之，不知先王制禮之精意，未可以末流之失相誣也。

子曰：君子和而不同，小人同而不和。

以義相悦曰和，以私相昵曰同，欲人析其心而辨其似。

附　解

朱子謂晏子論和同，是必於立異不可。引證此章，愚謂梁邱據之同、晏子之所謂和，此章皆足該括之。第夫子之意，猶不止如朱子論韓范諸公者。無論在朝、在野，一言一動皆然。善哉！《四書》讀之言曰：君子和於君子，亦且和於小人，不獨不同於小人，亦且不同於君子；小人不獨同於小人，亦且能同於君子，不獨不和於君子，亦且不自和於小人。可以盡其義矣。

子貢問曰：鄉人皆好之，何如？子曰：未可也。鄉人皆惡之，何如？子曰：未可也。不如鄉人之善者好之，其不善者惡之。

好、惡，並去聲。惟仁者能好惡人，則鄉人不足據久矣。特當時取士於鄉，以鄉之好惡爲定者衆。子貢疑而問之，夫子言善惡各從其類，所以能知善惡者，尤宜謹也。

附　解

鄉人皆好之，宜其公矣。子曰：未可。子貢又疑，或者鄉人皆惡爲賢。及子示以善惡之分，而後爲允。然所以辨其善惡者，豈易言哉？苟不務窮理而急於知人，則所謂賢者不賢，修身處世，皆反貽誤，故知人以正己爲先，毋庸向人索解。蔡覺軒謂明道先生，狡僞者獻其誠，暴慢者致其恭。然亦不可一概而論，孔子尚愠於群小，久友如原壤，疏遠如桓魋，且不革面，而七十子之徒心悦誠服，若謂窮居獨善，無人不以爲賢，决無是理。

子曰：君子易事而難説也。説之不以道，不説也；及其使人也，器之。小人難事而易説也。説之雖不以道，説也；及其使人也，求備焉。

易，去聲。説，音悦。事人者，説人而不以道自處，不足信於君子，且徒得罪小人。夫子表其用情之殊，使人以道自守，始不失己，而亦不失人也。器之，如用器者，各以其所能。

附　解

凡人修身立德，求其自信而已。豈有因人易事、易説而迎合之理？此爲擇君處友者言，欲人慎於托足耳。君子純乎天理，非理則不説，合乎理即一技一名皆所取也；小人純乎私欲，徇私易説，拂其私即奇才異能皆所斥也。自古才能之士急於求售，往往輕身事人，至於喪節敗名。即有經世之學者，亦昧於擇主，貽悔終身。子故言其情狀，使事人、説人者審之。

子曰：君子泰而不驕，小人驕而不泰。

以理自足曰泰，以欲勝人曰驕，二者天淵而人常混視，故辨之。

附　解

舊言與《坦蕩蕩》章同意，非也。彼言坦蕩蕩、長戚戚相反，此則泰與驕相似。君子安舒，無入不得。小人嗜欲如心，亦有洋洋自得之時。然不求天理之安，特快私心之適。當其志得意滿，人以爲泰也，不知其驕也。君子功蓋天下，德極聖神，亦以爲分内之事，心理之安而已，故不驕。小人稍如意則驕誇勝於人，實則患得患失，何由而泰？

子曰：剛、毅、木、訥，近仁。

理屈於欲而柔靡奢佞生焉。表四者之近仁，欲其因而成德，無者反而自修。王氏曰：剛，無欲。毅，果敢。木，質樸。訥，遲鈍。

附　解

爲聖、爲賢不恃質而恃學。若必美質，始可爲仁。困勉，何以希聖？此章特爲柔靡浮華者痛下鍼砭。言四者之近仁，則反是不仁。可知欲人從樸實用功，以幾仁也。若呆向資質索解，則非鞭策人意。

子路問曰：何如斯可謂之士矣？子曰：切切偲偲，怡怡如也，可謂士矣。朋友切切偲偲，兄弟怡怡。

子路不足於養，故勖以中和之意象。胡氏曰：切切，懇到也。偲偲，詳勉也。怡怡，和悦也。朋友兄弟各以其所重言之，非子路有賊恩善柔之弊也。

附　解

子路有士之行，特涵養未至。夫子擬中和氣象以勖之。切切偲偲，怡怡如也，詳細形容，嘆想不盡。朋友兄弟二句，又言其施之各當，則精義可知。子路晚年，夫子每以大成期之，或者不察，一概抹殺其好處，大非。

子曰：善人教民七年，亦可以即戎矣。

春秋争兵虐民，子故言仁心、仁政兼至，久而庶可即戎，以警當時也。朱子曰：教民者，教之以孝弟忠信之行、務農講武之法。即，就也。戎，兵也。

附　解

兵以禁暴安民。春秋時用以逞忿，不恤民生，大傷天和矣。善人有子民之誠心，又有養民之善政，本末備具，教化大行，必至七年，庶可即戎。奈何非善人而殘民以逞哉？此立言之意。下章即是此章反面。此善人身分甚高，因爲即戎説，故特言善人以醒時君，使其以善恤民。舊以爲不踐迹之善人，又或以王者仁人較量，皆誤。

子曰：以不教民戰，是謂棄之。

驅無知於死亡，忍心害理，是謂棄之。動以天良也。

憲問第十四凡四十七章

憲問恥。子曰：邦有道，穀；邦無道，穀，恥也。

憲，原思名。穀，禄也。有道無道，惟知食禄，卑鄙極矣。反是，則爲用行舍藏之學，恥豈易言免哉？

附　解

士君子立身當爲宇宙不可少之人，萬物皆備於我，盡其性以盡人物之性。時而有道，出所學以濟世，參贊裁成，伊周非有加於性分也，而豈爲禄仕乎？時而無道，懷悲憫於無何，山棲水伏，孔孟窮居，非遂忘情救世也，而況憂貧餒乎？原憲負志清高，其問恥也，不過求潔己寡過之行，而夫子告之如此，求免於恥，則用行舍藏，全體大用之道在焉，所以期之者。至厥後，原思以清介名，雖未必體用兼全，然有不爲也，而後可以有爲。其設施亦可想見，因未見於時，後人第就遺文所有論之，遂謂其有守未必有爲，抑思常禄且不欲受，況於非分？聖門賢材甚多，非可以無徵而妄議，以爲辭禄一事在此章之前者，非也。

克、伐、怨、欲不行焉，可以爲仁矣？子曰：可以爲難矣，仁則吾不知也。

朱子曰：克，好勝。伐，自務。怨，忿恨。欲，貪欲。四者皆心之私而違於理。制之不行，亦有苦功。第仁者存養熟而陰質融，自無四者之累也。此亦原憲問而夫子答。

附　解

人心一也，而何以有道心、人心之分？此理不明，養心者强制人心，至於不動，乃告子之不動心也，而遂以爲道心已全。養氣者，善保凡氣，至於康壽，乃方外之能駐顔也。而因之謂人心已净，此聖人實學，所以高者入於禪，卑者所以流於妄。今將避忌而不明言，聖人之學不得其實，而佛老之僞者亦誣佛老。内聖外王之學，人何以幾，而世何以有善治？蓋人秉天地之秀而生，其氣質由於父母，其性命本於陰陽，陰之靈統於地，陽之靈本乎天。天地一真陰、真陽也，陰陽之渾然者爲太極，以其爲理氣之極致而無以加，故曰太極。太極動而生陽，静而生陰。因有闔闢，闔闢之機至神，闔闢之用至廣，陰陽無日不闔闢，即化機無日不流行，而秉其氣以生者，種類繁而清濁亦因之判矣。得其秀者爲人，秀者何？陰陽之正而已。先天陰陽尚未兩分，感天地之氣而有形，形成於地，得天地之正而有性，性原於天，其渾然、粹然者，無可名言，而實二五真精之所凝，於時無有知覺，安所謂性？而實則此理之渾成者，心也，即性也，孟子所謂性善者也。迨夫胎養已足，形骸具而天命全，心之靈貫乎血氣，而性之理含於至陰，墮地而分爲情識，七竅開而性之靈見於上，二竅開而命之靈見於下，氣質然。理之渾然者，非舊故。性命合一者，天地；性命分位者，人身也。身爲質，質以氣靈而性即以氣梏，非氣之過，所以成形於祖宗父母者不同，故質亦不同。而性囿於質，質重累心，心妄累性矣。孔子曰：性相近。以此聖人以克己復禮，教人存有覺之心，養無爲之性。静而虚定，必使一念不起，渾然在中，所謂致中也。動而省察，必使念念合理，力除邪妄，所謂致和也。孔子曰：爲仁以性，存於氣質之中，如果核之仁，存於深密之際而實生機之本耳。孟子曰養氣以理，不外氣質，而寓如金玉之生，必藉沙石而成，故返氣於虚静耳。至於動而爲萬變，以義禮智信行之，皆本乎此。心之良而嚴其敬慎，然非仁之存於内者純，必不能外之著者當。中也者，天下之大本也。和也者，天下之達道也。致和本於至中，萬理歸於一理。孔子以爲仁詔門人，原思其亦聞之矣。因心不易制於其動而嚴加克治，治之至久，覺外誘之來堅持不動，遂以爲仁。子以爲難，謂其省察克治之苦耳。然所謂仁者，必涵養功深，先天一元之性由有諸已，而充實而大，而化，此身之私累咸消。内外之中和，一貫自然，静則渾然無爲，動則泛應各當，故曰仁。則吾不知也，抑此理也。其義本於羲文，先天乾南坤北，而後天離南坎北者，何哉？乾坤無功，以日月爲功，六子皆乾坤所化，而坎離獨得其真陰、真陽。人心，先天爲乾，後天爲離，離中之陰即人心之靈也。而天地則至陽之離，以陰爲輔，人心則不能然，故心之陰，常蔽其性之明，而克己復禮者，必克陰累以全陽性。因後世邪妄之術托於坎離，於是取坎塡離，人不知爲克己復禮，而以爲爐火交媾，種種怪誕，則天地之性人爲貴，所以然者無從而知矣。夫天地不過一陰一陽，陰陽闔闢而生萬物，人得陰陽之正者在先天，失陰陽之正者在後天，此心所以分爲人心、道心，性所以有皆善與相近也。不明乎天地之原與人身受氣成形之本，然安能知性與心之分合立命，事天之實功哉？第其功夫次第，非文字所能傳，必有明師授受，恒久不息，乃可知耳。

子曰：士而懷居，不足以爲士矣。

居，非禮而苟便於己者。懷，思戀也。此必有爲而言。

附　解

居，不是居室，凡意所便安處皆是。士之名至貴，聖人屢言之。後世將此一字看輕，故自勉爲聖賢者寡矣。

子曰：邦有道，危言危行；邦無道，危行言孫。

行、孫，皆去聲。君子言行以道，無可危也。矯激者流危其言行以自禍，故子言有道則可，無道則否，蓋爲泄冶之流而發。

附　解

危字不是好字面，君子秉德中和，言行以道，不求自異於人，而自無入不得，何危之有？昧者矯激行之，則可危矣。故子言邦有道，可以危言危行。無道，則當危行言孫。蓋專就岸然自異之流指出一危字以警之。非君子言行，必爲其危，至無道，乃斟酌出之也。語意側注無道一邊。

子曰：有德者必有言，有言者不必有德。仁者必有勇，勇者不必有仁。

此爲觀人者言。使辨乎德與仁之真，而不必以言勇遽信也。有德之言直道其心，德，徒言則倖中耳。仁者之勇，天理剛强，徒勇則血氣耳。

附　解

春秋時尚言、尚勇，已漸開戰國游談、俠客風氣。夫子此章特爲劃清界限，使人務於德與仁，不必向言勇索解救世之良方也。有德之人自道其心得，自然詳悉精微，能言者或剽竊巧飾。仁者力行乎天理，不計成敗、利鈍。有勇者或粗豪矯激，二者相去有天淵之分，而非素致力於德與仁者，往往不能分别，是以君子必求實得。

南宫适問於孔子曰：羿善射，奡盪舟，俱不得其死然。禹、稷躬稼而有天下。夫子不答，南宫适出。子曰：君子哉若人！尚德哉若人！

孔氏安國曰：羿，有窮國之君。簒夏后相之位，其臣寒浞殺之，因其室生奡。奡多力，能陸地行舟，爲夏后少康所殺。然，助語辭。君子崇德黜力，以承天心，非爲報也。而常人蔽於目前，則往往易之。羿、奡及身而滅，禹、稷易世而王，遲速榮枯，其所由來遠矣。适，世卿之胄處尚力之時，而有見於夫子之不終窮，故以古微問之。夫子不答，以其理不爽，而其報則君子所不言也。出而美之，存其理以風世。君子，言其品。尚德，言其心也。

附　解

爲善無報而惡不可爲，正其誼不謀其利，明其道不計其功，君子修德於身性分之事，曷計其後之何如哉？然果盡人合天，天必享之。特君子則本無是想耳。南容以夫子道大雖莫容於時，後必食報，蓋不惟信夫子之深，且知天人之故矣。夫子不答，非嫌於尊己，亦以天道神而莫測，將以其言爲是，而感應或不可期，將以其言爲非，而理自不可移易。君子哉若人，尚德哉。若人蓋非君子，必不能深知天理而卓然自命。非尚德何能不惑於目前之得失？

子曰：君子而不仁者有矣夫，未有小人而仁者也。

夫，音扶。言仁之難全。警君子而愧小人也。既爲君子，尤當慎微。不爲小人，始堪入道。

附　解

仁者，天命之性也。君子全仁矣。而一息之踈即入於不仁。若小人則必先昧其天良，而後敢爲惡。則一毫之仁，彼斷不能假借兩面説來。爲君子者當益加精嚴，爲小人者能無汗下？

子曰：愛之，能勿勞乎？忠焉，能勿誨乎？

誠於愛子、忠於誘人者，必勞之、誨之。夫子此言欲爲子弟者體教也。

附 解

舊解以誨爲納誨，愛子忠君並言，尊卑失體，聖言必不如是。且事亦大不相類，蓋緣錯看忠字耳。此忠字只作盡心解，夫子因爲子弟者不體父師之訓，反病其太嚴，故曉之以誠訓。子弟不得不出於勞誨之一途。能勿二字，令爲子弟者自思之而自悟之。

子曰：爲命，裨諶草創之，世叔討論之，行人子羽修飾之，東里子産潤色之。

裨，婢之反。諶，時林反。爲，猶治也。命，辭命。孔氏曰：裨諶，鄭大夫然明也。世叔，游吉。子羽，公孫揮。夫子欲以修睦靖兵争，而表鄭之爲命，蓋兵亂惟禮可以已之。草創、討論四者皆折衷於義理以服人，非徒口舌也。厥後降而愈烈，縱横之輩顛倒是非，以禍人國，然後知夫子之所慮者遠。四子各有所長，故夫子别白之，非必共成一命以行之。草創通其大要，討論析其條目，修飾去其不合，潤色益以典雅。行人，使官。東里，鄭之圃澤。

附 解

周制：天子諸侯聘問會同，所以聯上下、維遠邇，其禮甚重。春秋尚力黜德，既難望其以仁義相與安民息争，而禮義猶存，能言者尚往往以片語息争，故爲命一事爲修好息民之要。但不本諸禮而逞口舌以相争，必反增亂。夫子憂之，故特表鄭之爲命以見如四子者，各有所長，共濟其長，始云無憾，則保邦者宜知所法矣。他日夫子語子貢曰：使於四方，不辱君命。又曰：誦《詩》三百，不能專對。蓋皆即當時濟世之要，而言非泛云也。草創衹是大概，規模甚好。討論則能援古證今，切於事情。修飾者文采風流，温雅宜人。潤色則正大典則，得其中和。是四人詞命之長，非一事如此，預共爲之也。《春秋左傳》四人之言具在，曷嘗商酌而後應對？張甄陶引《聘禮》：百名以上書於策。謂即此章爲命之命，其説亦有所見。但夫子本意衹是言四子之於爲命，各有所長，皆可取法，非謂其共爲一命，始成一篇好文字也。蓋當時君命雖略具於簡書，而臨時酬對，全賴使者之才。列國相與，倉猝應對，安得其爲商議妥當始出應對之理？爲命猶言得人以治之，言語亦德行之助也。春秋雖衰，而能言者以理折人，人亦悦服。蓋文武周公禮教涵濡者有由，迨後陵夷益甚，游士以口舌構禍，處士横議，是非淆亂，卒至始皇厭惡而坑之。人猶不悟，談天雕龍之輩復揚其波，至於清談敗俗，則求如鄭之爲命者亦不可得矣，故聖人之所見者遠也。

或問子産。子曰：惠人也。

爲政以愛人爲本。子産强國庇民，恩義兼美，故許之。

問子西。曰：彼哉彼哉！

子西，楚公子申也。亦有賢名，然不能以義輔君，任其僭王猾夏，又沮孔子於昭王，召白公以致亂，故外之。

問管仲。曰：人也。奪伯氏騈邑三百，飯疏食，没齒無怨言。

人也，言亦當時之一人也。邢氏曰：伯氏，齊大人，食邑於騈三百家。《水經注》：臨朐縣古城東，古騈邑地。没齒，猶言終身。仲之事至多，特舉奪邑無怨以見其功足服人，非徒威屈也。

附解

聖人取人以恕，苟有可濟於時，皆節録焉。子産有君子之道四，夫子稱之。蓋鄭小而弱，偪於兩大，能以恭敬惠義强國庇民，民蒙其福。其卒也，子爲出涕，因或人之問，而曰：惠人也。亟許之之詞。程子乃謂子産於聖人之道概乎未有聞，不亦苛乎！豈不思夫子以道許之乎？子西在楚，亦有功業，第楚僭王猾夏，毫不能正，即此一端，大義不明可知。他事亦多違道。彼哉彼哉，無足論也。或疑子西爲楚宗室，楚之僭王已久，欲其革之，毋乃難行。不知聖人取人以根本爲先，周天子尚在，楚乃僭王，名分既非，尚何以治民？子西果聞聖賢之道，則必先正其名，以昭王之賢，輔之以義，爲周屏藩可也。三代後如關雲長、孔明輔漢，亦未成功，然大義懔然，千秋所仰。孫、曹豈無賢臣，如荀文若、魯子敬輩，祇因不明大義，皆無足取，此最人生立品第一關頭。昭王幼，冲倚子西爲政，尤不難自展其學，所見若此，其人可知。至管仲爲人，夫子言其器小，又許其仁，稱其功。蓋一匡天下，衰周賴以綿長，雖學不純正，才實可嘉。此章特稱之曰：人也。言亦一時之人望，猶俗稱也，算得一個人也。下文舉其奪伯氏之邑，令伯氏終身貧賤而無怨言，則平生實有感服人處，非徒以威屈人，亦許之之詞也。諸葛孔明黜李平，孔明死，平悲泣死，以後無能用己者，又深於仲一層矣。故子産、管仲有功於民，子皆許之。子西無功於周，無德於民，子故黜之。可以知取人之法也。

子曰：貧而無怨難，富而無驕易。

易，去聲。貧不改其性分之樂，富必廣其施濟之仁，故無怨難而無驕易。

附　解

貧富皆身外之遇也。而人每以喪其所守，惟性定者貧而有以自樂，富而有以及人。僅以無驕了事，世之守財虜亦或能之。惟貧而無怨者，富必能好禮，夫子此言警富而勉貧也。

子曰：孟公綽爲趙、魏老則優，不可以爲滕、薛大夫。

老，大夫室老。趙、魏，喻三家。滕、薛，喻魯也。是時掊克入私家而公室無撥亂之臣，如公綽者，用違其才，所長不著，而國亦靡收其效。夫子言此惜之，然則當時之所急需，亦可知矣。

附　解

朱子廉静寡欲而短於才，只解優與不可，實際講章以爲譏魯官人之失。夫子口中不可露出。陳子龍云：春秋政將在家，而小國日困，其論甚美。要惟二説相兼，其義始備。陸稼書謂：廉静，自廉静。短於才，自短於才。非廉静之人便短於才。張甄陶引申其説。愚謂廉静二字，朱子及諸人所言蓋資稟耳。若從聖人學問中出者則廉，即守義之真，如伊尹一介不取與是。静即至誠之體，如夫子寂然不動者是。何至短於才乎？三代以下，聖人全體大用之道，罕能一一深造，故於才智之短长以爲天定者不可人爲。而一二恬静之士寡欲養心，不過如禪家清净之比，遂以爲道學，及試諸百爲，往往拙滯。又謂廉静之人不必有才。豈知生質之異，優劣固各有不同，而苟以聖學陶成，則成功一致。故爲國家儲才，師儒之教不可一日而不立也。若諸葛武侯淡泊明志，寧静致遠，亦是從學問中來，非恃天資，後人不得其解者多矣。

子路問成人。子曰：若臧武仲之知，公綽之不欲，卞莊子之勇，冉求之藝，文之以禮樂，亦可以爲成人矣。

知，去聲。朱子曰：成人，猶全人。武仲，魯大夫，名紇。莊子，魯卞邑大夫。聖人盡性而立人，極其次，才學之美，不狃於偏，而以禮樂致其中和。夫子以此策子路。智廉勇藝，舉四子以實之者，見才智隨在皆有，難在文以禮樂耳。禮樂本有成規，循而習之，故曰文。

曰：今之（民）［成］人者何必然？見利思義，見危授命，久要不忘平生之言，亦可以爲成人矣。

思義三者，子路之所能也。夫子破其自用之見，故又言若今之所謂成人者，則何必然？但能如是，已推爲成人矣。然有志之士不囿於今，豈願以此自足？蓋諷厲之詞。孔氏曰：久要，舊約也。

附　解

知、廉、勇、藝，子路皆有之。所少者，文之以禮樂耳。子路問成人，蓋以爲難。子舉同時四人以實其狀，言如此而文以禮樂即爲成人，是欲子路於禮樂加意。禮樂若由心性而發，則與天地同節同和，聖人之事也。此緊承上四項説下，是以禮樂文四者。文者服習涵泳，漸次歸於中和。當時周公禮樂之法具在，行之即是，故曰文。下節非每况愈下，蓋恐子路以其所能自足，故更端提撕，吃緊在今之成人者句，言今世之人不知大成之詣，苟且自安，有是三者已自以爲成人，人亦以爲成人矣。吾黨志古而不囿今，豈其如是？言下有許多激厲在。

子問公叔文子於公明賈曰：信乎夫子不言、不笑、不取乎？

公叔文子，衛大夫，公孫拔，賢大夫也。與子同時，子非不知。而人言目以不近情之事，故問之。公明，氏。賈，名。亦衛人。

公明賈對曰：以告者過也。夫子時然後言，人不厭其言；樂然後笑，人不厭其笑；義然後取，人不厭其取。子曰：其然？豈其然乎？

樂，音洛。以時出之而當其可，故人不厭。而惜其不常然，則以爲不言笑取也，賈揚之太過，則不足肖其真，而反晦其善。其然，豈其然乎？謂賈非文子知己也。

附　解

君子不求人知，而亦不患無人知之。知之者，亦君子也。世之毁君子者，固不足道。有美君子者，又或推揚太過，被以不近情之目。如此章人言及公明賈所云，皆失文子之真。夫子與文子同時，夙知其賢，故曰：其然？豈其然乎？言文子實未能，然賈言徒啓後世之惑耳。若素不相知，聞善而疑，則非聖人心迹。愚嘗慨褒譏古人者，毁譽往往失宜，惟仁者能好人，能惡人。衆好之必察，衆惡之必察，所以察之者非仁乎？未至於仁，又安能去取善惡？

子曰：臧武仲以防求爲後於魯，雖曰不要君，吾不信也。

要，平聲。防，武仲封邑。要，挾制意。卑詞請後可也，而必據邑以請，當時無有議之。夫子明其要君以禁，挾私而干分者。事見《春秋》襄公二十三年。魯有兩防邑，臧氏邑在今兗州費縣東北，近齊。

附　解

武仲得罪出奔，自知罪不及不祀矣。而又據防以請，全是一團私意，用事不顧名分。當時魯君臣本無絶臧氏之念，即從其請，更立臧爲。未遑察及武仲如防之志也。即其盟詞，亦第曰無。或如臧孫氏干國之紀，犯門斬關。夫子獨表其要君者，春秋罔顧名義，私智妄爲，特即武仲以示警。凡用智而不明大義者，可以汗下矣。張甄陶謂：仲不如防，季氏必阻擾之。非是。季氏一時爲孟孫所欺，逐臧孫紇。及其出奔之後，與國人盟之，第以犯門斬關爲詞，蓋已知其非，實特不肯自己認錯耳。臧氏世有勳勞，魯未嘗遂欲絶之，故仲亦曰：紇之罪不及不祀也。其如防請邑，乃智者慮事過處，不知已是犯要君之大罪。夫子特就此指出，以戒夫人臣之效尤者，非爲仲一人言也。切勿誤認反似聖人必搜求人之過失。

子曰：晉文公譎而不正，齊桓公正而不譎。

譎，古穴反。譎，詐也。德衰而力興，競稱霸功。晉文之後，世主夏盟，人尤争羡。夫子明其不如桓，欲以正止譎，救時弊也。厥後凌夷，至於戰國，卒以譎亡，聖言豈不遠哉？

附　解

齊桓在晉文前，若專論二公優劣，自當先桓後文。乃從晉文説起，譎而不正，正而不譎，中間紐合，蓋深貶晉文也。五霸皆非正道，而齊桓豁達，猶有近正之概。至晉文，純用機智，害義益甚矣！第齊桓一傳而衰，晉文之後，世主夏盟，常人以成敗論。人每豔羡文，春秋之末尚智尚力，皆祖晉文也。故夫子特言文不如桓，以明凡事以正爲貴，不得以文之譎爲法。自春秋至於戰國、亡秦皆以譎敗者也。孟子言仁義而黜霸功，與此章同一意見。後世論人惟問成敗、利鈍，不問正譎，其爲天下人心害非淺。安得盡人而熟味此章乎？齊桓凡事坦率，晉文凡事狡猾。不獨如朱子《集注》所云，若晉文安受懷嬴之媵，即此一事，其天良澌滅可見。或曰：齊桓没而遂衰，晉文卒，秦師過境，柩有聲如牛，是晉文尚有靈矣。不知此乃天意眷周，綿文武之緒，假晉文之柩使絶秦入周之路，崤函一敗而秦不敢入中國者數百年。迨三家分晉而秦始强，故戰崤之役，夫子亦特書之。周室東遷，晉鄭焉依？天下大勢造物深心，固非因晉文而然也。

子路曰：桓公殺公子糾，召忽死之，管仲不死。曰：未仁乎？子曰：桓公九合諸侯，不以兵車，管仲之力也。如其仁！如其仁！

糾，居黝反。召，音邵。桓公、子糾，皆僖公庶子。國統本無專屬，齊國無主，互相争立其直鈞也。但國亂民危之時，能定亂者則君之。管、召之於子糾，非奉君命而臣，可以死，可以無死。夫子略仲之不死而許其仁，重其救時，亦以其本無傷於節義也。詳見下章，其事具見《春秋左傳》。朱子曰：九，《春秋傳》作糾，督也。如其仁，孔氏曰：誰如管仲之仁？

子貢曰：管仲非仁者與？桓公殺公子糾，不能死，又相之。子曰：管仲相桓公，霸諸侯，一匡天下，民到於今受其賜。微管仲，吾其被髮左衽矣。豈若匹夫匹婦之爲諒也，自經於溝瀆而莫之知也。

與，平聲。相，去聲。被，寄皮反。衽，面審反。子貢以仲相桓爲非。而子言仲之功在相桓，又言其不死之無害於義，則非略本而重末矣。朱子曰：微，無也。衽，衣襟也。被髮左衽，夷狄之俗。諒，小信。經，縊也。

附　解

《左傳》公伐齊納子糾，而《公》《穀》無子字，遂來衆論之紛紜。夫事實《左氏》詳於《公》《穀》，則説經當主《左氏》也。桓公、子糾誰當立否，千載疑案。糾兄桓弟，三傳《注疏》並無異説。其見於他書者，荀卿亦云，《史記》則序糾於小白之上。獨薄昭以桓爲兄。趙汸謂其爲漢文諱，理當然也。而程子、胡安國據以爲是。本朝張甄陶亦主之，則未免左袒矣。朱子《集注》《或問》引用程子，而其《答潘友恭書》又信荀卿，而不信薄昭。《欽定春秋》兩存之。豐城甘紱以庶孽定其説，適符愚心，今從之。第其論王珪、魏徵及張甄陶引《春秋》以决疑，猶有未允，是不可以無辨也。兹附論之。《春秋》書宋人執鄭祭仲，突歸於鄭，鄭忽出奔衛。貶宋曰人，斥名曰突，繫忽於鄭，後又書鄭世子忽，是非顯然，蓋忽本世子而當有鄭者也。其書齊人殺無知人者，衆誅之辭也。公及齊大夫盟於蔇。夏，公伐齊納子糾。齊小白入於齊。稱大夫而叙其盟，是納糾，出於齊，臣之公議也。稱伐、稱子糾，以莊公志在定亂，無貶詞。接書小白之入，其爲乘隙潛入，出於衆所不料，顯然矣。繫小白於齊，亦猶稱子糾以見二人之直鈞也。惟是魯君一片美意，不能善終。一敗而遂聽叔牙之所爲，故於乾時之敗諱之。又書齊人取子糾，殺之，甚齊人以惜魯君也。而召忽之死不書，管仲之囚不記，以仲忽二人於糾爲私相從以避難，非奉君而輔。二人有一定主臣之義也。召忽之死，固不爲非，亦不爲美，誤在擇主之不明。管仲若無救世之才，徒偷生以事二主，則有罪焉。惟桓公、子糾皆君庶子，皆可以有國，而自度有救世之才，知桓必用己，可以有爲，自請就囚，其後卒以功扶衰周而靖夷夏，故夫子略其不死而許以仁。非可以死而不死，邀倖於異日之功名以自贖，夫子乃與之也。若王珪、魏徵受高祖命輔太子。太子之位已定，天子之命在身。(元)［玄］武門之事，太宗殺太子，非高祖命之殺也。高祖迫於世民之黨勢，不得不立世民，使高祖明正世民之罪，世民其能甘心受戮乎？即其黨亦豈能晏然乎？王珪、魏徵受命輔弼，平日不能誨建成以孝友，已有應得之咎。當太子被殺，束縛詣闕，自明引導無狀，請正典刑，高祖赦之。潔身遠引，可也。如高祖命輔世民，固辭不獲亦當請爲太子立，後庶幾猶可以安，乃爲太宗而起，豈得與管仲相擬哉？聖人如天，無心是非，惟其自爲桓、糾，皆可以立。而管仲、召忽與鮑叔牙，當二人未定位之時，均可以，毋庸深究。管仲不爲一己生而爲天下生，是以爲仁。故夫子曰：豈若匹夫匹婦自經於溝瀆。若如講家心術之仁、事功之仁云云，則未免難通。蓋舍心術無以爲事功也。叔向謂小白僖公庶子，程子、胡康侯主《穀梁》以爲襄公之子。夫叔向去齊桓未遠，固宜可信，即以爲襄公之子，亦庶子未正青宫，管、召亦未奉命輔導也。

公叔文子之臣大夫僎，與文子同升諸公。子聞之，曰：可以爲文矣。

僎，士免反。孔氏安國曰：大夫僎，本文子家臣，薦之，使與己並爲大夫，同升公朝。春秋世胄躔位，寒畯難登，文子忘分引賢，夫子所以亟與之可以爲文，議論者不之及而子則流連至矣。

附　解

忠臣之事莫大於薦賢。然非實有忘己下賢之誠者，不能然也。僎爲文子家臣，與文子同升諸公。僎也安之，文子忘之，皆可爲賢矣，而文子尤難。可以爲文，以爲論謚法可，以爲論薦賢亦可。後世受爵公朝，拜恩私室，所用者未必皆賢。而賢者又不屑苟就，故門生故吏之誼重，則受國憂民之念輕，所關非淺鮮也。若夫知賢而蔽之，固寵貪位，恃己忌才，罪大惡極，古人已詳戒之，兹不贅。或曰：門生故吏詎不當報，本乎？曰非也。賢者擇人而與當其爲所奔走時，固已稔其賢，而後事及其爲所薦舉，自可受之無慚。至於竭忠事君，所薦之人正色立朝，適符乎薦者之初心，有相得無相妨也。生爲莫逆，死亦銜恩。古人重知己，不以是哉。苟非其人，則夤緣狎比，背公徇私，一錯皆錯，故當分别觀之。

子言衛靈公之無道也，康子曰：夫如是，奚而不喪？孔子曰：仲叔圉治賓客，祝鮀治宗廟，王孫賈治軍旅。夫如是，奚其喪？

夫，音扶。喪，去聲。仲叔圉即孔文子。是時魯多賢士，而康子竊位蔽賢，夫子因衛靈以警發之。張甄陶説是也。治賓客無失禮，治宗廟陳信詞，賈能治軍旅尤具，見於《左傳》，三子之長僅此，而靈公賴以不喪，况其上者乎？

附　解

祝鮀治宗廟，蓋其諳於典物儀文。時文切佞立説，是神可欺而誣矣。不通之甚。

子曰：其言之不怍，則爲之也難。

真知而力行者，常見其不足爲難，故怍。否則，勦襲而無真見者也，故决其必不能爲，此亦有爲而言。

陳成子弑簡公。

事見《春秋》哀公十四年。

孔子沐浴而朝，告於哀公曰：陳恒弑其君，請討之。

是時三家擅魯，孔子請討陳恒，欲公申大義而攬乾綱，不止爲齊也。

公曰：告夫三子。

夫，音扶。公不能自令三子，而使孔子告之。

孔子曰：以吾從大夫之後，不敢不告也。君曰告夫三子者。

言大義所在，己不容辭。君乃諉之三子，誤矣。

之三子告，不可。孔子曰：以吾從大夫之後，不敢不告也。

三子，魯之陳氏也，故不可。子復如前言以警之。

附　解

春秋時弑君者多，而在夫子爲大夫後，恰止陳恒一事。篇中兩言從大夫之後，是所以請討之故。而其意則欲哀公乘此事機收大權也。使公發令國中以順討逆，君命已出，三子亦無如公議何，國柄可收，大倫可正矣。乃公巽懦不果。是歲絶筆於獲麟，傷空言之，無補也。《公羊》謂文成致麟，固屬誣妄。而張甄陶竟謂絶筆因陳恒，亦非。春秋弑逆未有能討正者，獨陳恒之事，史不敢書，孔子無從筆削乎。朱注發本文已爲詳盡，惟載程子，非左氏及胡氏先發後聞之説，義欠允協，不容不辨。聖人行事計禮義，不計利害是已。然是時魯方危弱，哀公已明明自言，使夫子曰臣，第言其理而已。至於成敗，臣不能必。猶可以動其志乎？夫義理當爲之事，固已志在必爲，而周詳慎密，臨事懼好謀成，正所以善全其義理也。豈權譎不正之比哉？使哀公從夫子言，命三家出師，夫子必以君命臨三子，而並爲善其籌畫，疾雷不及掩耳，誅陳恒而定齊亂可也。尚安俟上告天子，下告方伯，延事機而使得備我哉？蓋孔子告哀公時，胷中已有成竹。沐浴誠敬，冀其事之必行，非徒嘗試一告。及哀公畏齊之言出，則非其心不欲討，第慮其力有不能。子安得不即彼此情勢曉之？且以魯衆加齊半可克，正就義理中曲直成敗而言，非他計利害可比。奈哀公即不畏齊，又畏三子，故夫子出而自嘆，深惜其言之不行也。如程子之言，可杜後世計功謀利之徒，亦易啓迂執不情之誚，蓋詞未達耳。至胡氏先發後聞，謂身受權爵，便宜討賊，毋貽君憂，權而得中。然夫子實無其位，亦不可行也。獲麟事，杜元凱謂：所感而起，故以爲終。較説得好。後世附會，朱子《集注》成圖書現，亦《公羊》之陋識。

子路問事君。子曰：勿欺也，而犯之。

以道事君，念無不誠。而又隨時納諫，忠愛之至也。不阿諛曰犯，非戇直之謂。

附　解

子路之學，升堂奉職盡公，其素所能，又性剛正，犯亦易事，而子告之以此，何也？人臣念念勿欺其君，煞是難事已能然矣。而又以爲吾心已盡，至於君之從否，不必深究，則非愛君之至，故曰勿欺也。自返無憾而又犯之，惟恐君或蹈於過失，則其忠愛乃至，以是爲子路勖。蓋勿欺者，其平日忠信篤敬，必有許多翼翼，君亦信之，犯則易入，不然徒犯，弗能强君之從也。古今人臣緘默者，固非戇直者，多取禍，正爲此章之義不明。

子曰：君子上達，小人下達。

君子盡性希天，日進而益上；小人徇欲忘身，日卑而益下。上與下判於幾希而其後霄壤。

附　解

天命之謂性，性即天理，人之所以爲人。聖人盡性以立人極，而天命通焉。故《詩》曰：帝謂文王，予懷明德。夫子聖，不自聖也。而曰：知我其天，天生德於予。天未喪斯文，匡人其如予何？不嫌自夸，何哉？天人一理，理造其精，即可合天。故曰：天且不違，而况於人。但天理止在吾身，身心清明，廣大純一不已，天即在是。動而爲言行事業，無處非天理，斯無事不享天心，君子上達，此其義也。小人以天爲遠，凡事任心悖理，久久惡盈，則名雖爲人，實已非人。夫子此言蓋爲門人示也。上達之功該窮理盡性，本末内外之學在中，非篤實深造不能，後世儒者諱言天命，不知一念而天理去留係焉。即天命賞罰從焉，是以致飾於外，無以清其本原，而純一不已之功克諧者少，僧羽之徒妄想合天，不知天理莫大於倫常。盡性者敦倫之本，人倫不修，天理已亡，又何能作聖？故此章之義，當時門弟子知之，實則人人皆可爲之。第以天人爲二，以上下爲空擬之詞，則上者少而下者多，聖人望人之心息矣。

子曰：古之學者爲己，今之學者爲人。

己謂身也。萬物皆備於我，反身而誠，則天地萬物一以貫之，成己即可成人矣。反是而求名務外，即爲爲人。

附　解

天地萬物之理，皆吾身之理。身修而己之天理全，即齊治均平，無不裕如。夫子曰：修己以敬。即安人，安百姓。爲己者，内而存養，求其無纖毫之駁雜，外而實踐，必忠恕而精義。夫是以德成，而獨善、兼善，皆於己優爲然，此必有明師友輔成之。古者禮教昌明，上以此取士，下以此修己，故多聖賢。夫子慨今之不如古也。爲人不特蠅營狗苟，爲爲人即束身自好，一有求知、求名之想，即難實心克己，盡性敦倫，此雖志趣卑汙，亦因世教不明使然。

蘧伯玉使人於孔子。孔子與之坐而問焉，曰：夫子何爲？對曰：夫子欲寡其過而未能也。使者出，子曰：使乎！使乎！

使，去聲。朱子曰：與之坐，敬其主以及其使。夫子，指伯玉。言其但欲寡過而猶未能，則其省身克己常若不及之意可見。使者之言卑約，而其主之賢益彰，亦可謂深知君子之心而善於辭令，故夫子再言使乎，以重美之。蓋聖賢深知義理之無窮，而常覺功行之難盡，惟伯玉實德信於左右，而使者又能曲傳其心，夫子美之，則知聖賢之契合者無二矣。

附　解

道之在人身者，與天地同。聖人德足以如天而未嘗自滿也。常人則惟見己之有餘，不知己之不足。豈知一念之動未能毫髮無私，即不免於過。夫子假年學《易》，可無大過。以不善、不能改爲憂。伯玉之欲寡過而未能，亦庶幾合德於夫子矣。使者能傳其義，則亦自修之人。故嘆美之。朱子引伯玉行年五十，知四十九年之非，語出《淮南子》。行年六十二句，乃莊子語一之非。

子曰：不在其位，不謀其政。

重出。

曾子曰：君子思不出其位。

宅心之所曰位。《詩》曰宥密是也。洗心退藏于密，執中也，敬止也，皆不出位之義也。夫子繫艮之詞而曾子述以教人，蓋誠意之功於此始，即化神之妙由此幾。

附　解

天地渾然耳，而一氣彌綸，萬物成形成象。於其散著者求之，理不可勝窮，知其本原之所在，而理可以一貫也。人身亦然，百骸統於一氣，萬事歸於一心。心之主宰者至純，則心之應變者悉協。連山首艮，示人以天地之機，止而不動者，其本也。文王以乾坤爲首，謂萬物無不本於天地耳。而其序八卦則以艮居東北，猶是連山之意。故曰艮其背，不獲其身云云。而夫子繫之曰：艮，止也。時止則止，時行則行。動靜不失其時，其道光明。夫動本於静止者，所以爲行之地於《大象》曰兼山艮。君子以思不出其位，位者何？先天太極之所，性命之原。《傳》曰：民受天地之中以生，所謂命也。天地之太極在中，人身秉天地之氣，亦有中。未生以前，渾然至善者於斯。既生以後，紛然散著者不復於斯。聖人教人收放心，而基命宥密，養浩然之氣，止於其所，致中之義也。動則省察是非，是則擴充，非則克治，而非養其中者，熟則動察亦不能精也。此位字，天地然，人亦然。乃至奥至粹之理，從古賢聖知之，而不敢言，懼洩天地之藏也。子思曰：天地之道可一言而盡，中即位，一即中之理。思不出其位，存養之法也。孔孟教人爲仁，養氣圖功，皆在於斯。若但以爲職位之事勿越畔而思，則其義甚淺。世之有職業者，無不專其思矣，而合理者幾人？且於兼山之義，文王彖詞、孔子彖傳俱説不去，故不得不明白言之也。

子曰：君子耻其言而過其行。

未行而徒言，可耻也。未言而已行，若過也，惟耻之切。故過之勇，極形君子自策之心。

附　解

言行相顧之理，夫子屢言之。此章以耻字特地形容君子，惟恐言過其行，欲人從心坎上用功，常常自耻。

子曰：君子道者三，我無能焉：仁者不憂，知者不惑，勇者不懼。

知，去聲。言君子道，惟三者而已。自言不能，欲人知憂、惑、懼之難化也。

子貢曰：夫子自道也。

言非知、仁、勇之深，不能以此形容之。

附　解

上論言仁者不憂，是明仁、知、勇之實。此章則以君子自課而見其難，亦實見憂、惑、懼之未易净盡也。自道，不止謂自謙，言子自道，其得力，蓋其仁、知、勇益深，則所謂憂、惑、懼益細。不言君子之道而曰君子道者，言所以爲君子者，其道三耳。此三德精微廣大，入道之始以之，即至神明變化，亦止此三字，學者當實致其功，乃知之也。

子貢方人。子曰：賜也賢乎哉？夫我則不暇。

夫，音扶。是非不明無以内省，然從善戒惡以爲自修，非苛人也。方人則矜己而薄人，所損非淺，使自反其賢，而明示以不暇，有抑無褒。舊説故爲含諷，非師弟之道也。

附　解

天下少純善之人，亦少純惡之人。君子自責欲其嚴，責人欲其恕。雖是非賢否昭然於懷，未嘗恃己之明菲薄天下，蓋攻其惡，無攻人之惡，道宜然也。方人，方字不但如比較意，蓋執己見以繩人，如以方矩量人，此無論非忠厚之道。且吾之所以方之者，未必果當於理。子曰賜也賢乎哉，使之内叩當悚然矣。又曰夫我則不暇，言己多不賢，不暇方人，是明示以自反之功，非褒之，而疑其詞故爲含諷也。師之於弟有告誡，無譏諷，聖人豈作吞吐譏誚語？

子曰：不患人之不己知，患其不能也。

義理當爲而不能，則愧怍深矣。能之者自修其身，與人何與而求知乎？有能求知所能僞矣。子故切示之。

附　解

此章文凡四見，各有所指，各宜分明之。勿混看。

子曰：不逆詐，不億不信。抑亦先覺者，是賢乎！

此爲察，察爲明者發，蓋以詐不信防人，則人皆可疑矣。君子窮理居敬，不以不肖待人而人自莫能欺，抑亦先覺，誠而明者也。朱子曰：逆，未至而迎之。億，未見而意之。

附　解

人世詐僞如浮雲蔽太空，太空曷嘗爲其所蔽？特人居浮雲之下，則不見太空耳。若置身浮雲之上，則太空原是萬古清明。聖賢教人窮理養心，祇是欲全太虚之體。能容物亦不逐物，能燭奸亦不養奸。此章三句一氣唱嘆而下，着眼在賢字，蓋當時之以逆億爲賢者多，故特曉之。外注楊氏之説非謬。《或問》《語類》，以其不類本文語氣闢之，殊泥。蓋義理明，則語氣自肖也。

微生畝謂孔子曰：丘何爲是栖栖者與？無乃爲佞乎？孔子曰：非敢爲佞也，疾固也。

與，平聲。包氏曰：微生，姓畝，名。佞，諂屈也。微生疑夫子徇人，故規之，亦相愛之意。子言不敢爲佞，婉答之也。栖栖，謙下與人之貌。疾，惡也。固，執固，言不敢固執己見。交人非誚微生也。

附　解

微生，魯人，蓋夫子父兄之輩。恐夫子忘道徇人，故呼其名而告之，亦愛人以德之言。子曰非敢爲佞，其詞甚恭。凡人固執己見便不虛心下人，子不敢也。答所以栖栖之故，非敢佞也。包咸舊注如此，甚是。時解作夫子含諷微生，可謂以小人之心度君子之腹矣。

子曰：驥不稱其力，稱其德也。

德不一端，其要曰仁義。才則德之華也。有才無德與馬之徒力同。當時有炫才者，故諱言之。驥，善馬。鄭氏曰：德者，調良之謂。

附　解

德字所包至廣，一言一行之善，德也。全體大用爲至德，大德必有大才，小德或多無才。有德無才亦不足任天下事，但必以德爲本耳。古今有才者多，奈大義不明，反流爲小人之歸，子故以驥喻言曉之。

或曰：以德報怨，何如？子曰：何以報德？

或人務爲寬厚，不知平怨可也。德報則過矣。夫子詰其何以報德，明輕重失宜也。

以直報怨，以德報德。

是非本於公理，不以私怨枉曲，曰直。

附　解

老子《道德經》原文曰：大小多少，報怨以德。蓋有裒多益寡、稱物平施之義。而所謂怨者，亦小嫌耳。或人一而視之，均以德報，則將忘君父之大讐而蔑輕重之等級，故夫子别而示之。抑予尤有進者，試備言之怨與德。不以一己之私而以義理之公報施，力得其正。如素無窮理克己之學，則將以合我者爲德，而比於匪人，以拂我者爲怨，而讐於君子。故其先有知人察理之明，則所德者皆其可報者也。其後有精義存仁之用，則所報者皆其真德者也。不然，報德而反非德，報怨而亦非怨，古今綱常之地留憾者多，不可以不察也。愚嘗謂聖人本無怨於人，其可怨者，不忠、不孝、不共戴天而已。外此，凡拂己、讐己，浮雲視之，避之而勿交可也。未嘗有顧其傾覆喪亡之心。至於有德於我，亦以全我君親、成我德行者爲上。其他一言一行之誨誘，飲食身家之矜，全酌其輕重而受之，則亦預爲報德之地也。如不辨美惡，有德則受，或權奸嬖妾，亦得因吾困以豢我，而其後將爲所制。且君子之報德也，亦欲其同適於聖賢之道，而不負知己也。至於才方勢位，有能有不能，不可一概責其報施。其一己之私怨則忘之而已。吕申公之於賈種民也，太屈法；伍子胥之於楚王也，太徑情。權衡義理，毋貽缺憾，非有窮理盡性之功者不能也。《禮記·表記》子曰：以德報怨，則寬身之仁也。與老子語同。亦謂理可忘之小怨，世儒斥老子，似未曾記夫子此言。

子曰：莫我知也夫！子貢曰：何爲其莫知子也？子曰：不怨天，不尤人，下學而上達，知我者其天乎！

夫，音扶。聖人不求知而心與天通，道與時適。學者不知，則將舍德性而外求神化，故自嘆以詔子貢焉。不怨不尤，懔相在而勤返躬，惟恐不合於天，不欲求知於人也。下學，日用倫常修己之實事。上達，謂心理通於天地。知我其天，蓋聖人實與造化同呼吸，故云然也。

附　解

天人本一氣也。天之理全備於人，而人之心實不如天，故一切私偽紛然以起，希天之學曠世難能。子貢穎悟善學而名心未化，即私意難融，怨天尤人，其易生之病痛也。夫子啓其問而實言其所以然。不怨天則知得失榮枯。天定者，非人爲。仁義禮智，天賦者，宜體備。不尤人，則念念責己而毁譽胥忘矣。有是二者，方能樸實行下學之功。下學之功，窮理盡性，凡事若不異於人，而此心此理之在我者，覆載一氣，相感俯仰無不泰然，故曰上達也。後世偏枯寂滅之學，以四大色身爲假，以倫理君親爲贅，而求與天通，固不可得也。聲色勢利之徒以私欲嗜好爲重，以義理性命爲迂，而亦曰下學，又何以達哉？故此章之旨開導子貢最真，亦夫子自言甚切。語似平近而實精微，事若易知而實難詣，子貢最善疑問，聞而不言，蓋已知之。舊注以爲未達，非也。

公伯寮愬子路於季孫。子服景伯以告，曰：夫子固有惑志於公伯寮，吾力猶能肆諸市朝。

朝，音潮。公伯寮，魯人。子服景伯，魯大夫。子服，何也？鄭氏曰：既刑，陳其尸。曰肆市朝，概言之也。子路佐孔子行道，寮欲撓之，景伯忿欲誅寮。蓋在子攝相時也。

子曰：道之將行也與，命也；道之將廢也與，命也。公伯寮其如命何！

與，平聲。孔子攝相，使由墮都出甲，季孫蓋憚之，故公伯寮得行其愬，子難斥言季孫之惑，故托於命，以安景伯也。

附　解

後儒以冉有、季路仕季氏爲非。此不達時務之言，愚於上論已詳。且夫子攝相，由、求之力也。春秋世卿擅權，寒畯無由拔茹。况三家世柄魯政，妨賢妒能，已非一日。魯君即知孔子之聖，亦不能自用之。仲由、冉求學於夫子，家貧藉升斗以贍膏火，季孫重之。二子時時稱道其師之賢，故季孫使子爲中都宰。後又薦使攝行相事，非定公能用孔子也。蓋魯爲父母之邦，子義無可逃，且季孫以君命用孔子，子自可受之而不辭。夫子攝相，即振飭綱紀，命子路墮都出甲，季孫蓋已陰憚之矣。公伯寮迎合季孫之意，因愬子路，木朽而蟲生焉，故曰夫子固有惑志於公伯寮也。景伯一片公憤，遂欲誅寮，不知寮安能爲，爲政者，季孫也。使季孫信孔子之聖，而終任之君相之明，即道將行之命也。不幸季孫先懷疑忌，寮愬得行，子不能終於魯君相之惑，即道不行之命也。君相有造命之權，人事即天心所在。聖人之言豈若世俗哉？曰其如命何，諱言之以安景伯耳。然子雖不久於魯，而墮都出甲之後，三家寖微，魯得綿延以迄衰周，不至與齊晉同滅，是夫子相魯之功，即子路、冉有之功也。此事孔門大功，惜自來無人拈出。或曰：古今皆以義理、氣數分言命矣。子獨異之，何與？曰：非異也。天之生人，理氣全焉。其中榮枯得喪，壽夭不齊，雖若有數，然其所以要皆人爲。祖功宗德，受氣賦形，各隨其厚薄而予之，天則何心？亦視其自爲感召者，何如？故曰栽者培之，傾者覆之。己之所蓄有淺深，故天之所命有厚薄。由羲農以及周孔，皆自家獨具一番民胞物與之念，遂能凝天之命，作人之表。公伯寮之愬，如蛙鼓蛩音，使季孫不聽其言，彼亦安能如之何哉？故曰公伯寮其如命何也。不便顯言君相而曰命，使景伯釋然，以安伯寮，聖人之宏也。若區區言命而謂聖賢用舍皆有天意，則君相代天理物之權，全用不著，弊由錯解命字耳。古人刑人於市，無肆朝之理。春秋則或有之。又凡有公事之處，皆謂之朝。則市朝即市耳。

子曰：賢者辟世。其次辟地。其次辟色。其次辟言。

辟，去聲。賢者，成己而可以成人者。枉己無以正人。四者之辟不同，其爲知幾一也。世無可辟，辟主世之非人，下三者皆知幾於微，全身以待，非遂恝然也。

附　解

夫子爲貪緣干進者言，以明既爲賢者，無曲徇人之理。因遭遇不同，故有此四等，不可以優劣論。講章泥《朱子語類》，謂沮溺老莊之徒設遇有道，亦無設施，則將置四子於辟世、辟地、辟色、辟言之外，而謂夫子别有所指乎？抑四子並不可爲辟地、辟色之士乎？夫長沮、桀溺一於潔己，莊生放誕，誠不可與孔孟同年而語。然視利禄之徒已如鸞鳳，故前人言如孔子，然後可以斥沮溺，若老子隱柱下以存周之典籍，語夫子以進德修業之粹言，夫子稱之，不一而足。何所見而逆知其無所設施？猶龍之嘆，吾師之稱曾不得信於後賢，而黄冠異端假其名者多，遂據以誣老子。平心而論，可謂公乎？可謂真知其然而議之者乎？夫子平分四項，統曰賢者。令天下後世抱道懷清之士皆可托足。而如後儒之言，則四者在夫子爲是，在他人則非，亦甚難通矣。故說書最以得立言之意爲貴。

子曰：作者七人矣。

七人，皆有志於時不得已而作者，子故深嘆之。

附　解

作字與上章辟字不同，平日有志濟時，道不遇合，不得已而隱去，七人則已多。其人爲夫子指數之人，必非包氏舊說沮溺丈人輩可當。本朝方靈皋時文曲盡其義。

子路宿於石門。晨門曰：奚自？子路曰：自孔氏。曰：是知其不可而爲之者與？

鄭康成曰：石門，魯郭外門也。知不可而猶爲，一體痌瘝之心不能已也。晨門深知孔子而有嘆惜之情，故夫子無辨焉。朱子曰：晨門，掌晨啓門。自，從也，問其何所從來也。

附　解

夫子栖栖皇皇之心被晨門一口道盡。本朝方百川時文極得其旨，不得以其異於朱子少之。至石門，或以爲《春秋》隱公三年齊鄭會處，非。《太平寰宇記》古魯城凡有七門，次南第二門曰石門。鄭康成去古未遠，故曰魯城外門。本朝閻百詩以爲孔子在外久，使子路歸視其家，甫抵城而門已闔，宿於門外之郭門。次日晨興，晨門訝其太早，故曰奚自。若城門大啓，往來如織，焉得盡人而問？不曰孔某而曰孔氏，以孔子爲魯城中人，舉其氏可識，不必如答長沮之爲孔某也。其言甚爲有見。

子擊磬於衛。有荷蕢而過孔氏之門者，曰：有心哉，擊磬乎！既而曰：鄙哉，硜硜乎！莫己知也，斯已而已矣。深則厲，淺則揭。子曰：果哉！末之難矣。

荷，去聲。揭，起例反。蕢，草器。司馬貞以爲小竹籠。包氏曰：以衣涉水曰厲。揭，揭衣也。聖人之於民，如心思之關痛癢，不能自釋，其惓惓也。偶露於磬而荷蕢知之，蓋亦賢士。第其以子爲難已，則非也。果哉，末之難，悟之，亦惜之也。朱子曰：果，謂其果於忘世。

附　解

八音皆可娱情。子之擊磬，自是偶爾搏拊，非如時說磬以止樂，寓意止亂云云。第悲憫之懷不覺流露，故荷蕢者聞而知之。其規夫子以深厲淺揭，蓋自以爲得作止之宜。子以爲果且謂非難，則夫子之難可知矣。或曰：子言用則行，舍則藏，而又不遽已，反以荷蕢爲果，何哉？曰：天之於民，必欲生之養之，各全其性。聖人道得於身，心與天一，是以見人之不能遂生，復性者惻然思有以救之，而苦於無權，故遊歷所在，悲憫之心不能釋然。夫子因女樂去魯，不敢遂歸，亦非處處求用於人國。有心哉，謂其欲濟世之心也。凡樂皆可以知人心情，不止聞琴乃識高山流水。荷蕢之流其初亦欲濟世，因世不可爲，則恝然置之。第求可以全身，雖亦高尚，却非天地之心。譬如人，見人不善則惡之甚，且不能堪之。賢者則度外置之，不與之校。聖人則忘其禍我、拂我而憫其無知，更思有以委曲教化之，此聖心所以如天也。然世俗名利之士，方以身徇欲，無所不至。若荷蕢者，又如祥麟威鳳，不可褻視。安得以朝秦暮楚之爲托於栖皇之迹哉？

子張曰：《書》云，高宗諒陰，三年不言。何謂也？

諒，闇。鄭康成曰：倚廬之别名是也。不言，無誥命，非絶口不言也。

子曰：何必高宗，古之人皆然。君薨，百官總己以聽於冢宰三年。

子言古人得賢而任，己得盡禮，國無廢事，以嘆今不然也。朱子曰：總己，總攝己職。冢宰，太宰也。

附 解

子張疑《書》言之過，以爲三年不言，則國事無主。子曰何必高宗，古之人皆然。言外有穆然高望、慨然太息之意。蓋古者天子德修於身，得賢而理，一遇大故，委政冢宰，己得盡其哀禮之誠，天下亦享太平之福。後世大學之道不明，人君既無得人之本，人臣半多中下之材，况又有莽、操之流乘間迭出，則此事斷不可行矣。是以聖帝明王必以誠正修身爲本，圖求賢任相爲先務，然後綱舉而目張，盡倫而盡制，不然古禮古樂，正如畫餅而已。愚謂王者以六合爲家，天下皆其赤子。父母之喪，君臣皆終三年，民則杖期可也。至於班朝涖政，必有居喪之所，有便殿之朝，苫塊哀思，臣僚燕見並行不悖，惟正殿、正寢必不可居，哀戚饘粥，必不可废，通古而不泥古可也。蓋天子之治国事，如臣庶之治家事。委家事於奴僕，必擇其賢者，而况國事乎！苟無周召之臣，何取不言之制？三代以下，短喪遺譏，皆由未達本原，而拘滯難通者又益之惑也。

子曰：上好禮，則民易使也。

周制：民皆有恒産。其用民亦甚煩費，而相安者，禮爲之也。上誠好禮，則實有恤民之心而無徵求法外之擾，故民易使。

附 解

古今事變異，宜所貴乎？聖人者，因時變通而適合乎天理人心也。使民一事，周家立法至重且詳。然其既也，兵役煩興，民不堪苦。而稅畝所增，豪强所紊，民或無田，尊君親上，難言之矣。夫子此章所言則以當時法制漸亂，爲上者不畏民隱謹節制，而勞民動衆，怨讟並興，故言守先王之法，興禮讓之行，毋貪、毋妄，率民於準，則有以聯其志氣，逸其身家，則易使也。後世百工技藝多恒産，薄者爲之，而兵民不相累，官府不相侵，大兵大役取之民間者，料稅而已。其人則各有專業，此亦較優於古人者。然古人用民難而民皆有業，今人用民易而民或無聊。權其中正善全無弊，可易言哉。

子路問君子。子曰：修己以敬。曰：如斯而已乎？曰：修己以安人。曰：如斯而已乎？曰：修己以安百姓。修己以安百姓，堯、舜其猶病諸。

孟子曰：萬物皆備於我。我即己也。修其在己，惟敬則可以誠身而裕萬理之原。安人，即己之自得者而體之。安百姓，即己之全備者而溥之也。夫惟在己者可以與天地參，故修己以敬。不能以毫髮間，子路少之，小視乎己耳。夫子即己推諸人，即人而廣之曰百姓，堯、舜猶病，病其未必皆安。聖人之所以爲聖人，亦道實有難盡者也。

附　解

敬字爲聖學之要，前人論之詳矣。但敬字離不得誠字，故《大學》《中庸》言誠處多此言。修己以敬，己字重看，此中便有誠字在内。天地非大，吾身非小，以敬則包得誠字，始終本末功效在，由謹幾慎獨以迄於百爲，惟恐一念之汙有忝乾坤，馴致乎不顯篤恭，臨保翼翼，猶懼其未也。此一字是何等本原氣象！夫子平平説出一句，子路淺看己字以爲敬字，不過莊正其心體而已。如何便可以爲君子？夫子特與言安人、安百姓，則所以踐形盡性。天地民物之任有毫髮不備於己，不敢自寬，堯舜憂勤惕厲，即此意也。後世少聖人之師，多未知在己所以承天地者果是如何。任其心之所私，便己則爲，不特放蕩驕詐不可言敬，即兀坐齋居、正容莊貌，亦不能得敬之實矣。窮理盡性以至於命，學者其返己思之。

原壤夷俟。子曰：幼而不孫弟，長而無述焉，老而不死，是爲賊。以杖叩其脛。

孫、弟，並去聲。長，上聲。叩，音口反。脛，其定反。馬氏曰：原壤，孔子故舊。夷，踞。俟，待也。踞待孔子。孔氏曰：叩，擊也。脛，腳脛。夫子以禮教人，而原壤居然傲慢，是將裂吾道以毀世防，故夫子切責之。惡其爲賊，非以其失禮於己也。老子，夫子所嘗學禮，無敗常亂俗之教，後世托之者多不容執以相病。

附　解

夫子問禮於老子，嘆爲猶龍，蓋服膺之至。而《史記》《家語》《曾子問》雜見於諸書，其告吾子者，皆身心之學、中庸之道。後世異端技術假名老子，儒者不察其真，妄相詬病，愚嘗辨之。此章朱子所云老氏之流，蓋指方外羽流，散髮、箕踞及天主、白蓮、清真教無字經等類。放蕩禮法之外，彼尚不知取坎塡離是何理解，而以荒誕不經之行矜爲神異。朱子斥之是也，而以爲老子亦然，則不可也。老子之告夫子也，曰：良賈深藏若虛，君子盛德，容貌若愚。去而矜氣與驕態，泰色與淫聲，是皆無益於子之身，云云。而《曾子問》所稱析理於毫芒，尤可想見其精密之致。曷嘗以放蕩教人哉？若原壤之流出於衰周，蓋亦事勢所趨，自然有此一種狂生，其由來固可溯也。周制禮度詳密，然儀文繁縟，積久人多厭苦，又益以虛文虛意之流，習儀以亟，毫無真誠。夫子曰：人而不仁如禮樂何？禮云，禮云，玉帛云乎哉。皆指當時之弊也。原壤之流乘時而出，以放曠不羈之行矯虛文迂苦之失，一切散髮、箕踞、白眼、掉頭之習紛然作矣。以孔門禮法森嚴，而琴張、曾皙、牧皮稱爲狂士，蓋當時習尚所趨，不易矯正，使非杏壇雨露，琴、曾數人已爲王、何、嵇、阮。原壤爲夫子幼交，密邇化神，老猶蕩檢，世運所趨。夫子一介布衣，將奈之何哉？後儒不以夫子之贊老子爲據，而以異端之托老子爲據，亦見其惑矣。當云原壤，蓋放曠傲辟之流。夫子惡其悖禮傷教，故斥責之。

闕黨童子將命。或問之曰：益者與？子曰：吾見其居於位也，見其與先生並行也，非求益者也，欲速成者也。

邢氏曰：闕黨，黨名。童子，未冠者之稱。將命，傳賓主之命。將命本成人之事，而闕黨之人有令童子爲之者，或人質諸夫子，夫子言非使童子求益之道，徒以長傲耳。位，賓主之位，與先生並行，賓主揖讓而成禮也。

附　解

古者賓主相見，其儀文繁重委曲，非嫻習禮樂者不能。童子年十五上下，正學樂誦詩象勺之時，隅坐隨行，乃其本職。孔門成人甚衆，與賓客言自有彬彬文學之士，豈有夫子遽使童子將命之理？此蓋夫子居闕黨之時有此一事，或人疑而質之，故不曰子使童子將命，而曰闕黨童子將命。或問之曰益者與，言此將命一事，殆有益童子之事與？子言童子以事父兄爲業，隅坐隨行，不敢自居於成人之列，爲尊者讓也。今遽使之將命，使之抗禮成人，吾見其居於賓主之位也，見其與父兄長者並行也，非使之求益之道也。殆其父兄不明教化，欲其子弟之速成者也，豈可爲訓哉？四也字疊數而下有慨惜之意。學者試將《士相見》禮細玩，便知將命非童子所能。若如後世傳名投刺，一童子固優爲之。而當時禮制之嚴，孔門規矩之肅，必不然也。朱子《或問》云：孔子坐觀童子之僭踰而不之正，豈聖人之心哉？然既與或人剖析，則固已正之矣。曰：然則孔門童子何有應對進退之學？曰：應對進退，即是追隨杖履父兄師長之前，習爲敬讓，待其儀文習熟，心氣和平，既冠以後，則可以出而應賓客矣。非令專爲將命。古者童子不冠笄，不衣裘裳，不佩觿韘，不敢當尊。《曲禮》《少儀》《内則》所記，凡屬童子之事，皆無言及將命者。其他多成人之事。此章作夫子使童子將命解，試思衣冠禮制，何以通也？至闕黨論者不一。顧炎武以闕里闕黨爲一，其説近是。劉向《新序》云孔子在州里，居於闕黨，闕黨之子弟化之。毛西河謂：闕里，闕黨之里也。五鄰爲里，五族爲黨。夫子所居祇在闕里，二十五家之中，里門有師，爲閭師。夫子幼時或即爲里門之師而教授焉。故《越絶書》亦云：孔子教學，魯之闕門是也。又按，《家語》孔子始教於闕里。宋板作閭里。前人斥《家語》爲僞，遂謂孔子時無闕里，僅見於《梅福傳》。而又泥《水經注》謂靈光殿之雙石闕，闕里以此得名，誤矣。一閭如今市巷，閭必有門，用石或累土爲之。有闕，容人往來，故曰闕。君門則曰魏闕。魏，巍也。尊之，故名懸。象，告民則曰象。魏至闕則民間及郵亭皆有，故漢人曰當途高。孔子本鄹邑平鄉人，後徙居魯都城曲阜南門，地名闕里，亦曰闕黨。昌平曲阜皆有闕里，蓋當時道中石闕雖多，此二處却頗堅久。故人以闕名里、名黨，若魯靈光偶然，久而不燬耳。

論語恒解下論下册晚年定本

衛靈公第十五凡四十一章

衛靈公問陳於孔子。孔子對曰：俎豆之事，則嘗聞之矣；軍旅之事，未之學也。明日遂行。

陳，去聲。孔氏曰：陳，軍陳行列之法。俎豆，禮器。衛靈公內亂而黷武，子拒以未學，復引以俎豆之事，愛之至也。公不能用，故明日遂行。

在陳絶糧，從者病，莫能興。

從，去聲。蓋孔子倉卒就道，未備貲糧，又適會吴侵陳，陳亂，故乏食也。興，起也。

子路愠見曰：君子亦有窮乎？子曰：君子固窮，小人窮斯濫矣。

見，賢遍反。何氏曰：濫，溢也。濫溢爲非，君子固窮，守義必違利，有窮之理。小人不然也。

附　解

衛靈公頗知尊孔子，故子嘗三至衛。因與晉搆難，連年興兵，故問陳焉。第是時蒯聵出亡，公年老而無嫡嗣，子欲其修身齊家，夫婦父子之間講求禮讓，靖內爲急，蓋逆知其内亂將作，故爲此言導之，忠愛之至也。使靈公再問，子必明告其實，雖大道未行，亦足弭衛亂而報其禮遇，乃不能然，則髦瞶難醫，使再遲遲束裝，俾靈公知而愧懾，則爲無名之受，並平日居衛，冀幸行道之心，亦全失矣。明日遂行，義不可以久留，亦即絶糧所自來乎。《史記》載楚聘孔子，陳蔡大夫相與謀，發徒圍之。徐廣以爲哀公四年。朱子云：是時陳蔡臣服於楚，楚聘孔子，陳蔡大夫安敢圍之？金仁山謂：陳蔡從楚耳，非爲之臣。甚是。閻百詩謂：爲哀公六年事。先是元年，楚子圍蔡，蔡叛楚，即吴請遷。二年，吴遷蔡於州來。三年，蔡放其大夫於吴。四年，蔡昭侯將如吴，公孫翩弑之，公孫辰出奔吴。六年，吴伐陳，楚昭王救之，卒於軍。是服楚者惟陳。所謂陳蔡大夫謀者，非也。此節蒙上去衛，記絶糧事，見孔子可速則速之道，亦以其事本相連。考《春秋》衛靈公卒於哀公二年，蓋夫子去後，靈薨而衛遂亂。本朝張甄陶以絶糧爲哀公元年事，信矣。第《家語》《史記》《莊子》《搜神記》皆載子厄陳蔡事。孔安國曰：子去衛如曹，曹不容。又之宋，遭匡人之難。又之陳，會吴伐陳，陳亂乏食，雖不確指何年，亦似以爲哀公六年事。諸書何以云然乎？嘗詳考之。絶糧因吴師，厄陳蔡之間，言其地耳。蔡大夫或曾攻圍夫子，陳則未也。以此章爲主，證以《春秋》去衛適陳，絶糧，哀公元年事。嗣又之宋，之蔡，大夫謀發兵圍之，哀公六年事。則諸書各不相背，當是兩事而一之故，參差不明耳。

子曰：賜也，女以予爲多學而識之者與？

女，音汝。識，音志。與，平聲，下同。子貢切於希聖，子恐其騖廣無本，故詰之。

對曰：然，非與？

子貢從事於博矣，而未能會通，故然之。忽疑之。

曰：非也，予一以貫之。

一，理也。理精則有以會天下之理，而各得其中。

附解

天地之理具於人。人之所以靈於萬物者，以其得天理氣之粹。性也，仁也，誠也，即此章所謂一也。先天之性無不善，後天之心雜於欲，聖人故教人復性以全天下之所命。功在静存動察，静而存其未發之中，動而謹於是非之幾。動静交養，本末交修，不可以偏廢也。多學而識，則所以窮究物理，擇其善而守之，學之先務也。但天下古今萬事萬物非耳目所能周，必静存動察之久。孟子所謂養氣而不動心時，則天理純熟，清明在躬，志氣如神，事至物來，如權衡之不爽，蓋仁熟而義自精，非求諸耳目也。子貢平日多學而識亦已勤勤，夫子恐其騖廣而荒，問以發之，對曰：然者以理，非研究不明也。又曰：非與者，以事物難周悉也。子直决之曰：非也。言予以一理貫通萬事，惟恃此心此理之凝然有主，粹然無私者爲之泛應不窮，非恃多識。自禪家有静心之説，而儒者不敢言静心。羽流有養氣之説，而儒者不敢言養氣。於是泛騖之學日貴，然其所博者，或不當博而其博之，是者亦每不能約之於中正也。則亦異乎孔門之所博矣。且夫義理之心，乃天命之性，而非知覺之靈。所可同浩然之氣，乃上天之載，而非口鼻之息所可擬。衹此一理，在天爲太極，在人爲性，存之爲方寸之中，發之爲萬事之和。博學、審問、慎思、明辨、多學而識之功，然皆以爲篤行之地。一日克己復禮，天下歸仁，即一以貫之之義。己克而天理已純，禮復而内外如一，何嘗不貴多學？又何嘗專恃多學？子貢晚年，夫子每以大成期之，故此章與《呼參而告》一意也。自先儒不明内外功夫，一時並到欲人先務多學，又不知夫子言有弗學問云云。乃謂有不必學者，下四項亦如此解，而添出格物一層功夫，謂欲致知，須窮究天下事物。於是才智之士終身格物難究其功，而五倫之事轉多不明，禪定之學寂守此心，即或空明了悟，而修齊治平亦不克盡道，弊由内外本末視爲兩途，不知明德功夫表裏初無二致也。以心爲性而强治之，以博學爲能而不盡性，道問學、尊德性皆爲偏駁，聖人曷嘗以守心爲性、泛騖爲能哉？張甄陶不知聖學，謂此章與《曾子曰唯》章乃直指本心之妙，似是而非，勿爲所惑。

子曰：由，知德者鮮矣。

鮮，上聲。全其性則爲德。知則自得而無求乎外也。夫子欲由自契其精微之趣。

附　解

一言一行之善得諸於心而見於行事，皆德也，此其知之也易。若夫天命之性全備於己，而貫徹乎萬事萬物，則人不及知，而自造其微、深知其趣者亦少。子路高明之質，卓然不爲世俗所惑，而於性命之理，尚未必如饑渴之於甘旨，故子呼而進之。朱子：非己有之，不能知其意味之實。最説得好。

子曰：無爲而治者，其舜也與？夫何爲哉？恭己正南面而已矣。

與，平聲。夫，音扶。夫子嘆羡舜遇之隆，而言其别無所爲，惟恭己以正南面，蓋有如是之德，足以享如是之遇，非倖值也。

附　解

德至於聖至矣。五帝三王非有優劣，特時不同，則爲之者不同。此章嘆美舜遇，非謂他聖皆不如舜。無爲而治專就遇言。下二句乃想其恭己之德以明非倖邀也。蓋聖人之同者德，而不可强者遇。羲農以降，多開天明道之聖，其德不遜於舜。然草昧初開，氣化人事一時不能純備，堯之功業文章則天矣。而洪水勤勞，亦非一日至，舜則適值地平天成，萬事就理之候，而聖人之佐盈廷，真無所容其爲也。下此若禹亦際揖讓，而當時聖人之臣皆老，人心嗜欲之習日開，遇已不如舜。至湯武征誅，則萬不得已矣。夫子歷觀古今聖王，遇皆無如舜者，故嘆羨之，非謂其德優於他聖也。舊注德盛而民化二句，非首二句正解，亦非無爲正義。紹堯二句則確不可易人之所見，如此而已。將何爲二句説得太輕，令講章一味虛鋒，恭己正南面實義全晦，不可不審。蓋無爲而治，舜自因群聖盈廷，一切功業文章攝相時已備爲之，至受禪後無待於爲。他聖平治天下，其德亦與舜同，而無此恰好遭際。子言爲政以德，譬如北辰，是聖人致治之象也。未嘗曰爲政以德，無爲而治，稱堯則天，稱禹曰無間，亦不云無爲也。惟舜則羨其遇，而稱曰無爲而治。若德盛而民化，不見其有爲之迹，則群聖所同，豈獨舜乎？恭己即不顯篤恭之意。子言舜何爲哉。惟篤恭垂拱，神明其德，以爲天下先而已矣。蓋其以如是之德享如是之遇，有如是之遇而宰以如是之德，真千古一時也。故何爲哉二句，雖仍是言舜無爲，而恭己正南面中有實義，不可一味虛沂，似恭默不言，神明默運，若孫悟空分身變化，不可思議之妙也。蓋前人第知心之虛靈神妙莫測，而不知心在後天陰滓甚重，必能去盡陰滓返乎乾元本體，乃爲全乎天性。恭己，若齊明盛服，非禮不動，意非恭己則必不能正南面。夫子既美舜遇，又言此二語，正詞義細密處。不然，紹堯之後又得人，而理可以不必恭己，則大非矣。先儒因黄老清净一語於居敬行簡不顯篤恭，含糊其詞，恐入清净無爲一路，而於此章，無爲則反入清净無爲之説，非由本原未得乎？程子曰：爲政以德，然後無爲。然以德馭衆，不勞而理，乃凡聖人所同，此嘆美舜之德遇，義各有當，切宜辨别之。世固有幸值美遇而無恭己之德者，齊文宣委政楊愔，宫府荒淫，當時謂上有昏主，下無亂民。明世宗信任嚴嵩，深宫静養，天下蒙害，昧恭己正南面之義，而第曰無爲而已，其弊可勝言哉。

子張問行。子曰：言忠信，行篤敬，雖蠻貊之邦行矣。言不忠信，行不篤敬，雖州里行乎哉？

行篤、行不之行，去聲。貊，芒百反。問行，問所以行，亦切問也。言必由衷曰忠，事必踐言曰信。篤誠厚敬謹飭，極其效於蠻貊，而反言以明之。朱子曰：蠻，南蠻。貊，北狄。二千五百家爲州。

立，則見其參於前也；在輿，則見其倚於衡也，夫然後行。

參，七南反。夫，音扶。包氏曰：衡，軛也。言忠信篤敬之功熟，而後可行。立與在輿，聊舉以該動静也。參前倚衡，心之敬慎爲之，夫然後行難之也。

子張書諸紳。

子張有見於念念不忘之難，故書紳以自束。朱子曰：紳，大帶之垂者。

附　解

子張才高意廣，至晚年則歸切實，如《執德不宏》章及君子曰終數語可見。此章問行，蓋閱歷身世有見於行之之難而問，子告之至詳，亦以其有進德也。而張果書諸紳，則爲己力行之心已至。時文動以務外二字蔽其生平，一何可笑。至參前倚衡，祇是力行之，熟自不能離，即一立一在輿，此理此心即如有象在目，非真有所見也。勿涉恍惚語，書座，猶有間時；書紳，則無時釋矣。

子曰：直哉史魚！邦有道如矢，邦無道如矢。

史官名，字子魚，名鰌。中正不阿曰直，如矢不能曲也。

君子哉蘧伯玉！邦有道則仕，邦無道則可卷而懷之。

言其進退合宜，不苟於仕，子蓋表衛之良也。

附　解

此章表二子，以見衛之多賢，不必分優劣。世之衰也，阿諛者衆，如史魚之一於忠諫，始終不撓，豈非國器？至伯玉，出處以道，不輕於仕，視無具而苟禄知進而不知退者霄壤矣。合而贊之，流連至焉。陳大士時文得之。二子皆在無道之時。夫子有以信其有道、無道所行，故特斷之。朱注引二人事，不過言其概。而張甄陶泥視之，謂孫寧逐君在子未生前，云朱子誤過矣！且謂伯玉此事不足爲法。若人臣遇國家有變，俱以卷懷爲是，則國無所賴。其言亦未辨涇渭。伯玉在衛，君未委任，一介末僚等於抱關擊柝。孫寧上卿，作亂無力討正，計惟一去，若必與其難，則爲非分。夫子既美其出處合宜，則所以去者，必有其義。且夫子稱之，原不指此一事。朱子引之亦只大略作證，無庸苛求。第平居苟禄，臨難倖生，世固不乏其人，張氏之言可以令若輩寒心，不爲無功於名教也。

子曰：可與言而不與之言，失人；不可與言而與之言，失言。知者不失人，亦不失言。

知，去聲。爲誘教及忠告者言，非爲君父之間示也。善欲其公諸人，而非人則徒輕道。知者，居敬窮理者也。

附　解

五倫惟君親爲大。事君忠諫，事親幾諫，不可不盡其誠也。兄弟怡怡友也、弟也。誠至而義盡可化者多，不可化者亦有無失乎恩而已。妻子，吾所馭正，身化之責不容辭。惟師友之際輕重厚薄不能無別，子故言此。蓋君子道得於身，惟恐人之不善，其殷殷與之言者，仁也，亦義也。第必其人之虛懷受教，而後可以獲益。若本無信從之念，强以語之，則反爲所狎，而在我有輕道失己之嫌。若其人誠賢矣，而又祕而勿與大道，何賴焉？知者兩無所失，所以常得英才而亦不至鄰於比匪。

子曰：志士仁人，無求生以害仁，有殺身以成仁。

此爲昧理貪生者言。而極之於殺身成仁，以見仁之重也。志士矢志不回，仁人天性純篤，皆安於天良而不爲外物摇奪者，所争在仁，非所重在殺身也。臣子於君父亦非定以殺身爲貴，盡其道而不能全君父之事，義不獨生，乃死之。非以一死塞責也。

附　解

志士仁人若論終身行誼，則有純疵之不同。而當其臨大節，則必全仁而無貪生一也。蓋仁人一言一行無非天理，所以養其仁者至熟。志士則行不皆純，而忠孝大節本於天性，决不以生害仁，亦與仁人同，及其全仁赴義，争光日月，則生平小節皆不足累之矣。史傳以來，志士甚多。夫子此章爲貪生害仁者發，二等人不分優劣。至論世行文，則志士仁人各有實際，亦不容囫圇也。朱子《咏洪忠宣》云：十年浮海一身輕，歸對黎渦却有情。世上無如人欲險，幾人到此誤平生。龍子猶譏之，以爲忠臣孝子皆自情中來，其言大謬。夫忠臣孝子惟知有君親，當其事患迫來，苟可以全忠孝，身徇不惜，至性爲之也。至於男女嗜慾之情，居室之正者，聖人不禁。若夫（間）［閑］花野草，念其墮落風塵，毁身失性，拯救之可也，况從而亂之乎？洪公不辱君命，是其氣節，至黎渦一事，固是微瑕，安得從而附會之？故志士與仁人心術畢竟不同。而仁人曠世，一逢志士，隨時可勉，此夫子之言所以寬而密也。若以男女嗜慾爲不必苛求，試思天下之不困於欲者有幾人哉？以清心寡欲居敬窮理教人，人之純於天理者尚少；以不修防檢教人，忠臣孝子其不汩没於嗜慾者幾希。朱子之言，故爲憂天下後世甚遠也。文文山聞難屏去聲色，百折而不改其操，張巡、許遠至殺其所愛以餉士，士餓死而無離心，謂之仁人，可也。而舊説僅以張爲志士，亦非。

子貢問爲仁。子曰：工欲善其事，必先利其器。居是邦也，事其大夫之賢者，友其士之仁者。

問爲仁，知其難爲而求，所以善其爲。夫子告以隨地集益，則居敬窮理、反己自修之功密焉，非徒不自恃而已也。大夫德著於事故言賢，士蘊德未顯故言仁。

附　解

爲仁之功不難於静而難於動。子貢交游最廣，其爲此問，蓋曾致力於仁之途，實有見於其難，而此身之見聞，足以累吾仁者甚多也。夫子嘉其欲善爲仁之事，故先喻之以工，而言其不必屏絶居遊乃爲存養，即如賢仁隨處皆有，惟當事之、友之則常。見己之不足而所以刻責其身心者，自不容已。居是邦也四字是此章眼目，蓋於動處言爲仁之功，非謂齋居存養時也。然非平日有居敬窮理之學，則先莫辨賢仁。而非平日有反身克己之誠，亦不能隨在而事友之切也。前人多將問答之意淺看，則子貢之品量卑，而夫子之告亦無以見其切實。大夫有位見於事爲者多，故曰賢。士無位，蘊爲德行者多，故曰仁。其實一也。舊注嚴憚切磋，是下學淺一層功。若子貢則必深觀乎賢與仁之實，一一返諸身心，究其精微之致，稍有未能，刻責無以容身，隨處皆然，則隱微存主之地純粹無疵，而一言一行莫非吾心之助，故爲爲仁之實功。如第曰嚴憚而已，則猶怵於勢位之尊。而所謂切磋者，亦或不過觀摩之迹耳。且事賢友仁，均有嚴憚切磋意，亦不必分貼其所謂事者。大夫位尊，自當循分。然與世之屈身求容者，固不同矣。學者辨之。

顔淵問爲邦。

爲邦之德，顔子有之。此問法制損益之宜也。

子曰：行夏之時，乘殷之輅，服周之冕，樂則《韶》舞。

輅，音路，亦作路。夏時，正月建寅。輅始有虞，殷輅樸素，渾堅而等威辨。冕，禮冠也，始於黄帝，而周制乃詳。冠上有覆，前後有旒。四代禮樂，各有所宜。故錯舉之以見其概，非謂止於是也。時以導民，夏時與天道適合而無違令，故用之。行，兼政教而言。殷尚質，周尚文，酌其中而用之，即輅冕可推。《韶》舞聲容之盛，與天地肖，治定成功，必以是爲準也。

放鄭聲，遠佞人。鄭聲淫，佞人殆。

遠，去聲。耳目之用，感於心也甚捷。雖盛德，不能防其惑。淫，蕩人之心。殆，奪人之志。朱子曰：放，絶之。殆，危也。

附解

爲邦即爲天下，無二理也。學爲人臣，自當云爲邦，非謙詞也。爲邦大本在誠正修齊，顔子所知。此問前代禮樂損益質文之道，子於四代各舉其一以告，凡所當損益者視此矣。以建寅爲歲首，自夏以前皆然，而歲功節候尚未全備，至夏而寒暑八節始有定則，一切政令均準天行，故夫子曰：行夏時也。行字内有許多王政，在順天之道，和民之情，非但正其歲首而已。商始建丑，周又建子，蓋以子丑月受朝賀、息歲功，如今之年節。而民事仍不能外夏令，故《春秋》用周正，而《左傳》則間用夏正，以及《豳風·七月》之詩所言，如今日行文每用古制，實則民事仍從夏時，歲首則從子月起算耳。《周官》月吉是子月，歲正是寅月，明明二政兼行，先儒不察，因之聚訟。蔡九峯注《甘誓》以子丑寅爲三正。吕東萊解《豳風》以爲三正通於民俗，古人皆無是説。考黄帝始爲曆法，容成統其事，大撓作甲子，少昊之代鳳鳥氏爲曆正，分至啓閉名有其官，顓頊使南正重司天，北正黎司地，建孟春以爲元，號爲曆宗。高辛能序星辰以著衆，堯命羲和，舜齊七政，無不重時者，以人事、天道本相依也。夫子特因現在周家未行夏時，故特言之。董仲舒謂：舜紹堯改正朔。後儒相沿，謂王者受命必改正朔。不知改正朔者，謂頒曆耳，豈必别爲一月建乎？非夫子言，後世將更誤於無窮。觀虞舜分巡四岳，必按四仲，可知同一建寅，周人時月俱改，而民事則不能違天也。孟子言七八月苗槁，十一月徒杠成，十二月輿梁成。與單子言夏令曰十月成梁合。《春秋》書春無冰，秋無麥。孟獻子言：正月日至可以有事於上帝，七月日至可以有事於祖。《左傳》梓慎曰：火出於夏爲三月，於商爲四月，於周爲五月。此皆時月俱改之證也。然農功、歲功皆必準天之時，則何如仍建寅之順乎？邵康節三正之説，朱子因之。然其以十二辰推測天地終始，分元會運世，其説似是而非，不可不辨。天地之未分也一太極，渾淪之理所孕，真氣彌綸布濩於其間，其凝而爲土壤、山川，莫名其始，要衹太極之質而已。如邵子之言天地自無而有，亦必自有而無。是天地亦塊然之形，而氣之消長，天地亦不能逃其數，則天地真不足以爲太極之靈矣。豈知天地本非二物，天呈形於上而地應之；地呈形於下而天覆之。天地衹一陰陽，陰陽衹一太極。闔户謂坤，闢户謂乾，一闔一闢謂之變，往來不窮謂之通，原天地之所由始，而太極之理氣變化焉。究天地之所由終而太極之理氣渾然焉。惟天地無終無始，乃爲太極之體，而十二辰者陰陽闔闢，運行消長之機，聖人立此名象以察氣候而布山川耳。故夫陽生於子而老於午，陰生於午而老於子，陰陽遞運是天地之機也。然其氣乃由日月而分二至之交，半夜日中之時，日所出入遠近而十二辰消長判矣。晦朔弦望月所周天，遲速消息而十二辰方位分矣。若使天地有時而窮，尚安足以爲道之體哉？且十二辰之屬於地支也，二十八宿隨天左旋而氣候消長，機藏於地，精現於天，以十二辰定之，而日月往來，山川衰旺，氣可察焉，度可稽焉。然天地之渾淪布濩者，固莫知其然而然也。天地安有盡時哉？曰然，則天開於子，地闢於丑，人生於寅之説，可信乎？曰天地非二物也。天地者，陰陽之體，陰陽仍渾然一太極，至於萬物之生化，則其感氣之不同，而生生化化者固亦未有窮期也。惟人秉天地中氣而生，全太極正理而立，天地非大，人身非小，爲太極在焉。故也有天地即有人，而溯最初一人之所由來，謂天地非父母不得也。即至今人類繁多而究理氣之所從出，謂父母非天地亦不得也，天開地闢而人生焉。子丑而寅，一生二，二生三，天一地二之精而已。又豈可執一萬八百年天始生？又如是而地、而人之説以定之哉？邵子以數學擅奇，而其《皇極經世》一書綜古今而以易卦配之，不免失之穿鑿。其生平所得惟《周易方圓圖》爲正。若日、月、星、辰、水、火、土、石之八卦，尤爲不得理氣之原。而傳者奇視，殊爲不達。蓋日月者，水火之精；星辰者，土石之氣。夫子以坎離爲日月水火，而邵子四之，何耶？此理甚繁，兹不具贅。曰然則混沌者何故？故曰天地無盡，人物有盡。明末流賊之亂，人民稀少、土曠物繁，五六十年之間一望榛莽，禽獸載途，無異洪荒，是可知矣。尚忠、尚質、尚文，禹、湯、武周立法時俱是。恰好至春秋時，多有不可行者，折衷其中即如輅無取於太文，冕無取於太質，凡損益前王之法，可例推矣。古車甚簡，有虞始爲鸞鈴，夏后改名輅，始有鉤衡。輗軏，殷始名路路，大也。《禮》曰：大路繁纓一就，先路繁纓三就，次路繁纓五就，以少爲制，殷制也。若玉路、金路、九就、七就、十二就，皆周路也。殷惟三路，周始五路。黄帝始爲冕，以木爲幹，以布衣之上元下朱取天地之色，五采繅、玉笄、朱紘，至周而制大備。《周禮》夏官弁師，掌王之五冕。春官司服，掌王之吉凶。衣服所載甚詳，兹不贅。張甄陶云：服周之冕，不特取其華美，亦以其制度詳密是也。樂則《韶》舞兼音容言之，言治定功成，洽神人，和上下，宣天地之豫，而備美善之觀，舍是無可當意者。舞有文舞、武舞。舜無武舞，惟文舞耳。人心以耳目爲用，其感甚微，其應甚速。聖人盛德在躬，必加兢業，正爲耳目、百體氣質之感，難盡除也。鄭聲佞人入於耳者，不覺志意易爲牽蕩，故特放之、遠之。鄭詩不淫，淫者鄭聲也。武公以後，國政不修，民間放蕩習爲淫哇。又先王正聲既微，聞者慕而效之，取其悦心志、豔耳目，故曰惡鄭聲之亂雅樂。今《詩經》夫子删定，凡鄭衛之詩自叙醜行者，悉早汰去。所存皆旁人譏刺之詞。昔人均不得其解，即如桑間濮上之音，本指紂樂，今以桑中詩當之，亦非。别有詩解，兹不贅。佞人貌君子而内小人，若恃我明智優容，使在左右，則必浸爲轉移，亂德而不覺，故曰殆。淫者，蕩人心而不使自持，如水之浸淫不可制。殆者履於危，而不能自立，如崖壁之難駐足。顏子非尚悦淫好佞者，然必戒之。是聖人之學所以爲聖人。若曰：聖人不好淫聲，不畏佞人，無容兢兢，則必非聖。

子曰：人無遠慮，必有近憂。

夷險難憑，惟理可以一之，慎德修身立於不敝，此遠慮也。常人逞私智以圖久遠，而禍已發於目前。夫子教人反身修德以宏其業。

附　解

天不變，道亦不變。人能體道於身，則可以不朽。自古無不亡之國，不破之家。富貴、貧賤、得喪，如寒暑、晝夜之相嬗，雖聖人不能必其權。所恃者，此心此理兢業仁義，畏天命而憫人，窮可以無愧於覆載身家之遇，聽之而已。唐虞盛德而其子不肖，豈堯舜之咎哉？然堯舜能擇人而禪，俾天下被仁人之澤而其子亦免於凶危，世裔與三代相終始，是聖人慮之遠而德之神也。周以忠厚肇基，竄戎狄者，再而後卒開八百載之業。秦以譎詐滅六國而二世有望夷之慘。故聖人教人誠正修齊以謹其源，而天心可轉，氣運可平。慮之不遠而至遠者也。常人汲汲名利，機智深密以求久世，而天良澌滅，祖德難綿，慮之似遠而不遠者也。夫子爲忽近而無德者戒，豈教人以私智巧計哉？舊注滯晦。

子曰：已矣乎！吾未見好德如好色者也。

好，去聲。德者心之良，欲者情之惑。好德不如好色，存養無功，陰質弗能克制也。世教益衰，或以好色爲常，不知人欲肆而天理滅矣。故夫子深嘆之。

附　解

好色出於心之自然而不可制者，後天之陰識爲之也，氣質之情也。好德亦時出於心之自然，而不能没者，先天之元神爲之也。天命之性也，惟心有先天後天之辨。自非聖人道心恒少，人心恒多。故君子有克復之功，有閑存之力，迨反身而誠，則有天理而無人欲，好德不好色矣。雖夫妻居室之正，亦必發乎情，得其正。况於外此爲禽獸之行哉？奈世教衰微，誠正之道不講，則桑中鶉奔之類，有位者且靦然肆爲，而風俗所染，帷薄之間，暗室屋漏，其不可問者可勝數哉？已矣乎三字，夫子目中、心中無限凄涼感慨。後學不可不返而自惕也。德字，南軒張氏指己之德。顧麟士指在人之德。然未有在己無德而能好人之德者也。且夫子口中重在一好字，又有已矣乎三字，是欲人自明其德。天理熟而道心純，柳下惠所以坐懷不亂也。德字須透出天命與我根源來，方知人禽幾希，遠邪等於逐寇。

子曰：臧文仲其竊位者與！知柳下惠之賢而不與立也。

與，平聲。人臣有愛國之誠，必無自用而不引賢者也。文仲世卿，竊譽，心實貪鄙，子指其蔽賢之罪。竊之一言，醜之至也。柳下惠，氏展，名獲，字禽，居柳下，謚曰惠，行季。

附　解

人臣莫不以薦賢爲貴。而春秋世族相仍，寒士登庸尤難，故夫子告仲弓以犂牛之子，而美公叔文子之文，譏臧孫之竊位。文仲在當時有聖人之名，蓋僞君子也。夫子先目以竊位，而後實以不舉柳下惠，蓋灼見其貪容固位之心。而即一事以概其餘。知尚不舉，不知安肯求其知哉？時講或云：不知不足責，寬一筆以甚其罪是也。而後人則豈得自諉於不知耶？觀仲弓慮賢才之不能盡知，視文仲居心真如鸞凰擬鶩鴟矣。朱子以謝氏之説爲甚，亦未免未達子言。

子曰：躬自厚而薄責於人，則遠怨矣。

遠，去聲。待己嚴，待人恕，非爲遠怨計也，而怨自遠焉。此爲常人戒也。

附　解

躬自厚而薄責於人，理當如此。何計怨與不怨？時有無禮而苛求人者，故言此以警之。至於人怨其患，不可勝言矣。

子曰：不曰如之何，如之何者，吾末如之何也已矣。

朱子曰：如之何，如之何者，熟思而審處之辭也。精義然後可以安仁，否則粗率何以進德？子故警之。

附　解

此教人以義制事，不厭詳審，非謂私智巧密也。勿誤看。

子曰：群居終日，言不及義，好行小慧，難矣哉！

朱子曰：小慧，私智也。此戒學者之燕辟，言肆而行妄，惡熾患臨，故深危之。

附　解

人無無事而群居終日者，惟學者乃然。張甄陶以群居終日爲無所事事，取方靈皋時文之説，謂好行小慧，承上句，一氣説下，非也。義者理之當然。不及義，無一合理之言也。小慧豈必作奸犯科？祇是動静起居，喜爲機巧之事，其言行如此，則心中放蕩邪辟，無一毫忌憚，可知難矣哉者，失其本心而禍患必及，深警之之詞也。

子曰：君子義以爲質，禮以行之，孫以出之，信以成之，君子哉！

事物之宜辨之精而守之定，如質幹然。禮主於敬，而有節文度數之詳，故行以踐其實。孫，則其和順雍容之致，由内而出。信，誠而久也。君子哉，言非淺學所能也。

子曰：君子病無能焉，不病人之不己知也。

病，深痛而不安也。能，謂聖賢德業之事，表君子刻責之苦心，與《不患》章不同。

子曰：君子疾没世而名不稱焉。

稱，去聲。好名者多，往往考其生平而實不相稱。夫子言此，欲人勉實修而臻完行也。

附　解

聖人遯世，不見知而不悔，不知不愠，乃爲君子。蓋爲聖、爲賢敦倫盡性，祇盡吾分之所當爲，本無預求後世美名之心。而没世以後，天理民彝自不可得而泯没。凡夫忠臣孝子、義夫節婦及聖賢之流，歷久而不朽者，皆此故也。世降益甚，求名之士往往不修實德而專務聲譽，碑版留題，聲氣標榜，惟恐其名之湮。而易世以後，論者核其生平，每多遺行，則名爲虚名，不堪師表矣。夫子言君子疾没世之名浮於其實，而不敢稍留缺憾，故人當及生而敦完行，毋徒汲汲名稱，非教人求後世之名也。不然，夫子以不愠爲君子，又曰君子不病人之不己知，而此獨疾無名，於義欠安。蓋喫緊在没世二字，假行竊名，可以欺於一時，而難掩於身後。修德者日慎一日，一息尚存，此志不容稍懈，所以求無愧於完人。桃李不言，下自成蹊。又何必慮後人之不我諒也？邢昺注：稱，本讀去聲。薛侃、陽明《傳習録》稱字亦讀去聲，而其説未暢。

子曰：君子求諸己，小人求諸人。

求，刻責也。盡性而至於參贊化育，皆己之事。見之精則求之愈切。小人則務外無已時也。

子曰：君子矜而不争，群而不黨。

君子凡事不苟似矜，與人同樂似群。矜與群，皆人目君子之詞也。夫子辨其不争、不黨，則學君子之矜群者當自得其正，蓋就時人之見而析之。

附　解

汪武曹云此章與《和同》《驕泰》各章不同。和泰是好字面，不字直下。此矜群字不甚好。古者民有三疾，矜居其一。《易》曰：涣其群。群乃聖人所欲涣也。其言剖析獨佳，但章意猶有未明，今疏之。蓋君子莊敬和樂，本不可以矜群名，因世有一等争執之人，以爲君子遇事不撓，且矜而争矣。有等媚世之流以爲君子與物無忤，且群而黨矣。彼其析理不精，私意用事，誤認君子並不辨矜争群黨之義，故夫子曉之曰：世以君子爲矜、爲群，不知君子之矜與群，非世俗所謂矜群也。蓋君子莊嚴自矢，非矜己也，而人以爲矜。夫矜者，介介之名，則矜即有類於争，而君子不然，則其矜，特自人見之，而君子祇安其慥慥之常。君子和樂與人，非群俗也，而人以爲群。夫群者，混俗之名，則群即類於黨，然君子不然也，則其群也，特自人見之，而君子祇自安其融融之致。是故此章乃就時人學君子而誤者，辨矜争、群黨之界，使窮理修身者精義毋失。較他章尤爲周密也。

子曰：君子不以言舉人，不以人廢言。

嚴以衡士品，寬以納忠告，節取其言而不誤用小人，至公至明也。

附　解

《書》曰敷奏以言，言固心聲也。然必明試以功。舜好問而好察邇言，言不可以人廢也。後世取士以言，人皆求工於言。其所言之理，本非素習，而上亦即以言取之。至於獨行隱德及忠孝廉節，或以無文棄之，則言與人兩失矣。若夫全德之士，言皆聖法，或乃不宜於時，行踐倫修又每不合於衆，則夫取人以身，窮理盡性之學不可不自清其源久矣。

子貢問曰：有一言而可以終身行之者乎？子曰：其恕乎！己所不欲，勿施於人。

求一言以終身，爲己切矣。不欲者，情理弗順之事。勿施於人，克己私而擴公理也。

附　解

子貢天姿英邁，晚年乃最篤實。此章問一言可以終身，至爲切要，不宜復加貶斥。夫子告之以恕而釋其義，言凡事皆反心自問，推以及人，合於理者，必擴充之。否，則克治之。至公至誠，終身行之不盡。近有人誤解此二句不先辨明理欲。凡己不欲者，皆勿施諸人。且好貨好色，孟子導齊王同民，乃納約自牖，使推恩百姓。如平常父兄師友間，己好貨好色，令人皆好貨好色，此豈可通？故《中庸》誠身以明善爲先。凡聖人之言，皆當善體，不可誤認，反貽世患也。

子曰：吾之於人也，誰毁誰譽。如有所譽者，其有所試矣。

譽，平聲。夫子明是非之公以教人。人或議之，故子云，然誰之云者，使核其實也。試，見其真也。邢昺曰：毁，譖害。譽，稱揚。

斯民也，三代之所以直道而行也。

順理而無私曲曰直。申言民心有公理，三代不能外己之是非，欲全民心之直道而失其本心者，反以爲罪，深可嘆也。二也字，無限低徊。

附解

夫子當時折衷古今，詳論人物，每辨其是非，豈恃己輕人？誠恐是非不明，則人將誤學，歧途多而直道亡矣。至《春秋》褒貶又不待言。當時乃有議其妄爲毁譽者，故子言吾之於人也，誰毁誰譽。人之善惡隨其實而勸戒之，曷嘗過乎其分而爲褒貶？即或有所譽者，實有以見其然而乃愛慕表揚之，然實未嘗逾其分似譽而實非譽也。若毁之云者，其人本無是事而誹謗之。吾豈爲之哉？吾之無毁譽非吾之奇，亦非欲求諒於斯世。蓋斯民也，皆秉天正理而生，凡公是、公非皆有一定不移之理。即三代聖王致治郅隆，不過順斯民之好惡而爲之。今雖三代已遥，民猶是民，則理無二理，是三代之所以直道而行也。吾亦惟順民之公理而行，誠使平心酌理，反其直道之本心，則知吾之所好惡非有偏私矣。二也字低徊流連，蓋深嘆人自失其本來是非之良，反以好惡之正者爲非也。須得夫子維持世教，欲人公是公非，一片婆心勿涉斤斤自辨。意直道在民，三代之所以公是公非者，此民；後世之顛倒失實，昧其天良者，亦此民。民亦何知？所以習染而至此者，可慨也。二也字弦外餘音，聖人使人自思，及愴懷世教皆在其中，勿草草讀過，向來講家多不得其意，今不悉辨也。

子曰：吾猶及史之闕文也。有馬者，借人乘之。今亡已夫！

夫，音扶。史載治亂之實，不可以意妄爲增損。馬借人乘，物阜而俗湻，即二者可以概朝野之他端。

附解

向來説闕文不過傳疑存信而已，無以見聖人立言之旨。按黄帝始立史官，蒼頡爲之。蓋聖人慮政治得失之迹無以示戒將來，特垂載籍，文字由此而興。不爾古人便如煙爐，是宇宙第一事。五帝以來，稱《尚書》實皆當時文史籍也，頌颺歌祝之詞亦附見焉，詩即寓於書。當時聖學昌明，秉筆者皆君子，乃能取予至當是非炳垂。周家尤重其事，大史、小史、内史、外史、御史必擇賢者爲之，非徒取其才華也，好惡、公正、勸懲斯存。周衰，文武之迹將湮，陳詩典禮概從弁髦，則先王之舊與夫美惡之真所恃者，惟史。然大學之道不明，秉筆者無窮理正心之本，其是者或非，而非者或是，欲得至公之準，難矣。顧識見雖卑，然苟不敢妄爲紀載而據事直書以遺後人。其聞見所疑闕之，則古籍可存，真僞因之不紊，否則此事一淆，則先聖先賢之蹟必蕪滅於俗目，而君子小人之實難據。夫子所思者闕文，而所以鄭重者實不僅爲其能闕疑，蓋以五帝三王之治迹於是乎在，而不然者禮樂其湮矣，此《春秋》所以必繼三王而作。後世史書汗牛充棟，半出文人，搜羅極富，取義未精，且當其人存時毀譽已不爲實，及其即世益之誣罔。昌黎有言，俗皆愛奇，莫顧實理。傳聞而欲偉其事，録遠而欲詳其迹。棄同即異，穿鑿旁説，舊史所無，我書則傳，此譌濫之本源而述遠之臣蠹也。至於勳勞之家，雖庸夫而盡飾；迍敗之士，雖令德而常嗤。吹霜噴露，寒暑筆端，此又同時之枉，可嘆息者也。馬之借人，雖若好行其德之細事，然春秋以畜牧爲重務，萬乘、千乘、百乘，皆以馬計之。問大夫之富，數馬以對。騋牝、駉牡詩以爲心臧之驗。蓋必上有養教之實功，斯下有繁昌之氣象。而借人乘之，則俗厚亦不待言。春秋之末，民疲兵戰，有馬者既不多得，則借乘自不易言，即此一事而閭閻蕭索，國政艱危，亦可以推。後世惟北方車馬仍當時。孔孟所歷之區，俗重牧養，武備亦甲於他處，其他山川阻奥之地，有富人不必乘馬者矣。以博識如東坡亦以爲二事無損益於世，蓋未深思夫子所居之地、所值之時耳。至胡氏則直以爲疑義不可解，豈非太淺視二事歟？文字，陸、汪、葉三家作同文之文解，非是。

子曰：巧言亂德，小不忍則亂大謀。

德兼人己而言。小不忍，私忿、私愛。大謀，義理之正可善其事者也。權謀巧詐，皆托於此，大誤。

附　解

韓信策項羽必敗。曰：婦人之仁，匹夫之勇。可謂確切。朱子援以釋小不忍無可易者，但世界上事無必成之功業，而有必不可易之義理。君子爲其當爲，不牽於所愛，不徇以私情，即小不忍正面。後世奸雄僭逆，機械變詐之徒謬認此句，慘刻少恩，陰險蓄詐，曰：小不忍，則亂大謀也。若漢王分羹，温嶠絶裾，吴起殺妻，太宗奪位，豈非解經未的者貽之厲哉？易爲君子謀，不爲小人謀。凡聖言，固未有不教人以正者也。

子曰：衆惡之，必察焉；衆好之，必察焉。

好，惡，並去聲。己心有理無□，然後能得好惡之正。察衆猶察獨也，子特甚言好惡之不可蔽。

附　解

好惡者，人之情也。得其正，則性矣。窮理盡性，好惡至公，而不以己私與，聖人之所以如天也。常人不自清其心而徇其偏私，好惡失實，小則禍己，大則禍天下，由其中無本也。子言即衆惡、衆好必察，甚言好惡不可徇人，當確求其義理所在，此中便有克己復禮，至虚至明之理在内。

子曰：人能弘道，非道弘人。

朱子曰：宏擴而大之也。人以道爲難盡而聖不可爲，故子言此。道即人之所以爲人，充其道之量，乃止盡人之理而已。

附　解

何爲道？五性、五倫而已。五倫本於五性，五性仍是一性。性之理在天則爲太極。言其至真曰誠，喻其生意曰仁，得諸身曰德，統言之曰道。天、地、人惟此一理，萬物惟此一理。發宣人道非小，能全其所性，以天地之心爲心，以天地之道爲道，則無論窮達，皆可參贊造化。奈委靡者流以道爲難企，以全道之人爲天授，則是人無如道何，而道足以限人矣。故子曰：人能宏道，非道宏人。欲其盡復性之功，由勉企安以全所性，不可諉於天定，非泛論性體也。自來講家俱不得其解。

子曰：過而不改，是謂過矣。

爲遂非者言，深嘆惜之。

附　解

過字，聖賢不免，一端之失，一念之誤，皆過也。惟賴時時刻責，日日遷善，則可漸歸於純全。改則非過，過由不改，警勉人之意甚切。

子曰：吾嘗終日不食，終夜不寢，以思，無益，不如學也。

學習其事也。理寓於事，不學則思，皆懸想者也。子設身教人爲恃志窮搜、不踐倫常者發。

附　解

爲學之目，《中庸》言之最詳。博學、審問、慎思、明辨、篤行，皆學也。思與學烏可强分哉？夫子言思而不學則殆，學而不思則罔，乃爲初學言之。此章又爲穎悟而少實踐者發。蓋下愚之人每不能思，惟高明之士穎悟夙成，馳心六合之表，泛濫百家之言，無所師稟，極想窮搜，一有所得，遂以爲道在是矣。而不知道本中庸，至精至微之理即寓於至平至常之中。惟當身踐其事，習之久，則得之者真，自然知之者晰，即夫子所謂下學而上達也。若專恃其思，則心性倫常之功並未力行，徒幻妄而增惑耳。夫子幼時想亦嘗勞思未得，故以所閱歷者教人，非無是事而姑設言也。至學字，兼知行説，服習其事實，體諸身心，非但考究詩書而已。

子曰：君子謀道不謀食。耕也，餒在其中矣；學也，禄在其中矣。君子憂道不憂貧。

餒，奴罪反。謀，計慮之也。道率於性，無道則非人，雖食，蠢然耳。況夫食亦非可謀而得，故君子惟憂道之不全，不憂貧之累己。

附　解

食乃人所藉以生，不可一日無，君子何以谋道不谋食哉？道者，天之理而人之性，舍是无以爲人。若不專心篤好，必不能全道。無道則非人，雖饜飫珍旨與禽獸異者幾希。況有道者必蒙天佑，必不至貧餓，故言食非可以謀而得，謀道未必遂至。傾生如耕，本謀食而或受餒，學非求禄，而禄自來，則食真無俟謀矣。故君子惟憂道之不全，不憂貧之不堪。夫學道不過常存乎天理，非廢了生業求諸事爲之外。何以言謀？因人憂貧，不顧天理而謀，故即其言曉之耳。勿錯認貧，究不免。

子曰：知及之，仁不能守之，雖得之，必失之。知及之，仁能守之，不莊以涖之，則民不敬。知及之，仁能守之，莊以涖之，動之不以禮，未善也。

知，去聲。知善而好之，而存養未純，則必爲私欲所亂。仁守之後，天理定矣。威儀不肅，則民慢，内外交飭矣。動民不以自然之節文與三代之良法，則修己治人之學未備。朱子曰：使知德愈全，責愈備是也。

附　解

學以成己而已，而成人即在其中。春秋士大夫非無志古好善之士，然大抵學無根本，體用不全，成己、成人俱無實效，子故言此。知及之者已見得善之可好而好之，是天資高明抑或學問有得。但此乃一隙之明，必當拳拳服膺、從事存養之學，久久，欲净理純，始能永矢勿失。否則乍明乍暗，旋得旋失矣。至於知及而仁又能守，是真能爲善去惡者矣。但自返無愆而禮度不嚴，微論惰慢邪僻之氣或乘間而投，且衣冠言動無以爲民觀瞻，故君子齊明盛服，非禮不動。所以修身如此，則内外交修，純一於善，可謂成矣。然見諸施爲，或未本乎天理人情之大順，而有違乎前聖之典型，則必不能道洽政行，使天下同歸於至善。夫子此章就功候淺深剖别之，已該全部大學在内，勿輕讀過。

子曰：君子不可小知而可大受也，小人不可大受而可小知也。

技藝之能甚多，任重則非全德不可。不可小知，務其大而略其細也。小人則當器使。

附　解

或問君子不器，而此言不可小知，何也？曰：此小字謂技能、藝術之末，非講家虎賁綴衣之屬云云。蓋天下衹一理，五倫衹一性，君子性盡而理明。爲君、爲臣、爲父、爲子以至於一官一職，事爲之細，皆有道以處之。無出位之思，無負職之憾。夫子委吏乘田，可以稱任。大舜耕稼陶漁，可以成都。推而至於平地成天立道，綏動皆優爲之。聖人非身親百藝而足遍九州也，至誠以貫之，本乎此心此理之當然而無不得其所，故曰一以貫之。後世聖學罕傳，不知君子本末，則以聖人爲無所不能者，幾疑其無書不讀，無事不爲。抑思百工技藝，天下古今傳記之繁，風土人物之狀，雖一覽無遺，豈能周知而窮盡哉？且有材、技、藝、能玲瓏穎異，而倫常心術大不堪問者，故夫子曰：不可小知而可大受也。言君子於材、技、藝、能未必能優於人。而誠正修齊治平之學所以裕其大本大原者至周，則内聖外王之業非君子莫能任也。至於小人，窮理正心之學無有，斷不可受大任。而一長一藝效能於奔走，見試於事爲，輒有成效，是可小知也。有君子總其大而小人亦不廢所長，天地尚安有棄材哉？

子曰：民之於仁也，甚於水火。水火，吾見蹈而死者矣，未見蹈仁而死者也。

仁即性也。以其爲天地生生之心而衆理所含，故曰仁。有仁則人，無仁則物，非水火之但養身者比也，且水火不可蹈。而蹈仁者壽，爲天地之完人，尤有益而無損。死，不當死而死也，勉人爲仁。因人咸樂生畏死，故以此言之。若夫義當死而死，則全仁者也。雖死亦如乎生。

附解

天命之謂性，其在人如木果之有仁，故曰仁也。仁秉於生，初本無虧缺，奈有生以後，氣拘物蔽，則失其仁之本體。聖人教人盡性修身，全其仁，乃成爲人也。無如縱情背理者，多甘失其本心而不惜，故子言此。舊説言殺身以成仁與未見蹈仁而死終有不合，以爲言各有當，此章特爲凡民發，均非也。蓋仁者壽，大德必壽，夫子言之。後世因顏子三十二而卒，遂謂仁者不必壽，則夫子之言爲無憑。不知顏子特天資純粹，精進不已，故夫子屢贊之。於其卒也，嘆曰：惜乎！吾見其進，未見其止。原非謂顏子已造於神化之域，其卒也因秉質羸弱，秉受先天者二氣不固，觀其年二十八頭髮皆白，可見夫子以其質美而勤學，故嘗奬之，實則未到聖人地位也。宋周濂溪氣質恬静，類於顏子，故首推顏子以爲發孔子之道，教萬世無窮者顏子。夫顏子之足發，孔子固不待言，然曾子以忠恕明一貫，子思以至誠闡《中庸》，子貢以日月喻仲尼，孟子以時中推孔子，其發孔子而教萬世，亦不後於顏子。若以顏子爲已到聖人粹處，而不免夭亡，致天下後世以聖學爲不能立命，此則大不可也。此章未見蹈仁而死，煞有至理，今爲詳言之。庶千古聖學可以復明，而顏子之不幸短命，固亦無害於其大賢也。蓋人之生也，得天地之正理、正氣而生，故獨靈於萬物，此人性之所以善也。其秉山川父母之氣而生，賦質不無昏雜，此壽夭之所以不齊也。夫其得天地父母之粹者，聰明壽考，固甚幸矣。若其得之駁者，性未嘗不善，而質則有拘。聖人以學教人存其心，養其性，始於誠意，終於化神，變化其氣質之偏，而濁者清，柔者强，夭者壽，斯爲立命，第其功非一日，須次第而造。孔子十五志學，七十而後從心不踰。孟子有諸己以至化神。其義如此，然必有賢聖之師，恒久不已，斯可深造自得。聖人難以其功盡宣於書，學者拘文牽義，未有真傳，因而異端假托，聖學遂隱。唐虞三代且不具論矣。孔門以求仁爲學，其曰：克己復禮爲仁。苟志於仁無惡，仁遠乎哉？皆欲其全天地之性。《大學》曰明德，《中庸》曰誠身，至《孟子》則直揭言之曰養浩然之氣。蓋理寓於氣，氣有精粗，浩然之氣乃乾元太和之一氣，即氣即理，非一切形色之氣可比，故養氣即不動心。夫子此章言未見蹈仁而死，正謂全乎天地之性，得乎浩然之氣。神與天通，氣與天合，其安常處順，則壽考康寧，至死而神明不昧。如夫子曳杖所言：曾子易簀之類，其生有盡，而其神無盡。去病延齡，不待言矣。其不幸而遇君親大難，則視死如歸。正氣常伸，爲生民所利賴，萬世所瞻仰，亦爲全受全歸。烏有蹈仁而不當死亦死者哉！若謂顔子仁矣，聖矣，猶且短命，則夫子仁者壽，大德必壽，及此章之語爲虚言欺人乎？此義不明，故延年却病者學方外之術而反以爲仁人不能立命，愚安得不屢辨之？豈故抑顔子以伸吾説哉？夫子此章義理精密非常，學者誠實踐乎爲仁之功，馴至乎全仁之域，爲忠臣，爲孝子，爲名教之干城，爲乾坤之肖子，則必欣然於蹈仁之不死，而水火誠不可同年語也。尚其思之，勉之。

子曰：當仁不讓於師。

師且不讓當仁之宜，力何如也？朱子曰：仁者，人所自有而自爲之，非有争也，何遜之有？

附　解

仁者，我之所以爲我，人人有仁，人人自盡，無所争，無所讓也。委於不能若有讓者然，故以不讓於師曉之。或曰已即當仁，於師豈得不讓？不知讓字乃諉字替身。夫子極言不讓，以斷其卸責之路耳。若讓師之禮，亦仁也，豈得嘐嘐然，曰吾已當仁於師，不必讓云哉？張氏甄陶之説非。

子曰：君子貞而不諒。

貞，正而久也。諒，泥於偏而不渝。小諒似信，故辨之。

附　解

貞，正而固也。朱子解得不錯。第正之中又有精粗、大小、經權常變之異。惟辨之極精，然後守正，而不失其時。若諒則一偏之見，守而不化，似信非信，故特畫清。下篇友諒之諒作誠信解，與此不同。

子曰：事君，敬其事而後其食。

己事即君事也。敬君之至，事無不敬，而食則非所計也。爲先食者言，故曰後。

附　解

君體臣則必有食。若事君之義，則惟恐不克勝任，抱愧君民而已。奈世俗事君多爲求禄，是以食爲先矣。子故教之敬事而後其食，非謂敬其事者尚有求食之心，而先此後彼云也。其事二字先須認真，自公輔以至胥徒皆有其事，即君事。敬其事者，無一毫職之不盡，無一毫念之不誠，人人各盡其心與理，而天下平矣。

子曰：有教無類。

人性皆善，習染而分其類，聖人有教則變化曲成，可無類矣。教者、學者皆當自勉。

附　解

聖愚皆人，則聖愚一類。孟子曰：聖人之於民亦類也。習染所移，遂於善之外别有惡之一類。於是人以爲人品不齊，不知善者其本，不善者其習。惟大學之教不明，則有善惡之分類。誠有教矣，則可化惡爲善，自可無類。夫子此言欲教者盡其實，學者勉其修，惓惓爲無窮矣。

子曰：道不同，不相爲謀。

爲，去聲。道，猶行徑，謂平日志行也。不相謀，慮其悖德而害事，戒君子也。

附　解

此章重一謀字，君子尊賢而容衆，嘉善而矜不能，安能强人人同己之道？若爲國家及自己成德修業之事，不能不需人謀，必平日德行道藝相同，始可與謀。若不擇人而謀，使小人得乘其隙，售其欺，則必爲害，故夫子戒之。然非有窮理盡性之學，則自以爲正而實非正，見以爲賢而實非賢，謀之不臧，其弊多端，况乎偏執如安石，挾私如牛李，安能和衷協恭哉？夫洛黨、蜀黨其人豈必非賢，清流、濁流僉小藉爲口實，君子守正不渝，變化從心，進退存亡，於斯攸繫，非無本之學所能辨也。

子曰：辭達而已矣。

辭期達理，勿取浮夸。

附　解

言者心之聲，發天地萬物之理，非辭不爲功。第事理各有一定之則，使人共曉，而無彼此未盡之情曰達。春秋詞命最貴，雖較諸不言，躬行誠能動物，已是第二著。然賢人君子以此諷諭忠告，而善於詞命之士一言可靖國家，不必其有全德也。辭能達理，亦可以益於學問、經濟。無如才華之輩，矜奇相尚，日就浮夸，故夫子云。然後世文字之學日興，工巧益多，而按之人倫庶物無所維持，則雕蟲長傲，辭反爲世病矣。况夫邪説、淫詞、誣文、穢史惑亂人心，有志者安可不辨。舊説辭取達意而止，不以富麗爲工，意不皆善。當云達理至富麗亦非盡不是。六經之文彪炳乾坤，歷代詞人亦有忠孝至誠，其文泣風雨而感鬼神者，至情至文，不求富麗亦未嘗不富麗，故當云毋取浮夸方是。

師冕見，及階，子曰：階也。及席，子曰：席也。皆坐，子告之曰：某在斯，某在斯。

見，賢遍反。孔氏曰：師，樂師，盲者。冕，名冕。自有相夫子仁敬之心，不覺曲盡其誠如此。

師冕出，子張問曰：與師言之道與？子曰：然，固相師之道也。

相，去聲。子張詳察而知爲道。子則自居於相，不敢自以爲道也。宏矣哉！

附　解

天下無一非道，惟聖人反身而誠，則從心不踰矩，道以聖人之身而顯矣。師冕自有其相，夫子仁心發現，自然誠以告之委曲詳盡。子張隨侍體驗，知其爲與師言之道善學如此。夫子聞言而曰然。然其所見之是，又謙言曰：固相師之道也。言特相師之道，當如是耳，非有異也。時解推廣言之於理亦是，但説得太覺廓落，反不合聖人平平問答之事。凡聖人言動固無非道，然衹是隨事理之當然爲之，非人所不能勉企，勿太高視也。

季氏第十六凡十四章

宋儒洪興祖、胡宏以此篇爲《齊論》，以篇内皆稱孔子也。考《漢書》《隋書·經籍志》及王應麟所云，皆即今《論語》二十篇，而争辨於外多之一二篇耳。《漢藝文志》古《論語》二十一篇，以《子張問五美》以下另爲一篇，是多一《子張》篇，實依然今之二十篇也。又云《齊論》二十二篇多《問玉》《知道》二篇。張禹以孔壁所出無此二篇删之，是《齊論》亦今之《論語》也。王應麟據《逸論語》以美哉璠璵云云爲《問玉》篇。然其詞不類，且屬漢儒所未傳，自可不必然。則《齊論》《魯論》惡乎辨，蓋夫子往來齊魯，門弟子記其言行，在齊者記之曰《齊論》，在魯者記之曰《魯論》，而孔壁所藏則或門人及其子孫所爲，相傳孔鮒者較確。漢興，王吉、宋畸、貢禹皆齊人，所傳《論語》曰《齊論》。龔奮、夏侯勝、韋賢皆魯人，所傳《論語》曰《魯論》。然已非《齊論》《魯論》名義之舊矣。此篇首章即魯事而曰孔子，是門弟子居齊者所記，若《子張問仁於孔子》《子張問五美四惡》章曰孔子，則又不必齊之弟子記之。大抵今本《論語》《齊論》《魯論》已合而爲一，不可復辨，讀者亦無容向此索解矣。

季氏將伐顓臾。

顓，音專。臾，音俞。顓臾，太皞之後，風姓之國，魯附庸。季氏欲取顓臾以自肥，蓋假他罪以伐之。將者，將然，未然，勢尚可阻也。

冉有、季路見於孔子曰：季氏將有事於顓臾。

二子疑而質諸夫子。

孔子曰：求，無乃爾是過與？

與，平聲。夫子不便顯斥季氏，故詰求與謀以伸其説。

夫顓臾，昔者先王以爲東蒙主，且在邦域之中矣，是社稷之臣也。何以伐爲？

夫，音扶。東蒙山在今沂州費縣。先王封國近在域中，素無攜貳，季氏安得擅私而伐之哉？孔氏曰：主祭蒙山在魯地七百里之中，屬魯，爲社稷之臣。

冉有曰：夫子欲之，吾二臣者皆不欲也。

由、求皆不欲伐，故質於孔子。季氏欲之，蓋實言也。

孔子曰：求，周任有言曰：陳力就列，不能者止。危而不持，顛而不扶，則將焉用彼相矣？

任，平聲。焉，於虔反。相，去聲，下同。此下乃正責其不諫阻。周任，古之良史。陳力就列，度己才力所能以就其位。朱子曰：相，瞽者之相。言二子不欲則當諫，諫而不聽，則當去也。

且爾言過矣。虎兕出於柙，龜玉毁於櫝中，是誰之過與？

櫝，音獨。與，平聲。又言既爲之臣，則不得以不欲自謝而已。虎兕，喻其惡。龜玉，喻其貴。止君之惡，全君之美，是人臣之責也。朱子曰：兕，野牛。柙，檻也。櫝，匱也。在柙而逸，在櫝而毁，典守者不得辭其責。

冉有曰：今夫顓臾，固而近於費。今不取，後世必爲子孫憂。

夫，音扶。冉有白季孫之意如此，非自爲之謀也。

孔子曰：求，君子疾夫舍曰欲之而必爲之辭。

夫，音扶。舍，上聲。言季氏實欲其地而必飾其辭，君子所疾也。邢氏曰：舍其貪利之説而更作他辭。

丘也聞：有國有家者，不患寡而患不均，不患貧而患不安。蓋均無貧，和無寡，安無傾。

引古語而繹之。均，各得其分。和，各得其欲。季氏患子孫之貧、寡與傾，不知均乃可和，安乃無傾也。守分無侵曰均，情誼相投曰和。安，相安於無事。

夫如是，故遠人不服，則修文德以來之；既來之，則安之。

夫，音扶。夫如是，指不患寡二句而言。遠人，泛言。文德，即均安之政。既來則安，不必又慮其爲子孫憂也。

今由與求也，相夫子，遠人不服，而不能來也；邦分崩離析，而不能守也。

子無斥言季孫之理，故責由、求，即以責季孫也。遠人，謂當時之與國。分崩離析，當時公私怨叛之事。孔氏曰：民有異心曰分，欲去曰崩，不可會聚曰離析。

而謀動干戈於邦内。吾恐季孫之憂，不在顓臾，而在蕭牆之内也。

邦内乃指顓臾言。蕭牆之禍逆，有以知季孫之衰矣。孔氏曰：干，楯也。戈，戟也。蕭牆，鄭氏曰：蕭之爲言肅也。牆，屏也。君臣相見之禮，至屏而加肅敬焉，故曰蕭牆。

附　解

顓臾，太皞之後，先王封於魯，以主東蒙。季氏以其地近費，欲取之自肥，純是僭妄私意。冉有、季路蓋亦非之，諫之而不從，故進質於子。若二子公然黨惡，必不敢又問夫子，肆無忌憚也。夫子不便斥季氏之非，故藉冉子言其不當伐之狀。冉有言季氏欲之，二子不欲，自是實情，並非推口。但二子既不欲，即當諫，不宜緘默，故引周任之言言陳力始可就列。若遇主非義，不爲諫阻，即爲負職，且爾言以下又進一層。爾言謂己不欲而諉諸季氏之言。當言不言，非畏其威，即是不敬其主。虎兕至惡，有柙禁之；龜玉至貴，有櫝藏之。人臣苟畏威而不敢言，輕其主而不盡言，使逞欲府，過則咎無可辭矣。冉有聞夫子言，又言己二人不能强争之意。以季氏憂顓臾，禍其子孫意甚堅耳。夫子言顓臾何能爲子孫憂，季氏亦非果慮其禍子孫，特貪其土地，藉口於顓臾之將爲禍耳。下文乃開導之。有國、有家者不患土地之寡，而患爵禄不均，無以各得其分。不患子孫之貧，而患貪欲無厭，不能彼此相安。蓋民雖寡而能均，則無貧窶之憂，而情誼相孚則和矣。民雖貧而能各安本分不相侵陵，則無傾矣。季氏不能使民均而和，惟慮其子孫之傾覆，不知貧不足慮，不安則可慮耳。下又以修德、懷遠勖之。遠人，不是言顓臾，顓臾在邦域之中，何得爲遠人？並責由、求，是欲二子極力諫阻，亦是欲季氏聞而知悔。《春秋》及諸書不載伐顓臾事，蓋季氏因子之言而止也。若非藉二子以伸直言，本國大夫安能言之痛切如此？故二子並非黨惡於季氏，不可寃誣之。至周任二節，文義上下相承，舊説未清。虎兕、龜玉喻各有意，一例看亦非是。至有國、有家數語，若非古語，何勞夫子覆解？以爲夫子所聞之理非成語者非。且此節之意緊承爲子孫憂而破其見。寡、貧、均、安、傾，皆指子孫説。均則不貧而和，和在均之内，安者和之，積理本一串語，須漸及，非有欹側也。夫如是三字，承不患二句説，言惟道理如此，故當如此云云。文德即均安，蓋均安之中有許多政事在，非空言也。遠人不服，亦惟修其文德。既來則當安之，不可輕舉妄動。季氏不然，遠者不能來，近者不能守，而反謀動干戈於邦内，是自啓禍端。通篇語氣承接分明如此，講家多未了然。識者辨之。哀公以越伐魯而取季氏，雖爲無志於權事，亦未可盡非。夫子指季孫蕭牆之禍，亦非謂此，引以爲證亦誤。又顓臾在魯地七百里之中，朱子據《明堂位》疑百里，侯封不足以爲侯國，且有附庸。金仁山謂百里以田計也，山川附庸不在其内。《禮記》所言蓋通山川附庸計之。閻百詩則直據《孟子》以《明堂位》爲誣，似矣而無以解。於此章，在邦域之中，今析之，蓋《詩》言錫之山川、土田附庸。山川、土田，百里之内者也，附庸則不在百里之内。以其爲大國，則子男之國附焉。是顓臾第附庸於魯，而非在其封内。然夫子曰在邦域之中，何也？夫子之時，魯已非僅百里。子特即現在情形言之，而《明堂位》夸張其詞，謂封周公以七百里者，亦以其後世疆圉所及並附庸之舊言之，若先王始封，自以《孟子》百里之説爲定。

孔子曰：天下有道，則禮樂征伐自天子出；天下無道，則禮樂征伐自諸侯出。自諸侯出，蓋十世希不失矣；自大夫出，五世希不失矣；陪臣執國命，三世希不失矣。天下有道，則政不在大夫；天下有道，則庶人不議。

正天下者，道也。上失其道，迭相效尤，理勢必不能久，子故警當時而思。盛世政不在大夫，君有以統其道，庶人不議道，足以服其心。陪臣，家臣也。此與下章皆一時之言，夫子私語門人者。

附　解

道即理也。理爲盛衰之主，失理之行，必不能久。當時上陵下替，習以爲常，而不知其非。正如燕雀處堂，母子相樂，夫子傷之，故思天下有道，而以希不失警醒迷妄之徒。又再言天下有道，政不在大夫，庶人不議。又以慨聖王不作，自失其道，堅冰有由致也。十世、五世、三世，以其所憑之勢大略計之。前人謂逆理愈甚，則其失之愈速。殊非諸侯干天子，大夫干諸侯，陪臣竊國柄，其逆理一也。厥罪惟均不可以甚不甚計，第其所憑之勢有厚薄，故陵夷有遲速，然亦大概言其理。夫子以必失警之，姑寬其時以計。若曰即至遲亦不過十世、五世、三世，無有不失者。斷案在失，不在世之遠近。春秋亦有專擅國柄如欒郤之流，不旋踵而滅亡者，豈必五世哉？諸侯、陪臣皆然，故讀書最貴知聖言之所在。張甄陶以爲專爲大夫專政而言。亦非！上文言諸侯、大夫、陪臣，下何以專言政不在大夫？蓋有道則諸侯承天子命宣化，而大夫直奔走耳，陪臣又不待言。當時大夫專政，子言大夫而其他可知，庶人不議節，則穆然於政，洽化成之。盛議且無人，干政者尚何有哉？語意收盡通篇，不但有匪風下泉之感也，舊説亦欠分明。

孔子曰：禄之去公室五世矣，政逮於大夫四世矣，故夫三桓之子孫微矣。

夫，音扶。朱子曰：逮，及也。三桓，三家皆桓公之後。禄去公室，田賦，私家多竊據之。五世，宣、成、襄、昭、定。四世，約指之。三桓輩久擅國威，不知其勢已窮。夫子言此嘆之，其事皆見《春秋傳》。

附解

張甄陶以爲此與上章非一時之言。又云禄不指田禄。非！且以宣、襄、昭、定、哀爲五世，脱却成公，尤爲率略。禄去、政逮，夫子明明分言之。古者禄皆出於田，卿大夫僅賦其私邑。魯自宣公因東門遂而立，不能正其朝綱，世臣私室因而擅并民田，公家爵賞不敷所用，故有税畝之事。迨其後三分、四分公室，則禄去公室之極矣。至東門遂專政，其子歸父繼之不久而亡，嗣後不久又爲季孫遞專國政，歷平子，子桓子，故政逮大夫四世，不必專就季孫一家而言。張氏以爲武、平、桓、康，以此章爲哀公時語，則五世、四世不得不遷就其説。然事實不合，且不蒙前章來五世、四世，及故夫字三矣字，俱無著落，則朱子謂二章皆定公時語，爲不可易。第所云禄去、政逮，未能分析，及悼子專政爲未考耳。三桓子孫微，至定公時已然。康子患盗，問使民敬忠以勸，殺無道以就有道。蓋當時民已不服，勉强支吾，終不能振矣。按《史記》自夫子没後，魯尚有國二百六十年，而三桓子孫無聞，是周公之德，亦孔子相魯之力，前人亦未見及，愚於此書已屢言之。

孔子曰：益者三友，損者三友。友直，友諒，友多聞，益矣。友便辟，友善柔，友便佞，損矣。

便，平聲。辟，婢亦反。取友非僅一端，六者相反而人易惑，故詳示之。直，正直。諒，誠信。多聞，義博。便辟，習爲匪辟，無是非之真。善柔，工爲巧詐，無誠信之行。便佞，習爲利口，與多聞之準義理異。

附解

辟，偏也，僻也，非師也。辟之辟，偏執己見，以是爲非，友之則是非之良泯矣。柔字非盡不好，病在善字，一味媚世徇人，無誠實之行，口蜜腹劍，皆在其内。便佞，顛倒是非，不衷義理。友之則惑亂無主。知三損則三益愈明，善、便字極重，習而安焉，友之則與爲化矣。尹和靖云：自天子以至庶人，未有不須友以成者。善哉斯言。其損、其益可或苟哉？

孔子曰：益者三樂，損者三樂。樂節禮樂，樂道人之善，樂多賢友，益矣。樂驕樂，樂佚遊，樂宴樂，損矣。

樂，五教反。禮樂之樂，音岳。驕樂、宴樂之樂，音洛。僻嗜曰樂，人莫不有樂，化其偏而歸於正，則有益無損。子故欲人辨而謹之，節以之自檢束也。己善而後喜人善，己賢而後喜多賢。三損之樂，傲惰肆而已。

附　解

人各有嗜好之偏曰樂。與好字、樂字不同，此情也。而足以累性，當辨其是非，化其偏而適於中，否則縱而弗制，爲害不可勝言。六者重資質意，三益不必説得太深。節禮樂、喜於禮樂之事，講究學習，下二句皆然，此等天質最優之人不假學問，自有此種好氣習，子言如其有之則益矣。不然，如下三者則損矣。二矣字有許多警惕人意。驕樂，驕傲以莫予違爲樂，不顧義理是非，與節禮樂相反。佚遊，安逸遊蕩，不以善相觀摩。宴樂，酒食徵逐，與小人相比相形言之，明示涇渭。欲學者反身而自課。

孔子曰：侍於君子有三愆：言未及之而言，謂之躁；言及之而不言，謂之隱；未見顔色而言，謂之瞽。

孔氏曰：愆，過也。學者就君子以自檢其身。不敬、不誠、不明，慎而遠之，學在是矣。

附　解

此章專爲學者言。君子，有德之人，不以位言，惟君子之身即道之所在。而侍者密邇儀型不自檢察，有是三愆，則其平居不慎，更可知矣。是教人隨在敬慎之一端，亦必有爲而言。舊説兼有位而言，不知有位而有德，則可矣。如其不然，伺候逢迎，何所不至哉？士君子進退以道，道不可行而姑委蛇朝端，托於三愆，其害深矣。

孔子曰：君子有三戒：少之時，血氣未定，戒之在色；及其壯也，血氣方剛，戒之在鬬；及其老也，血氣既衰，戒之在得。

朱子曰：血氣，形之所待以生者，血陰而氣陽。得，貪得也。先天之理爲性，而氣血則後天之質。情所以生，性所以亂也。存心養性，化其氣質，則無三者之累。夫子爲中人以下言，舉其甚者爲戒，欲人克己復禮。

附　解

天地之性人爲貴，人性即天性也。其質之累則血氣爲之，後天之氣不能不雜於欲，故先天之性不能復葆其初。聖人教人復性之功，由後天以復還先天，然後血氣之欲皆歸於義理。《大學》所以誠意之後又有正心之功；《孟子》所以養浩然之氣乃能不動心。此章夫子明三戒而皆以血氣立言，實簡切精微之論。蓋性一而已，情則有七，七情亦性之用，而不得其正，則後天血氣爲之也。君子知而戒之，則所以養其德性，清其神明者尤有本末全備之功。子未備言，自聖學授受多歧。言性者以後天之心爲性，後天之氣爲氣，而存心養性之旨罕詣其全矣。夫血氣者，形骸所待以立，而所以宰此血氣者心，心所以參贊者理，理即天命之性。未生以前心純乎性，既生以後性役於情，皆血氣爲之。靜而性定，動而情正，則血氣亦無能累心，所以清明在躬血氣和平。仁者壽，大德必壽也。夫子爲初學言，若成德之士則三戒不戒而自無矣。范氏：聖人與人同者血氣，不同者志氣，未醇。當云聖人同者血氣，不同者心思，心一於理，而神自清。神葆其氣，而體自完。血氣皆菁華矣。

孔子曰：君子有三畏：畏天命，畏大人，畏聖人之言。小人不知天命而不畏也，狎大人，侮聖人之言。

天之理備於人，其氣相通而其幾至神，畏者深知而敬事之也。大人，全德之人。聖言，已往大人之訓也。小人不知天命在人，故任心悖禮，無所不至。

附　解

三畏兼括許多憂勤惕厲事。子約言其大者，非此外尚有當畏而未及也。聖狂祇爭敬肆之一念。然君子何敬，小人何以不敬？夫子特地指出畏字。曾子之言曰：戰戰兢兢，如臨深淵，如履薄冰。畏之説也。畏於何生？蓋人受氣於天地父母以生。天地大父母，父母小天地。天之理在於人身。天地雖若無聲、無臭而赫赫明明，與吾身息息相通。我既幸而爲人，天地之予我者備矣。一念之動，天實鑒之；一事之失，天實臨之。敬天之怒，無敢戲豫；敬天之渝，無敢馳驅。古聖人念念求無愧於己，即所以求無愧於天。天命者，天所以爲天之理，而人得之以爲性。全之則人，失之則物。事天嚴恭，即所以事親全歸。故畏天命者，學之本也。大人體天命之全，故爲人中之大。舊説以德位兼説，不知孟子言説大人則藐之，有位必有德，而後可無其德而徒其位。子曰：斗筲之人，何足算者也？爲下不倍君子之分，然奉公守法，畏之與人同者。此章緣天命來，義不止此。《易》曰：利見大人。子曰：大人者，與天地合其德，與日月合其明。凡道德之士，雖不必皆醇，亦大人之流亞也。君子以爲觀型，畏吾身之言行，不足爲大人所齒，數引以爲憚，必求免咎也。如春秋時孔子即無位，豈非大人乎？七十子之徒一動一静，奉爲依歸，是其事也。若以勢位，則春秋戰國諸侯王，孔孟雖未嘗輕之，亦不必畏之。至於君親師三者，大倫所在，敬畏小心，乃其至性至理，雖亦大人，然夫子此章所言，亦不指此。蓋勢分之大人，人人知畏，不必君子；君父之大人，人人當畏，何必君子。惟道德之大人，人所易忽，不知其關於天命而爲吾身法則。故子特標之以與天命、聖言列而爲三。何氏曰：大人即聖人，與天地合其德是也。聖人之言闡明天命，爲世典型，一一返諸於身。若有不合如撻市朝，則事事必求合聖矣。畏天命一言已足，夫子恐人以天命爲虚，故指出大人、聖言、天命之昭昭者平列爲三，使徵實力行也。小人以天爲高藐，以天命爲虚無，是以縱情悖理，失其性而不覺然。則人本可以合天，奈何自薄哉？

孔子曰：生而知之者，上也；學而知之者，次也；困而學之，又其次也；困而不學，民斯爲下矣。

上也，言不可多得。學知，次生知，而困知，亦次生知，惟不學，乃爲至下。深以困學勉人也。學，誠身之學。孔氏曰：困，謂有所不通。

附　解

人之生也，理同而氣質不同，故生學困知各異。然生知者絶無而僅有，以此冀人，數百年無一二矣，即學知之人，氣質清明，喜於學問，亦復難得。惟困知者，天下皆是也。然困者其質不困者，其性果能從事學、問、思、辨、篤行五者，百倍其功，雖愚必明，雖柔必强，亦聖人也。夫子此章即該全部中庸語意。全注困學，故曰困而不學，民斯爲下。數虚字層遞而下，煞是分明。奈講章拘守，朱子《内注》以楊氏説爲輕，令本意不明。抑所謂學者，子言博文約禮；曾言明德；子思言中庸；孟言存心養性，立命事天，知行並進，内外兼修。故愚柔可明强也。後世罕得其法，則記問詞章，有終身不能明者；夭折卑靡，有終身不能强者。故夫存心養氣，明善誠身之功本末不明，未易知聖人立言之意也。

孔子曰：君子有九思：視思明，聽思聰，色思温，貌思恭，言思忠，事思敬，疑思問，忿思難，見得思義。

難，去聲。《洪範》曰：思作睿，睿作聖。聖無不通，由思而積。平日既涵養其原而臨時復慎思之，《大學》所謂慮而後能得也。九思，隨時隨事體察，義無輕重。明、聰，精察於義理也。朱子曰：色見於面者貌，舉一身而言，思問則疑不蓄，思難則忿必懲。

附解

除却窮理盡性四字，無所謂學，即無所謂思。而言此九思，何也？平日研究物理，有以得其是非。存養天性，有以清其本源。而於九者之動，復加慎思，功密而理純矣。若無根本功夫，雖欲九思，亦何從下手？學者思之。

孔子曰：見善如不及，見不善如探湯。吾見其人矣，吾聞其語矣。隱居以求其志，行義以達其道。吾聞其語矣，未見其人也。

探，吐南反。夫子勵門人以全德而云。然誠於好善惡惡，尤必充之以至其極。懷德而安曰隱。居求其志必竟其天，人性分之量也。救世而出曰行。義達其道，悉展其經綸參贊之才也。朱子曰：語，蓋古語。

附解

見善如不及，見不善如探湯，誠意者也。行之不息，馴至乎天理，純全即爲成德。但宇宙事功非但一爲善可了。經緯人紀，輔相天地，可窮可達。非究極乎性命之精而貫通乎萬物之理者，不能隨時處中。孔門諸賢志善者多，希聖者罕。子故即古語而儆勵之，使皆造於大成，庶幾大道有屬也。朱子言求其所達之道，行其所求之志，蓋恐人以體用爲二，故互解之。然君子隱居之時，本無求知之想，惟見得天地、民物皆分内事。立志必全其道而後已，故其殷殷者，己之志耳。及有知己之人，義在可行，則出而濟世。即至無一夫不得其所，衹是達其所有之道耳。非仕而後學，如伊尹樂道莘野，孔明不求聞達，曷嘗謂將以吾學問世？及遇賢君，度可以行吾志，則出而濟時。其學則平生所裕，而其志則顯晦隨時，若有一毫求知之想，即爲人之學矣。此聖狂界限，不可不辨。後世無本之學，束髮受書，即爲利達起見。及登仕版，以吏爲師，所學又不可用。是以忠良節義罕有能行，輔相裁成，莫知其道。有志郅隆者尚其以誠正修齊之實取人而後可。

齊景公有馬千駟，死之日，民無德而稱焉。伯夷、叔齊餓於首陽之下，民到於今稱之。其斯之謂與？

與，平聲。四馬曰駟。千駟，内閑之馬非謂民賦。私富於己，方死而湮。守道固窮，歷久而顯。爲趨富貴而厭貧賤者警也。首山有五，以蒲坂雷首山爲是。餓，窮餓也。誠不以富二句錯簡，當在此異德超於人。

附　解

此章爲貪夫棒喝，着眼在死之日。到於今人之所以爲人，以其得天地之性，全性而歸。形骸有盡，神明無盡，故曰期朝聞道，夕死可矣。世人狃於利欲，以榮華富貴爲不朽之業。不知此身如寄，第患不能盡性，有愧於人耳。苟其無愧，雖窮餓亦樂。若其有愧，雖富貴何榮？奈此理難以悉喻，子特即夷齊景公相形言之。稱與無稱，民彝天理自然不可泯没，足知善人天心所寄，即人心所歸，有志可以興矣。本朝方舟時文極爲透切，夷齊叩馬而諫，必無之事。上論《泰伯》章已詳。其餓於首陽，自是爲讓國，窮餓不因耻食周粟，亦未嘗因餓而死，誠不以富，亦袛以異。胡氏謂當在此，甚是。異袛是異於俗人，從旁觀，見其然。非君子有心求異也。

陳亢問於伯魚曰：子亦有異聞乎？

亢，音剛。朱子曰：亢以私意窺聖人，疑必陰厚其子。

對曰：未也。嘗獨立，鯉趨而過庭，曰：學《詩》乎？對曰：未也。不學《詩》，無以言。鯉退而學《詩》。他日又獨立，鯉趨而過庭，曰：學《禮》乎？對曰：未也。不學《禮》，無以立。鯉退而學《禮》。

詩與樂俱涵養性情者，深乃能言。禮以束身，敬慎志行者久，乃能立。述《詩》《禮》之訓而曰：退而學。蓋以實踐聖言悟亢也。

聞斯二者。陳亢退而喜曰：問一得三，聞《詩》聞《禮》，又聞君子之遠其子也。

遠，去聲。聖人大道爲公，固不私子，亦何嘗遠子？亢猶未悟也。

附　解

道乃人人所有之理。聖人使人各盡其性，有何親疏、厚薄？至於門人與子，尤一體者也，訓誘曲成，恩義無二。亢之受業久矣，不能力行夫子之教，而以異聞測聖。伯魚述《詩》《禮》之訓，自言退而即學，明明以力行曉亢也。亢喜其所聞，亦可謂嗜學。然以爲聖人有心遠子，則非。

邦君之妻，君稱之曰夫人，夫人自稱曰小童，邦人稱之曰君夫人，稱諸異邦曰寡小君，異邦人稱之亦曰君夫人。

朱子曰：寡，寡德，謙辭。妻者，齊也。其德齊，其尊齊，然后可以理內政。自古聖王未有不正其妻而能興化者也。世俗嗜欲勝而人倫斁，家國以替，子述稱名之，不苟如此，所以盡其道者，可知矣。

附　解

夫婦，人倫之始，萬化之原。夫夫婦婦而家道正，正家而天下定矣。自古聖人必先行刑于寡妻，有國有家，未有夫婦舛而不亂亡者。春秋倫理多紊，以妾爲妻，妻或淫悍，習爲故，然不知其爲亂本也。夫子故詳述稱名之義如此。而記者記之，其義則昔人已詳。

陽貨第十七凡二十六章

陽貨欲見孔子，孔子不見，歸孔子豚。孔子時其亡也，而往拜之。遇諸塗。

歸、饋同義。孔氏曰：陽貨，陽虎也，季氏家臣，而專魯國之政，欲見孔子使仕。歸豚，欲令孔子往謝也。陽貨險狡小人，即使其果志公室，夫子亦不與之，況不爾乎？瞰亡歸豚，又不以誠，子亦如其事而報之。遇諸塗，猶未見也。

謂孔子曰：來！予與爾言。曰：懷其寶而迷其邦，可謂仁乎？曰：不可。好從事而亟失時，可謂知乎？曰：不可。日月逝矣，歲不我與。孔子曰：諾，吾將仕矣。

好、亟、知，並去聲。懷寶，喻懷藏道德。迷邦，忍聽其迷亂。亟，數也。失時，失機會。貨諷子以仁智而子諾之，蓋理之當然，亦意之誠然，非欺也。諾，徐應聲也。

附　解

公山弗擾以費畔，子欲往，而不見陽貨，何也？陽貨本非有志强公室，瞰季孫斯無能，欲去三桓，以季寤更季氏，叔孫輒更叔孫氏，已更孟氏，視其始末一凶狡小人。夫子豈與之爲緣乎？乃貨不自量，反欲羅致孔子，妄托大夫之禮，瞰亡歸豚，其不誠已甚，子亦瞰亡拜之，非效尤也，報施稱也。

不幸而遇諸塗，雖與一見，亦無異於不見也。貨並無折節之禮，方且頤指氣使，呼而進之，其爲妄庸益見。懷寶迷邦不仁，而夫子非懷賓迷邦也。從事失時不智，而夫子非從事失時也。歲不我與，夫子非不欲仕，一一如其言而答之，實一一如其理而應之，非心不如是而妄爲之説也。愚嘗謂權以濟其經，非舍經而行權，於此可見其概。閻百詩援留侯語漢王例謂：兩曰不可，皆貨自答。不可從。

子曰：性相近也，習相遠也。

欲人慎所習以復性，而指後天之先天以曉也。性本天理，而人之所以爲人，後天形氣拘滯，非其本然，然理相近也。惟習則遠，奈何以遠者爲性哉？

附解

性者，天所爲天之理，而人實得之。除此一字，天下無事物；外此一字，古今無事功。乃自孔孟而後，言心、言性者紛如。即程朱亦泥韓子三品之説，而無解於鬬越椒、羊舌虎之事。故朱子嘗曰：孟子對異端硬着膊子説箇性善。自是孔子相近一語較切實。而詁此章曰性，兼氣質而言。亦知性不得云相近也。特所以言相近者究未能言，今若不晰之，則人將但以知覺運動之心爲性，而凡心之所欲即以爲性之固然。其害理奚有窮期？蓋天之所以萬古長存，惟一元理氣渾然耳。剛健中正，純粹以精，故伏羲名之曰乾，而夫子贊之曰大哉乾元乃統天。此乾元之理，即天之仁、天之性也。四象、五行、八卦皆從此出，實無分合之可名。萬物皆秉之以生，而得其渾然全體者，則惟人而已。得太極之理而後可以爲人，否則爲物，故曰五行之秀。而天地之心第太極之理氣，在天地者未嘗有駁雜，而二氣之屈伸變化感於隆汙，清濁者則有異。父母爲有形之天地、天地實無形之父母，受氣於天地。父母者同而不同，非氣質之所由來歟。故性在先天純粹無疵。孟子故曰：性，善也。性在後天，性梏於形。孔子故曰：相近也。太極之理既生以後，其在人身中者，如水在盂、瓦、缶、金、玉、水晶、琉璃盂之質異，而水之明暗異，性之拘於氣質者，正猶此矣。惟後天不及先天，故聖人教人以學，謂爲復性之功。但氣質亦有清濁之不同，如金在沙，上智八分金，中人五分金，下愚一二分。去其氣質之蔽，如披沙揀金耳。若知覺運動，固心之靈。人所以貴，但須披其沙，得賢父師以教之，而習於善，久則性復，否則性遠。習之一字，不可以一言盡也。存其心，養其性，内有以葆其中和，外有以熟其義理。下學而上達，則氣質皆爲規矩。不然，安能復乎性之本然哉？故此章乃言有生以後，氣質之中求性，無論智愚皆有之，是相近也。孟子曰：人之所以異於禽獸者幾希。即指此相近者而言。奈人不知此相近之性即先天太極之真，縱情悖理，習爲不善，遂至相遠。二也字不同，上決詞，下慨詞也。性不離心而性無爲，心有覺，使有覺之心悉從令於無爲之性，聖人所云從心不踰矩也。誠知性，則知心之本體。孟子故曰：盡其心者，知其性也。然此非空言可了，必深造自得乃知心性原無二，而人自二之，愚之。必分言心性，非於心外求性，正欲人以正心復性，毋偏任其心，遂謂爲性耳。

子曰：唯上知與下愚不移。

知，去聲。不移於惡，即爲上知。不移於善，即爲下愚。勉人遷善去惡，而以是激勵之。

附解

此章向來誤解。謂氣質之中又有美惡，一定而非習所能移。既非性善之旨，謂天下可移者多。惟上知與下愚不移，亦非夫子勉人之意。蓋天命之謂性，率性之謂道，天埋有不善否？必曰無之。人性即天之性，何以有不善？則孟子性善一語無可移易矣。後儒因不明先天、後天之義，以後天知覺之心爲性，而不得天人合一之原，遂令此等書義不明。書義不明，猶其小也。令天下後世以聖人爲不可學，豈不痛哉？夫道不過五倫，五倫本於五性，五性仍是一性。忠臣孝子何人不能爲？而有不能者，習相遠也。人人不失其孩提之心，尚不能忠孝否？夫忠孝，性也，即人皆有也。奈人狃於所習，不肯實用其功，使之爲善，曰吾不能也。不使之爲惡，亦陷溺焉。此等非果無良，半由無志，故夫子言此上知之名，人所樂；下愚之名，人所去也。不知上知下愚有何分別。能遷善而不入於惡，則上知矣；習於惡而不遷善，則下愚矣。夫子曰：人性皆善。人人可以爲聖、爲賢，第非有志自立不可。吾觀世之人可以爲善者多矣，而能善者卒鮮。乃知人品不同，亦由其自命者不同。上智之人一心於善而不爲惡所移，下愚之人亦一心於惡而不爲善所移。此上日益上而非下之所能幾，下日益下而非上之所能挽。是宇宙間惟此二者爲不能强也。若有志於善而猶或入於惡，必非上智。已入於惡而猶或入於善，必非下愚。惟純於善惡者爲不移也。人奈何不爲上智之不移，而甘爲下愚之不移耶？此夫子激厲之詞。奈何先儒誤解，而如張甄陶者反以言性善者爲咬文嚼字乎？或曰：然世有真不移者，何故曰不移者習使然也？豈性本惡而不可移於善哉？試問孩提之時即知爲惡否？且世之所謂智聰明機巧耳，所謂愚者，椎魯木實耳。不知此後世之論，非聖人之學也。記誦詞章，百工技藝，有巧拙之天淵者。若忠孝節義人人可勉，試思古今名教中許多偉人，曷嘗皆聰明智慧哉？今使學窺萬卷而五倫不敦，智極新奇而天良弗顧，子以爲愚乎？上智乎？故聖人所謂學者，學爲善而已。五性、五倫克盡其道，即人人聖賢矣。外此而言智愚，何怪以性爲有不善哉？蓋氣質之累人不能無，必變化之，涵養之。君親師身體大學之道，而裁成之，何患人不爲善也？問者曰：以堯爲君而有象，瞽瞍爲父而有舜，以紂爲兄之子且以爲君，而有微子啓、王子比干，其義何居？曰：舜、微子、比干，所謂上智不移於惡者也。至於象與朱均，其始爲不善而其後皆化爲善矣。即或不化，亦其自暴自棄，所謂下愚不移於善也。而豈足爲堯舜之累哉？此等處須辨明之，乃不自居下愚耳。

子之武城，聞弦歌之聲。

弦歌，弦琴瑟而誦詩書，學道之事也。子游爲宰，教之如是。

夫子莞爾而笑，曰：割鷄焉用牛刀？

莞，華版反。焉，於虔反。何氏曰：莞爾，小笑貌。夫子喜其能以道治而言大材小用，若牛刀之僅割鷄，可無庸也。

子游對曰：昔者偃也聞諸夫子曰：君子學道則愛人，小人學道則易使也。

朱子曰：君子、小人以位言之。道者，天理。愛人，易使平日有以養其天良，而自然和順也。儲異日之君子，化今日之小人。偃，力行子言而已。

子曰：二三子！偃之言是也。前言戲之耳。

自明言戲，使群志偃言也。

附　解

弦歌，學道之一端。古人春秋教以禮樂，冬夏教以詩書。春誦夏弦，學樂誦詩乃其常業。故聞弦歌之聲，則上之教化可知。或謂武城用武之地，子游以禮樂教爲可喜，不知以道教人自是可喜，豈必因武城而始貴夫子平日一腔救世之心？孔門全副治安學術，鬱而未彰，一旦聞弦歌，而喜子游之善化，轉覺大材小用之可惜。割鷄焉用牛刀，意重牛刀，不重割鷄。子游述其所聞，謂舍道無以爲治，子是之而直以爲偃之言，蓋其力行子言，即不啻已言也。道祇是天理。涵養天理既熟，則不忍虐民，不忍欺上，此所以愛人易使也。後世所學非其所學，曾藏萬卷而忍作殘害，或經屈辱輒增忿懣。道之不講，其害可勝言哉。

公山弗擾以費畔，召，子欲往。

弗擾，即不狃。定公八年，陽虎作亂，不狃爲費宰，與虎同畔季氏，時子未仕，欲往觀其志何如，藉以定魯，蓋父母之邦之義也。

子路不説，曰：末之也已，何必公山氏之之也？

説，音悦。子路言公山未必能用孔子。末，無也。之，往也。不言其畔，以其意張公室，事未可知也。

子曰：夫召我者，而豈徒哉？如有用我者，吾其爲東周乎！

夫，音扶。子言苟有用我，將以東周比美西周。蓋冀公山之能從正，非必不可去，而欲委曲行道也。

附　解

弗擾召子在定公八年。時魯危如朝露，弗擾以張公室爲名，子故欲往以觀其志果何如。先儒以公山爲不義，似夫子不審事理，欲昧然一往。爲東周節，竟説不去。張甄陶則直謂夫子必不去，特姑爲是説，牽連下《佛肸》章爲一意。殊不察當日情事及本文語氣矣。夫季孫意如逐昭公死於外，而並廢其二子，擁立定公，依然相之。按春秋之法，季孫不得爲魯臣久矣。觀弗擾後奔吴國，猶能眷顧父母之邦，自非陽虎凶惡可比。定公八年，孔子未仕，目覩宗國危亂，忠愛之誠自難遏抑。弗擾既知召子，安知非真欲去權奸以强公室？使其能用吾子聲季氏之罪，以告於公與國人，去桓子而舉夫子於公，己退就家臣之列，不受爵，不矜功，安在非忠臣義士所爲？故子欲往。至子路之不説，則以公山平日揣之，知必不能用，夫子徒勞往返而已，故曰末之也已，何必公山氏之之也？夫子豈不知其平日所爲，特聖人廣大之志，不以平日限其今朝，冀幸其或用我，且事屬宗邦，其以公室爲名，亦無大悖於道，故欲一往。既而終不果往，則以公山必不能用己也。故欲往者，子之仁。終於不往者，子之智。若使弗擾果爲不義，雖傾心夫子，子豈往哉？至吾爲東周，講家尤多不合。蓋周之治盛於西，及東遷而禮樂衰亂。子如得志，不過舉周公之治而損益適中。苟教化大行，東周亦無異西周也。而豈興周道於東方哉？或疑公山用子如何便能興東周之治。不知輔魯以籓周室，馴致於教化大行，猶是周之天下興。文、武、周公之禮樂何難爲東周也？文王當紂之暴，猶能三分有二以事殷，孔子爲周之民，乃不能輔魯致治以事周乎？五霸以匡周爲名，一假仁義而天下翕然從之。况聖人之神化得所藉手乎？先儒泥視一公山氏，議多難通。如予之説，公山果若斯任用孔子，則爲東周乃其自然之理勢也。《史記》謂子無所試，曰文武起豐鎬云云。附會不通，所以啓先儒之惑。又或言公山爲以亂易亂，不知周家之制，大夫臣於諸侯，所以分勞而戴公室，故曰陪臣。先有君而後有大夫，大夫不君其君，陪臣知君而不知大夫，可也。季孫放逐其君，陪臣能强公討罪，何不可之有？或曰：既如此，夫子後爲中都宰攝相，何不討季孫之罪？且又使樂祁、申句須伐弗擾也。曰：此聖人大作用處。爲中都宰，權卑。攝行相事，權亦未專，時尤不久。然夫子方攝相事，即命子路墮三都，出藏甲，正之以禮，削其强勢，使定公能傾心委任，不同季氏嬉遊。夫子久於其位，德政及於人心者固，三家之黨權以次而收，爾時明正其罪亦有何難？不幸三月而已。定公不惟不能專任，且與桓子同耽女樂，如市井勾欄之徒。夫子安得不去魯耶？而豈夫子之不欲去三桓以張公室耶？至弗擾八年召孔子時，孔子尚未仕魯，且未知其意之公私果何如，是以欲往。既而弗擾行事已露，非真心忠於公家，竟長據費邑，既不臣公，又不臣私，則真叛臣矣。故定公十二年，季孫斯、（叔）［仲］孫何忌帥師圍費，夫子不禁，而弗擾亦竟襲魯伐公。公登季氏之臺，夫子使樂祁、申句須下伐之，弗擾敗而奔齊。詳其始末，弗擾一荒唐躁妄之人，而夫子欲往不往，固非無見。此章實義尤不難明，奈何不究原委，反疑聖人耶？識者鑒之。

子張問仁於孔子。孔子曰：能行五者於天下，爲仁矣。請問之。曰：恭、寛、信、敏、惠。恭則不侮，寛則得衆，信則人任焉，敏則有功，惠則足以使人。

朱子曰：任，倚仗也。於天下，言無適不然。仁本心之良，而天下之人所共適。策以能行，列以條目，課之於天下，使勿間於須臾也。申言其效以見心理與人相孚如此。

附　解

仁者，此心之良而貫徹乎萬事萬物。第恐空言存主，而不實致力於倫常日用，則心理都不着實，特空言耳。故子告之以能行五者。能行二字，大不容易，有一毫私意間斷，安能行之於天下？五者無適不然，由一念之動以及於念念皆然，無處稍釋，自然由近及遠，莫非天理所徹。恭視天下，無一人敢慢，而此心之敬不懈於須臾也。寬視天下如同氣，而恕人之心，不覺其廣大也。信無一毫之欺僞，敏無一息之怠弛，惠則體恤周詳，人常蒙澤五者，皆天良誠切發現之事，非有爲而爲。子言其效以明於天下，無所阻也。舊注心存理得四字說不透切。

佛肸召，子欲往。子路曰：昔者由也聞諸夫子曰：親於其身爲不善者，君子不入也。佛肸以中牟畔，子之往也，如之何？子曰：然，有是言也。不曰堅乎，磨而不磷；不曰白乎，涅而不緇。吾豈匏瓜也哉？焉能繫而不食？

磷，力斤反。涅，乃結反。焉，於虔反。中牟，河北湯陰縣西。晉主夏盟爲中國依，自趙鞅專政，私怨構兵，歷五六年，晉衰而周益危矣。佛肸宰中牟，憤趙鞅而助中行氏，其以畔告趙鞅之詞也。子欲往，定晉亂，存夏盟，而安中國。既不果往，則臨河返駕之事也。不善、不入，守身之常，故子然之。磷，薄也。涅，染皂物。緇，黑色。不磷、不緇，正其不入不善之實。不曰云者，言不知此説將並前説，而亦難踐。蓋必避不善以爲善，善終未純也。匏瓜味苦難食，徒繫以爲觀，喻虛有其觀而無用也。

附　解

春秋之時，五霸遞主夏盟，周賴以安，故夫子猶有取焉。晉主盟最久，東遷是依。秦、楚之不敢窺周室而躪中華者，晉之力也。自趙鞅爲卿，不能以道，致主復不克修文、襄之業，欲歸衛貢五百家於晉陽以自肥。趙午不從，遂殺之而起亂。荀寅、范吉射不知聲其罪以告君，而亦以私怨相攻，遂使趙、范中行其罪維均。且趙鞅反得復入于晉，據柄以肆其貪兵。晉君之庸、晉臣之憒，皆無足言。夫子書晉趙鞅入於晉陽以叛，又曰晉趙鞅復歸於晉，其罔上横行之迹昭然。哀公五年，晉趙鞅伐衛，遂圍中牟，此即佛肸召夫子之時也。計趙鞅以范中行氏之故恣意攻伐，已非一年一事，置國家大事於不問而稱兵以厭其求，中牟即畔晉，其寧無可原情乎？夫子欲往，蓋一片安民翊周之念，觸處而動，欲往觀其虛實。意簡子或可理喻，中牟亦可從革以安晉而定中華，非冒昧，亦非空談也。子路言不善之不可入，恐夫子不能行其志而反失己耳。夫子然之，言是言不謬。然所謂不入者，非徒以相避爲能，正欲其堅白自矢耳。不曰堅乎，磨而不磷；不曰白乎，涅而不緇。夫使磨而遂磷，涅而遂緇，則是入於不善矣。故知不磷、不緇之説，然後知不善不入。君子有自信之素而惡人無浼我之時，二説正相發明也。况我嘗期有用於世，苟可隨時以濟民，不慮失己，惟慮信我不專，焉能作匏瓜哉？時解混此章與前章爲一例，不知二國情事不同，聖人言各有當，會其通，尤當辨其似也。至時解不曰作知其一説，不知又有一説，室漏已甚。王罕皆略引辨之而未暢其説。匏瓜味苦，故云不食。前人已有明辨，今不贅。

子曰：由也，女聞六言六蔽矣乎？對曰：未也。居，吾語女。

女，音汝，下同。語，去聲。子路勇於求益，子恐其不以學養之，故呼而語以六言六蔽。朱子曰：蔽，遮掩也。君子問更端，則起而對，故孔子使還坐而告之。

好仁不好學，其蔽也愚；好知不好學，其蔽也蕩；好信不好學，其蔽也賊；好直不好學，其蔽也絞；好勇不好學，其蔽也亂；好剛不好學，其蔽也狂。

好、知，並去聲。六言皆美德，不學則昧，理而徇氣習學之之目：博學、審問、慎思、明辨、篤行也。愚，窒滯。蕩，放誕。賊，害義。絞，褊急。勇，果於行。剛，强於物。亂，違禮。狂，暴戾也。按，仁、知、信，五常之三，不言禮義者，學即學禮義也，非但謂詞章。直、勇、剛，子路氣質所近者，故特言之。

附解

子路有聞未之能行，惟恐有聞。夫子恐其失之太鋭，不以學涵養變化之，故呼而語之。六言本無弊，弊生於不學耳。學之事［該］括許多功夫次第，大要則内外交修。内有以極其存養之密，而外有以盡乎物理之微，則隨時適中，六言不期善而盡善。夫子此言望子路以大成之詣也。勇敢於有爲，然理有當遜謝者，尊親之前亦不遜讓，則亂矣。剛强武好勝，然理有當柔和者，任情剛躁則狂矣。六蔽必由學者内養心性，外踐義理，以禮節文之無過不及，使合乎中正即是義，非後世駁雜之學也。

子曰：小子！何莫學夫《詩》？

夫，音扶。周衰，禮廢，詩樂多爲具文，學習其事而玩其音也，怪而詰之。

《詩》，可以興，可以觀，可以群，可以怨。邇之事父，遠之事君。多識於鳥獸草木之名。

興，興起善心。觀，自鑒得失。群，孚於倫紀。怨，致其忠愛。邇遠之事無窮，即忠孝以該其餘。鳥獸草木，亦理所寓，故不可不多識。

附 解

古者書籍無多，學貴力行。自小學時，即學樂誦詩，蓋所以養其性情，化其偏駁。少成，若性習爲自然，至十五入大學，約之於禮法不難矣。周衰，禮樂凌遲，夫子修明周公之教，雖諄諄誨人，人多忽之，門弟子猶然，故詳切指示如此。朱子感發，志意亦是。但志意有正、有邪。子曰：思無邪！則興自專主興於善説。後世謂詩以言情，情之蕩者，亦不復禁。故風雲月露、閨思豔情適足以誨淫長惡。所謂興者，非也。觀主、觀人、觀己説，亦可第以詩之得失觀我得失，方是可以二字神理，惟條辨之説佳。群，和而不流亦是，但於義未全。蓋人生不過五倫，五倫之中計得十，人各有當盡之事，而且時勢不同，性情各異，下者固無論已，即皎潔自好，於倫類誼不相契，即是不能群。詩中五倫之事紛如矣。熟而玩之，得其義理，精義浹洽於倫紀，故曰可以群。怨者人倫之變，不忍恝置而引咎憂傷，以冀挽迴，至性、至情也，詩尤多之，故可以怨。鳥獸草木雖蠢於人，然皆造化菁華所散著，古人明庶物，察人倫，往往即小見大。少昊以鳥名官，月令稊隕紀候，蓋天地人本一氣相通，知其名乃知其義。而一物之微感召，皆有至理，不可忽也。後世博洽者多，然實以義理之精，察乎細微之物，而不失乎聖賢之意者，亦不可多得。即如雎鳩性摯，聞聲則集，非類則鬪。又其棲止各有界限，不相凌越，故以興君子、淑女。若不確知其何物，曷得詩人之意哉？聊舉一端，他可類推。

子謂伯魚曰：女爲《周南》《召南》矣乎？人而不爲《周南》《召南》，其猶正牆面而立也與！

女，音汝。與，平聲。《周南》《召南》，詩之首篇。王化之基，房中之樂，爲猶行也。正牆面而立，蔽於近，阻於行也。

附 解

宇宙絶大經濟皆從身起。修身爲國家、天下之本。但修身一事非窮理盡性，何以能之？又安得天下人皆能之？文王后妃聖德垂範，太和浹洽於遠近。周公制作因之而起，慮天下後世昧於其本，雖禮樂詳備，亦不能行矣，故以二《南》爲房中之樂，使人知夫婦正而後百爲理，變化其氣質而涵養於中和，閨門衽席且不縱情恣慾，其爲正人心、培倫紀者至矣哉。夫子以《大學》教人修身、齊家之理，伯魚豈可不知？故特詔之以爲二《南》爲者，玩其詞，審其音，身體其事，一動一静不離中正和平之軌。《朱子文集》内一條言爲字只是誦讀，殊誤。正牆面立一物無所見，一步不可行，詁正牆面則甚佳。修身、齊家之道不明，尚有何事可以做得？今日詩樂之法雖不全，然學者誠日玩二《南》而力行焉。自有心悦神解者，其如人多以爲具文，何哉？至《周南》《召南》，前人紛紛異説。然當日祇是文王國内及諸侯國内之詩。周公制禮作樂，以其爲王化所基，採其尤者被諸弦歌，鄉飲、房中之樂用之，使人悟修齊之道，分爲二篇，就分陜之後所轄之地，名之曰《周南》《召南》，以其皆南國之詩，故曰南。就二公所分治之地，别曰周召耳。非謂《周南》王者之風，《召南》諸侯之風。亦非謂文王遷豐，使已分岐周故地爲二公采邑也。即《甘棠》之詩亦召公循行布化，偶然息樹民感思之，非與文王無與也。若周公無詩，豈其治不如召公歟？皆文王之化，即皆文王之詩。《關雎》至《螽斯》五篇，以其爲文王后妃之詩，特冠篇首。要之二《南》之名，特因分篇紀略，本無他意，後人穿鑿求之，徒增惑耳。

子曰：禮云禮云，玉帛云乎哉？樂云樂云，鐘鼓云乎哉？

禮樂，所以將其本心之良而節之、和之。玉帛、鐘鼓，其器耳。時人逐末忘本，子微言使思之。

附　解

禮樂，非玉帛、鐘鼓無以達其志，亦何可少也？第以玉帛將敬，鐘鼓導和，敬與和本吾心天理之良，聖人因而爲之節文，暢達其天良。若中無誠敬和平之實，何取於玉帛、鐘鼓？春秋聖學不明，人皆務外，子故令人自思之。朱子敬和之説與程子序和之説相似，而不若夫子人而不仁之説完備。蓋敬與和專主天理説，非仁不能盡也。若舍仁而言敬與和，則小人亦敬其魁，比匪尤樂其黨。如《朱子外注》引程子言：盗賊至爲不道，然亦有禮樂。則竟謬説矣。夫人愛敬之良不容自已，而後有禮樂以達之，節而和之，無非所以全其天性，故曰禮之用，和爲貴也。爲盗者蔑天良而干法紀，即有統屬而相聽順，亦狐群狗黨，何名禮樂哉？以此言禮樂，何怪乎人逐末而遺内也？

子曰：色厲而内荏，譬諸小人，其猶穿窬之盗也與！

荏，而審反。與，平聲。當時士大夫不修實德，有愧於中，飾威以欺人。夫子言此警之。朱子曰：厲，威嚴。荏，柔弱也。孔安國曰：穿，穿壁。窬，窬牆。

附　解

小人細民曰譬諸小人，則其爲當時大人言。可知大人何以色厲内荏，無返身修德之實。心實多愧而貌爲嚴厲，或以欺人，或以凌人，箝天下之口。譬諸小人，其殆穿窬之盜，言小人尚不足以相擬，深惡之之詞也。君子正其衣冠，尊其瞻視，悉本中心之莊敬而出，是以有威可畏，有儀可象，色與内豈有兩境哉？

子曰：鄉原，德之賊也。

貌愚内詐，似是而非，鄉人皆以爲謹厚，故斥爲德之賊。詳見《孟子》。

附　解

鄉原二字始見於此，蓋夫子特地指出此等人以立僞君子之防。原，樸誠意，本非不美，目之以鄉，則是脂韋隨俗，貌飾樸誠，内懷欺詐者。鄉人無知，樂其巧僞，反謂爲德，使群效之，則剛正不阿、是是非非之人反爲世棄，直道泯矣。故子稱爲德之賊。孟子言其狀甚詳。蓋此人不僅鄙陋，本實一流，乃狡詐不測色莊之輩，在朝在野一有其人，忠孝節義等事都用不着，毀方爲圓，不論是非。小則亂自然之是非，大則爲君國之蟊賊。莽操篡逆，皆鄉原輩助之也。學者切須戒之。張甄陶不得其解。

子曰：道聽而塗説，德之棄也。

輕聽妄言，不知反身修德之途塞矣，故曰棄道。塗，形其悠悠泛泛之意。

附　解

此章向來講家俱不得其解。張甄陶竟謂二章一時之言，自賊其德，曰德之賊，倒文也。二種皆致飾於外，務以悦人，真妄説矣。進德之功無過博學、審問、慎思、明辨、篤行五者。道聽塗説正與五者相反，蓋君子凡有所聞，明辨得失，一一返之於身，從善去惡，舜好問而好察邇言，執兩用中。子曰：多聞闕疑。慎言其餘。是以凡有所聞，莫不爲身心之益，德以日茂也。道聽塗説者，凡有所聽並不求其真贗是非，一説便信。及至前途，即以告人，是其心於義理毫不分明，亦並不求其分明，即有嘉言，必不身體，如其莠言，亦必誤聽，何從徙義遷善？故曰：德之棄也。道塗二字極形其悠悠泛泛。世俗譌以傳譌，上之堯幽囚，舜野死，誣及聖人；次之市有虎，蚊成雷，害及善良；又其甚者，變亂鹿馬，流言玷及朝廷；混淆砆玉，煽動及於草野，既惑視聽，尤蠱人心。夫子之言其所該括豈少哉？抑非窮理，正心養氣，知言何以免於道聽塗説哉？明者辨之。

子曰：鄙夫可與事君也與哉？其未得之也，患得之；既得之，患失之；苟患失之，無所不至矣。

與，平聲。朱子曰：鄙夫，庸惡陋劣之稱。明鄙夫之志行，以爲與事君者戒。患得，患不能得。患失，惟恐其失。無所不至，小則吮癰舐痔，大則弑父與君，皆生於患失而已。靳裁之曰：志於道德者，功名不足以累其心；志於功名者，富貴不足以累其心；志於富貴者，則亦無所不至矣。

附　解

此章爲忽視鄙夫者言。人非至愚極惡，豈有甘心爲不忠不孝者？特因嗜欲念多，身家慮重，其始一念，自私而已。其究至於無所不至，視君親如無有。與事君者不察，或喜其有才，或樂其同己，以其志富貴爲常情，不知此輩谿壑難盈，志行易變，必不能與我共成忠義，且將倒戈下石。自古正人誤用小人，身名俱敗者，何可勝數？子故大聲疾呼而極言其情狀，爲君子戒也。抑予猶有進焉，在我實有不爲鄙夫之實，鄙夫亦無緣投合。如伊尹耕莘、孔明抱膝，若非賢主勤求，固將終老。及遇合乘時，不居寵利。彼鄙夫者流，如霰見晛，又奚足爲累也？未能及此，則必慎於與人。不得謂我非鄙夫，鄙夫不足溷我也。朱注引靳裁之言，名論不刊可以廉頑立懦。裁之，潁川人，宋胡安國之師。夫志於道德不過全忠、全孝而已。忠孝，天性也。然非有窮理盡性之功，則私欲不盡，天良不純，必不能輕富貴而重君親，故存心養氣之功不可一日而不講。古亦有學非甚深而忠孝性成者，上智之資也。即如關雲長正大光明，富貴不淫，貧賤不移，威武不屈，其質粹美。然其好讀《春秋》，儒雅超群，亦由學力有得。後人或不知學問真際，但以詞華相尚，則心性之學未純，忠孝之道難踐，欲免於鄙夫也難矣。志富貴則鄙夫矣。亦有志功名而流爲鄙夫者，有才不能自祕，必欲求知於時，乃遂不擇主而用之，荀文若、劉穆之之類，是故惟道德爲貴耳。

子曰：古者民有三疾，今也或是之亡也。古之狂也肆，今之狂也蕩；古之矜也廉，今之矜也忿戾；古之愚也直，今之愚也詐而已矣。

氣質不能無偏，惟恃學以變化。當時學者無志，諉於氣質，以爲古人亦然，故子辨而斥之。言古之狂也肆，蕩則不可以爲狂，矜、愚皆然。不得以古人藉口，非望人以古之疾也。曰民、曰疾，皆卑抑之詞。朱子曰：狂，志願太高。肆，不拘小節。蕩則踰大閑矣。矜，持守太嚴。廉，峭厲。忿戾則志於爭矣。愚，暗昧不明。直，徑行自遂。詐，則挾私妄作矣。

附解

常解夫子傷俗之益衰，似是而非，不可不辨。夫子不嘗曰：斯民也。三代之所以直道而行乎？苟志於仁矣，無惡也。果能此道，雖愚必明，雖柔必强。困而不學，民斯爲下，何緣作此卑視流俗之語？以古之疾望人曰民，曰疾，非美稱也。此蓋因時人不肯力學，安於偏戾，藉口古人，故言古者無知之民有是三疾，今也或是之亡也。何者？古之狂也，矜也，愚也，肆、廉、直，皆率其一偏而不變化，雖非正道，然皆本乎氣質之所成。豈如今之名爲狂、矜、愚者，則並非氣質而習尚相沿，大謬於理，何得以古人藉口哉？三者皆特地指出不相假借處，以深警之。若謂以古人之疾望人，理不可通，即謂進一步激厲人，亦覺太卑天下，非聖人語氣也。肆者不静念自己造詣如何，只管志大言大，都無收斂意也。蕩則不顧義理，任心而行。廉者自家矜重，不欲俯就人群，即當和洽處，亦不肯爲之，祇是一味孤峭。五倫便有多少行不去處，然大概尚是不爲諂屈之人。忿戾，則不論義理，以私傲物，不如其意則争。愚者見理不明，任意而行，都不從容審量，然自無委曲欺僞之事。詐則貌爲樸訥，内實欺詐，非真愚也。要知蕩、忿戾、詐，並不得爲狂矜愚也。子即世人所指目而辨其非，不是欲人爲狂與矜愚。

子曰：巧言令色，鮮矣仁。

重出。

子曰：惡紫之奪朱也，惡鄭聲之亂雅樂也，惡利口之覆邦家者。

惡，去聲。覆，芳服反。朱子曰：朱，正色。紫，間色。雅，正也。利口，捷給。覆，傾敗也。耳、目、口三者，心之橐籥，謹而察其幾，則邪不亂正。紫奪朱，鄭亂雅，悉皆起於人心之蕩，而利口則爲禍尤烈，故君子務窮理正心也。

附解

聲色言語感於耳目口而入於心，其機甚捷。惟心之私欲不除，則觸而即逝。喜其悦耳目，快心意，天理乖，百務淆矣。子明三者之當惡，欲人以理制欲，無爲所惑。然非素有窮理盡性之功，亦何以清其源也？周尚赤，紫乃間色，雅樂中正和平，若無紫與鄭聲，人亦無由背之而趨。利口亦然。故夫創爲豔色、淫聲、巧言者，天理所不容也。利口即佞人。不曰佞者，對上豔色、淫聲則曰利口耳，張甄陶謂迎刃而解、要言不煩是也。而或謂佞非利口，則非。夫子告顔子遠佞人，又曰巧言亂德，豈佞人之外别有利口哉？但隨事立言，則易其名耳。

子曰：予欲無言。子貢曰：子如不言，則小子何述焉？子曰：天何言哉？四時行焉，百物生焉，天何言哉？

道非言不傳，特言之而罕行之，則負聖言矣。子欲無言警門人也。子貢爲小子，慮子言天道著於四時、百物、日用、事爲，誠能實踐，則無在非言之理。上何言，天本無言。下何言，不待言也。言道不在多，言非以天自況，亦非專曉子貢。

附解

此章義理極爲平實，被講家説得夸大，全不合聖人語氣。蓋道不外於五倫，五倫本於五性，五性根於天理。天以一元化生萬物，各得其所。聖人以天命之性施於事爲，各得其中。故盡性者，即以人合天也。夫子平日諄諄誨人，惟欲人實體於日用事爲，奈知之非艱，行之維艱。門人等習聞子言，反多輕忽，並不力行，徒争口耳。故曰予欲無言，謂人不力行，言之無益也。子貢平日固能體夫子者，特以門人等不能盡得夫子之意，勢必常常提訓，乃有所述，亦是美意。子言道本於天，天何嘗有言，而四時已行，百物已著。莫非天理所見，則天之功用固已明明示人，無少欠缺。天本可以無言矣。天何言哉，於人何獨不然？子之所言，莫非天理，理散著於日用事物，苟能一一體行，必求當理，則隨時隨處自能乾乾不息，尚安待予之津津徒勞也哉？此乃指道之實以教門人。子貢聞而已知，故不再問，非尚有所不喻也。先儒以爲聖人亦天，竟於夫子口中作自詡語。且謂道不待言，而顯一切天理。發見套語，流爲禪機，貽誤後學，不可不辨。子貢平日最善疑問，其不問者，已知之矣。且夫子言本不難曉，後人誤會則反令人無從致力。朱子以爲與

《無隱》章相發明，是也。而《無隱》章亦多誤解，予已辨之，參觀自明。

孺悲欲見孔子，孔子辭以疾。將命者出户，取瑟而歌，使之聞之。

孺悲，魯人。求道必以禮，否則教無由施。孺悲蓋有失禮於夫子者，故不見而絃歌，使聞欲其悔悟改行，愛之至也。後世或倨、或卑，蓋兩失之。

附解

洪氏、胡氏皆以爲學士喪禮於孔子，乃此後事。其得罪之故不知且渾之爲妙是也。顧當時學者能尊重其師，動静莫不體察，而聖人即寓教思於其間。後世師或無以爲法，而弟亦桀驁負氣，雖取瑟而歌，知自返者幾人？此亦世教人情之變也。

宰我問：三年之喪，期已久矣。

期，音基，下同。期，周年也。當時魯多短喪，宰我設爲問以決之。

君子三年不爲禮，禮必壞；三年不爲樂，樂必崩。舊穀既没，新穀既升，鑽燧改火，期可已矣。

馬氏曰：《周禮》司爟掌行火之政。令四時變國。火以救時疾。鄭氏引《周書》春取榆柳之火，夏取棗杏之火，（夏季）［季夏］取桑柘之火，秋取柞楢之火，冬取槐檀之火是也。燧，木燧。没，盡也。升，登也。取火亦一年而周也。已，止也。蓋當時短喪者之言如此，宰我述之。居喪不容不祭，故恐廢壞禮樂。又言時物皆變期爲已久。

子曰：食夫稻，衣夫錦，於女安乎？曰：安。

夫，音扶，下同。朱子曰：禮，父母之喪，既殯，食粥麤衰；既葬，疏食水飲，受以成布。期而小祥，始食菜果，練冠縓緣，要絰不除。無食稻衣錦之禮。喪禮本仁心而作，期而食稻衣錦，遂忘親矣。時人如此，子言女試設身安於心否。而宰我姑曰：安也。

女安，則爲之。夫君子之居喪，食旨不甘，聞樂不樂，居處不安，故不爲也。今女安，則爲之。

樂，上如字，下音洛。即子之言以明短喪者之忍安，則爲之正，欲其返心而不安也。

宰我出。子曰：予之不仁也！子生三年，然後免於父母之懷。夫三年之喪，天下之通喪也。予也有三年之愛於其父母乎？

於其出而復責之，使人皆知短喪之不仁。

附解

宰我親學聖門，並不知三年喪爲人子心理之良，真不復爲人矣。張甄陶之言曰：魯莊公之喪，既葬而絰不入庫門，士大夫既卒，哭麻不入。是五月而葬，閔公與諸臣皆除服也。莊公二十一月而祔廟，是不以二十五月禫練也。僖公以三十三年十二月薨。文公二年冬，公子遂如齊納幣，是未終喪而圖婚也。又魯昭公在戚而有嘉容。孟獻子禫懸而不樂，比御而不入，夫子即稱之。滕文公欲行三年喪，父兄、百官謂宗國魯先君莫之行。可見魯之君、大夫不行三年喪已久。宰我難於顯言設爲問以决之，與子貢問衛事同，其見超出前人矣。期可已矣！期已久矣！皆推究所以不止於期之故。君子不爲禮，禮必壞；不爲樂，樂必崩。及舊穀節云云，當時必有藉口如此者，故宰我問之。子曰於女安乎，言如彼所行，於女安否。觀此句已明是事外評論之詞。豈宰我自欲短喪？宰我曰安。以當時安之者，衆也。女安則爲之，以下正責宰我。安字之非，言惟其不安，所以不忍短喪，若既安之，則已無人心矣。迨其出而揚言之，使衆知短喪之不仁，不可爲也。宰我爲天下後世受惡，非張君何以辨之？繆協云爾時禮壞樂崩，三年不行，宰我大懼其往，故假時人之謂啓憤於夫子，義在屈己以明道，是張氏所本也。古無火食，燧人氏上觀星表，下察五木，以爲火熟食養民。後聖因之，有改火之法。四時各以其木，順天地之性而調陰陽之平和。其五氣除其疾疫，而又有正心誠意之學，固其神明登諸壽考。後世養生之術既雜，而飲食起居多違天和，民多夭厲，職此之由也。顧氏炎武曰：明火以陽，燧取之於日，近於天也，故卜祭用之國。火取於五行之木，近於人也，故烹飪用之。今一切取之於石，其性猛烈而不宜，人疾疢之多有自來矣。王氏應電曰：四時之木：榆柳先百木而青，得東方之色。棗杏心赤，柞楢文理白，槐檀心黑，桑柘皮裏皆黄，各得其方之色，於義甚明。若寒食節，蓋沿改火之説而誤。或以爲因介子推，大誤也。《周禮》秋官司烜氏，仲春以木鐸，修火禁於國中。夫四時皆改火而獨季春有火禁，何也？春爲木，令木德生生萬物以繁。而夏火承之，洩其真氣。季春禁之，蓄木之意，若水之生木，稺陽方壯，金之生水，流暢真機，則不必慮其過洩，至夏秋相承，中央土爲幹樞，亦無慮也。後世相沿，尚寒食節，舊火新烟，傳爲佳話，然非古人之意矣。後漢《周舉傳》云：太原舊俗，以介推焚骸，有（然）［燃］火之禁。每冬中輒一月寒食，莫敢烟爨，舉爲刺史，作書告介推廟，言盛冬去火，殘損民命，非賢者意，宣示愚民使還温食，於是衆惑稍解。然則寒食乃冬中，非春二三月也。至寒食用杏酪榆羹，猶彷古意。寒食墓祭則末俗之謌，然本春露悽愴之意，掃墓而祭亦無大傷於道也。

子曰：飽食終日，無所用心，難矣哉！不有博奕者乎？爲之猶賢乎已。

動静交養，文行兼修，用心之實也，反是而惰游。曾博奕之不如深戒荒於嬉者也。博，始於烏巢，局戲也。奕，圍棋也。已，止也。

附 解

用心不必十二時中刻刻勞思苦形，衹是主敬不放耳。張子曰：言有教，動有法，晝有爲，宵有得，瞬有存，息有養。朱子曰：不必終日讀書，或静坐存養。程子教人静坐，皆得用心之意。但諸儒所言者，守心而已。若養其未發之中，謹其已發之和，由知止而得止，馴至乎美。大聖神用心之功，豈一端而已哉？博奕本非正業，但游心於此不入邪僻，故猶愈於無所用心者。又按，古人博奕，以爲游戲，用心於此，亦玩物適情之一端。今人以金錢競博，喪身忘家，非古意矣。奕尚無大惡習，然廢時、失業，學者所戒。夫子以爲猶賢，蓋深惡游惰之人，亦以當時博奕無大害義也。若在今時，必不爲是言。

子路曰：君子尚勇乎？子曰：君子義以爲尚。君子有勇而無義爲亂，小人有勇而無義爲盜。

果於義曰勇。常人競血氣之私，則悖理矣。子路初見夫子而有是問。

附 解

勇與智、仁同爲入德之門。及其德之已成，則爲勇者不懼，勇曷不可尚哉？但勇全以義爲主，非是即爲亂、盜。然則析義不精，即捐軀不足爲勇也。故養浩然之氣，必由集義而自反而縮，遂爲大勇。

子貢曰：君子亦有惡乎？子曰：有惡。惡稱人之惡者，惡居下流而訕上者，惡勇而無禮者，惡果敢而窒者。曰：賜也亦有惡乎？惡徼以爲知者，惡不孫以爲勇者，惡訐以爲直者。

惡，去聲。訕，所練反。徼，古堯反。知、孫，並去聲。訐，居謁反。聖賢以惡爲愛，必有所以懲教之，非徒含怒已也。下流，卑穢，喻惡行也。上，賢於己者。好勝曰勇。徑行曰果敢。無禮，不恭遜。窒，不通也。夫子所惡，顯悖乎理者；子貢所惡，矯托於正者。徼，抄掠。不孫，干分。訐，攻斥人非也。

附　解

君子無所不愛，亦有惡乎？疑不當愛者，多也。子言有惡，惡之正所以愛之也。懲創之、教化之，非遂棄之也。稱人之惡，則絶其自新之路。不曰下，而曰下流，言置身卑穢，已爲不肖而惡。人之賢於己，若以居下位爲下流，聖賢窮居，豈亦以下流目之乎？故胡氏説優於《集注》也。《朱子語類》：勇，以氣加人。果敢，率然，敢爲是也。而饒雙峰云：勇屬氣血，果敢屬性質。氣血、性質强分别而理不確，不可從。無禮不循法度。窒，不通義理。徼，舊注抄也。抄掠人善以爲己有，而朱子云伺察。夫伺察人之動止以爲明智，世亦有之，然人之情僞，非盡可伺察而得也。且知字兼人品事理言，惟以抄掠言，則蔽人之善，炫己之長，以爲知而實非知，斯可惡耳。三以爲字，不但似是而非，直是心藏叵測，言其並非知、勇、直，徒壞心術耳。

子曰：唯女子與小人爲難養也，近之則不孫，遠之則怨。

近、孫、遠，並去聲。女子、小人，宦官宫妾之類。明女子小人之情狀，使修齊者自懋其德，教至公、至明、至正，而后能得不遠不近之道。

附　解

女子、小人有國有家者不能無，要惟正心修身，則不特不爲所欺，而且化之使歸於道。周之興也，王化起於閨門，僕御無非正士，當近而近，當遠而遠，亦不得以爲近之、遠之也。不遜與怨何自來哉？後世無正身齊家之化，而以一己喜怒之私、情欲之好任用女子、小人。其始也，女子、小人迎合其意；其繼也，女子、小人專制其柄。不孫與怨比比而然，夫子憫其易視女子、小人以至此也，故特爲指明，使其反己修身，作之則而平其憾，非欲其以智術馭也。不然，唐太宗除武氏而則天終以亂唐，曹孟德忌槽馬而典午卒以滅魏，不於人倫大本清源，而區區以私智防之，愈多術愈長禍也。故誠意正心爲修齊治平之本，而睢麟官禮實道一風同之原，違而忽之，女子、小人乃如附骨之疽，不可爲也。朱子莊以涖之、慈以畜之八字，衹道得一半，然亦義理之不可少者，而袁子才譏之，妄矣。

子曰：年四十而見惡焉，其終也已。

惡，去聲。此必有爲而言。見惡，見惡於正人。其終也已，危悚之，使自勵也。

附　解

四十道明德立之時，尚爲正人所惡，則其人可知。然聖賢道理近在吾身，求之即是。未至四十、已過四十均可以遷善改過，果能自知見惡，克念作聖，至死不渝，何至遂不可晚。蓋此因當時有妄庸之徒毫不自檢，四十不齒於正人，尚不愧悔，故特悚惕之。非謂君子守道必求悦於人，及已逾四十便不可爲善也。見惡是見惡於正人。若尋常悠悠之口，不足爲據。子謂其終，意實欲其不以是終，所謂不屑之教誨也。勿呆看。

微子第十八凡十一章

此篇記聖賢出處。始於殷亡，終於周興。中間雜記諸人，而夫子之事居多，亦可見先王培植之厚。雖衰亂，猶多賢士也。

微子去之，箕子爲之奴，比干諫而死。孔子曰：殷有三仁焉。

微箕三人皆紂懿親，義不可以徒死。微子知紂必亡而去之，以存宗祀，不得已之苦心。箕、比皆欲悟主，不幸比干見殺，己又遭囚，徒死無裨，故佯狂以俟君之復悟，夫子均稱曰仁。以其憂君愛國之心至誠而不變，事殊而理一也。馬氏曰：微、箕，二國名，子爵也。微子，紂庶兄。箕子，比干，紂諸父。微子見紂無道，早去之。比干見殺，囚箕子以爲奴。

附　解

事君難進而易退者，非慢也。不能行道，不肯苟禄。若苟禄不死，尤非三仁。宗臣皆與國同休戚，而尚不徒死，故夫子表以爲法。微子悲商之將淪喪，與箕子比干諫之，蓋欲以死諫也。箕子告以我舊云刻子，明紂必不聽爾言，不如出迪以存商家之一線，其曰：我罔爲臣僕，自靖，人自獻於先王。即此章三仁之稱所由來也。箕子諫而不聽，紂且囚之，不忍以一死塞責，故佯狂受辱，以冀幸君之一悟。及比干又諫而死，則箕子誠不必死，而留其身以爲君萬一之求，此三人之心至誠悱測，九死而不回，從容而中道。夫子故特表而出之，以明其無二也。因微箕未死，故先言之。春秋時異説紛繁，楚蓬伯言微子面縛銜璧輿櫬以媚楚子。史遷不察，從而傅會。蘇子由、楊升菴力斥其非，亦以夫子此章有定評也。夫微子遯於荒野，欲存宗祀，蓋不特知紂必亡，且知武庚不足克家也。及武庚既滅，成王求而封之於宋，使修其禮物，作賓於王家，固非以臣僕畜之。微子以先王典物爲重，而又見周大公之心，故受封而不辭。《書》曰《微子之命》，仍以舊爵名篇。史臣有以見周與微子之志也。箕子自釋囚之後，亦遯於荒野。武王訪以大道，箕子爲陳《洪範》，不受封爵，乃以罔爲臣僕之素心。而或以爲箕子有心傳道，故不死，大非。周公、孔子於明夷以箕子艱貞爲法，想當時紂厭惡正人，必欲殺之，不知是如何暴虐法。惜史傳無考，箕子亦豈畏死？特以死而無益於君，徒使君有殺賢臣之名，故佯狂受辱，幸而不死，出於意外之事也。使箕子預求不死，尚安得爲仁乎？柳子厚《箕子碑》添出法授聖化及民，亦是俗人之見。箕子本非欲生，幸而復生，何嘗計及陳疇封朝鮮？本朝閻百詩以遼之箕城爲箕子故封。張甄陶以爲箕子自遷朝鮮，非武王封之，皆卓見也。舊傳箕子名胥餘。然《莊子·大宗師》箕子胥餘連説，似屬二人，當闕疑。爲奴，主紂囚奴之爲是。

柳下惠爲士師，三黜。人曰：子未可以去乎？曰：直道而事人，焉往而不三黜？枉道而事人，何必去父母之邦？

三，去聲。焉，於虔反。記柳下惠之賢，見其守道之篤，出處之宜，所謂直書其事而義自顯也。孔氏曰：士師，典獄之官。

附　解

講家多牽入孟子和介不恭等語，殊爲蛇足。孟子之時，處士横議，異端蠭起。孟子表章孔子，而又折衷群聖以定其品，毋使流俗妄誣。此章則記者特記柳下惠之賢耳，不肯枉道事人，亦不肯去父母之邦。觀其守道之堅卓，詞氣之雍容，重視父母之邦，而賢可知矣。至和介不恭，夫子時尚無此等論斷，祇須渾説爲得。蓋本文有褒而無貶也。

齊景公待孔子曰：若季氏則吾不能，以季、孟之間待之。曰：吾老矣，不能用也。孔子行。

景公不知孔子而欲以虚文羈縻，故行也。邢氏曰：待，遇也。孔氏曰：魯三卿，季氏爲上卿，最貴，孟氏爲下卿。

附　解

春秋與戰國時稍異，戰國時游説之士朝秦暮楚，播弄是非，諸侯畏之，競以養士爲務，即不用其言，亦與廪禄。故孟子亦得傳食諸侯。春秋尚無此事。孔子周游齊衛諸邦，未嘗盡與諸侯相見。如齊衛密邇魯國，久仰夫子門弟子尤衆，故衛靈、齊景數見夫子。後人動云周遊七十二君之廷，不知孟子不見諸侯，夫子豈無端謁見？此章齊景公待孔子句斷，蓋景公是時溺愛幼子，權歸陳氏，吾老不能用，亦是昏庸實供。《史記》載景公將以尼谿之田封孔子，晏嬰沮之。崔東壁辨之是也，已見《與人交》章附解。此章之言或係嬰等言於景公，公不能用，故議以此待之。不知子非汲汲求用於齊者。即景公果用孔子，猶將審量而行，況不用而徒待之以此乎？夫子本因去魯適齊，非爲求用而至，使景公不爲此言，子儘可從容去就，既有此語，則不可留矣。程子以爲不繫待之輕重，特以不用而去。愚則以爲即不用，亦不必即去，特不應不用而又欲待之，聖人如祥麟、威鳳，豈可狎哉？

齊人歸女樂，季桓子受之，三日不朝，孔子行。

歸、饋同。朝，音潮。夫子之攝相，桓子薦之也。墮都、出甲，桓子心實憚焉。受女樂而不朝，有意行孔子矣。孔子安能已耶？

附　解

魯之大權皆在季氏。桓子因陽虎之亂，又素聞仲由、冉求之稱子，故言於定公，使子爲司空，又爲大司寇，遂使攝行相事。非定公遽能以孔子易季氏，乃桓子自言於君委任子也。父母之邦義不可違，桓子以君命命之，自可直受之而不辭。及子使仲由墮都、出甲，雖未明正三家之罪，季氏已心憚之。齊人乘間歸以女樂，桓子受之，又導君受之，三日不朝，君臣習爲非禮，慢夫子矣。孔子猶晏然攝相，豈是明哲之道？《書》曰：孔子行以明聖人見幾之速。而孟子又言遲遲去父母國之道者，行之計已决，行之心仍遲遲，原兩不相背也。朱子以此章説得太匆遽，與孟子之言不合，當闕。不知其本不相碍也。趙師聖言定公自召孔子爲司徒是也，至攝相，若非桓子言於君，定公安能奪桓子之位而與子？此事理之顯然者，前人疑子不當因桓子而攝相，不知父母之邦，君相之命義不容辭，况桓子固知敬孔子者也。觀其言，夫子罪我以群婢故也。是已有悔心，故將死遺言必召孔子，其告君使攝相何疑？漢關子受侯封，就曹操後不受禄而行，與此事大相類。愚於《史存》已詳言之。

楚狂接輿歌而過孔子，曰：鳳兮鳳兮，何德之衰！往者不可諫，來者猶可追。已而已而！今之從政者殆而！孔子下，欲與之言。趨而辟之，不得與之言。

辟，去聲。孔氏曰：接輿，楚人，佯狂而爲歌，欲以感切孔子。朱子曰：鳳有道則見，無道則隱。接輿以比孔子，而譏其不能隱爲德衰。來者可追，言及今尚可隱去。已，止也。而，語助辭。殆，危也。愚按：擬子以鳳，憂其殆而勸，其已愛敬之至也，故子下車欲與之言。趨而辟之，素托於狂，不欲白其迹也。

附解

王復禮謂《論語》止云楚狂，其名氏原不傳。《莊子》以接輿爲名。莊子，楚人，接輿亦楚人，蓋必不誤。若皇甫謐《高士傳》撰其姓名曰陸通，則未知所本也。閻百詩引之，姑以俟考。要之，接輿亦是賢士。《韓詩外傳》亦載之。觀其歌詞一片肫摯之心，且道破當時情事，不得謂非夫子知己。特子急於用世，實未嘗苟且托足其全身遠害，不亢不辱之道。接輿尚未及知，故子下車欲與之言，蓋感其誠而欲告以正也。趨而辟之，非不屑孔子，乃因己一向佯狂避人，不便與夫子絮語。想接輿必曾見用於時，干罪自晦乃托於狂，不然無故而佯狂，亦妄人矣。不得與之言，記者惜之之詞。

長沮、桀溺耦而耕，孔子過之，使子路問津焉。

二耜同隊而耕曰耦耕。其地今葉縣方城之西。鄭氏曰：津，濟渡處。

長沮曰：夫執輿者爲誰？子路曰：爲孔丘。曰：是魯孔丘與？曰：是也。曰：是知津矣。

夫，音扶。輿，平聲。邢氏曰：執輿，執轡在車也。長沮心非孔子，以知津諷而拒之。

問於桀溺。桀溺曰：子爲誰？曰：爲仲由。曰：是魯孔丘之徒與？對曰：然。曰：滔滔者，天下皆是也，而誰以易之？且而與其從辟人之士也，豈若從辟世之士哉？耰而不輟。

徒與之與，平聲。滔，吐刀反。辟，去聲。耰，音憂。滔滔，即津水，以喻世。是指滔滔言世之難迴，而諷子路以從己。辟人，言不與俗儕也。鄭氏曰：耰，覆種。輟，止也。

子路行以告。夫子憮然曰：鳥獸不可與同群，吾非斯人之徒與而誰與？天下有道，丘不與易也。

憮，音武。與，如字。子聞辟人之説而悵然，言人與世無一可辟，故天下無道，不得不思與易之也。

附 解

問津處，《寰宇記》凡六見，當以葉縣之黄成山爲是津，蓋潕水。長沮、桀溺，講家以爲記者名之，非也。記者何至妄捏造人名姓？當時二人雖未告子津處，或子與子路既而訪知二人名氏，亦未可知。不然，夫子豈竟不渡而遂已耶？至謂是名非姓，理或當然。《周禮·匠人》耜，廣五寸。二耜爲耦。饒雙峰言二耜同隊而耕。以子路既問沮，又問溺，知非共耜而耕也。長沮平日習聞夫子，深非其周遊，今故聞名而深拒之。桀溺則曉以天下之難易與從子之無益。二人洞悉時弊，清高絶俗，亦未易得。第不知夫子道即天道，心即天心，明知無益，不忍恝然，冀萬一之遭逢，拯赤子於塗炭，此所以爲配天之志也。一聞辟世、辟人之説，覺此等人置無知赤子於顛連而不顧，直是痛心無已。憮然之言，幾於聲淚俱下矣。人即世，世即人，何一可辟？惟天下無道，乃欲以道易之。否則，何妨自適？抑聖人之所以與天下相關而不容已者，豈有他哉？其心純乎天之理，其氣固極乎清明之氣也。常人縱情肆志，圖一己之安榮。至於妨害人群而不顧，是以積之至深，私欲横塞，雖至親，有如路人者矣。況欲一世同仁也哉？故學聖人者，以充其義理之心，養其浩然之氣爲要。耰本田器，此章則作虚字用。

子路從而後，遇丈人，以杖荷蓧。子路問曰：子見夫子乎？丈人曰：四體不勤，五穀不分，孰爲夫子？植其杖而芸。子路拱而立。

蓧，徒弔反。植，音值。蓧，竹器。勤四體、分五穀，丈人以爲賢者食力之事，亦正論也，故子路敬之。五穀，稻、粱、麥、黍、稷。

止子路宿，殺鷄爲黍而食之，見其二子焉。明日，子路行以告。子曰：隱者也。使子路反見之。至，則行矣。

食，音嗣。見其之見，賢遍反。丈人見子路有禮，故親厚之。子路反見，因其有禮，欲曉以大義，而丈人已逆料而先去矣。

子路曰：不仕無義。長幼之節，不可廢也；君臣之義，如之何其廢之？欲潔其身，而亂大倫。君子之仕也，行其義也。道之不行，已知之矣。

長，上聲。丈人雖行，而其家必有人，故子路留語之。丈人以潔身爲義，不知仕而忠主救民乃大義也，使人人不仕，天下何賴？故君子仁民，即是忠君。

附　解

丈人身分較高，其責子路不自食其力而未嘗斥其徒勞，想是一向偏於肥遯，自以爲與世無争者，與沮溺之憤世而逃者不同，子路之拱立，正以其所言合義禮。遭先生於道，正立、拱手，子路以此敬丈人。丈人遂知其賢，故止宿欵待。二人皆以道義洽也。子嘆爲隱者，使子路反見，蓋欲曉之。而丈人已行，是有心避夫子矣。故子路以行義之事曉之。或疑丈人已行，子路向何人説？遂謂不仕以下皆夫子之言。不知丈人家必有人，不言其人，省文耳。言己與夫子非不知道不行，特以人皆隱遁，則坐視民生陷溺、君亂、國亡，其爲忍心害理尤甚。惟不偏於孤隱，即世不用我，我心固已自盡，蓋愛敬丈人，欲其適於中庸，非夫子欲使同己周流。且夫子亦并未遇合，何自而使人出仕也？義即是道，道即是仕，惟以道事君，乃爲行義。惟仕以行義，故道不苟合。夫子一生栖皇，未嘗苟禄。道也，即義也。君子之仕二句，言君子欲仕之心如此，非不欲隱，且先當盡其心耳。若誠得仕而行義，則道固已行矣。不得云道之不行，已知之矣。丈人既留子路，何以不傳姓字？蓋終未言姓字，記者亦因。而丈人之始終刻劃一隱者行徑也。五穀之説不一，或遺麥，或遺稷。麥乃北方恒種，稷爲五穀之長，先王以之名官。菽雖穀類，不能如稻、粱、麥、黍、稷之中和，可以常爲飯食，故折衷前人，定五穀之名焉。

逸民：伯夷、叔齊、虞仲、夷逸、朱張、柳下惠、少連。

有德而自晦曰逸民，儕於民也。逸民蓋夫子嘗稱之，而記者因記之。虞仲即仲雍。夷逸，見《尸子》。朱張，字子弓，周康王時人，隱岷山。少連，見《禮記》。

子曰：不降其志，不辱其身，伯夷、叔齊與！

與，平聲。志高而身潔，子蓋極爲慨想，而孟子清聖之言所自本也。

謂柳下惠、少連，降志辱身矣。言中倫，行中慮，其斯而已矣。

二人迹似。辱身而言合倫理，行洽人心，則非果降辱矣，其自晦深矣。

謂虞仲、夷逸，隱居放言，身中清，廢中權。

隱居，居僻陋。放言，無忌諱。立身中乎清，處廢中乎權，不以隱居放言爲嫌也。

我則異於是，無可無不可。

可否以道不泥成見，未嘗不逸而非終於逸也。

附　解

七人乃夫子平日所稱。目爲逸民，非記者加以二字也。七人道不同，而其全身遠害、樂道、晦迹則同，故曰逸民。夷齊志極高，身極潔，不肯稍自屈辱，清風亮節，實百代所瞻仰，故夫子流連慨想之。柳下惠、少連，第以形迹觀，似降志辱身矣。而其實凡有所言，莫非倫紀之實理；凡有所行，合乎人心之當然。則其降辱，非真降辱，乃委曲全身自溷於塵俗之中。其斯而已矣，言其韜晦自全必如是而後安，深嘆其苦志，非與夷齊比較抑而次之也，切勿誤認。虞仲、夷逸自居荒僻，放言無所忌諱，蓋蠻夷之域無與同調，莫爲知音，聊以此肆志全身。然雖溷迹異鄉，未嘗毀道波靡，故曰身中清；身雖廢置，猶能晦迹全真，故曰廢中權。其朱張不置一詞，可類推也。數人皆推許之詞，末節非自謂優於諸人，蓋言己志趣如斯，未嘗不逸，亦非遂終於逸。當時夫子僕僕周游，若沮溺之流皆以夫子爲不能逸，不知夫子用行舍藏，初無成見，救世之心雖切，守道之節甚嚴。此章叙述逸民，皆極稱美，而自言己之無可無不可，若曰謂我爲逸民可，謂我爲非逸民可，此記者記此章於《楚狂》數章後之意也。若作自許之詞，豈不大失聖人心口？明汪琬《堯峰文鈔》謂：虞仲非仲雍。本朝張甄陶辨之甚詳。其曰：仲雍居吴，吴民歸之，比於舜之成邑成都，至雍孫亦名虞仲。武王克紂，封周章以繼泰伯，封章弟虞仲以繼虞，是仲實爲虞之始祖。周室既興，自無逸理，上公之貴，豈復稱民？此章虞仲斷指仲雍，誠篤論也。行中慮，講家不甚分明，蓋言其所行合乎義理，猶言先得人心之所同然也。六人，夫子並無貶詞，皆繪出逸民情狀，勿因夫子將數子抹倒。王弼云：朱張，字子弓。荀子以與孔子並稱。明郫邑人仇明《晦日録》云：張伯子。《蜀志》載朱張生崇佗，多在周康王時，有道術，流寓洛陽，後徙岷山，及穆王時人猶見之，今崇寧縣祀之。然於經傳無考，以廣舊聞可也。

大師摯適齊。

大，音泰。何氏曰：魯哀公時，禮壞樂崩，樂人皆去是也。大師，樂官之長。名摯。適，自此之彼。

亞飯干適楚，三飯繚適蔡，四飯缺適秦。

飯，扶晚反。繚，音了。侑食樂官以琴瑟爲主，歌於堂上。干、繚、缺，皆名也。不言初飯，其人未去也。

鼓方叔入於河，播鼗武入於漢，少師陽、擊磬襄入於海。

入，往而不返。鼓、鼗，皆堂下之樂。四人皆以官名，能其官也。邢氏曰：河，河内。播，摇也。鼗，小鼓，兩旁有耳，持其柄摇之，則旁耳還自擊。方叔、武、陽、襄，皆名。漢，漢水之濱。

附解

吾自衛反魯，師摯之始《關雎》之亂。夫子之言明明可考，講家臆説紛紛，各爲一説，皆緣朱注引張子之言，不敢疑也。然張子實一時誤解，安可附會？蓋大師摯諸人皆魯之賢者，隱於伶官，如簡兮碩人之流。夫子在魯相與數晨夕有年，砥礪於義理者久，季桓子受女樂淫哇競豔，夫子既去，諸人亦耻之，故紛紛他適。其後桓子卒，遺言召孔子。康子遵父命召孔子，孔子歸魯，魯終不能用。而孔子年亦已老，遂删詩書，定禮樂，師摯等聞夫子歸，當亦各歸來。夫子相與考究，重正雅頌，故有自衛反魯之言。師摯之始亦謂返國之始，夫子晚年思之，或其時師摯已死而云然。《史記》載紂無道，太師、少師抱樂器歸周，不書名。班固《漢書》因而言紂作淫樂，樂官抱器或適諸侯，或適河海。其妹曹大家著《古今人表》竟以太師摯七人並列三等，在伯夷、叔齊下。顔師古注：此皆紂時奔散之人。鄭康成以爲周平王時人。至本朝毛西河亦附會之，真屬妄言。不如何晏《論語古注》爲優也。作時文者，如王守溪、李安溪皆言夫子正樂之後，魯伶官始知僭樂之非而去。張甄陶非之，是也。然以魯之僭樂，夫子不以爲非，亦不是。蓋夫子居魯，素與太師輩講明。及齊人歸女樂，夫子去而諸人亦耻之，後夫子反魯，太師諸人亦遂返魯，與夫子共成正樂之功。記者此章於太師、干、繚、缺皆書適，蓋始去而後返者也。於方叔四人皆書入，蓋去而未返者也。夫子學琴師襄，亦少時事。至初飯不言，《白虎通》云：魯無初飯，有四飯。李安溪云：太師領之。何屺瞻云：不言初飯，爲尊者諱。皆曲説。此章記去魯之伶官耳。初飯不去，何以得書？魯當日僭樂，未必獨於侑食少之，無四飯之實而有四飯之名，必不然也。《白虎通》曰：王者平旦食、晝食、晡食、晦食，凡四飯。諸侯三飯，魯蓋僭天子禮，亦有四飯也。

周公謂魯曰：君子不施其親，不使大臣怨乎不以。故舊無大故，則不棄也。無求備於一人。

孔氏曰：魯公，周公之子伯禽，封於魯。施，易也。不以他愛易其親親之心。大臣，勳賢也。不以，不行其道。故舊，勳戚交遊皆是。孔氏曰：大故謂惡逆。無求備則無棄材矣。周公所以造周、造魯者，不止於是。蓋伯禽之國，特語以寬大之意焉。

附　解

周制分封諸侯各君其國，爲王朝卿士者，畿内諸侯而已。周分封魯，身留相王室，而其子之國爲諸侯，蓋曠典也。當時王制定於周公，至治魯之制又不待言。親也、大臣也、故舊也、無求備之人也，大抵皆周公所愛敬、選拔以治魯者，故於臨行特申命之。而記者即此以見其開國忠厚之意。施字，何晏《古注》作易字解，優於陸氏之直改。本文但云不以他人之親易其親，則非也。大臣若無德，則不必用。若有德，何至不以而怨？怨者惜己之道不行，則不必虚縻其爵也。無求備，則所以收羅群材者無不盡。《日知録》據《左傳》命以伯禽，謂伯禽書名，不知康叔、唐虞皆有誥。伯禽不然者，周公封於魯，不之國而命以伯禽也。非伯禽書名，文王世子成王有過，則撻伯禽，豈亦書名耶？

周有八士：伯達、伯适、仲突、仲忽、叔夜、叔夏、季隨、季騧。

八士，賢而未達。董子謂一母四乳而生八子。記者記周才之尤異者如此。

附　解

秦火《詩》《書》，八士之實不傳。馬融、鄭康成以爲成王時人。劉向以爲宣王時人。《汲冢周書》有南宫适、南宫達。《尚書》有南宫适。《宣和博古圖》有南宫仲。《周書》武寤解和寤解皆有八士。陳仁錫以爲即晉胥臣。所謂八虞，相傳咸陽縣有八士墓，然皆想像臆度之詞，未可執爲典據。但八人皆以士稱，必賢而未顯者，故記者特書之以見周家人才之盛，其尤奇者如此。一母四乳，《春秋繁露》之詞，董子醇儒當不妄言，且去古未遥，必有所據。唐蕭穎士《游蒙山詩》：向子捐俗緣，季隨躡遐軌。蓋亦以八士爲隱者。記者於記周公後記此，所以明周家培植之深，故雖凌夷至春秋篤生夫子，而又有諸賢並出其間也。當時一一指名，記者本非不知其實而言，今則書亡無考，作時文者作此題即代記者口吻而竟有虚作，疑陣於記者口中自家説自家，不甚明白，亦殊謬矣。至楊慎謂八士之八人，而葉四韻又據蕭穎士《遊蒙山詩》謂季隨隱士無害義理，皆可從。

子張第十九凡二十五章

此篇記子張、子貢、曾子、子游之言。蓋其門人所集歟。若謂五人學優而記之，則尚有賢於五子者，且五子之言亦不盡此也。

子張曰：士見危致命，見得思義，祭思敬，喪思哀，其可已矣。

生死、義利、真知、力行、幽明、始終、誠心，感召如此，庶可爲士，難之之詞也。致命、思義，其守至堅。思敬、思哀，其誠至久。已，語辭。

附　解

子張因士而無行者發，四者盡其分量，非學養深邃未易言也。其可已矣，言如此。曰：士庶乎可矣。而況無一能無愧乎？義府及勉齋黄氏必從而疵其語謬矣。

子張曰：執德不宏，信道不篤，焉能爲有，焉能爲亡。

焉，於虔反。亡，讀作無。執持守意。德以人之性量言，器小而志浮，無入德之門，故曰焉能爲有無也。

附　解

子張晚年見道篤實。此章所言即曾子宏毅之説也。德本無窮，須具一番廣大胷襟，始能勤以進業，虚以受人。聖人望道，未見寡過，未能正爲，見得道理實難自盡，所以耄而猶勤，老至不知，惟其自小乃以獨成其聖也。常人局於近小，以聖人爲不可及，以天地名物之理爲必不可盡，此爲自暴棄。又有卑陋自是戔戔自喜者，尤爲庸妄，皆執德不宏者也。德謂人之志量，道則内外本末全體大用之道，雖乍爲信之，旋復惑於世俗，此等人中無確見，隨俗波靡，决不能任重道遠，焉能爲有亡深絶之也？

子夏之門人問交於子張。子張曰：子夏云何？對曰：子夏曰：可者與之，其不可者拒之。子張曰：異乎吾所聞：君子尊賢而容衆，嘉善而矜不能。我之大賢與，於人何所不容？我之不賢與，人將拒我，如之何其拒人也？

賢與之與，平聲。二子之言皆是，記者故兩存之。子曰毋友不如己者，則不可當拒。磨不磷，湼不淄，則大賢無所不容。要惟自處以正、以善，及人則拒之之時有容之之意，容之之中非無擇別之懷也。

附解

交道所以輔仁。自古聖賢不以不肖待人。見賢思齊，見不賢内省，和而不流，則無處不可得益。奈世鮮端人，理難一致，或君父大節所關，賢奸是非所係，不可不嚴其比匪，懍其孤標。若尋常晋接無害於義者，則優容感化之，可也。故子夏所言雖稍失之狹，然切於立己。子張之言尊賢二句，義理曲盡固已。即我之大賢五句，反覆明拒字之非，所以教門人自勉爲大賢，不可徒見人之惡而棄之，亦忠厚之道。若朱子以爲初學宜從子夏，成德宜從子張。剖别雖是，亦未免太拘。即如管寧割席於華歆，阮籍辭昏於司馬，是不可拒之之得宜者，不必其在後生小子也。若郭汾陽之見魚朝恩，陳仲弓之弔中常侍，一則保全自己身家，一則保全天下賢士，是何所不容之得宜者也？至於夫子見陽貨、南子，孟子不見諸侯，不與右師言，因時處中，又不待言。門人有見於道理之精，知二子之言皆有可取，必兼之而其義始盡，故特兩記之。後儒轉遜其識解矣。陳實弔於張讓，前人斥其守道不篤，此言非也。君子之於小人，不幸同朝共事，關係君民大事，必當面折廷争，雖死不辭。若非國計民生所重，尋常交接往來，無害於義，何必爲已甚之行，激其怒而害及同類？漢宋黨錮之禍，皆諸君子過爲矯枉之故，犯凶人之怒而成其高，不知太甚之行激爲大禍，毒流搢紳，而社稷亦隨之以亡。何不聞孔子之見陽貨哉？故陳實之事不可疵也。紹興中，徐子雲省試第一，秦檜欲以女妻之。及廷對，子雲乃佯狂不答一字，遂置甲末，此拒不可之妙也。班超使西域，李邑上書，毁其擁妻抱子，安樂外國，無内顧憂。超聞而嘆曰：身非曾參而有三至之讒，遂去其妻。帝知超忠，切責邑令，受超節度。超遣邑還京師，徐幹謂超曰：邑前毁君，今何不留之？超曰：是何言之陋也！以邑毁超，故今遣之内省不疚，何恤人言？快意留之非忠臣也。此何所不容之妙也。

子夏曰：雖小道，必有可觀者焉，致遠恐泥，是以君子不爲也。

泥，去聲。小道，技藝雜家之流。致遠恐泥，不能通於大道也。此爲專營小道者言。朱子曰：泥，不通也。

附　解

大道不外心性倫常、盈天地間之經綸，皆所以使人盡其性，敦其倫也。百工技藝其始皆創自聖人，而不從事於聖賢大學之道，則局於一器而無以成己、成物。子夏言此爲世之好爲小道者發。農圃醫卜，皆民生至切之用。上古粒食未興，后稷教民稼穡，俾民不鮮食艱食，則治天下之大道即寓於農，瓜壺棗栗，悉爲民用，圃亦與農並重。先王慮民氣之不和，民生之多沴而制爲醫道，所以調燮陰陽，仁育蒼生，則大道未嘗不在是。至卜之爲用，聖人觀天地而察人事，使人知悔吝生於善惡，吉凶主於明神，庶知懍畏天命，反身修德。夫子曰：筮之德圓而神，卦之德方以智，神以知來，智以藏往。古之聰明、睿智、神武而不殺者夫。伏羲、文王、孔子以此明三才之妙，孰謂大道，不在是哉。但聖人之於農圃醫卜，期以利賴生民，而致其中和。後世習之者則爲一身一家之計而已。故農圃醫卜未嘗非小道，亦未嘗非大道。在人辨而察之，裕而修之，至宇宙間却有甚重於是而實無益身心，曾農圃醫卜之不若者，學者或專鶩求精，則浮華矜飾害德滋甚，尤宜審之。夫子曰：吾何執？執御乎？執射乎？吾執御矣。是小道可爲。又曰：君子多乎哉？不多也。恐人泥於小道也。聖人之言豈一端？固視其自命者何如？用之者何如耳？後世小道日精於前代，而誠正修齊之學罕造，其實可慨也已。

子夏曰：日知其所亡，月無忘其所能，可謂好學也已矣。

亡，讀作無。好，去聲。精進而能時習，理日明，性日定矣。學非僅詞章之謂。朱子曰：亡謂己之所未有。

附　解

天命之謂性，散殊於人倫日用之間，我所有也不可謂亡。祇因氣拘物蔽，前此不能知，不能行，即是所亡。若學而得之，則當持守，熟習中庸，所以尤重固執也。學兼内外，博文約禮，不可偏廢。後世尚寂者徒求諸心，而逐耳目者或失之濫，均不得爲好學矣。

子夏曰：博學而篤志，切問而近思，仁在其中矣。

道寓於事物而皆含於心。博以學之，篤以行之，切問以析之，近思以純之，理得而性可復矣。何氏曰：汎問所未學，遠思所未達，則於所習者不精，所思者不解。

附　解

朱子解仁字只説心存而不放，不知心有先天、後天之分。先天之心即仁，後天之心拘於質，蔽於欲，故孟子言存其心，養其性。存有覺之心，養虚明之性。以養氣爲基，神化爲極。其功夫次第，非旦夕可幾。後人以守空空之心爲盡性，不知心本日華，但至後天陽中有陰，克己者克陰私也，復禮者復性也。孔門諸賢皆從事克復，晚年多得大道，即子夏亦然。夫子故告以三無私等義。此章爲初學言之，使從博文約禮、淺近處用功，蓋非學問則無以窮究人情物理，而不返諸身心，亦徒勞無益。以所博者篤而志之，以所問者近而思之。篤志者何誠也？近者何身心也？志其理，思其故，必求返身自得，故仁在其中，以其尚未及乎養氣克復之功，故云在其中而不直謂之仁。後世多祖述此章。然學也、問也當先明夫子有弗學、有弗思之義，蓋有不必學與問者。若當學、當問則弗能、弗得、弗措，惟當學者故必篤而志之；惟當問也故切而思之。不然，徒騖於博，既不勝窮，或反侈蕩無歸；徒務乎問，亦無以得其至。是其去仁日遠矣。辨之！慎之！

子夏曰：百工居肆以成其事，君子學以致其道。

肆，市肆，百工所聚之處也。成事，精其事，學兼内外。致，推極其精微道理之全也。工以相觀而益善，學以廣博而益明，爲徒思廢學者發。

附　解

司市陳肆見於《周官》，百工器物咸聚於兹。百工各專其業，患封己自是，居肆以博其義，而事益精。學者專心於道，恐寂守無實，博學以要其理，而道益宏，此上下比類之義也。世有致虚守寂以養其心，而不窮究乎天地民物之變者，是不學無以致其道。抑有殫見洽聞以宏其識，而不根本於心性倫紀之常者。蓋不知學所以致其道，二者交失，子夏之言固爲曲盡。舊説朦朧。

子夏曰：小人之过也，必文。

文，去聲。過出於無心，必文以成其過。欲以欺人而不知自害其心理也。

附　解

人孰無過，苦於不自知耳。若既知之即宜改之，蓋改則仍然無過。故曰過而不改是謂過。君子之過如日月之食，小人平日立心制行，全不顧天良二字，只圖掩飾一時，不顧心理安否。必文必字直是抉盡隱微病根，然過不可文而徒害其天良，亦可悲矣。

子夏曰：君子有三變：望之儼然，即之也温，聽其言也厲。

三者君子德容之常，於其望，即聽而若有變焉。蓋借以明时中之妙。儼然，莊敬。温，和平。厲，嚴肅。

附　解

凡人容貌自當莊肅，詞氣自當温柔，義理是非本不可淆紊，特常人道德未備，則能持於此，必不能持於彼。君子中和在躬，隨時適宜。望之者見其儼然，未免心憚之矣。及即之則温然如春，令人可樂，樂則或生玩矣。及聽其言，則詞嚴義正，不可妄干。在君子本無心，而出見君子者，自覺得彼此不同，故曰變。子夏親炙夫子者深，故能言之有味如此。

子夏曰：君子信而後勞其民，未信則以爲厲己也；信而後諫，未信則以爲謗己也。

此爲勞民□諫者戒，而欲其誠之於早也。信，誠懇周至，兼人己言。王氏曰：厲，猶病也。

附　解

國豈有君不勞民，臣不諫君之理？子夏爲虐民驟諫者發。言非勞與敬之難，而信之難也。信於民者，其平日有愛民之實心，故民諒之。信於君者，非以道自處，德望素孚，不易當之。子夏爲不信者警，欲其責己嚴而責人恕。故信當兼自信與信於人説。朱子《或問》有盤庚、比干一條，朱子言：子夏言其常，非言其變。然盤庚因河决之患爲民相居，民震於遷，其見淺也。而盤庚反覆訓諭，固已盡其信之之道。若比干勢處勳戚，不得不諫，信於己而不信於紂，至不幸也。非二人有不信處。古聖賢正己而後正人，化所以覃被焉，三聘而後用世，君所以倚賴焉。人臣委贄之初，自度其道不可行，則不容苟就，所以信之於早也。不然而受任受職，乃含默取容。曰：吾未信也。其不爲小人者幾希。

子夏曰：大德不踰閑，小德出入可也。

當時務末節而忘大義，故子夏云然。與夫子論奢儉同，意非謂小德可踰閑也。朱子曰：閑，闌也。所以止物之出入，喻禮法也。

附　解

子曰：夫言豈一端而已？夫各有所當也。大德、小德不容偏重，然使其人不忠不孝，而衣冠言動方屑屑然，則古稱先亦何取哉？子夏爲不敦大德之人説法，若學者立身，則比於門人小子，方循循於本末先後，何嘗教人踰小德也？注中吴氏之言，未識書意。張甄陶則謂爲觀人者言，忠孝廉節磊磊可觀，其他小節不必苛求，亦有義理。但聖賢學問，小者通乎大者，一念可格帝天，一言應以千里。苟謂小者無足苛求，安知忠孝必由慎獨來也？故不敢從其説。

子游曰：子夏之門人小子，當灑掃、應對、進退則可矣。抑末也，本之則無，如之何？

灑，色賣反。

子夏聞之，曰：噫！言游過矣！君子之道，孰先傳焉？孰後倦焉？譬諸草木，區以别矣。君子之道，焉可誣也？有始有卒者，其惟聖人乎！

别，必列反。焉，於虔反。

先王教人先以小學養其莊敬之習，灑掃應對進退即道寓焉，而子游少之。蓋因當時務煩文，事本學者寡，欲子夏誨以大學耳。然學有先後，教無倦惰，資學不齊如草木之各分其類，若驟語以大成，反爲誣之。若始終本末兼該各給，惟聖人爲然，非門人小子所能也。其詞甚正，故子游豁然無辯焉。

附　解

子游、子夏同事聖人，小學大學之序，親見夫子以教門人。而此章異解，何也？聖王教人，七歲入小學，歷八九年至十五始入大學，於時童稚之年，知識未廣，嗜慾未開而已。有以束其心志耳目就於禮法，故大學之教易入，而制外養中之事習慣自然。周衰，禮教廢弛，後生小子罕循實學，惟夫子舉先王之遺法以教人。而洙泗門墻成童以上者居多，即如子游自吴來學，其不待從事小學明矣。子夏之門人小子非盡童丱，但因當時教學無序，故子夏教以小學之禮，先端其趨，非竟不傳大學，正以爲大者之地。子游因當時學者專事繁文縟節，不究本源，恐子夏以小學爲重而不教以本根，故云然。及子夏明其立教之意，而子游知子夏非不教以大學也，故無他言焉。是二賢之意未嘗不同，而有疑於其跡，必推究其故，所以爲君子之交也。

子夏曰：仕而優則學，學而優則仕。

春秋之末，不學無術者膴仕，而士亦以急仕爲榮，子夏言此以明學不可一日而離仕。有餘暇則必學，學必有餘，然後仕也。

附　解

舊解多不分明，即朱子亦嘗疑兩句次序顛倒。後以門人各有所指之説爲是，實則未得子夏立言之旨。蓋仕所以行其學之事，學所以裕其仕之理。若以仕而優爲有餘，是固游刃有餘者也。上則字語氣便緩，故朱子只作有餘力解，猶言有暇已耳。然而於則學之義未透，並則字精神亦不出。下句學而優則仕，朱子云：自無可説者，如荷蓧丈人之流。似子夏欲教人仕，並下則字亦少精神，不知二優字、二則字當剖看言，仕若有暇則當學，學果有餘則可仕。子夏當日先言仕優則學，正爲輕學而漫言仕者發也。語似平列而意有獨注，此古人文字之妙。

子游曰：喪致乎哀而止。

誠其哀親之心，而所以慎終者自不容已矣。禮以致其哀，豈爲觀哉？故曰止也。

附　解

死者人所不免，而至於父母，則仁人孝子之心誠有哀苦不忍言者，喪禮繁重委曲，皆痛親之心不得已，而致其詳慎以竭萬一之誠。子游平日講求喪禮具見於《檀弓》。此章之言正其考究之深，而知莫非以致其哀也，不然而哀有未盡，人心已亡，尚奚取哉？至於父母之外，哀雖有殺，然亦未有以喪爲觀美者。春秋務於文飾，子游故特明之。

子游曰：吾友張也，爲難能也，然而未仁。

難能，優於才學。仁則純乎理矣。表子張之賢而規其未仁，愛之，非刺之。也，爲語辭。

曾子曰：堂堂乎張也，難與並爲仁矣。

夫子曰：前有光，後有耀。堂堂之謂言志趣高明也。難與並爲仁，自謙其質之遜，而不敢以堂堂求仁，戒乎學堂堂者也。

附　解

子張自是光明闊大人，故夫子亦稱其光耀而列於四友。子游意帶規勸，曾子則直贊其堂堂，而言己才遠遜，難與之共爲仁，蓋恐不如張者畫虎不成反類狗也。記者連記之，又以戒乎不如子張而妄爲堂堂者。子張晚年進德篤實，此二章所言蓋其少年時事。然而未仁，有深望其斂才就理深造於仁意。難與並爲仁，言其高明之資，己不敢學步以戒妄爲堂堂者。如後世文字之學有等，穎悟不煩，力學者中下以之爲法，必至自誤聖門造道亦是如此，勿作輕刺語。

曾子曰：吾聞諸夫子：人未有自致者也，必也親喪乎！

自致，自獻其天良而不容已。述子言以勉人識其本心。

附　解

人心之良乃天理也，因嗜慾錮蔽，遂爾消亡。然天理種子不能盡滅，若滅盡則非人矣。故聖人望人力學以復其天良。奈人多暴棄，反以聖人爲難學，己必不能希聖。曾子特述夫子此言，言人有能自盡其誠者。必也親喪乎，爾時天良發現，不能自掩，人能長保其天理之良，則無時不用其誠矣。此曾子立言微意。

曾子曰：吾聞諸夫子：孟莊子之孝也，其他可能也；其不改父之臣與父之政，是難能也。

莊子，名速，魯大夫。其父獻子。賢而速能，因其臣，遵其政，故子特述之。而曾子述之以勵有位也，非爲臣與政之不善者言。其他，此外孝行。

附　解

張甄陶以爲愧季孫，非也。季文子之賢不及獻子，且夫子言此時季孫宿已卒，何自愧之？蓋平日閒論人物及之，非必有他意，而曾子述之，則爲當時父賢而子不肖者愧也。其父二字當認真，若献子不賢而莊子不改其臣與政，反爲大不孝。大禹之幹蠱，宋哲宗之紹聖，何是何非，學者切當明辨。

孟氏使陽膚爲士師，問於曾子。曾子曰：上失其道，民散久矣。如得其情，則哀矜而勿喜。

陽膚，曾子弟子。孟氏爲魯司空兼司寇，士師其屬官，典獄者也。士師無化民成俗之權，故曾子告以仁民之意。道，教養之王道。朱子曰：散，情義乖離，不相維繫。

附　解

天生民而不能使之自遂其生，皆全其性也。故立君上以教養之。有教養之任而曰民難化者，誣也。睢麟之意，官禮之法，自誠意正心始以暨於平天下。理萬民一以貫之，各得其宜，此非可責之庸輩也。能是則爲有道，反是則爲失道。士師之官，王朝侯國本非微職，孟氏之士師則至微矣。明刑即以弼教，罪得其宜亦可警頑懲惡。但究不若消患於未然，使民無訟之美也。曾子學企大成，其心實與斯民一體相關，故其言如此。哀矜勿喜，本無可喜也。然哀矜之心非素有恫瘝斯人之意，必不能强致。上之人平日既不能化民於善，及至有罪，復無惻隱之衷，誠非父母之道矣。又況虐而驅之，悍然不顧，豈復有人心哉？夫子爲魯司寇，有父訟子者，越月請止，夫子赦之。季孫不悦，子曰：上失其道而殺其下，非禮也。不教其孝而聽其獄，是殺不辜也。曾子之言與子誠一脉相貫。

子貢曰：紂之不善，不如是之甚也。是以君子惡居下流，天下之惡皆歸焉。

惡居之惡，去聲。下流，卑下之地，流水所歸。人爲惡則如居下流，衆惡歸於下流，其始則一念之不善耳。居不居必謹其微，甚則無可解矣。子貢惕人修慝於微，非爲紂雪冤。

附　解

夫子之繫易曰：小人以小善爲無益而弗爲，小惡爲無傷而弗去。是以惡積而不可掩，罪大而弗可解。《書》曰：惟聖罔念作狂。一念之非，即下流之所由聚也。人皆知惡紂之惡，不知自家一念不謹，已置身下流。子貢特發此以警人，甚不甚必自其一念而防之，不可及其已甚而悔之。

子貢曰：君子之過也，如日月之食焉：過也，人皆見之；更也，人皆仰之。

更，平聲。過不足累君子而累小人。更不更，異也。日月本明君子之心，本直欲人法君子之更，非欲人效君子之過。

附解

自改過之説興而天下始有不終棄之小人。然自改過之途寬而天下又有藉口於君子之過者矣。不知過原非，宜君子能更，固不害其爲君子耳。若旋更旋過，尚得爲君子乎？當時必有多過而托於君子者，故子貢以日月指出君子光明本體，見其更足仰，故其食無妨，未如日月而屢過焉，可乎哉？且日月固本以不食爲常者也。日月之食，星家以爲交會而食，然日月一年十二會而不盡食者，以爲交則食，不交則不食，實乃火土之餘氣蔽其光而陰陽偏勝，乃食也。蓋五行正氣，經天爲黄赤黑青白道。而金者，乾元真精太極之靈也。其餘水火木土各有餘氣。木曰紫氣，水曰月孛，火曰羅睺，土曰計都，日月本乾坤之精，而後天木火成質者日，金水爲神者月也。木爲生生之苗，水乃精華之潤，陰火盛則陽光掩，陰土盛則水神虧也。日月相會之候，陰陽和平，則無餘氣爲灾，否則干戾，故日食、月食，聖人以爲變而警懼也。若但如歷家相掩之説，乃天地常事，曷煩戒謹哉？第羅睺、計都不見經傳而術家又支離其説，故儒者罕言之也，實則天地之理本有如是。

衛公孫朝問於子貢曰：仲尼焉學？

朝，音潮。焉，於虔反。公孫朝，衛大夫。言學於何人也。

子貢曰：文武之道，未墜於地，在人。賢者識其大者，不賢者識其小者，莫不有文武之道焉，夫子焉不學，而亦何常師之有？

識，音志。下焉，於虔反。文武之道兼體用言。未墜於地，教澤在也。在人，領下二句。賢，大賢。不賢，小賢。識，記也。大者性命精微之理，小者名物象數之制，莫不有道，言其皆至理所寓，而善學者所採焉。不學，言其善學。何常師，言其無處非師。

附　解

朱子以謨訓功烈解道字原不錯，第謨訓功烈即盡性盡倫。禮樂，體用所在而第以文告爲謨訓，象數小物爲功烈，則道字小矣。且亦思關雎麟趾之意，周官周禮之法，小學大學一切明備規模，何在非道之菁華而文武精神所貫注乎？朱子因學者多騖高遠，僅以文章、禮樂、象數、名物訓道字。使後世講家拘泥牽强，至使本文語氣俱覺重複，大不可也。公孫朝之問自是尊重夫子，此問必不可少。自堯舜以來，聖人修己治人之道至文武而集其大成，其播之天下，後世者皆其得之心性，修之家庭者也。第其道散，著而博遠，隨人資學，所造不拘一途。未墜於地，言其禮樂法度具在，乃周家一王之制也。惟有是法度，人乃得而修明之，故曰在人。時解則二句無分别矣。賢者，謂大賢，於道之源頭處識得，凡天地之祕，性命之微則學之。不賢者，謂非有誠正修齊之學者，然其才識之明於禮文、象數，往行、前言亦有覩記，博文之學，子亦學之。在賢、不賢則或精粗本末之各擅，而夫子兼收博考於文武之道，有以見其散殊，又有以會其一本，故曰：夫子焉不學也。無處非道即無處非學，學無一定，師有何常？此本文語氣層次，子貢開示公孫至爲詳盡矣。拘泥舊説反晦本文，安得曲爲附會？

叔孫武叔語大夫於朝曰：子貢賢於仲尼。

語，去聲。朝，音潮。武叔，魯大夫，名州仇，昭子婼之孫。非真知子貢者，特以其外觀而賢之。

子服景伯以告子貢。子貢曰：譬之宫牆，賜之牆也及肩，窺見室家之好。

爲淺人淺言。牆，卑不足蔽宫，猶量小不能蓄道也。此庶人之牆也。

夫子之牆數仞，不得其門而入，不見宗廟之美，百官之富。

八尺曰仞。美，謂禮樂制度。富，謂牽牲贊幣之儔。此蓋以天子之宗廟而言，乃極乎美富也。

得其門者或寡矣。夫子之云，不亦宜乎！

夫子謂武叔，言武叔未入夫子之門，固宜其爲此言。

附　解

宫牆有合言者，有分言者，此分言之也。朱子曰：古人宫室之制，前有門，中有堂，後有寢，凡爲屋三重，而通以牆圍之，謂之宫。譬之宫牆句，領起下二段及肩之牆、庶人之牆、數仞之牆、天子之牆也。宗廟喻夫子容貌四體，百官喻夫子才德經綸。八尺曰仞，從孔安國。蓋《祭義》仞有三尺，非一丈之云，乃一丈一尺之云也。夫子曰達不如賜，又曰自吾得賜，遠方之士日益至。蓋當時夫子之道，非子貢不彰，且子貢仕魯，止吴之尋盟，致陳恒之歸邑，頗展其才。武叔淺人，覺子貢言論丰裁華於夫子，故云然。正如俗人之勢利見牆宇輝煌，即驚爲巨富。子貢即牆以喻，而曰室家之好，宗廟之美，百官之富，皆就武叔心目俗見曉之。牆喻外見之華，宫則其内藴也。末竟斥其不得入門，調侃之至，武叔亦未必知也。子貢自謙以尊夫子，實則夫子在魯三月大治，墮三都，却萊兵，未嘗不炳炳烺烺，是聖人亦非不露才華，自是武叔處卑而見淺耳。其賢子貢，又豈真知子貢者哉？再夫子當時自言有四友，若子貢、由、求諸賢，表揚夫子之道，聖德益明，夫子亦可以少辨論，於此數章可略見之。若孟子居戰國横議時，而門人又遜於洙泗，故不得不好辨，乃有謂孟子之好辨不如孔子者，豈知時哉？

叔孫武叔毁仲尼。子貢：無以爲也！仲尼不可毁也。他人之賢者，邱陵也，猶可踰也；仲尼，日月也，無得而踰焉。人雖欲自絶，其何傷於日月乎？多見其不知量也。

量，去聲。聖人義精而俗人見淺，毁之由來，皆不知量者爲之。邱陵高乎土壤而有跡，日月行天而至神。無得，猶言無自也，莫不仰賴日月以生，而反毁之，是自絶也。朱子曰：土高曰邱，大阜曰陵，多與祇，同適也。不知量，不自知其分量。

附　解

與邱陵對，何不言天之高？如對子禽所云而言日月，蓋凡高之有形者，滯於迹，局於象，如邱陵是也。日月照臨萬物，其功用至大。天地非日月不能成其功化，大道非仲尼不能著其高明，然日月處於至高而光照下土，日與人親，人習見日月之不離吾影形，且有忘其高者矣。詎知日月運於天而邇於人，欲踰其高而實無從彷彿。仲尼日用飲食無以異人，武叔狎而玩之，此與近日月而侮日月者何異？然日月不離乎人，實乃在天，是天下之妙於高者，莫日月若也。人有欲絶於日月者，實無一息不在照臨之中，日月非爲一人而然，又何至因一人之毁而傷？是徒自見其不知量耳。此是子貢善言聖德處。時解殊未分明，毁訕何足記懷？子貢恐人惑於其言，不知學聖，故辨之。文佛有言：悪人害賢者，猶仰天而唾，唾不至天，還從己墮，逆風颺塵，塵不至彼，還坌己身，聖不可毀，禍必滅己。其言可與此章相發明矣。

陳子禽謂子貢曰：子爲恭也？仲尼豈賢於子乎？

朱子曰：爲恭，恭敬推遜，子禽以夫子未用於世，而疑子貢爲較賢。

子貢曰：君子一言以爲知，一言以爲不知，言不可不慎也！

知，去聲。斥其不知而妄言。

夫子之不可及也，猶天之不可階而升也。

朱子曰：階，梯也。言其道德之宏如天莫及。

夫子之得邦家者，所謂立之斯立，道之斯行，綏之斯來，動之斯和。其生也榮，其死也哀，如之何其可及也？

夫子未得邦家，子禽故不知其賢。子貢擬其功效神速如此，立道數言，子禽蓋所素聞，故因以曉之。立，固民心而不使顛蹶。道，導以道而全其所性。綏，指荒服者言。動，禮樂翔洽。榮、哀，朱子曰：莫不尊親如喪考妣是也。

附　解

聖德如天而功業罕見，則人每忽之。子禽親炙夫子，何以不知其賢？緣子未得邦家，子貢斥責之，而擬以天並設爲邦家之事以曉之，形容想像十分鄭重。若有言不能盡者，亦足見其所造矣。立、道、綏、動，非空空感化，有許多功業在。天生民而立之君，使司牧之，勿使失性。立植其生，不使顛蹶動摇。而有不立者，風氣異齊，質文異尚，美利未普，功化有限也。斯立，則所以裁成輔相者無不至，無一夫之阽危矣。道之以仁義中正而不行，豈民質難齊？法固有未盡善也。斯行則斟酌於民情物理之宜，而悉當乎天理之極，民樂而趨之，日遷善而不知所爲一道同風矣。綏之，指荒遠者，言不必示威示信而禮義有以結其心，政治有以革其俗，自然景慕、畏懷、歸心，恐後斯來矣。動之不出上三者，特漸摩涵泳變化鼓舞則曰動耳。天下非一，俗人心非一情，服教一時未必終身，勉强從風未必渾化。聖人盛德在躬，有以動其感悦而禮樂教澤薰陶變化，天下如入太和元氣之中，形神俱暢，與道大適，一切乖戾偏駁之情不知消歸何有，斯和矣。生榮則愛敬，等於父母甘雨和風，被其瑞祥，麟威鳳炳，其文望之如雲，就之如日、如天、如神之狀是也。死哀，朱子曰：如喪考妣。蓋皆出於人情之自然而不容已。子貢約略形容，乃如親歷，則其所造極於精深已可想見。故曰如之何其可及也。學者當從事聖學，馴至精微，乃知是言之不虛，而不徒描畫彷彿。

堯曰第二十凡三章

此篇歷叙帝王而繼以夫子論政，以明無異致也。終以知命、知禮、知言，又以明學者希聖之要，而記者之自負亦可見矣。

堯曰：咨！爾舜！天之歷數在爾躬，允執其中。四海困窮，天禄永終。

朱子曰：咨，嗟嘆聲。堯禪舜而戒之之辭。歷數，上天立君治民自然之理數，德之大者，天命畀之，堯故知在舜躬也。允，誠且久也。執中，萬變皆適於中，如有所執。困窮，洪水方平，養教未洽也。言當今四海困窮，爾當思所以永終天禄，蓋一夫不獲引爲己辜之意。

舜亦以命禹。

執中而畏天命，聖心皆然，故無二命也。

曰：予小子履，敢用玄牡，敢昭告於皇皇后帝：有罪不敢赦。帝臣不蔽，簡在帝心。朕躬有罪，無以萬方；萬方有罪，罪在朕躬。

履，湯之號。未變夏禮，故用元牡。簡，閲也。述湯請命於天之詞，以見懔承天心無異，揖讓、討罪、用賢，一稟於天。而以萬方不安爲己責，罪己而無求於人，湯德之所以盛也。

周有大賚，善人是富。

賚，來代反。賚，孔氏曰：賜也。此下言武王之事。善人，天之所予，故承天而富之也。

雖有周親，不如仁人。百姓有過，在予一人。

孔氏曰：周，至也。引《書·泰誓》之詞。周多仁人，一湯簡在之意。其引過於己，一湯罪己之心也。

謹權量，審法度，修廢官，四方之政行焉。

權有五，銖、兩、斤、鈞、石。量有五，龠、合、升、斗、斛也。法度，禮樂制度。廢官，不當廢而紂廢，謹審修之，一本中而已矣。四方政行，民適於中耳。

興滅國，繼絶世，舉逸民，天下之民歸心焉。

已滅之國興之，如封黄帝堯舜之後是也；已絶之世繼之，如封比干商容是也。三者皆民心之公，故民歸心。

所重：民、食、喪、祭。

孟子曰：養生喪死無憾，王道之始。以上皆初得天下時事。

寬則得衆，信則民任焉，敏則有功，公則説。

説，音悦。有仁民之實心，故寬。有至誠之久道，故信。敏則從善如流。公則因物付物。四者一中而已，約舉聖王之概以結上文。

附解

程明道曰：此章夫子所常言，弟子叙而列之是也。天生民而立之君，非欲其以位爲樂，天之功用所窮，賴帝王以濟之。堯、舜、湯、武尤未嘗有君天下之想也，德隆於己而天與人歸之。聖人畏敬天心而知天下之人不可以易視，則必求其所以教養斯民之善道，而期念念可承乎天心。堯之禪舜也，後世以爲甚奇而堯乃因天命也。天禄永終，包咸古注天禄所以長終。漢魏以來凡云天禄永終者皆作頌美語，則古注不爲無因。毛西河以朱子爲非，亦非無見，今仍從古注。但包氏以窮極四海解四海困窮，未免牽强耳。聖人之所慮者，上負天而下負民也。舜亦以命禹，即指上文數句。勿依書添出人心數句，反爲蛇足，或以堯告舜只執中一句，舜已曉得，所以不必更説。舜告禹時，怕禹尚未曉得，故多數句，非也。聖人之言理一而語或加詳，極是殷勤懇摯之意。如堯告舜雖只執中一句，而申之以四海困窮、天禄永終。舜告禹無是也。豈亦怕舜不知困窮之故乎？朱子解歷數本《洪範》。然堯所言，乃謂人君承天治民，天人協應自然之符，非以歷象喻言也。湯武之興與堯舜異，則疑其不甚本乎天，而記者特記湯告天之言，以見其一本於天，心之誠然而無私意於其間，則弔伐之事可知矣。至武王不循文王事殷之跡，而克商滅紂，其事尤不易識。舉大賚以見紂阸窮善，人民皆失所，而周之大賚爲代天以濟民，述周親四言以見周以仁人勝暴，而猶引咎無已，爲事天之小心。權量、法度與官皆商先王承堯、舜、禹之制，而紂廢之，故武王一舉而政行。滅國、絶世、逸民皆天之所久憫念而民所惜者，故武王一行而民歸。若夫食也、喪也、祭也，生民日用始終之事備焉。蓋天心必驗諸民，民事必本於天。武之於民如此，其承天可知。而唐虞三代之盛，心同道同可知矣。故終之以寬信四言焉。《書》云大賚於四海，記者取《書》意而繹之言周有大賚，善人是富，則當時賢俊一旦彙征，善類翕然被澤。其承天心而作善氣，真是景星慶雲氣象。周有二字提起，記者分外着精神之筆，仁人即善人，紂爲無道，使天下善人無所容身，周能育養收羅天心，安得不垂眷顧？至權量二節，即《書》所謂反商政，政由舊也。蓋成湯昔日承堯舜禹之法，定制垂後，紂悉隳之。武王克商，謹之、審之、修之，皆商先王之成法，非有故爲改作以新天下耳目也。興之、繼之、舉之，皆商先王之美意，周第從而復之，毋使善人無禄也。惟其事出於天理之公，而無一毫私偽之念，故四方自然政行，天下自然歸心。記者特揭言之。四方天下二句，睪然高望，不盡流連矣。所重民食喪祭，又以見其安民首先教養，蓋此五節數虛字尤重，是記者特地錯舉數端表彰武王至公，無我之心，非罣漏，亦非謂此乃數大端，故詳之也。讀者宜合通章而玩其詞氣，乃得記者深意。寬則得衆四句，總言聖王之道，收束全章筆力甚大。法度或謂以分寸尺丈引五度言，配以法字成句，然不如朱子禮樂制度之該括。

子張問於孔子曰：何如斯可以從政矣？子曰：尊五美，屏四惡，斯可以從政矣。子張曰：何謂五美？子曰：君子惠而不費，勞而不怨，欲而不貪，泰而不驕，威而不猛。

屏，去聲。費，芳味反。爲政有本，子張蓋已知之，五美四惡，皆其綱紀。節目之似易而難者，故特告之。尊，崇信。屏，斥逐。懔之於心，非必有科條數目之可紀也。費則惠，易窮；怨則勞，必潰；貪則欲，不濟。驕由泰生，猛由威致，反是所以爲美。

子張曰：何謂惠而不費？子曰：因民之所利而利之，斯不亦惠而不費乎？擇可勞而勞之，又誰怨？欲仁而得仁，又焉貪？君子無衆寡，無小大，無敢慢，斯不亦泰而不驕乎？君子正其衣冠，尊其瞻視，儼然人望而畏之，斯不亦威而不猛乎？

焉，於虔反。民所共利，因而利之；民所願勞，然後勞之。仁心仁政無已時，似貪而非貪，理快於心而敬不稍懈，禮飭於己而忿不稍形，驕猛所以免也。

子張曰：何謂四惡？子曰：不教而殺，謂之虐；不戒視成，謂之暴；慢令致期，謂之賊；猶之與人也，出納之吝，謂之有司。

出，去聲。朱子曰：虐，殘酷不仁。暴，卒遽無漸。致期，刻期也。賊，害也。先似不急，後迫求之。猶之，均之也。四者由其先有侮民之心，而迫與緩皆爲害也。教戒令皆當豫之於早，乃爲恤民。出吝固失事機，納吝亦滋弊竇。謂之有司，守財物而無遠猷，鄙之之詞也。

附　解

尹氏謂：記此見夫子之爲政，以繼帝王是也。從政即爲政，爲政以德，子張素所知者，故不復言。特舉其節目之大條析指名，蓋就子張所易疎略言之。惠勞五者，皆爲政所必不可無。而費怨五者，即因之不然，故爲美也。

因利勞民，前人因天之時，因地之宜，因人之力，擇其事，擇其時，擇其人，皆妙。欲仁句，前人説多未明。謂爲指取民，説者固陋；謂兼治己、治人，亦於不貪意欠醒。蓋爲政者實心愛民，自然有許多綱紀事業不能自已。此身臨民一日，有一日當爲之事，雖百年無究竟時。常人狃於淺見，當其初爲一事，每謂可以不必苟可稍安，無煩多事。而爲政者殷殷然，慮之斤斤焉，謀之有似於貪矣。然而計長久垂美，利其心無窮，其事亦無窮，雖志願甚賒，無一事不爲仁民起見，蓋天理當然必如是而後可，故曰欲仁而得仁，又焉貪也。敬人以衆寡分，敬事以大小異，是其心未真能愛人，真能斷義，而務乎其名者也。君子廑愚夫、愚婦勝予之懼，知毫釐有千里之失，安敢慢之？人徒見君子坦然自得而不知其小心若此，故泰而不驕也。衣冠瞻視皆在我，禮當自謹者，非欲人尊畏，然而有儀可象，人自敬之，豈猛之任氣者？比五者皆從克己復禮中來，然後德性純而小疵盡泯，四惡皆從輕。侮斯民而生殺，非上所忍言。至誠以盡其教之心，禮樂以盡其教之術，久遠以期其教之誠，如此而民猶不承順，然後不得已而殺之，辟以止辟而已。不教而殺者，殘無知之赤子，故曰虐。任以事而責其成是也，然必先告戒詳明，然後人能從容蕆功，不戒而遽視其成，粗浮躁率暴戾矣。始則令不嚴明，忽而刻期求效，是明明致人於法，賊民甚矣。出納之吝者，鄙陋而無遠略。有司謂看守財物徒隸之流，極醜之之詞，不得以凡爲有司者論。

子曰：不知命，無以爲君子也。

命者理氣之原，而貫乎消長屈伸之數。知之則有以修其在己而立命，非任運也。

不知禮，無以立也。

禮以節文，天理不知，何以踐形而自立。

不知言，無以知人也。

知人而後可以取賢，不知，理未明而心無主也。

附　解

命者，理氣數之主宰。自來言天命、義命、性命、數命，其説不同。然分言雖殊，其實則一也。此字至不易曉，今爲辨明之。今人説命有榮枯得失，自然一定者，曰氣數之命。而先儒以解此章命字，非也。萬物莫不本於天，天理之原即命也。天以真理流行真氣而萬物自生、自化於其中，天之理氣非有異也，物之所以承天地者有異，遂各判其生成、飛潛、動植，感天地之氣而生者不同。日月消長，山川蔽障，而氣化因之，然亦惟物爲甚耳。夫物其得氣偏駁者也，故言命者不於物。人秉五行之秀，太極之靈，天地真理、真氣所鍾無不同者，特其祖宗之所積累，父母之所含育不同，故聖愚、清濁、壽夭、亨嗇不同。然天地實無心，惟其人之自命以爲受氣於天地不同，實乃胎本於先德者不同，故天地父母爲受氣之原即命也。而氣有純駁實理，有盈歉，是氣數實統於理也。惟人秉天地之理皆同，而秉父祖之氣不同，故聖人教人存心養性，立命事天，全其天命之理。而氣數之不齊者可齊，故曰雖愚必明，雖柔必强，仁者壽，大德必壽，以及餘慶、餘殃種種言語，皆言人盡性則可以立命而迴氣數也。若不全乎天性，養其浩然，而榮枯得失悉委於命，實則不知命矣。子言不知命，無以爲君子。正謂其不達天命之原則必自廢立命之學。吾身中義理之事皆以爲不能爲，而凡身外之物，索引逐逐殆無虚日，從欲則易，從理則難，何以爲君子也？世俗星命之術，以年月日時配以五行衰旺之機，以一時而定厥生平，求枝葉而忘其本根，誕且妄矣。聖賢教人存養立命，養浩然之氣，全中和之理，夭者可壽，危者可安，愚者亦明，故爲補造化生成之憾。然要惟天命之在我者，有是至誠不二之理，故能修而養之，以維氣化，豈本無是理而强相附合者比哉？愚於《蹈仁而死》章，極言存養可企中和，學者無以顔子短命爲疑，正謂知命即可立命，參觀自明，兹不復贅。若常解云義理之命，挽迴氣數之命，似天生人有二命者，非也。命者理之原，理宰乎氣，而後有數。知命則必能順天循理，力行善事以全性而敦倫。若但以安分爲知命守道，樂天者求其在已，不怨不尤，則是矣。委心任運者，以宇宙一切皆爲前定而罔念作狂，克念作聖之理，不復小心慎行。處富貴而淫曰：我生不有命，在天；處貧賤而靡曰：命不如人。將吾身之所以承天地者皆爲恍惚，而君子罕矣。故錯解命字，貽誤非淺。且世之人亦有言盡人事以聽天命者矣，稽其人事，不過孳孳爲利，汲汲求名，於五倫或多抱愧，豈知所謂盡人事者。臣盡忠，子盡孝，凡理所當爲爲之，不求人知，不求福應以順從天命而已。豈世俗之云哉？至於立禮知言，朱子曰：不知禮，則耳目無所加，手足無所措。言之得失可以知人之邪正是也。

十三經恒解

箋解本

卷之二

孟子恒解

劉平中◎整理

序

愚讀孟子之書，而歎其遇爲至窮，其心爲至苦也。蓋自三代以前，修己治人之道皆在君相，至孔子而始創師儒之局。然其時文武、周公之制猶存，故孔子得以其法訓誨及門而漸幾於性與天道。降爲戰國，不特禮樂蕩然，即禮樂之籍，諸侯亦惡其害己而去之。游談之士，朝布衣而暮卿相，惟以舌辯爲能耳。復有縱横、楊墨、談天、雕龍之流，横議交作，則上既無以持其綱，下亦無以明其學。孟子即欲如孔子之無言，亦安能之？且夫道者，人之所以爲人，而其實則仁義而已矣。仁即性，性即道。義者所以行仁，無內外精粗之别，而有隨時處中之權。不得其義，將生今而反古，或隨俗而毁行。雖欲存往聖之遺，不可得也。孟子以時聖表孔子，而以仁義正歧趨，至於性善、養氣、立命、事天之學，則反復以詳明。蓋當時承學之士，既鮮有規矩可循；而異端之徒，又方以邪説相煽。予豈好辯哉，予不得已也。孟子固嘗自言其心矣。第其文多恣肆，隨所問答，委曲誘人，精微之言出以淺近，是以疑者頗多。然其心固猶是孔子之心，其道則堯舜以來相承之道。特所處之世不同，故隨時救弊之法亦異，而非有毫髮不合於中庸也[①]。自漢以來，遞有傳註，至朱子而孟子之旨大明。第其微言奥義，不免於世俗之混淆者猶有也。沅幸生聖世，從容涵泳者有年，乃[②]取衆説而折衷之。稍有未詳，即贅

① 也，《槐軒雜著》卷一本序作已。
② 乃，《槐軒雜著》卷一本序作復。

爲附解，惟恐孟子之意不彰，並後世希聖之賢所以因時制宜者亦不得其通變，非敢問世也。而門人竊鈔[①]輯成書，謂爲可採。大雅君子匡其不逮，誨而廣之，是亦愚闇之私願也夫。

雙流後學劉沅謹識

孟子不如孔子，前人謂然。先生獨以時字斷之，云：孔子、孟子異地則皆然。至書中語氣，尤力爲辨晰，可謂得孟子之眞者也。

受業白雙南志[②]

① 鈔，《槐軒雜著》卷一本序作抄。
② 按：白雙南題記原載于《槐軒雜著》卷一本序末。

凡例

一、《孟子》書，戰國時列於諸子，故經秦火得不焚棄。漢代最先出。漢文帝時，與《論語》《孝經》同置博士，無訾議者。至宋元祐中，從王安石議，以《論語》《孟子》試士。司馬溫公以安石故，作《疑孟》，晁說之作《詆孟》。然因門戶之見，並毀先賢，殊非公論。後世又有踵之者，亦徒見其蚍蜉之撼而已。

一、趙岐《孟子註》，其題辭能知孟子，而《註》多不合。孫奭之《疏》，則人以爲僞託。朱子亦嘗譏之。其於閎旨，固罕所發明也。歷代如蘇潁濱、張九成、張南軒、余允文、蔡模等，皆有著作，均罕究《孟子》之奧者。若近世孫鍾元、黄宗羲等，則以私見强經就己，而不顧本文語義，尤不足論也。

一、孟子與孔子所處時勢不同，愚序說已略言之。孔子時雖衰亂，禮教猶存一王之法，故孔子身體而得以教門人、卿大夫、士賢者猶衆。《論語》一書，半師弟講學之詞。七十子之徒，《禮》《樂》《詩》《書》日習其事，孔子特提挈其倦肆，故孔子之言，渾約者多。孟子之時，上以立談取士，下以議論相高。班爵之籍除，則典物無徵矣；井田之法壞，則士多無田矣。爭戰者以桓、文爲法，故黜之；事君者以苟合爲榮，故矯之。與俗人言，不得不委曲推衍其義，故孟子之詞多繁。使孟子與顏、閔同時，必不如是之好辯。前人乃於此判孔孟低昂，抑何不達也？

一、惟知孟子之時，則其言仁而兼義，言心與性之不同，及養氣、不動心諸説，皆知其本於孔子，無毫髮之差謬。愚於本文各章已詳言之，兹不贅。

一、先儒言孟子有英氣害道亦非也。春温秋肅，雨露雷霆，各有功用，惟其宜而已。是非理欲之辨，世道人心所關，一味含糊巽吶以爲渾含不露，是使模棱鄉愿[①]藉口也。孔子斥王孫賈舞佾，歎諸夏矢天厭，何嘗無峻厲之詞？以此求聖賢之分，難免差謬。

一、孔子修《春秋》，意主尊王，而孟子勉時君以致王，人亦疑之。不知當時諸侯果能行王政，則方將仁育義，正返身修德之不遑，又何敢覬覦神器？且果用孟子修德行仁，救民於塗炭，天下皆已景從，如周之天命未改；修方伯連帥之職，恪守侯封，如文王之服事可也。若其天命已去，謳歌訟獄不期而集，應天順人，俾周之子孫修其禮物，作賓王家，如杞宋世守，長保祀事可也。不幸託諸空言，未見實用，而生民既展轉於鋒刄，周亦竟滅於强秦，是孟子之所慟也。

一、趙岐謂孟子長於《詩》《書》，尹焞謂孟子通《易》，皆滯解也。言以明道而已。道得，則天地萬物之理皆吾身之理。約而守之，亦可恢而廣之。言可爲經，行可爲法，亦何經之不通？而何事之僅合於經乎？

一、有德者必有言。韓昌黎曰：氣盛則言之短長、聲之高下皆宜。文章之道，不越乎此二者。《孟子》書文章最妙，衹緣道理爛熟於心，信手拈來，自然精妙。又充實之光輝見於文字者，浩浩落落如此。眉山蘇氏得孟文妙處，亦其天資高明，胸少塵滓，故得其大凡，然與孟子之道德文章渾而爲一，則未逮耳。

一、《孟子》七篇，前人謂孟子自訂，非也。書中於門弟子稱子，諸侯王多以謚稱，其爲門人所輯無疑。秦火以後，孔孟之徒多無考據。想孟子門人如樂正子輩，必有一二人得其道者，然後彙爲此書。若竟無人，何以與《論語》同存？前人不知聖賢無心身後之名，徒見後世學者競誇著述以求遺蹟，於是以孟子自爲此書以貽世也，亦淺甚矣。

一、文章與風會相因説者，謂聖賢亦不能不隨世運。如《周易》一書，孔子之言較羲文明暢，不知世俗之文則爲風會所囿耳，道德之言不然。孔子繫《易》，惟恐人不識前聖之意，隨文敷暢，其詞固多易曉。然《雜卦傳》一章簡奧，豈遜羲文？可見孔子非不能爲簡約之文，特爲門弟子言，不得不

---

① 按：鄉愿，似當作鄉原。

求其易知耳。孟子之言亦易解，然《盡心章》該天人性命許多義理，其奥豈復有過？而其文亦不傷煩，若仁也者，人也。合而言之，道也簡矣；而其義累千百言，未易明也。學者不求諸本源，而第以文詞求聖賢，愈難而愈遠矣。

雙江劉沅職

孟子恒解卷一 晚年定本

梁惠王上 凡七章

孟子見梁惠王。

晉大夫魏斯篡晉爲諸侯。其孫名罃，僭稱王，徙都大梁。惠，謚也。《史記》：惠王三十五年，卑禮厚幣以招賢者，而孟子至梁。

王曰：叟不遠千里而來，亦將有以利吾國乎？

趙氏曰：叟，長老之稱。顧氏曰：古者六尺爲步，三百步爲里。自鄒至梁五六百里，而曰千里，概言之也。利，便於己也。

孟子對曰：王何必曰利？亦有仁義而已矣。

仁，慈愛之心。理行而宜之之謂義，利與相反。王倡言，則下效矣。

王曰何以利吾國，大夫曰何以利吾家，士庶人曰何以利吾身，上下交征利，而國危矣。萬乘之國，弑其君者，必千乘之家；千乘之國，弑其君者，必百乘之家。萬取千焉，千取百焉，不爲不多矣。苟爲後義而先利，不奪不饜。

乘，去聲。饜，於豔反。申言求利之害。朱子曰：征，取也。乘，車數也。天子畿内地方千里，出車萬乘。天子之公卿采地方百里，出車千乘。千乘之國，諸侯之國。百乘之家，諸侯之大夫也。弑，下殺上也。饜，足也。言臣之於君，每十分而取其一分，亦已多矣。若以義爲後而以利爲先，則不弑其君而盡奪之，其心未肯以爲足也。

未有仁而遺其親者也，未有義而後其君者也。

申言仁義之美。朱子曰：遺，猶棄也。後，不急也。上以仁義化民，民自愛敬其君親，不求利而利矣。

王亦曰仁義而已矣，何必曰利？

重言之，以止王求利之心。

附 解

孟子，鄒人。趙氏謂魯邑之鄒，非鄒國之鄒，本邾地，魯滅之而爲鄒。然此書言鄒與魯鬨，又孟子葬於魯，是孟子魯人。其曰鄒人，蓋鄹也。詳見鄒與魯鬨及葬於魯反於齊章。孟子生年卒月無可考。閻百詩始約略計之，而曹之升更輯《年譜》一書，考證雖勤，然實鑿空矣。古人年歲多不可稽。孔子平生略見於《史記》，而以《論語》考之，亦不盡合。况孟子之茫無足據者乎？曹氏謂孟子先客鄒，繼客齊，皆臆說。此書爲孟子正經記者，特於篇首揭孟子見梁惠王，明惠王卑禮厚幣招賢，而孟子始至。繼惠王卒，襄王立，即去梁。齊宣王求賢，致稷下之士三千人，孟子亦往。其他國未嘗輕見，故曰：不見諸侯也。滕文爲世子時即尊禮孟子，而孟子後始至滕。魯，父母之邦。因樂正子言於平公，將見，不果。孟子亦未與見。其平生抱道自重，而曹氏不知，乃妄爲之說，其他何論？孟子曷嘗偏遊列國哉？惟其本抱道自重不見諸侯，故老而始見梁惠王。王稱之曰叟也。且孟子一生，惟仁、義二字。記者特記此章於篇首，見其可以括全書之概。以《史記》考之，孟子年實百四十餘歲，而後人謂止八十四，不知長年，古人恒事。子夏年百四十歲，孟子何以不能百餘歲？聖賢年歲多不可考，而孟子之年則有可據，詳見君子之澤章。千乘之家，即千乘之國。對天子言則稱家。畿外諸侯，對其臣言則稱國。天子畿内地方千里，提封百萬，井除、山川、溝洫、城池、邑居、園囿、衢道之屬，三分去一，定出賦之地六十四萬井，兵車萬乘。天子之公卿，采地在畿内不過百里，出賦之地六萬四千井，兵車千乘。畿外諸侯同畿内諸侯，第其山川閒地較多，其大夫采地得諸侯十之一，出賦六千四百井，可出車百乘。此周初之制，孟子時已不然。特借言上下交征之害多益求多耳。惠王以前皆稱侯，惠王始僭稱王。而孟子亦王之。且襄王始追尊父惠王爲王，孟子何以即稱之曰王？考諸《史記》，七國僭王，齊、魏爲先，故獨於齊、魏稱威王、惠王。蓋自爲僭王，未與諸侯約而卒。迨惠王子襄王立，與諸侯會于徐州，始相要結，各稱王，故《史記》云相王，言相約皆稱王也。《史》又云：追尊父惠王爲王。蓋會諸侯而歸，以此告廟。定王號非惠王，未王而孟子稱之以王也。張氏椿曰：春秋吴、楚僭王。孔子曰：楚昭王知大道也。遙稱且然，况面語哉？愚謂孟子使用於齊，得行其道，自必告王以僭王之非。若面見，自無遽斥以非之理。仁，止是天理。念念天理，施於事而合宜卽爲義。孔子時周室雖衰，文武、周公禮法猶存。故孔子第教人學禮，於門人勉以仁。孟子時禮樂蕩然，人不知仁，孟子乃合仁、義言之。以明仁非虛言，存心必徵諸事；義非逐物，以求必根於心。此因時救弊立言，非苟而已也。梁，本梁伯地，魏初都安邑，今山西平陽府。惠王徙都梁，今河南開封府。

孟子見梁惠王。王立於沼上，顧鴻鴈麋鹿，曰：賢者亦樂此乎？孟子對曰：賢者而後樂此；不賢者雖有此，不樂也。

樂，音洛。篇内同。沼，池也，在囿中。鴻，鴈之大者。麋，陰獸。鹿，陽獸。同類而殊。山，賢者，謂孟子。王恐孟子以此爲非，孟子則借其言以導之於賢君也。

《詩》云：經始靈臺，經之營之，庶民攻之，不日成之。經始勿亟，庶民子來。王在靈囿，麀鹿攸伏；麀鹿濯濯，白鳥鶴鶴。王在靈沼，於牣魚躍。文王以民力爲臺爲沼，而民歡樂之，謂其臺曰靈臺，謂其沼曰靈沼，樂其有麋鹿魚鼈。古之人與民偕樂，故能樂也。

亟，音棘。麀，音憂。鶴，《詩》作翯，戶角反。於，音烏。牣，音刃。朱子曰：引《詩》而釋之，以明賢者而後樂此之意。《詩·大雅·靈臺》之篇。經，量度也。靈臺，文王臺名。營，謀爲也。攻，治也。不日，不終日。亟，速也。文王戒以勿亟。子來，如子來趨父事。靈囿靈沼，臺下有囿，囿中有沼也。麀，牝鹿。伏，安其所，不驚動也。濯濯，肥澤貌。鶴鶴，潔白貌。於，歎美詞。牣，充滿也。言文王雖用民力，而民反歡樂之。既加以美名，而又樂其所有。蓋文王能愛其民，故民樂其樂，而文王亦得以享其樂也。

《湯誓》曰：時日害喪。予及女偕亡。民欲與之偕亡，雖有臺池鳥獸，豈能獨樂哉？

害，音曷。喪，去聲。女，音汝。朱子曰：此引《書》而釋之。以明不賢者雖有此不樂之意。《湯誓》《商書》篇名。時，是也。日，指夏桀。害，何也。桀嘗自言：吾有天下，如天之有日，日亡，吾乃亡耳。民怨其虐，故因其自言而目之曰：此日何時亡乎？若亡，則我寧與之偕亡。蓋欲其亡之甚也。孟子引此以明君獨樂而不恤其民，則民怨之而不能保其樂也。

附　解

賢者，舊説謂賢君。然梁王因在沼上，見孟子來，覺有愧色，故曰賢者亦樂此乎？王意指孟子，而孟子則借其言以明賢君也。古者天子諸侯原有觀臺以觀星日，察雲物，爲民備禦水旱、災祥之事，非徒遊觀計也。自文王爲臺，民樂之而稱以靈臺。後周公制禮，遂以爲天子之號，諸侯則曰觀臺。靈臺之側爲學宫，其下有囿、有沼。蓋文王觀天時，宏樂育，與人同遊觀之樂，即一詩而可見焉。孟子節取之以明賢者而後樂此之意，故不暇旁及他義也。論梁王之囿，僅備遊觀，與文王迥殊。孟子引之同樂於民，亦不苛究矣。麀，澤獸，鹿，山獸。雖同類，而性各不同。《月令·麋角解》，先儒謂陰獸，故感陽生。而《角解·純廟》改正爲麈，謂乃羣鹿之主，足破千載之誤。鹿性易驚，麀鹿妊而伏也。即禽魚之馴伏，以見文王德化翔洽、麟趾騶虞之意也。《左傳》，秦伯以晉侯歸，寘諸靈臺。蓋即周之故臺。迨後，衛侯爲靈臺，則僭擬之。又《公羊傳》謂天子有三臺：靈臺以觀天文；時臺以觀四時，布化育；囿臺以觀鳥獸魚鼈。然即《詩》言考之，則其説妄矣。按：《西周策》，周君反，見梁囿而樂之，則惠王之囿繁盛可知。孟子不折其非，而引以同民。王乃不能進究，何以同民？則亦徒自樂其樂而已。

梁惠王曰：寡人之於國也，盡心焉耳矣。河内凶，則移其民於江[①]東，移其粟於河内。河東凶亦然。察鄰國之政，無如寡人之用心者。鄰國之民不加少，寡人之民不加多，何也？

寡人，謙言寡德之人也。金氏曰：魏都大梁，在大河東，而以故安邑之地爲河内。河東，今山西安邑等縣。河内，今河南懷慶府等縣。凶，饑歲。移丁壯以就食，移粟以給其老稚。

孟子對曰：王好戰，請以戰喻。填然鼓之，兵刃既接，棄甲曳兵而走，或百步而後止，或五十步而後止。以五十步笑百步，則何如？曰：不可，直不百步耳，是亦走也。曰：王如知此，則無望民之多於鄰國也。

好，去聲。填，音田。趙氏曰：填，鼓音也。兵以鼓進，以金退。朱子曰：直，猶但也。言此以譬鄰國不恤其民。惠王能行小惠，然皆不能行王道以養其民，不可以此而笑彼也。楊氏曰：移民移粟，荒政之所不廢也。然不能行先王之道，而徒以是爲

---

① 江，阮元《十三經注疏》本（下簡稱阮刻本）作河。

盡心焉，則末矣。

不違農時，穀不可勝食也；數罟不入洿池，魚鼈不可勝食也；斧斤以時入山林，材木不可勝用也。穀與魚鼈不可勝食，材木不可勝用，是使民養生喪死無憾也。養生喪死無憾，王道之始也。

勝，音升。數，音促。罟，音古。洿，音烏。農時，耕耘收穫之時。不違，民不失其候，而上亦不以他務妨之也。數，密也。罟，網也。洿池，因窊下之地以爲池。古之網罟，其目四寸，魚滿尺而後食。時，草木零落之時。不可勝食，用言多也。天地有自然之利，而民之養生喪死賴焉。在上者或專其利，或任其暴殄而無制則匱。爲之禁令以裕民，民心慰而政教乃可施。故曰王道之始也。

五畝之宅，樹之以桑，五十者可以衣帛矣。雞豚狗彘之畜，無失其時，七十者可以食肉矣。百畝之田，勿奪其時，數口之家可以無饑矣。謹庠序之教，申之以孝悌之義，頒白者不負戴於道路矣。七十者衣帛食肉，黎民不饑不寒，然而不王者未之有也。

衣，去聲。畜，勑六反。數，去聲。王，去聲。趙氏曰：五畝之宅，一夫所受，二畝半在田，二畝半在邑。邑，村落也。田中之宅，則以公田二十畝爲之。孟子曰樹牆下以桑。古裘毛在表，故以帛襯之而益煖。五十始衰，七十衰之甚矣。畜，養也。時，孕字之時。百畝之田，人各授田百畝。奪，甚於違，有侵虐之意。庠、序，皆學名。謹，規制善也。孝、悌，學之本，故常申之。頒，與斑同，髮半白也。負，背在物。戴，頭任物。黎，衆也。此言制產立教之概，而以王歆動之。

狗彘食人食而不知檢，塗有餓莩而不知發，人死，則曰：非我也，歲也。是何異於刺人而殺之，曰：非我也，兵也。王無罪歲，斯天下之民至焉。

莩，平表反。刺，七亦反。趙氏曰：栓，檢也。餓死者曰莩。發，發倉廩以賑救之。死，卽莩者。歲也，歲凶殺之也。素無養民之政，而後歲凶殺人，猶刺人而殺之，諉罪於兵。兵不任咎也，歲豈可罪哉？

附　解

盡心二字，常人多藉口以自諉，聖人治天下則不敢云。然一夫不獲，時予之辜，所以養教之者；一毫未至，卽於心有憾，而猥云盡心乎？祇此二字，梁王之底蘊已見。其平日未嘗制民之產，又兵役疲民。民心鬱而上干天和，凶歲應之乃不自返。已以移民、移粟爲盡心，謂民不多於鄰國。孟子就其求勝之意折之，乃陳撙節愛民之意。先公利於民而爲之節制，再制民恒產、教以庠序，然祇言其大概。其規爲之詳，梁王不問，孟子亦未言也。河內、河東，古今稱號不同，當切梁時言之。移民、移粟亦救荒之一法。《周禮·大司徒》：以荒政十有二聚萬民。大荒大札，令邦國移民通財，卽移粟也，第止臨時不得已之一法。平日愛民如子，養之教之，必有其道，不遺其憾。或災歉則以十二荒政輔之，此豈梁王所可藉口哉？不違農時，與勿奪其時，微別。春耕、夏耘、秋收，常也。而五穀各有所宜，天時地利亦不一致。拂其性，失其宜，卽爲違時。此半由民自酌，半由上立制，不違兼二義言。至奪其時，則民本知時而上奪之。王道之始，朱子謂爲政之初，法制未備，因天地自然之利而撙節愛養之，亦是第孟子之意，緊承養生喪死無憾而言。蓋人無智愚，莫不以養生喪死爲亟務。先令無憾，則民心快慰，使之遵吾禮樂，乃易信從，故曰始也。下節所言，未嘗不在此節內，未可以鍥舟求劍也。五畝之宅節，重在衣帛食肉，不饑不寒。其云樹之以桑，無失其時，勿奪其時，皆責成在上養民之意，曰謹，曰申亦然。意則趨重可以衣帛、食肉、無饑、不負戴也。承之曰衣帛、食肉、不饑、不寒，未有不王，皆是歆動梁王。意亦非謂此爲王道之成。古者士農工商皆民爲之，不似後世判然各途。故古之不違農時也難，今之不違農時也易。五畝之宅，二畝半在田，二畝半在邑。先儒多疑之。不知古中原皆今北五省地。村落皆爲城郭，卽邑也，非國邑之邑。金仁山曰：古者六尺爲步，步百爲畝。田廣八尺，其長六百尺，是爲一畝。若以今大步計之，則古百畝當今四十一畝。古二畝半當今一畝十步。衣帛、食肉，古人原有限制。五十、七十者則常用之。今之棉布，來自外國，古布皆以麻爲之，其裘毛向外而加褻衣，用布則厚，用帛則煖。謹庠序之教，明人倫，正學術，許多規制在其中。梁王無意實行，故不能進究也。檢字，訓從趙《註》。黎民，訓從鄭《箋》。

梁惠王曰：寡人願安承教。

王聞孟子致王之言而有動焉，故願安意以受教。

孟子對曰：殺人以梃與刃，有以異乎？曰：無以異也。以刃與政，有以異乎？曰：無以異也。

趙氏曰：梃，杖也。以殺人二字，動其不忍之心。而先詰之以梃刃與政之別，主不能異也。

曰：庖有肥肉，廄有肥馬，民有饑色，野有餓莩，此率獸而食人也。獸相食，且人惡之。爲民父母，行政不免於率獸而食人，惡在其爲民父母也？

惡之之惡，去聲。惡在之惡，平聲。王忘民之恤而養肥馬，斥爲率獸食人。又再言父母以動其不忍之心。惡，猶何也。

仲尼曰：始作俑者，其無後乎？爲其象人而用之也。如之何其使斯民饑而死也？

俑，音勇。爲，去聲。古者束草爲人以殉葬，名曰芻靈。後人易之以木，設關而能俑跳，故曰俑。孔子惡其太象人形，斥以不仁，而言其必無後。似人者猶不欲其死也，况實使民饑而死乎？

附解

梁王功利俗見。因孟子以致王之道告之，又存奢望，故云願安承教。其實未嘗動念於民生，自悟其不仁也，故孟子先發其不忍之心。夫人君非至愚，未有以殺人爲樂者。不知爲民父母，素無愛恤之政，致使流離困頓，即是殺人。肥肉、肥馬，非必不可有之物，但賢君登民於仁壽，然後安於玉食。騋牝三千，用徵富民之效，不恤民而專務之，則爲率獸食人矣。先言殺人，次言民父母，終之以如之何其使民饑而死，無非欲聳其聽，使發露天良，然後可與言王政，而王不然也。此可以見其願安承教，猶是功利之俗見耳。

梁惠王曰：晉國，天下莫强焉，叟之所知也。及寡人之身，東敗於齊，長子死焉；西喪地於秦七百里；南辱於楚。寡人恥之，願比死者一洒之，如之何則可？

長，上聲。喪，去聲。比，必二反。洒，與洗同。魏本分晉地以爲國，故猶稱晉國。《史記》：惠王三十年，齊救趙擊魏，殺龐涓而虜太子申。衛鞅伏甲而虜公子卬。惠王恐，割西河之地以獻秦。合十七年，秦取少梁，計之蓋七百里。《戰國策》：魏克邯鄲。楚救趙，取魏睢、濊之間。比，猶爲也。洒恥，雪恥也。

孟子對曰：地方百里而可以王。

王，去聲。言喪地不足恥，百里亦可致王。

王如施仁政於民，省刑罰，薄稅斂，深耕易耨。壯者以暇日修其孝悌忠信，入以事其父兄，出以事其長上，可使制梃以撻秦、楚之堅甲利兵矣。

省，所梗反。斂、易，皆去聲。耨，奴豆反。長，上聲。罪重者刑，輕者罰。什一爲稅，收稅之時，司稼以年之上下出。斂，爲斂省薄，仁於民也。深耕則土疏，耨善則生暢，易治之精也。盡心爲忠，誠實爲信。養教周而民心愛戴，是以能爲君効命也。

彼奪其民時，使不得耕耨，以養其父母；父母凍餓，兄弟妻子離散。彼陷溺其民，王往而征之，夫誰與王敵？

養，去聲。夫，音扶。朱子曰：彼，謂敵國也。陷，陷於阱。溺，溺於水，暴虐之意。征，正也。申言撻秦楚之意如此。

故曰：仁者無敵。王請勿疑。

朱子曰：仁者無敵，蓋古語也。恐王疑其迂闊，故勉使勿疑。

附　解

當時以戰勝爲强。惠王欲雪恥者，圖勝敵耳。孟子導之以王，則不但雪恥而已。制梃以撻秦楚，誰與王敵，皆歆動之辭。第其要在仁政。仁政之要，在於養民。民生遂而後教以孝悌忠信，彼其愛敬君上之心，積於平日，必將以君之恥爲恥，直是説得簡易之至。而猶曰王請勿疑者，王狃於時尚，必不能無疑也。熊氏曰：後來秦亡，不過起於揭竿斬木之匹夫。乃知孟子之言不我誣也。南辱於楚，朱子誤引襄王事，不必曲從。

孟子見梁襄王。

襄王，惠王子，名赫。

出，語人曰：望之不似人君，就之而不見所畏焉，卒然問曰：天下惡乎定？吾對曰：定于一。

語，去聲。卒，七沒反。惡，平聲。人，蓋孟子之門人也。蓋孟子一見襄王後即去梁，故告其門人若此。朱子曰：語，告也。不似人君，不見所畏，無威儀也。卒然，急遽之貌。王問列國分爭，天下當何所定。孟子對以必合於一，然後定也。

孰能一之？對曰：不嗜殺人者能一之。孰能與之？對曰：天下莫不與也。

王再問而孟子再對也。嗜，甘也。

王知夫苗乎？七八月之間旱，則苗槁矣。天油然作雲，沛然下雨，則苗浡然興之矣。其如是，孰能禦之？今夫天下之人牧，未有不嗜殺人者也。如有不嗜殺人者，則天下之民皆引領而望之矣。誠如是也，民歸之，由水之就下，沛然誰能禦之？

夫，音扶。浡，音勃。由，當作猶，古字借用。後多放此。朱子曰：周七八月，夏五六月也。油然，雲盛貌。沛然，雨盛貌。勃然，興起貌。禦，禁止也。人牧，牧民之君也。領，頸也。孟子述己對王之言，以慨天下難遽定也，非暴王之短。

附解

前人據《竹書紀年》《史記》諸書，謂孟子去梁適齊，必求其年以實之。不知史載年月每多錯誤。卽《春秋傳》尚然，何論其他？孟子應惠王之聘至梁，不久而王卒。子襄王立，一見卽行，自無可疑。若去梁卽適齊，則未見其然也。夫孟子不見諸侯，豈無故而至齊哉？孔孟周遊，前人沿襲而言，不知孔子亦無輕見諸侯之事，愚於《論語解》已詳之。孟子一生，惟齊梁以禮聘，而始一往耳。曷嘗僕僕求見當時哉？此章將去梁時語。蓋私語其門人而記者記之，以見襄王不用孟子，孟子去梁之由耳。若非門人而孟子必彰王之惡，豈聖賢之用心哉？蓋梁王雖未用孟子，猶有敬禮之意。故孟子留梁，亦孔子公養見行可之意。庶幾可以求民於水火？今其子尚不如其父，則身不可留矣。或謂晉用《夏正》，孟子言《周正》，因未臣梁，故云然。蓋謬說也。三代聖王，民事皆從夏令，惟年節則子丑寅之不同。《六經》所言皆《周正》《王制》也。時或《夏正》，如今日稱古制以名官，稱古地以表地也。晉何嘗用《夏正》？孟子卽臣梁，豈卽用《夏正》哉？至不嗜殺人，惟三代聖王可以當之。漢、唐、宋祖得其彷彿卽興矣，而况實以聖人之心爲心哉？漢、唐不能正家，宋祖不免篡奪，豈足語於不嗜殺人哉？東坡之言，僅得其半耳。

齊宣王問曰：齊桓、晉文之事，可得聞乎？孟子對曰：仲尼之徒，無道桓、文之事者，是以後世無傳焉。臣未之聞也。無以，則王乎？

朱子曰：齊宣王，田氏，名辟疆。諸侯僭稱王也。道，言也。以、已通用。無已，必欲言之而不止也。當時諸侯互相雄長，故以齊桓、晉文爲能，而民生罷矣，故孟子力折之。

曰：德何如則可以王矣？曰：保民而王，莫之能禦也。

朱子曰：保，愛護也，保民而民愛戴之，則王。

曰：若寡人者，可以保民乎哉？曰：可。曰：何由知吾可也？曰：臣聞之胡齕曰：王坐於堂上，有牽牛而過堂下者，王見之曰：牛何之？對曰：將以釁鍾。王曰：舍之。吾不忍其觳觫，若無罪而就死地。對曰：然則廢釁鍾與？曰：何可廢也？以羊易之。不識有諸？曰：有之。曰：是心足以王矣。百姓皆以王爲愛也，臣固知王之不忍也。

齕，音核。觳，音斛。觫，音速。與，平聲。胡齕，齊臣。釁，以血塗之之名。新鑄鍾以牲塗其隙。觳觫，恐懼貌。王疑致王之難，孟子卽王不忍之一念而言可以王。百姓或以王爲吝財，臣固知王乃不忍其死耳。

王曰：然，誠有百姓者。齊國雖褊小，吾何愛一牛？卽不忍其觳觫，若無罪而就死地，故以羊易之也。曰：王無異於百姓之以王爲愛也。以小易大，彼惡知之？王若隱其無罪而就死地，則牛羊何擇焉？王笑曰：是誠何心哉？我非愛其財而易之以羊也，宜乎百姓之謂我愛也。

惡，平聲。孟子指王不忍之心，欲其因此而及民。王不知之，惟自明實非愛牛，則徒自是而已。故孟子設難以折之。異，怪。隱，痛也。牛羊同堪憐而獨不忍牛，王無以自解也。但言我實非愛財而迹似之。宜乎百姓云然也。

曰：無傷也，是乃仁術也，見牛未見羊也。君子之於禽獸也，見其生，不忍見其死；聞其聲，不忍食其肉。是以君子遠庖廚也。

遠，去聲。王不忍之心偶然發見而不自知，百姓亦不知之。孟子特揭之以期王擴充。無傷，猶言不害也。仁術，天理中之智巧也。聲，將死之聲。王見牛將死而不忍，乃人心之常，君子於禽獸，豈能皆全其生？亦惟愼於見聞而已。庖廚不可廢，而見聞之則不忍，故君子以禮節之，然後仁義兼全也。

王說，曰：《詩》云：他人有心，予忖度之。夫子之謂也。夫我乃行之，反而求之，不得吾心。夫子言之，於我心有戚戚焉。此心之所以合於王者，何也？

說，音悦。忖，七本反。度，待洛反。夫我之夫，音扶。《詩·小雅·巧言》之篇。王不忍之心久而忽忘，得孟子之言而迴思，尚覺惻然，因問所以合於王者何也。

曰：有復於王者曰：吾力足以舉百鈞，而不足以舉一羽；明足以察秋毫之末，而不見輿薪，則王許之乎？曰：否。今恩足以及禽獸，而功不至於百姓者，獨何與？然則一羽之不舉，爲不用力焉；輿薪之不見，爲不用明焉；百姓之不見保，爲不用恩焉。故王之不王，不爲也，非不能也。

與，平聲。爲不之爲，去聲。趙氏曰：復，白也。許，信也。百鈞，三千斤也。朱子曰：羽，鳥羽。秋毫之末，毛至秋而末鋭，小而難見。輿薪，以車載薪，大而易見。今恩以下，又孟子之言也。王旣惻然於心，孟子乃因其明以曉之。不忍於一牛而忍於百姓，無此情也。故王之不王，非不能也。

曰：不爲者與不能者之形，何以異？曰：挾太山以超北海，語人曰我不能，是誠不能也。爲長者折枝，語人曰我不能，是不爲也，非不能也。故王之不王，非挾太山以超北海之類也，王之不王，是折枝之類也。

語，去聲。爲長之爲，去聲。折，枝舌反。朱子曰：形，狀也。挾，以掖持物也。超，躍而過也。折枝，趙氏曰：爲長者按摩手節，少者恥是役，故不爲耳。太山、北海，皆近齊，故以爲喻。

老吾老以及人之老，幼吾幼以及人之幼。天下可運於掌。《詩》云：刑于寡妻，至于兄弟，以御于家邦。言舉斯心加諸彼而已。故推恩足以保四海，不推恩無以保妻子。古之人所以大過人者無他焉，善推其所爲而已矣。今恩足以及禽獸，而功不至於百姓者，獨何與？

與，平聲。老，以其老而敬之。幼，以其幼而慈之。吾老、吾民，吾之父兄、子弟也。運於掌，形其易也。《詩·大雅·思齊》篇，朱子曰：刑，法也。寡妻，寡德之妻，謙辭也。御，治也。此乃實告之以推恩之道。古人由親親而仁民愛物。今王愛物而不仁民，詰之使自思也。

權，然後知輕重；度，然後知長短。物皆然，心爲甚。王請度之。

度之之度，待洛反。朱子曰：權，稱錘也。度，丈心[1]也。度之，稱量之也。物之輕重長短，必權度而後知。心於事理，尤不可不度之。王不忍於一牛而忍於百姓，輕重長短紊矣。故請度之。

抑王興甲兵，危士臣，構怨於諸侯，然後快於心與？

與，平聲。抑，轉語辭。構，結也。王以興兵構怨之故，不恤士臣，是以功不至於百姓，豈其以是爲快與？詰之使動其不忍之心也。

王曰：否。吾何快於是？將以求吾所大欲也。

王非快心於是，則非獨忍於百姓也。而曰求大欲，則蔽於所見矣。

曰：王之所大欲，可得聞與？王笑而不言。曰：爲肥甘不足於口與？輕煖不足於體與？抑爲采色不足視於目與？聲音不足聽於耳與？便嬖不足使令於前與？王之諸臣，皆足以供之，而王豈爲是哉？曰：否。吾不爲是也。曰：然則王之所以大欲可知已。欲辟土地，朝秦楚，莅中國而撫四夷也。以若所爲求若所欲，猶緣木而求魚也。

與，平聲。所爲之爲，平聲。爲肥、抑爲、豈爲、不爲之爲，皆去聲。便、令，皆平聲。辟，與闢同。朝，音潮。朱子曰：便嬖，近習嬖倖之人。已，語助辭。闢，開廣也。朝，致其來朝。莅，臨也。若，如此也。王以大欲而失其本心，孟子斥其無益，杜其欲而後可引之於正也。

王曰：若是其甚與？曰：殆有甚焉。緣木求魚，雖不得魚，無後災。以若所爲，求若所欲，盡心力而爲之，後必有災。曰：可得聞與？曰：鄒人與楚人戰，則王以爲孰勝？曰：楚人勝。曰：然則小固不可以敵大，寡固不可以敵衆，弱固不可以敵彊。海内之地，方千里者九，齊集有其一，以一服八，何以異於鄒敵楚哉？蓋亦反其本矣。

① 心，《四書章句集注》作尺。

甚與、聞與之與，平聲。又以興兵構怨之災惕之。約計海內九千里而齊僅有其一，則大欲必不可成，惟反其本可耳。本，仁政也。朱子曰：殆、蓋，皆發語辭。

今王發政施仁，使天下仕者皆欲立於王之朝，耕者皆欲耕於王之野，商賈皆欲藏於王之市，行旅皆欲出於王之塗，天下之欲疾其君者，皆欲赴愬於王。其若是，孰能禦之？

朝，音潮。賈，音古。愬，與訴同。朱子曰：行貨曰商，居貨曰賈。發政施仁，事非一端。孟子且先以天下皆欲來齊歆動之，以明己之大欲不足恃，而人皆欲附，爲可恃也。

王曰：吾惛，不能進於是矣。願夫子輔吾志，明以教我，我雖不敏，請嘗試之。

惛，與昏同。王感孟子之言而求教，欲試行之。

曰：無恒産而有恒心者，惟士爲能。若民，則無恒産，因無恒心。苟無恒心，放辟邪侈，無不爲已。及陷於罪，然後從而刑之，是罔民也。焉有仁人在位，罔民而可爲也？

恒，胡登反。辟，與僻同。焉，於虔反。恒産，常生之業。恒心，常有之善心。言民因無恒産而後爲惡。不制産而徒刑其惡，如張網以欺民，仁人何忍爲此。

是故明君制民之産，必使仰足以事父母，俯足以畜妻子，樂歲終身飽，凶年免於死亡，然後驅而之善，故民之從之也輕。今也制民之産，仰不足以事父母，俯不足以畜妻子，樂歲終身苦，凶年不免於死亡，此惟救死而恐不贍，奚暇治禮義哉。

畜，許六反。治，平聲。朱子曰：輕，猶易也。贍，足也。申言恒産之有，必由上制而因反正，言之以著其效。

王欲行之，則盍反其本矣？

行，行仁政。本，謂制産。

五畝之宅，樹之以桑，五十者可以衣帛矣；雞豚狗彘之畜，無失其時，七十者可以食肉矣；百畝之田，勿奪其時，八口之家可以無饑矣；謹庠序之教，申之以孝悌之義，頒白者不負戴於道路矣。老者衣帛食肉，黎民不饑不寒，然而不王者，未之有也。

音，見前篇。朱子曰：此言制民産之法也。趙氏曰：八口之家次，上農夫也。王政不外於養民。民生足而禮義興。此不忍之，實保民而王之道。大欲可不求而獲矣。

附 解

不忍之心，天理之良人皆有之，第能擴充者少耳。孟子借不忍觳觫之一念，推言可以保民，而保民莫要於仁政，必反復詰難。不遽言者，以王功利錮心，天良不現，終難與言耳。及王自覺前日之心復萌，然後告以推恩，又恐王大欲之念不除，不能俯就，又探其欲而折之。極言有災，復誘之以天下之人皆欲立朝赴愬，王於是欣然願請教矣。乃以仁人在位，不忍罔民，發其天良後定制産之要。義約而文煩，以對俗人言，不得不如此耳。至孔子取管仲之仁，《春秋》亦節取桓、文，而孟子深鄙之者。春秋時周室衰微，諸侯背畔，非桓、文創霸，約束諸侯，則秦、楚吞周不待異日。故孔子取其匡扶之功。戰國生民塗炭，諸侯力爭，各欲雄長，大抵皆祖桓、文，故孟子極折之以息其燄。聖賢維世救民之志，固無二也。春秋時周室雖衰，文武、周公禮法猶存，故孔子以禮教人，欲爲東周重振周公之舊。戰國禮樂蕩然，並禮樂之籍，諸侯皆惡而去之，故孟子勉齊、梁以王，欲復先王之教。苟齊、梁果用孟子發政施仁，養教備具，翼戴周室，比美共和可也。儻天命已去，復文、武之政，等周於賓王，亦可也。而豈導齊、梁以叛逆哉？觀於告齊王惓惓以不忍之心爲重，豈其行一不義，殺一不辜而忍爲之乎？不幸不果用世，後半許多經濟，俱成想像，至後人妄生疑竇。孟子之心隱矣，識者其辨之。

梁惠王下

莊暴見孟子，曰：暴見於王，王語暴以好樂，暴未有以對也。曰：好樂何如？孟子曰：王之好樂甚，則齊國其庶幾乎？

見於之見，音現，下見於，同。語，去聲，下同。好，去聲，篇内並同。樂，音洛，下同。趙氏曰：莊暴，齊臣也。好樂，好樂心之事。朱子曰：庶幾，近辭也，言近於治。

他日，見於王曰：王嘗語莊子以好樂，有諸？王變乎色曰：寡人非能好先王之樂也，直好世俗之樂耳。曰：王之好樂甚，則齊其庶幾乎。今之樂犹古之樂也。

子，當作暴。朱子曰：變色者，慙其好之不正也。今古之人情一也。故其樂亦無殊。

曰：可得聞與？曰：獨樂樂，與人樂樂，孰樂？曰：不若與人。曰：與少樂樂，與衆樂樂，孰樂？曰：不若與衆。

聞與之與，平聲。凡樂事，獨不若人，少不若衆，此世俗恒情，而孟子借其明以引之。

臣請爲王言樂：今王鼓樂於此，百姓聞王鐘鼓之聲，管籥之音，舉疾首蹙頞而相告曰：吾王之好鼓樂，夫何使我至於此極也？父子不相見，兄弟妻子離散。今王田獵於此，百姓聞王車馬之音，見羽旄之美，舉疾首蹙頞而相告曰：吾王之好田獵，夫何使我至於此極也？父子不相見，兄弟妻子離散。此無他，不與民同樂也。今王鼓樂於此，百姓聞王鐘鼓之聲，管籥之音，舉欣欣然有喜色而相告曰：吾王庶幾無疾病與？何以能鼓樂也？今王田獵於此，百姓聞王車馬之音，見羽旄之美，舉欣欣然有喜色而相告曰：吾王庶幾無疾病與？何以能田獵也？此無他，與民同樂也。

爲，去聲。鼓樂之樂，如字。蹙，子六反。頞，音遏。夫，音扶。病與之與，平聲。王之所樂者，鼓樂，田獵類耳。故孟子卽以此言之。出音曰鼓。鄭氏曰：管，長尺圍寸，並漆之，有底，如篪，六孔。籥，如笛，三孔。鐘鼓，其聲單出，故云聲。管、籥，其音雜比，故云音。疾首，頭痛。頞，鼻莖也。蹙，其鼻頞而愁。極，窮困。旄，注牛尾於旗竿之首也。詳言獨樂、同樂之異如此，則樂無分今古，與民同爲貴矣。

今王與百姓同樂，則王矣。

與民同樂，而民歸之，則王。此齊庶幾之故也。

附　解

戰國時禮崩樂壞，先王之遺法殆盡矣，安得有可好之樂而使人好之？陳善、閻百詩解好樂爲歡樂之樂，其說似異而實可通。蓋樂以養人心之和平，琴瑟、鐘鼓，其音卽非其器，則猶古法。王若好樂，不必聞孟子之言而變色也。且樂以陶情，可以同樂，亦可以獨樂，不必定與人與衆。下文以田獵、鼓樂對舉，則以王之樂爲快意適心之事，理當然也。孟子導以與民同樂，與見雪宮告梁王同。不然，樂由人心而生，聖人愼之。孔子曰：成於樂。放鄭聲。淫樂與慝禮同譏，世俗之樂豈得與先王之樂同？觀孟子卽借事納牖，不應違道迎合如此。朱子覺其難安，故曰：總不在樂上論，只在好上論。然果係世俗之樂，則淫哇靡縵，王好之而亦使民共好之，將邪蕩無所不至，而曰好之甚，則庶幾不亦謬乎？凡聖賢之言，千變萬化，不離乎正，豈有苟隨妄語者乎？故陳、閻二氏之言可採。或疑古之樂三字，别未見。閻氏曰：《左傳》：晏子曰：古而無死，則古之樂也，非歟？

齊宣王問曰：文王之囿方七十里，有諸？孟子對曰：於傳有之。

囿，音又。傳，直戀反。域養禽獸曰囿。文王之時，南山、鄠、杜間多曠地。因山林以養鳥獸且便民，後世因以爲文囿而附會之。孟子欲因事納忠，不深辨也。

曰：若是其大乎？曰：民猶以爲小也。曰：寡人之囿方四十里，民猶以爲大，何也？曰：文王之囿方七十里，芻蕘者往焉，雉兔者往焉，與民同之。民以爲小，不亦宜乎？

孔氏曰：芻，飼馬牛之草。蕘，供然火之草。文王之民，既被化而有德，又樵獵有時，故同囿之利而不競也。

臣始至於境，問國之大禁，然後敢入。臣聞郊關之內有囿方四十里，殺其麋鹿者如殺人之罪。則是方四十里，爲阱於國中。民以爲大，不亦宜乎？

阱，才性反。禮，入境而問禁。郊關，郊門也。朱子曰：阱，坎地以陷獸者，言陷民於死也。

附　解

靈臺之詩，並及靈囿，則文王之囿必無七十里。特以四時講武田獵，則必就山林曠莽之地。漢《地理志》，文王作酆，鄠杜竹林、南山檀柘，號稱陸海[①]。爲九州膏腴。以爲文王七十里之囿在是，其說半是半非。蓋文王當日，鄠、杜、南山之間草木蕃茂，居民鮮少。文王時或遊獵於此，平時則樵蘇不禁，故遂相傳以爲文囿。其實靈囿不在此也。故孟子亦以爲於傳有之也。後世人民繁多，種、牧異地，則囿之所在，自不能縱民樵、牧，此古今異宜，未可一概而論也。宣王於發政施仁，不法文王而獨於囿，欲援爲口實，故孟子借以言文王同民，民故嫌小，並斥其以囿爲阱，可謂痛切矣。而王不悟也，故不能再究文王之政。

齊宣王問曰：交鄰國有道乎？孟子對曰：有。惟仁者爲能以大事小，是故湯事葛，文王事昆夷。惟智者爲能以小事大，故太王事獯鬻，句踐事吳。

獯，音熏。鬻，音育。句，音鉤。仁人愛人而不與人校，故能以大事小。知者識時而善自晦藏，故能以小事大。湯事見《滕文公》篇。昆夷，西戎國名，《詩》作混

① 按：《漢書·地理志》（《中華書局》本）作：（秦地）有鄠杜竹林，南山檀柘，號稱陸海。未載文王所作。

夷。獯鬻，即狄人，事見後章。句踐事吴，見《國語》《史記》。王問交鄰，問之善者也，故孟子以仁、知之事告之。

以大事小者，樂天者也；以小事大者，畏天者也。樂天者保天下，畏天者保其國。《詩》云：畏天之威，于時保之。

樂，音洛。天以愛人爲心，仁者以愛人爲樂，而不計强弱。知者恐違天，自饜而順時觀變；樂天者有包容一世之懷，畏天者有善於保境之道。《詩·周頌·我將》之篇。時，是也。單承畏天，戒王毋事爭競也。

王曰：大哉言矣。寡人有疾，寡人好勇。對曰：王請無好小勇。夫撫劍疾視曰：彼惡敢當我哉。此匹夫之勇，敵一人者也。王請大之。

好，去聲。夫撫之夫，音扶。惡，平聲。王言好勇，不能事大卹小。而孟子折其剛强之氣。疾視，怒視。小勇，逞血氣之强。大勇，審義理之正。

《詩》云：王赫斯怒，爰整其旅，以遏徂莒，以篤周祜，以對于天下。此文王之勇也。文王一怒而安天下之民。

朱子曰：《詩·大雅·皇矣》篇。赫，赫然怒貌。爰，於也。旅，衆也。遏，《詩》作按，止也。徂，往也，《詩》作旅。徂莒，密人侵阮、徂共之衆也。篤，厚也。祜，福也。對，答也。以答天下仰望之心也。

《書》曰：天降下民，作之君，作之師。惟曰其助上帝，寵之四方。有罪無罪，惟我在，天下曷敢有越厥志？一人衡行於天下，武王恥之。此武王之勇也。而武王亦一怒而安天下之民。

衡，與横同。《書·周書·泰誓》之篇。今《泰誓》非古，此蓋古《泰誓》也。言天爲民作之君師，原欲其助上帝而寵四方。寵，恩寵也。武王自信不負天意，故以賞善罰罪之權自任。曷，何也。越，不順理也。一人，謂紂也。紂違天而衡行以殃民，故武王伐之。

今王亦一怒而安天下之民，民惟恐王之不好勇也。

王能如文武大勇，以安民爲心，則好勇無傷也。

附　解

齊國非小也，而當時秦、楚輩尤强。王既不能抗，而小國亦不服王。問交鄰國有道乎，蓋計窮勢迫之意。及孟子告以仁、知之事，而自言好勇，蓋特好勝耳。故先折其剛强不馴之氣，而後導以文武之大勇。夫文、武何嘗以勇著也？其平日兢兢修德，本無求於鄰國之心，而大畏小懷，遂階王業。王誠欲法文、武之勇，則必行文、武之政。故曰：民惟恐王之不好勇。抑交鄰有禮，講信修睦，先王有《經》而孟子不言者，何也？戰國時，《禮經》廢闕，諸侯惟知爭戰。驟以保境息民，型仁講讓之義告之，王必以爲迂闊，故以事大恤小已然之效導之，而王果以爲大哉言也。此孟子之善於引君也。及言大勇，告之以文、武。夫文、武固樂天、畏天兼而有之者也。王誠學文、武，則方自治之不遑，而遑求勝於鄰國乎？惜乎王竟不克行其說也，始終祗是言交鄰。時文往往弗顧毋矣。徂、莒，孫氏謂莒乃密地。然密乃密須氏，姞姓之國，在今甯州。阮國，今涇州共涇之共地。《春秋》，莒子盟於密。密在今山東萊州府昌邑縣東南。當從朱子，與《詩》作旅同義。

齊宣王見孟子於雪宫。王曰：賢者亦有此樂乎？孟子對曰：有，人不得，則非其上矣。

樂，音洛，下同。雪宫，齊離宫名，在今臨淄縣。宣王延見孟子於此。有，賢者不外乎人情也。又言人皆思有此樂，不得則非其上，王當推以及人也。

不得而非其上者，非也；爲民上而不與民同樂者，亦非也。樂民之樂者，民亦樂其樂；憂民之憂者，民亦憂其憂。樂以天下，憂以天下，然而不王者，未之有也。

爲下不得干上，爲上尤宜恤下，故推己樂以及民，而民歸之。憂者樂之反，天下則盡乎民矣。

昔者齊景公問於晏子曰：吾欲觀於轉附、朝儛，遵海而南，放於琅邪，吾何修而可以比於先王觀也？

朝，音潮。放，上聲。轉附、朝儛，傍海二山名。遵，循也。放，至也。琅邪，亦山名。今在山東諸城縣。觀，遊也。雪宫，本遊觀之所，故引景公之言以導之。

晏子對曰：善哉問也。天子適諸侯曰巡狩。巡狩者，巡所守也。諸侯朝於天子曰述職。述職者，述所職也。無非事者，春省耕而補不足，秋省斂而助不給。夏諺曰：吾王不遊，吾何以休？吾王不豫，吾何以助？一遊一豫，爲諸侯度。

狩，舒救反。省，悉井反。巡，循也。狩，守也。循視諸侯所守之事。述，陳也。述己民受之職事。省，視也。斂，收穫也。耕時省其勤惰，不足則施惠散利以勸耕。斂時省其豐歉，不給則移用救時以酌斂。夏諺，夏時俗語。遊，巡遊。豫，樂也。言即一遊豫而可爲諸侯度，則平日可知矣。

今也不然，師行而糧食，饑者弗食，勞者弗息，睊睊胥讒，民乃作慝。方命虐民，飲食若流；流連荒亡，爲諸侯憂。

睊，古縣反。朱子曰：今，謂晏子時也。師，衆也。《春秋傳》曰：君行師從。

糧，糗糒之屬。睊睊，側目貌。胥，相也。讒，謗也。慝，怨惡也。言民不勝其勞而相謗怨也。方，逆也。命，王命也。若流，如水之流，無窮極也。流連荒亡，解見下文。諸侯，概指服從之小國。

從流下而忘反謂之流，從流上而忘反謂之連，從獸無厭謂之荒，樂酒無厭謂之亡。

厭，平聲。釋上文四字之義。從流，逐流也，上、下無定之意。時而此，時而彼，皆忘反也。流，往不復。連，戀不釋。好獵、嗜酒，無有足時。荒，廢業。亡，失性也。四者皆以從言從欲而不恤民也。

先王無流連之樂，荒亡之行。惟君所行也。

上行，去聲。言先王不然，惟在君力行而已。

景公說，大戒於國，出舍於郊，於是始興發，補不足。召太師曰：爲我作君臣相說之樂。蓋《徵招》《角招》是也。其《詩》曰：畜君何尤？畜君者，好君也。

說，音悅。爲，去聲。樂，如字。徵，陟里反。招，與韶同。畜，敕六反。趙氏曰：景公悅晏子之言，大修戒備於國，出舍於郊。示憂民困，始興惠政，發倉廩以賑貧困。太師，樂師。《徵招》《角招》，其所作樂章，名五音。《角》爲民。《徵》爲事。因民事而作樂，故錯舉二者爲名。孟子時猶存也。畜，止也。尤，過也。言臣子止君之欲，其心何過？正所以愛君也。

附　解

遊觀，本非正事，惟有德者自足於己而無待於外。偶然娱目騁懷，時行物生，處處皆天機之洋溢。否則，逐於物而違於正，君子所不許也。況人君軫念民依，一夫不獲，引爲己罪，更何心於宮苑遊獵之樂。果其民安物阜，海宇晏然，適情養優，亦無不可。然棟宇粗成，臺囿略備，足以備觀而已，無必求壯麗豐美之理。齊王雪宮，蓋必華美，故自以爲樂。孟子不斥其非宜，而但以爲當與民同樂，亦以人情之常，不必深禁也。晏子以其君顯，當時所稱，故引以導之。晏子非知王道者，而是事是言則可以爲法。轉附、朝儛，《晏子春秋》：附，作鮒。儛，作舞。金仁山謂：傍海山，潮至如舞，故名。然今不可考。下文言遵海而南，則傍海山之說可信。巡守、述職，解者不一，然孟子已釋明，不必另說。巡述之年，言者亦紛紛，當以《書經》爲斷。《虞書》：五載一巡狩，羣後四朝。《周官》：六年五服一朝，又六年，王乃時巡於方岳。其年數不必相符，要皆巡所守，述所職，同也。省耕、省斂。據《周禮》則旅師、遂師之職，不必天子躬親。或近郊亦偶一爲之，故晏子謂無非事者。遊豫，爲諸侯度。活看夏諺言，卽一遊豫亦然耳。其冀倖於王之遊豫，以平日已荷深仁，而遊豫亦沾行澤，故云然。若後世巡幸，何嘗不蠲租沛澤而供億煩勞？得不償失，則亦何益也？流連、荒亡，荒亡有指實，而流連無指實。凡一切不義之事，溺而不反皆是從流，言隨波逐流之意。以其下而不反曰流，久而不舍曰連，上下字不可泥。從獸、樂酒，均以無厭，故乃曰荒亡。惟君所行，承先王說。言惟在君行先王之事，卽比於先王之觀也，非謂二者。惟君所行，君臣相說，則樂矣。意亦與章首有此樂應。孟子第言晏子畜君爲愛君，而己意自明。惜宣王不能如景公耳。五音旋相爲宮，皆可起調。張氏曰：《徵招》《角招》，不是專用二音，於此起調耳。甚善。

齊宣王問曰：人皆謂我毀明堂。毀諸？已乎？

趙氏曰：泰山下明堂，周天子東巡狩朝諸侯之處，蓋齊侵魯得而有之，今泰安府有遺蹟。王問當毀乎？止乎？

孟子對曰：夫明堂者，王者之堂也。王欲行王政則勿毀之矣。

夫，音扶。王者之堂，王者出政之所，借明堂以誘主於主①政，非欲其代周也。

王曰：王政可得聞與？對曰：昔者文王之治岐也，耕者九一，仕者世祿，關市譏而不征，澤梁無禁，罪人不孥。老而無妻曰鰥，老而無夫曰寡，老而無子曰獨，幼而無父曰孤。此四者，天下之窮民而無告者。文王發政施仁，必先斯四者。《詩》云：哿以富人，哀此惸獨。

與，平聲。孥，音奴。鰥，姑頑反。哿，工可反。惸，音瓊。岐，今陝西岐山縣，太王遷居之。九一，畫田九百畝爲井字。八家各百畝，而中爲公田，以二十畝爲廬舍，止得八十畝，較之八家爲十取其一。第以各百畝言，則爲九得其一。世祿，賢臣之後無材，亦以祿養之。朱子曰：關，道路之關。市，都邑之市。譏，察也。征，稅也。察異言異服之人，而不征商賈之稅。澤，潴水。梁，魚梁。與民同利，不設禁也。孥，妻子。惡，惡止其身，不及妻子也。王政於民，老幼皆有所養。鰥、寡、孤、獨，遇之窮於天者，尤必先爲之所。《詩·小雅·正月》之篇。哿，可也。惸，今本作惸，憂困貌。蓋齊政虐而民多失所，故引文王治岐以導之。

王曰：善哉言乎。曰：王如善之，則何爲不行？王曰：寡人有疾，寡人好貨。對曰：昔者公劉好貨，《詩》云：乃積乃倉，乃裹餱糧，于橐于囊，思

① 主，據上下文意，當作王。

戢用光。弓矢斯張，干戈戚揚，爰方啟行。故居者有積倉，行者有裹糧[①]也。然後可以爰方啟行。王如好貨，與百姓同之，於王何有？

餱，音侯。橐，音拓。戢，《詩》作輯，音集。王自言好貨財，恐妨民而難行王政。公劉，後[②]稷裔孫。《詩·大雅·公劉》之篇。朱子曰：積，露積。餱，乾糧也。無底曰橐，有底曰囊，皆所以盛餱糧也。戢，安集也。言思安集其人民，以光大其國家。戚，斧也。揚，鉞也。爰，於也。啟行，往遷於豳。何有，言不難也。孟子言公劉之民富足如此，是公劉好貨，而能推己之心以及民也。

王曰：寡人有疾，寡人好色。對曰：昔者大王好色，愛厥妃，《詩》云：古公亶甫[③]，來朝走馬，率西水滸，至於岐下。爰及姜女，聿來胥宇。當是時也，內無怨女，外無曠夫。王如好色，與百姓同之，於王何有？

大，音泰。趙氏曰：《詩·大雅·緜》之篇。亶父，大王名也，號稱古公。來朝走馬，避狄難也。率，循也。滸，水涯也。岐下，岐山之下也。姜女，大王妃也。朱子曰：胥，相也。宇，居也。曠，空也。男女居室，人情所共。偕及姜女，以見大王不必廢色。而能使民各安其室家，則爲王政矣。

附　解

宣王問毀明堂可否，本無深意，孟子借以引之於王政。曰王者之堂，則非諸侯可居，毀之宜矣。第王苟行王政，則存明堂以誌先王之遺，亦餼羊之意也。下告以文王治岐之政。文王，諸侯耳，未嘗居明堂也。迨王言好貨色，而又告以公劉、大王。此三人者，皆未嘗君天下。則孟子之意，惟欲王布德宣仁，以救其民，於王何有？特歆動之詞，非遂欲王招八州而朝同列也。使王果行王政，必用孟子。誠使道行化洽，人心翕應，如文王之三分有二，以服事殷，可也；或周室無道，如紂不得已而應天順人，封周之後，作賓王家，亦可也。不幸孟子未見諸施行而其言遂來後人之疑竇，則未思孟子所言文王、公劉、大王之事，皆非坐明堂而朝諸侯之人也。至明堂，說者不一，然實無難解，而儒者附會之太甚耳。天子朝諸侯，布政之所曰明堂，取嚮明而治之意以名。黃帝曰合宫，堯曰衢室，舜曰總章，夏曰世室，殷曰重屋，周曰明堂。朱子《明堂說》謂，當有九室，如井田之制。《月令》居明堂云云，但隨時之方位以闢耳。此於《月令》所言明堂是矣，而非朝諸侯之

① 糧，阮刻本作囊。
② 後，疑當作后。
③ 甫，阮刻本作父。

明堂也。蓋《月令》言天子居青陽云云，謂平日無事，所居順時令以答天氣耳。因夏多居南，名之明堂，非謂四時朝見羣臣，迄無定處。夫北面而朝，乃其常儀，豈有周環作朝見之宫室者乎？故《月令》之明堂不得爲正明堂也。天子涖朝布政，自有明堂，所謂當依當宁之所，其制則《考工記》所云：東西九筵，南北七筵，堂崇一筵，五室。凡室二筵者，是周公制禮，既尊后稷以配天矣，而又以文王造周德亦配天。特尊無二上，故宗祀文王於明堂以配上帝。其地在南郊，制如天子，故亦曰明堂。及巡狩四岳，朝見諸侯，皆各有明堂。而泰山下之明堂，乃其一耳。至其制度，遠不可稽，諸儒各爲附會，要不足據也。文王之政，非止此數端，孟子即齊政之相反者言。或據《周禮》關市川澤皆有限制，疑周公制禮異於文王。不知商紂暴虐，民多失所，文王以寬政安集招徠之。天下大定，久易奢靡，周公爲節制以裁抑之。其意同其立法，因時異也。齊王本不用孟子之言，好貨好色皆藉作推諉語。孟子委曲引之於王政，善。夫朱子之言曰，因時君之問而剖析於幾微之際，皆所以遏人欲而存天理，其法似疏而實密，其事似易而實難。若誠好貨好色，亦安能清心致治，推以及民哉。公劉，舊《註》云：后稷曾孫。然核之夏商年數，自后稷至文王不止十五世。楊升菴謂，嘗見《吕梁碑》：后稷生台璽，台璽生叔均，叔均而不數世始至不窋，不窋下至季歷猶有十七世。其説近是。或又謂十五王而文始平之，以賢而有聞望者言，亦通。要之，公劉必非后稷曾孫也。若以武王有道曾孫之例通之，亦可。然只是裔孫耳。《史記》：不窋失官，奔戎狄之間[①]。則已非有邰之舊矣。子孫輾轉戎狄之間，漸能自立。闢萊拓土，戎狄利其土地而迫之。公劉、大王賢聖，甯讓土地而不與校，是爲忠厚開基也。積，但積聚而無倉。餱，乾食。糧，米食。橐、囊之説不一，以朱子爲正。《書傳》：囊、橐通用，不可執以疑此也。率西水滸，鄭《箋》云：漆，沮水側，指在岐周者言。《疏》曰：豳，在周西北，發西南行，循西方漆、沮之側，東行而至岐山。漆水出岐山，沮不知所出。然由豳至岐所歷蓋不一水，故渾而言之爲是也。

孟子謂齊宣王曰：王之臣有託其妻子於其友，而之楚遊者。比其反也，則凍餒其妻子，則如之何？王曰：棄之。

比，必二反。朱子曰：託，寄也。比，及也。棄，絶也。孟子屢導王而不能自

① 《史記》（《中華書局》本）作：不窋失官，而奔戎狄之間。

返，故特謂之。

曰：士師不能治士，則如之何？王曰：已之。

士師，獄官之長。鄉士、遂士之屬，詳見《周禮·秋官》。已，朱子曰罷去也。

曰：四境之內，不治則如之何？王顧左右而言他。

治，去聲。王環顧左右而言他事，蓋明知己失而不自責，以求教也。

附　解

人不難於自知，而難於自責。明於治人，暗於治己。此德所以不修而政所以日紊也。如齊王可以鑒矣。

孟子見齊宣王曰：所謂故國者，非謂有喬木之謂也。有世臣之謂也。王無親臣矣，昔者所進，今日不知其亡也。

趙氏曰：故，舊也。喬，高也。世臣，勳舊之臣。親臣，親信之臣。有親臣而後有世臣。齊王並無親臣，安得世臣？昔者，今日，言其時之甚近。方進用而忽亡去，不知則慢臣甚矣。

王曰：吾何以識其不才而舍之。

舍，上聲。王以爲此亡去者，皆非眞才，故去不足惜。因問辨别賢才之道。

曰：國君進賢，如不得已，將使卑踰尊，疏踰戚，可不愼與？

與，平聲。朱子曰：如不得已，言愼之至也。選拔賢才，必去其不才者，而使代之。卑與疏，新進也。尊與戚，舊臣也。破齊王舍之之說也。

左右皆曰賢，未可也；諸大夫皆曰賢，未可也；國人皆曰賢，然後察之；見賢焉，然後用之。左右皆曰不可，勿聽；諸大夫皆曰不可，勿聽；國人皆曰不可，然後察之；見不可焉，然後去之。

去，上聲。惟賢而後知賢。齊王非其人也。故告以如不得已之道。左右，親近而易惑。諸大夫，黨同而易欺。國人附和而失實，博採而精察之，庶得才者而用之矣。齊王輕於舍，而孟子欲其愼於用。

左右皆曰可殺，勿聽；諸大夫皆曰可殺，勿聽；國人皆曰可殺，然後察之；見可殺焉，然後殺之。故曰：國人殺之也。

刑賞，馭世之大柄也。王輕於用人，必輕於用刑，故連類而及之。亦欲其如不得已也。

如此，然後可以爲民父母。

必愼於用舍，然後可以爲民父母。難之之辭也。

附 解

齊王之先，以簒得國，彼其所謂世臣，亦豈有德隆望重之士？孟子欲其培植人才以爲國本，故以喬木發端，而斥其輕於棄才。乃王不自知其慢士之失也，反謂亡者皆不才之人，欲知其不才而舍之。夫欲知不才，必先知其才。王既無知人之明，又無慎重之道，安能得士？故以如不得已告之，蓋因齊王昏庸之質而言。若堯舜、文武，德修於身，用賢如甘旨之適口，不才如冰炭之相違，奚俟如不得已之兢兢也？其言左右、諸大夫、國人，皆曰可、不可，必察之，亦是第二層義。若聖王選建公明，盈廷莫非吉士，師錫者皆聖賢，吐握者亦髦士，豈有在廷諸臣均不足信，而專恃一己之明者乎？此孟子引導時君之若衷，不可不知也。然後世人主誠正修齊之學未裕，而能慎重用人，如此章所言，亦可以得士矣。

齊宣王問曰：湯放桀，武王伐紂，有諸？孟子對曰：於傳有之。曰：臣弒其君，可乎？

傳，直戀反。朱子曰：放，置也。《書》云：成湯放桀於南巢。湯武皆無利天下之心，因桀紂暴虐而民叛之。湯武安集天下，何嘗有弒君之事？齊王因傳聞而疑之。

曰：賊仁者謂之賊，賊義者謂之殘，殘賊之人謂之一夫。聞誅一夫紂矣，未聞弒君也。

朱子曰：賊，害也。殘，傷也。仁者，天之理而人之性。義，本仁而施之得宜也。桀紂違天虐民，傷害仁義，天下叛之。一人獨立而無爲，故《書》曰獨夫也。湯武實未弒君。孟子不詳辨，而但以一夫警齊王也。

附 解

孔子繫《易》曰：湯武革命，順乎天而應乎人。其語子游曰禮，時爲大順。次之湯放桀，武王伐紂，時也。此定論也。而後世猶有疑之者，由未知當日情事耳。蓋古中原之地，僅今北五省。其他荒遠不隸版圖，卽聖人在上，亦止聲教訖於四海而已，非如後世盡歸統馭，爲臣僕也。《殷本紀》：自契受封至湯，凡八遷。蓋數傳之後，漸以式微。自擇地而避，悉不由天子之命。若在夏朝統轄之國，豈容自爲遷徙？其伐夏也，曰夏國，曰有夏，未嘗以君後戴之也。夫萬方有罪，在予一人，予一人有罪，無以爾萬方。此聖人之心也。豈躬爲不義而安之乎？東面而征，西夷怨；西面而征，北狄怨。想其時夏桀無道，天下紛紛怨叛，桀不能制，故湯討平之。至桀縱虐無厭，願與之偕亡，則其時叛之者衆，必不相容可知。觀奚爲後我之言，則民之簞食壺漿以迎，決矣。民怨桀而必欲去之，戴湯而必欲后之，此人心也，卽天心也。湯不順而戢之，亂曷極哉？至武王之事，尤易明也。周自不窋失官竄於戎狄之間，其不能立國可知。幸後有子孫賢聖，處戎狄之間，布德行仁，爲夷狄所歸，於是公劉乃始疆理立國。狄又侵之，大王去之，居岐。其轉徙流離，商天子不聞撫恤之也，其避狄居岐，亦非商天子之命也。至季歷威德益著，商乃因而命爲西伯，以鎭撫戎狄，如後世官馭荒遠之法，與內地北面爲臣者不同。商紂無道，天下諸侯羣起而叛之，如山東豪傑羣起而亡秦。非武王要結之也，天下之人以周素有世德，羣相推戴。使武王不從民望，則諸侯亦必滅紂，勢將覆商宗祀，分爭角逐，生民塗炭，故武王因而撫集之。《牧誓》一篇，所以約束諸侯之師也。《泰誓》三篇，今本係僞託，不足信。紂聞天下諸侯叛己，倉卒無主，衣寶玉自焚，豈武王迫之哉？世皆知湯武應天順人，而不得其實，則幾視如莽、操矣。夫行一不義、殺一不辜而得天下不爲，夷、惠尚然，况於湯、武？若北面爲臣，受其恩養乃乘變覬覦，託於應天順人之說，豈聖人所爲？孔子亦何能取之哉？此係君臣大節，名教攸關，不可不辨者。若後世不食馬肝，未爲不知味；不言湯武，未爲不讀《書》，直以爲事實可疑，其益爲亂臣賊子所藉口矣。烏乎。可孟子不與齊王深辨，而但以殘賊仁義爲言警告人君，而人但以爲權辭，則失之矣。明太祖疑此言已甚。陶安對曰：此武王誓師之辭也。曰：撫我則后，虐我則讐。太祖爲之霽顏，亦不知湯武非臣弑君也。

孟子見①齊宣王曰：爲巨室，則必使工師求大木。工師得大木，則王喜，以爲能勝其任也。匠人斲而小之，則王怒，以爲不勝其任矣。夫人幼而學之，壯而欲行之，王曰姑舍女所學而從我，則何如？

勝，平聲。夫，音扶。舍，上聲。女，音汝。下同。趙氏曰巨室，大宫也。《爾雅》曰：宫，謂之室。工師，主工匠之吏。匠人，衆工人。姑，且也。斲大木則不能勝任，舍所學則不能治國。詰王明於任木而暗於任人也。

今有璞玉於此，雖萬鎰必使玉人彫琢之。至於治國家，則曰姑舍女所學而從我，則何以異於教玉人彫琢玉哉？

① 見，阮刻本作謂。

鎰，音溢。朱子曰：璞，玉之在石中者。鎰，二十四兩也。玉人，玉工也。玉人工於治玉，賢人優於治國。强之從己，猶教玉人彫琢，必害玉矣。

附　解

孟子以王道告齊王，而王以爲迂闊，欲其就己富强之謀。故言此。上節言其治木明，用人暗。下節言其愛國不如愛玉。均就曰：舍所學而從我言。凡聖賢，固不肯貶道以徇人。又况非聖賢，必不能治世也。然而世主方且樂附己之人，又安知抱道自重者，其愛君而欲致之於堯舜惓惓無已哉？不然，孟子自不枉道則已耳，又奚必爲王陳之？鎰，當爲二十四兩。趙《註》誤。雖字，輕、重兩讀，然重讀乃與必、使字貫。

齊人伐燕，勝之。

朱子曰：燕王噲讓國於其相子之，而國大亂。齊因伐之。燕士卒不戰，城門不閉，遂大勝燕。

宣王問曰：或謂寡人勿取，或謂寡人取之。以萬乘之國伐萬乘之國，五旬而舉之，人力不至於此。不取必有天殃，取之何如？

乘，去聲。下同。王以倖勝爲天意，欲取燕而姑託言以試孟子。

孟子對曰：取之而燕民悦，則取之。古之人有行之者，武王是也。取之而燕民不悦，則勿取。古之人有行之者，文王是也。

文、武皆無利天下之心也，孟子特借以形民心而欲王欲决之於民，無希倖於天。張子曰：分明説齊未得燕民之悦，未可取耳。

以萬乘之國伐萬乘之國，簞食壺漿以迎王師，豈有他哉，避水火也。如水益深，如火益熱，亦運而已矣。

簞，音丹。食，音嗣。圜曰簞。方曰笥，飯器也。壺，受一斛，口徑一尺，足高一寸，徑尺。朱子曰：食，飯也。運，轉也。言齊若更爲暴虐，則民將轉而望救於他人矣。此言民心，非果悦齊也。

附　解

伐燕事，《史記》《荀子》以爲湣王，此言宣王。朱子謂湣王後來做得不好，門人爲孟子諱，故改爲宣王。司馬溫公《通鑑》從《孟子》。然下減湣之十年，上益威之十年，移下宣王之十年以合《孟子》。朱子所以疑之，竊謂古史紀年紀事莫信於《春秋》，然《三傳》尚有不合，况去聖久遠，其秉筆者大都傳聞附會《史記》固然，他書尤不足論。《史記》，齊伐燕事有二。宣王因燕喪伐之，但取燕十城，與此書不合。故前人皆以伐燕爲子之之亂，無可疑矣。惟以屬湣王，與《戰國策》異。善。夫金仁山之言曰：宣王伐燕，孟子所見也。謂爲湣王，荀卿所聞也，史遷又所傳聞者也。安得以後世傳聞之辭，而反疑孟子所見之辭乎？且温公固疑孟子者，《通鑑》尚取孟子爲正；文公尊孟子者，反取《荀子》及《史記》而疑孟子爲差。雖曰疑以傳疑，而後人將以爲實矣。故伐燕之事，微《戰國策》，亦當以孟子爲是。況又有《國策》可據乎？宣王乘亂勝燕，遂以爲天與。其問孟子，乃誇張之意，非不决而求教也。孟子言天意决於民心，如武王取殷，是順民心，非貪紂之國。文王不取，亦是因民心未去商，卽天心未厭商。引文、武只是指明民心以破天與之說，非文武果有欲取商之意，而因民心不悦，止也。最當善看。末節承以萬乘伐萬乘言，亦是破齊王之說。言勢均力敵，齊本不能勝燕，特民苦燕之虐，不悦於彼而非有悦於此。王罕皆云：方始勝之日，孟子已窺見齊王將有殺父兄、累子弟之意。故言此以惕之。知言哉。

齊人伐燕，取之。諸侯將謀救燕，宣王曰：諸侯多謀伐寡人者，何以待之？孟子對曰：臣聞七十里爲政於天下者，湯是也。未聞以千里畏人者也。

諸侯不義齊而將伐之。王懼而問計。孟子斥其畏人，謂不能如湯之政也。

《書》曰：湯一征，自葛始。天下信之。東面而征，西夷怨；南面而征，北狄怨。曰奚爲後我？民望之，若大旱之望雲霓也。歸市者不止，耕者不變，誅其君而弔其民，若時雨降，民大悦。《書》曰：徯我后，后來其蘇。

霓，五稽反。徯，胡禮反。兩引《書》，皆仲虺之誥文。其辭小異，古人引述之常也。朱子曰：一征，初征也。天下信之，信其志在救民。奚爲後我，言何不先來征伐我國。變，動也。徯，待也。后，君也。蘇，復生也。虹、霓，一也。紅盛者爲雄，曰虹。闇者爲雌，曰霓。雄者竟天而明則截雨。雌者長丈，反能致雨。雲霓，皆致雨之物也。

今燕虐其民，王往而征之。民以爲將拯己於水火之中也，簞食壺漿以迎王師。若殺其父兄，係累其子弟，毁其宗廟，遷其重器，如之何其可也？天下固畏齊之彊也，今又倍地而不行仁政，是動天下之兵也。

累，力追反。朱子曰：拯，救也。係累，縶縛也。重器，寶器也。畏，忌也。倍地，并燕而增一倍之地也。愚按：若，猶乃也。齊王平日無湯之政，而臨時又不施仁，是以千里而畏人也。

王速出令，反其旄倪，止其重器，謀於燕衆，置君而後去之，則猶可及止也。

旄，與耄同。倪，五稽反。朱子曰：反，還也。旄，老人。倪，小兒。謂所虜掠之老小也。猶，尚也。及止，及其未發而止之。

附　解

前章言取之而燕民悅，則取之。夫民心之悅，固由平日善政及民，非臨時可强也。王既不用孟子之言，又安知紬繹其義？及諸侯將伐之，乃懼而問計。孟子譏其千里畏人，謂其平日既無仁政，今日又不施仁，奚落之，非激厲之也。天下信之，動天下之兵緊相照應。或疑若字作乃字解，則殺父兄與下反旄倪有礙。然齊王縱兵暴殘，有殺者亦有虜略者，自不相妨也。王速出令，已爲下策，王尚不能用。燕所以叛也。

鄒與魯鬨。穆公問曰：吾有司死者三十三人，而民莫之死也。誅之，則不可勝誅；不誅，則疾視其長上之死而不救，如之何則可也？

鬨，胡弄反。勝，平聲。長，上聲。鄒，小邾也，即魯陬邑，後爲小邾居之。鬨，鬬聲，不成戰而相混鬬也。朱子曰：不可勝誅，人衆不能盡誅。長上，有司也。疾視，忿疾坐視。

孟子對曰：凶年饑歲，君之民，老弱轉乎溝壑，壯者散而之四方者，幾千人矣。而君之倉廪實，府庫充，有司莫以告，是上慢而殘下也。曾子曰：戒之，戒之。出乎爾者，反乎爾者也。夫民今而後得反之也，君無尤焉。

幾，上聲。夫，音扶。年、歲，一也。人之行曰年，天之行曰歲。凶，甚於饑。朱子曰：轉，饑餓輾轉而死。充，滿也。上，謂君及有司。尤，過也。

君行仁政，斯民親其上，死其長矣。

仁政，養教之備也。上，君也。長，有司也。恩洽於民，民故親之而樂爲之死。

附　解

鄒，與陬通。本小邾，附庸於魯。《春秋》莊公五年：郳犂來來朝。未有爵，故稱名。後屢從諸侯立功，王錫以爵，別於邾國，故稱小邾。襄公二年：會於戚，邾人、小邾並稱，蓋邾有二國也。《左傳》：魯賦六百乘，邾賦亦六百乘。是邾之大不亞於魯大。小邾皆曹姓，顓頊之後，皆附庸於魯，其後并兼。一大而一小，考之諸書，綿云邾改爲鄒。然春秋之末，猶載邾子，無鄒之名。小邾子不恒見，是大邾至哀公時尚强，故哀公二十一年与齐鲁盟于顾。而小邾微产，哀十四年，小邾射以、句繹来奔。魯使子路與盟，子路不可曰魯有事於小邾。不敢問，故是其時大邾小邾久未服役于魯。至孟子時，二國滅亡先後不可考。此與魯鬨者，既名爲鄒，則明係小邾，因久居於鄒，故改號曰鄒也。《地志》謂邾、婁合音爲鄒。竟以大邾亦改號鄒，則大誤矣。夫邾國大，小邾微。大邾未都於鄒，斷無改號鄒之理。此章爲小邾無疑。因魯與鄒此時皆微弱，密邇常相搆釁，不能爲大敵，故曰鬨而不曰戰。劉向《新序》載，穆公之賢，與此章反。豈穆公因孟子之言轉爲賢君耶？不可考矣。張氏甄陶謂：世無有司死者三十三人而民不死之理。仍是有司莫以告也，甚爲卓見。有司死者三十三人，非一時死，蓋統計言之。有司冒功邀賞，勝則擅美，敗則諉咎，此欺罔之通弊。穆公據有司之言，謂民莫之死。孟子不與辨其眞僞，只言有司素不恤民，是直截語。而終以行仁政，勸探原救弊，莫善於此矣。鄒後爲魯所滅，此時尚未也。

滕文公問曰：滕，小國也。間於齊楚。事齊乎？事楚乎？

間，去聲。滕，姬姓之國，文王子叔繡之後，今兖州府滕縣。金氏曰：時楚之地，東得彭城。而齊自濟、鄆以南至薛。則滕西南迫於楚，東北迫於齊。

孟子對曰：是謀非吾所能及也。無已，則有一焉。鑿斯池也，築斯城也，與民守之，效死而民弗去，則是可爲也。

一，謂一策也。事人不如自强。與民守之，則平日仁政及民，有以固結而不解，致死而弗去，則齊楚亦未必得志也。

附　解

孟子言知者能以小事大，而此云然何也事大？不過無失禮。然兩大相逼，蕞爾之滕，豈厭其求？惟施仁政於民，民心固則國勢張。古之人一成[1]一旅而中興，即用此道，非迂也。依人總不如自强之爲得。且國家興亡，雖曰人事，亦有天命，果能仁恩浹洽，民心所趨，即天命所佑，安在强大之必得志哉。古今成敗之蹟，若此者不一而足。孟子固非計出無聊也。

① 成，疑當作城。

滕文公問曰：齊人將築薛，吾甚恐。如之何則可？

薛，本夏奚仲之國，後并於齊而以封。靖郭君田嬰築薛，備楚也。而偪近滕，故文公恐。

孟子對曰：昔者大王居邠，狄人侵之，去之岐山之下居焉。非擇而取之，不得已也。

邠，與豳同。公劉遷於邠而狄人利其土地，侵之不已。大王乃遷於岐，非擇善地而居也。邠今陝西邠州。

苟爲善，後世子孫必有王者矣。君子創業垂統，爲可繼也。若夫成功，則天也。君如彼何哉？彊爲善而已矣。

夫，音扶。彊，上聲。承上言大王困於强大，因爲善而子孫遂昌。爲可繼，爲善也。天道，福善雖辱於人而不失於天。蓋此時徐、越之地，猶有隙土可以立國，故云然。朱子曰：創，造也。統，緒也。

附　解

此章與前章只是一意。蓋立國以民心爲本。民心固，守可也，即遷，亦可也。滕東界齊，南界楚。徐、粤之地不無隙地，滕誠有可遷者，而孟子乃云然，非空言也。至爲善，即可繼之。事天之所與者，善也。誠能如大王之仁，即不必其後定有天下。而避狄圖存，亦可操券。三代以下，由匹夫而興者多矣。况撫有土地人民？苟能爲善，奚不可取？必於天哉。然孟子第言爲可繼也。成功則天。蓋聖賢言理不言效，如此而已矣者，外此無自强之術，非無可奈何之說也。

滕文公問曰：滕，小國也，竭力以事大國，則不得免焉。如之何則可？孟子對曰：昔者大王居邠，狄人侵之。事之以皮幣，不得免焉；事之以犬馬，不得免焉；事之以珠玉，不得免焉。乃屬其耆老而告之曰：狄人之所欲者，吾土地也。吾聞之也，君子不以其所以養人者害人。二三子何患乎無君？我將去之。去邠，踰梁山，邑於岐山之下居焉。邠人曰：仁人也，不可失也。從之者如歸市。

屬，音燭。朱子曰：皮，虎豹麋鹿之皮。幣，帛也。屬，會集也。土地，已墾治之地。土地本生物以養人，今爭地而殺人，是以養人者害人也。邑，作邑也。歸市，人衆而爭先也。鄭氏曰：梁山，在馮翊夏陽。岐山，在梁山西南。《書》曰：治梁及岐。

或曰：世守也，非身之所能爲也。效死勿去。

世守，先君受之，先王子孫當世守也。朱子曰：此國君死社稷之常法。

君請擇於斯二者。

朱子曰：能如大王，則避之，不能，則謹守常法。審己而擇處之可也。

附　解

此章仍上二章之義。蓋是時大國陵虐，滕既不與之抗，則惟修德行以俟天命，效死勿去，不愧世守，正也。有可遷之地别爲立國，以延宗祀，權而不失其正也。若徒求悦大國，不思自强，則無以固結民心，國不可保，而死亦有愧於先人。蓋聖賢顛沛流離，不違仁義。觀者或以爲迂，其實德厚而天必眷之。危者未必亡，盛者未必久。厥後秦并六國，而漢高以布衣代秦，曷嘗見勢力可恃哉？文公賢君，然未即能如大王，故孟子以二者請其自擇。若使委國而聽，孟子必有道以處之也。惜乎不然。所以文公之世倖免無事，而其後宋卒滅之。然齊楚究未亡滕，則孟子之言固非徒作無可如何之論。至周家忠厚開基人，第以文王服事爲言。不知公劉、大王崎嶇立國，闢土開荒，費許多經營。而狄人貪其土地，横相侵并，以大王明聖，豈不能以兵卻之？乃言不以養人者害人。棄墾治之沃壤，遷於荒地，此其忠厚爲何如。顧亭林謂：邠，古作豳。唐開元以《字類》豳改作邠。張石村云：《漢書·匡衡疏》：大王躬仁邠國。趙岐，字邠卿，本京兆長陵人。初名嘉，字臺卿。後避難，改名字，亦不忘本。又《説文》：豳，大王國，本作邠。則漢時先爲邠，而後作豳矣。其説辯矣。

魯平公將出，嬖人臧倉者請曰：他日君出，則必命有司所之；今乘輿已駕矣，有司未知所之，敢請？公曰：將見孟子。曰：何哉？君所爲輕身以先於匹夫者，以爲賢乎？禮義由賢者出，而孟子之後喪踰前喪，君無見焉？公曰：諾。

乘，去聲。朱子曰：乘輿，君車也。駕，駕馬也。孟子前喪父，後喪母。踰，過也。言其薄父厚母也。諾，應辭也。

樂正子入見，曰：君奚爲不見孟軻也？或告寡人曰，孟子之後喪踰前喪。是以不往見也。曰：何哉？君所謂踰者，前以士後以大夫，前以三鼎而後以五鼎與？曰：否。謂棺椁衣衾之美也。曰：非所謂踰也，貧富不同也。

入見之見，音現。與，平聲。樂正子，名克，孟子弟子，仕於魯。士三鼎：正鼎特豚，中鼎魚，下鼎腊。大夫五鼎，謂之少牢：羊、豕、魚、腊、膚。凡祭物，皆先烹於鑊，在廟門外熟，乃升之於鼎。鼎列階前。又由鼎以匕升之於俎，俎在尸前。

樂正子見孟子曰：克告於君，君爲來見也。嬖人有臧倉者沮君，君是以不果來也。曰：行或使之，止或尼之。行止，非人所能也。吾之不遇魯侯，天也。臧氏之子，焉能使予不遇哉？

爲，去聲。沮，慈吕反。尼，女乙反。焉，於虔反。朱子曰：沮、尼，皆止之之意也。聖賢行道濟時，自盡其人事耳。而其或行或止，有不能自主者，天實爲之。蓋孟子曉樂正子以天意，而慨世亂尚未已也。

附解

孟子、樂正子於魯，皆父母之邦。而樂正子仕魯，孟子不然。蓋知不知，異也。非孟子高尚而樂正子苟進也。平公本不知孟子之賢，因樂正子之言欲見孟子。臧倉又沮之。在樂正子不能無憾，而孟子以己不遇爲天意，此與孔子天生德於予，同一心口。蓋聖賢雖道德同天，不敢自矜，惟患難之時偶一云然。當時，齊梁既不能用孟子，而魯乃父母之國，稍有事機，又復不就，則救世之心，更難他望，故以天曉樂正子。厥後六國分爭，混一於秦，又繼以楚、漢，生民之禍，久而始息。天心有定，聖賢固不能强也。然天阨孔孟之身，而不沒孔孟之心，師表萬世亦以其此心之惓惓而已。棺椁、衣衾之美。《喪大記》：大夫柏椁，士雜木椁。大夫裹椁用元綠，士不綠。大夫蓋用漆，二衽二束，士蓋不漆，二衽二束。飾棺，大夫畫布爲雲氣，士布帷，不畫。棺椁之間，大夫容壺，士容甒。衣衾，《孝經疏》：從初死至大斂，凡三度加衣：一是襲衣，沐尸所著之衣也。大夫五稱，襲皆有袍，袍之上又有衣一通。二是小斂之衣，天子至士，皆十九稱，不復袍。衣皆有絮。三是大斂之衣也。大夫五十稱，士三十稱，衣皆單袷。衾有三：大夫縞衾，士緇衾。始死時，遷尸於床，用衾覆尸。小斂、大斂皆然。《喪大記》又云：小斂，布絞，縮者一，横者三。大斂，布絞，縮者三，横者一。其美惡則因貧富而異也。又按：後喪踰前喪。臧倉媒孽語，非實事也。孟子少孤，卽喪父甚薄，亦非其罪。平公憒憒不察，樂正子亦不詳辨者，以其事卽實亦不爲罪。平公特以之藉口，辨亦無益耳。不然孟母教子賢流傳千載，豈有妄哉？

孟子恒解卷二——晚年定本

公孫丑章句上凡九章

公孫丑問曰：夫子當路於齊，管仲、晏子之功，可復許乎？孟子曰：子誠齊人也。知管仲、晏子而已矣。

復，扶又反。朱子曰：公孫丑，孟子弟子，齊人也。當路，居要地也。許，猶期也。管仲、晏子，皆齊臣。趙氏曰：誠，實也。

或問乎曾西曰：吾子與子路孰賢？曾西蹵然曰：吾先子之所畏也。曰：然則吾子與管仲孰賢？曾西艴然不悦曰：爾何曾比予於管仲？管仲得君，如彼其專也；行乎國政，如彼其久也；功烈，如彼其卑也。爾何曾比予於是？

蹵，子六反，艴，音拂，又音勃。曾，並音增。曾西，曾子之子也，名申。趙氏曰：蹵然，猶蹵踖也。先子，曾子也。艴然，愠怒色。何曾，猶何乃也。不輔齊桓公行王道而行霸道，故言卑也。管仲相桓公四十三年。

曰：管仲，曾西之所不爲也。而子爲我願之乎？

子爲之爲，去聲。朱子曰：曰孟子言也。願，望也。言管仲，則晏子可知矣。

曰：管仲以其君霸，晏子以其君顯，管仲、晏子猶不足爲與？曰：以齊王，由反手也。

與，平聲。王，去聲。由，猶通。朱子曰：顯，顯名。反手，言易也。

曰：若是，則弟子之惑滋甚。且以文王之德，百年而後崩，猶未洽於天下；武王、周公繼之，然後大行。今言王若易然，則文王不足法與？

易，去聲。下同。與，平聲。文王年九十七，槩稱之曰百年。洽，周洽。大行，化隆俗美。言王道非一時可成。疑孟子反手之易，非謂文得天下之難也。

曰：文王何可當也？由湯至於武丁，賢聖之君六七作。天下歸殷久矣，久則難變也。武丁朝諸侯有天下，猶運之掌也。紂之去武丁，未久也。其故家遺俗，流風善政，猶有存者。又有微子、微仲、王子比干、箕子、膠鬲，皆賢人也。相與輔相之，故久而後失之也。尺地莫非其有也，一民莫非其臣也，然而文王猶方百里起，是以難也。

朝，音潮。鬲，音隔，又音歷。輔相之相，去聲。猶，如字。何可當，猶言何可及也。商自成湯至於武丁，聖賢之君可指者若太甲、太戊、祖乙、盤庚，皆是。自武丁至紂，凡九世。故家遺俗，以在下言。流風善政，以在上言。微仲，名衍，微子之弟。是以難也，言商家德澤之厚如此，而文王猶以百里侯封興起爲善，是以爲難及也。

齊人有言曰：雖有智慧，不如乘勢；雖有鎡基，不如待時。今時則易然也。

鎡，音兹。鎡基，大鉏也。時，耕耘之時。勢，事機之會。引齊人之言，以明時易於文王，非己德優於文王也。

夏后、殷、周之盛，地未有過千里者也，而齊有其地矣。雞鳴狗吠相聞，而達乎四境，而齊有其民矣。地不改辟矣，民不改聚矣，行仁政而王，莫之能禦也。

辟，與闢同。言齊地廣民衆，其時本易於行仁。

且王者之不作，未有疏於此時者也。民之憔悴於虐政，未有甚於此時者也。饑者易爲食，渴者易爲飲。

聖王久不作而民困於虐政，其歸仁如饑渴之於飲食，此時勢之實也。

孔子曰：德之流行，速於置郵而傳命。

郵，音尤。置，驛館也。郵，馹也。引孔子言德本易於化民。

當今之時，萬乘之國行仁政，民之悦之，猶解倒懸也。故事半古之人，功必倍之。惟此時爲然。

乘，去聲。趙氏曰：倒懸，喻困苦也。民困之時，以齊行仁政所以易如反手。事半功倍，蓋古語。惟此時爲然，時易卽勢易也。

附　解

聖賢救世、救民以安天下，乃其素志，不計較於强弱大小之分也。因公孫丑狃於俗見，豔稱管、晏，故孟子就齊言齊。以齊王由反手對管仲、晏子之功。可復許乎一問，非孟子自詡也。戰國民生塗炭，皆因諸侯踵桓、文故。智欲相雄長，並不知安民布德，故以王道救之。丑仍不解其意，而以文王尚未致王，疑孟子言之過。不知從古聖人爲君止仁，並非有圖利天下之心。文王當日，仁政治岐，民自聞風向義，悦而歸之，至武王而遂有天下。然文、武初心不計及此也。丑因反手二字，疑其太易。孟子言文王何可當？以殷家世德之厚，而文王以百里小侯能行仁布德，是以文王之德爲難及也。正與何可當句呼應。講家誤解是以難也。爲難以致王，其誣文王，並誣孟子實甚。聖賢之君六七作，據《書》所稱，不滿其數。《書》缺有間，難以悉考。朱子大概言之極得。而講家必鑿求其人，彌滋訟矣。若祖甲、太甲，本兩人，而必合爲一，其他可知。齊人有言曰下，正解以齊王由反手意。第所謂勢者，事機之會，卽恒言所謂時勢、非權勢之勢也。齊人口中勢、時平舉，孟子緊承之以今時則易。然則勢卽該於時之中矣。夏后、殷、周節，正是鋪排當路於齊四字，言齊地闢民聚，正好行仁政。而何管、晏之足云？下節用且字接，下非進一層意，乃正意也。惟王者不作，民困已甚。故設或當路於齊，致王易如反手結之。曰民之悦之，猶解倒懸。所惓惓者，民也，非必以齊王而自矜抱負也。此際公私、理欲，間不容髮。若誤會其旨，則孟子亦策士之流，文王懷莽、操之志。不可不辨。且以齊富强，爲勢易。設孟子用於他國，便無可施展。湯以七十里，文王以百里。地方百里而可以王，其平日自言者，何事而乃必藉强大之勢乎？况篇中今時則易。疏於此時，甚於此時。當今之時，惟此時爲然，頻頻提醒時字，何嘗謂勢力乎？曾西，卽曾申。朱子偶誤，不必諱。置郵二字。許白雲曰：馬遞曰置，步遞曰郵。楊升菴非之。而言置緩郵速。置，卽驛也。驛，主於騎，言馬也。馹主於傳，言車也。然車不捷於馬。朱子曰：置，驛也。郵，馹也。近之矣。而語未甚明。按《左傳》，祁奚乘驛而見范宣子。楚子以馹至於羅汭。子木使馹謁諸王。皆云行速之意。則驛、馹二字，無大分别矣。《史記·曹參傳》：取父佼祈善。置，《索隱》曰，善置，置名。漢爲驛，置館。則置爲館甚明。置郵而傳命，言其速不言其遲。則孟子之意特統舉言之。《六經》外，此並無置郵字。太史公時，《孟子》書尚未大行，而其言若此，當從之爲是。

公孫丑問曰：夫子加齊之卿相，得行道焉，雖由此霸王不異矣。如此，則動心否乎？孟子曰：否。我四十不動心。

相，去聲。不異，不足怪異。動心，謂煩劇而心或勞擾也。不動心，處之暇逸，如常度也。

曰：若是，則夫子過孟賁遠矣。曰：是不難，告子先我不動心。

賁，音奔。孟賁，勇士。告子，名不害。丑以心爲難持言孟子治心之勇，過於孟賁。孟子言不問其何以不動心，而但曰不動心，則告子亦能先我不動心也。

曰：不動心有道乎？曰：有。

不動心，理純天定，渾然瑩然也。能知，故渾應之曰有。

北宫黝之養勇也，不膚撓，不目逃，思以一毫[1]挫於人，若撻之於市朝；不受於褐寬博，亦不受於萬乘之君；視刺萬乘之君，若刺褐夫；無嚴諸侯；惡聲至，必反之。

黝，伊糾反。撓，奴效反。朝，音潮。乘，去聲。心之不動，由於養難以言盡，故即養勇者以喻之。蓋因丑以賁喻，即以類賁者言也。朱子曰：北宫，姓。黝，名。膚撓，肌膚被刺而撓。屈目，逃目，被刺而轉睛。逃，避。挫，猶辱也。褐，毛布。寬博，寬大之衣，賤者之服。不受，不受其挫也。刺，殺也。嚴，畏憚。言無可畏憚之諸侯也。黝之養勇，以必勝爲主，而不動心。

孟施舍之所養勇也，曰：視不勝，猶勝也。量敵而後進，慮勝而後會，是畏三軍者也。舍豈能爲必勝哉？能無懼而已矣。

舍，去聲。下同。孟，姓。施舍，名。專言舍者，二名而單舉一字。古人之常也。朱子曰：會，合戰也。舍，以無懼爲主而不動心。

孟施舍似曾子，北宫黝似子夏。夫二子之勇，未知其孰賢，然而孟施舍守約也。

夫，音扶。養氣之功，至約而實至精，豈養勇者可比？特藉以引出守約二字。曾子、子夏，亦養氣者，而得力不同。子夏惟恐物欲相侵，曾子自然守一不渝。黝、舍略相似焉。以舍爲較優，爲其求諸己耳。

昔者曾子謂子襄曰：子好勇乎？吾嘗聞大勇於夫子矣。自反而不縮，雖褐寬博，吾不惴焉；自反而縮，雖千萬人，吾往矣。孟施舍之守氣，又不如曾子之守約也。

好，去聲。惴，之瑞反。引曾子之言大勇，以明養勇者之不動心，非正也。守氣不如守理，舍然而孟賁可知矣。朱子曰：子襄，曾子弟子。夫子，孔子也。縮，直也。惴，恐懼也。往，往而敵之。不惴，豈不惴也？

曰：敢問夫子之不動心，與告子之不動心，可得聞與？告子曰：不得於言，勿求於心；不得於心，勿求於氣。不得於心，勿求於氣，可；不得於言，勿

① 毫，阮刻本作豪。

求於心，不可。夫志，氣之帥也。氣，體之充也。夫志至焉，氣次焉。故曰持其志，無暴其氣。

聞與之與，平聲。夫志之夫，音扶。朱子曰：此一節，公孫丑問孟子，誦告子之言，又斷以己意而告之也。勿求於心，恐思慮而動心。勿求於氣，恐調氣而動心。蓋其然寂守，惟恃毅然强制也。孟子言其勿求於氣，尚可；勿求於心，不可。蓋不任氣而任心，猶有清其源之意。理不明而心不思，則是非無以分明，此由未知心與氣相關之故也。夫志以帥氣，氣以充體，兩相須也。志至而氣卽次焉。故古人言志，當持守而勿放氣，當和平而勿暴。

既曰志至焉，氣次焉，又曰持其志，無暴其氣者，何也？曰：志壹則動氣，氣壹則動志也。今夫蹶者趨者，是氣也，而反動其心。

夫，音扶。公孫丑言氣，既爲次，則專持其志可矣。何以必無暴其氣？孟子以易見者形容之。壹，專一也。志專於此，則氣固從之。氣專於此，則志亦向之。如人顚躓急趨，皆氣也，而反動其心。故不動心者，氣毋暴也。

敢問夫子惡乎長？曰：我知言，我善養吾浩然之氣。

惡，平聲。丑問孟子之不動心，異於告子者何所長？而孟子自言其實。知言，卽知人也，謙曰知言。人之邪正、得失，見於其言。窮理盡性，全乎天地正大之氣，而究極乎萬事萬物之宜，故能然。善養，內有以極其純粹，而外有以絕乎憧擾也。朱子曰：浩然，盛大流行之貌。其實見下文。

敢問何謂浩然之氣？曰：難言也。

丑問浩然之情狀，而孟子難言之。以其身心所獨喻，而不可以迹象言語求也。

其爲氣也，至大至剛，以直養而無害，則塞于天地之間。

乾元、坤元，仍止一元之氣。人得之以爲人。是氣卽理所謂浩然也。範圍不過故至大，不能加損故至剛。直，內外動静皆中正也。稍不中正，卽爲害人，仝此氣卽可塞于天地，以其本天地之氣也。

其爲氣也，配義與道。無是，餒也。

餒，奴罪反。此下二節，申言直養之義。配，合一而不可離也。道，理之總名。義，理之散著，本一也，而分言之者。藴於心曰道，見於行曰義。静致中而直內，動致和而直外。天理充而天氣亦充。反是則不能養。如飢之必餒也。先言義者，外著者易見。卽外可以知內，故曰與也。

是集義所生者，非義襲而取之也。行有不慊於心，則餒矣。我故曰：告子未嘗知義，以其外之也。

慊，口簟、口劫二反。集，由少而多，以至於備也。襲，朱子曰掩，取也。如齊侯襲莒之襲。申言配義與道之義，內外一原。道不可見而義可見。天理有一毫之歉，正氣卽有不充之時，故必事事行慊於心，而後不餒。告子不得於言，勿求於心，蓋以義爲外而忽之，故不能集義以生氣也。

必有事焉而勿正，心勿忘，勿助長也。無若宋人然：宋人有閔其苗之不長而揠之者，芒芒然歸。謂其人曰：今日病矣，予助苗長矣。其子趨而往視之，苗則槁矣。天下之不助苗長者寡矣。以爲無益而舍之者，不耘苗者也；助之長者，揠苗者也。非徒無益，而又害之。

長，上志。揠，烏八反。舍，上聲。此乃正言養氣之功必有事焉。有養之之實事也。正朱子曰預期也。持志無暴氣，涵養充積，無求速效，亦不可一息忽忘。若求效而欲速成，强生其氣，是爲助長，卽宋人以狀助長之害。朱子曰：閔，憂也。揠，拔也。芒芒，無知之貌。其人，家人也。病，病倦也。以養氣爲無益者，如不耘苗者也。求益而遂助長，亦害其氣。蓋養浩然者，必循序以幾，非可躐等而求也。

何謂知言？曰：詖辭知其所蔽，淫辭知其所陷，邪辭知其所離，遁辭知其所窮。生於其心，害於其政；發於其政，害於其事。聖人復起，必從吾言矣。

詖，彼寄反。復，扶又反。朱子曰：此公孫丑復問而孟子答之也。詖，偏陂也。淫，放蕩也。邪，邪僻。遁，逃避也。蔽，遮隔。陷，沈溺也。離，叛去。窮，困屈也。言爲心聲，其言不免於四者之弊，則其心與理違。苟不知而誤用之，則發見於政，必害於事。而徒恃己不動心，亦無以任天下事矣。聖人復起，必從吾言。自信其學也。

宰我、子貢善爲說辭，冉牛、閔子、顏淵善言德行。孔子兼之，曰：我於辭命則不能也。然則夫子旣聖矣乎？

行，去聲。此公孫丑又問也。善爲說辭，理達而辭暢。善言德行，己有是德而著於行，言之親切也。孔子兼言語、德行，而猶言不能辭命。孟子自謂知言養氣，則已造於聖人矣。丑故驚喜而問之。夫子，孟子也。

曰：惡！是何言也？昔者子貢問於孔子曰：夫子聖矣乎？孔子曰：聖則吾不能，我學不厭而教不倦也。子貢曰：學不厭，智也；教不倦，仁也。仁且智，夫子旣聖矣。夫聖，孔子不居，是何言也？

惡，平聲。夫聖之夫，音扶。朱子曰：惡，驚歎辭也。昔者以下，孟子不敢當丑之言，而引孔子、子貢問答之辭以告之。夫子，指孔子。學不厭者，深知而篤好。教不倦者，憫惜而曲成。孟子知言養氣，實已至於聖人，而不敢自任，故再言何言以曉之。

昔者竊聞之：子夏、子游、子游、子張，皆有聖人之一體；冉牛、閔子、顏淵則具體而微。敢問所安？

此亦公孫丑問也。趙氏曰：體，四肢。一體者，得一肢也。微，小也。朱子曰：

安，處也。丑問孟子，既不敢比孔子，則於數子欲何所處。

曰：姑舍是。

謂數賢皆學聖人，我未能及。而平昔之所向往，則不在是也。

曰：伯夷、伊尹何如？曰：不同道。非其君不事，非其民不使，治則進，亂則退，伯夷也。何事非君，何使非民，治亦進，亂亦進，伊尹也。可以仕則仕，可以止則止，可以久則久，可以速則速，孔子也。皆古聖人也，吾未能有行焉。乃所願，則學孔子也。

治，去聲。道，謂志趣也。既曰皆古聖人，而又曰不同道者，謂其志願不在此也。伯夷、伊尹事，詳見此篇之末，及《萬章》下篇。

伯夷、伊尹於孔子，若是班乎？曰：否。自有生民以來，未有孔子也。

趙氏曰：班，齊等之貌。丑又問而孟子答也。生民未有，義見下文。

曰：然則有同與？曰：有。得百里之地而君之，皆能以朝諸侯、有天下。行一不義、殺一不辜，而得天下，皆不爲也。是則同。

與，平聲。朝，音潮。朱子曰：有言，有同也。以百里而王天下，德之盛也。行一不義、殺一不辜，而得天下不爲。心之正也。聖人之所以爲聖人，其根本節目之大者，全在於此。於此不同，則亦不足爲聖人矣。

曰：敢問其所以異？曰：宰我、子貢、有若，智足以知聖人。汙不至阿其所好。

汙，音蛙。好，去聲。朱子曰：汙，下也。將引三子之言而先言其智，足知聖即使汙下，亦不至私其所好而譽之。非三子果汙下也。

宰我曰：以予觀於夫子，賢於堯舜遠矣。

堯舜、孔子，皆聖之至也。第堯舜之道，非孔子不彰且不久，故以夫子爲賢於堯舜。蓋當時堯舜之功業已著，而夫子未著，故宰我借以推崇之。

子貢曰：見其禮而知其政，聞其樂而知其德。由百世之後，等百世之王，莫之能違也。自生民以來，未有夫子也。

前王雖往而禮樂尚留，見之聞之，可由後以知其政德。子貢自言其明，而歎夫子非百王所及。蓋親炙久而知其立道綏動。政、德，尤異也。

有若曰：豈惟民哉？麒麟之於走獸，鳳凰之於飛鳥，太山之於邱垤，河海之於行潦，類也。聖人之於民，亦類也。出於其類，拔乎其萃，自生民以來，未有盛於孔子也。

垤，大結反。潦，音老。朱子曰：麒麟，毛蟲之長。鳳凰，羽蟲之長。垤，蟻封也。行潦，道上無源之水也。出，高出。拔，特起。萃，聚也。言自古聖人皆異於衆人。然未有如孔子之尤盛者也。愚按：類，人羣。萃，羣聖也。

附解

此章孟子發明聖功之要，爲後世立千仞之藩，惜前人不甚了了。蓋人之所以承天而不朽者，心也，其實，則性也。心與性，辨在毫釐。自宋儒以心爲性，後之論者謂心外别無性。不知性非心比也。先天心卽性，後天心夾陰識，不盡爲性。人秉父母之精氣而育，實稟天地之理氣而生。天之理氣渾然粹然者，太極也。人得之以爲性。孟子曰人性皆善者，此也。顧其得天地之理氣者，無不全；而其得父母之精氣者，不能一。故有此氣而後有此質。質之清濁、厚薄殊，而性之純、雜亦判矣。譬如燈籠。性，火也。質，籠也。籠之明晦不同，其中之有火同也。第籠以水晶、琉璃，則光顯；籠以紗與紙，則亦著；若木與石，則全晦矣。然不得謂其内之無光，而謂性本不善也。故聖人教人克己復禮，化其氣質而歸於中和，則去其蒙晦者而已。孔子之時，周室雖衰，文武、周公之禮樂猶存。特人厭苦而不爲爲者，或徒爲觀美。孔子身體以教其徒，七十子之徒來學禮於孔子，第使循循於規矩之中，卽可以寡過。其上智則告以性與天道，於時未聞言養氣也，而實未嘗不養氣，蓋求仁之功，卽是養氣之功。誾誾侃侃，諸人其一斑也。特其要難筆於書，故兩論罕著其文。至孟子時，禮樂蕩然，學聖者莫由問津。孟子因公孫丑動心一問，發出知言養氣之旨。夫心，本動也。何以不動？且心與氣何以相關？此非實致其功者，不能知也。道心、人心，祇此一心。人心從何而來？道心從何而來？氣之本乎先天後天者有别，而心之分乎理欲者異也。克己復禮，卽克去陰質之私，而復乎乾元之性。先儒亦言復性矣，而但知克治其私，擴充其善。夫克治擴充，亦存心之要也。而不足盡復性之事。孟子曰：存其心，養其性，所以事天也。於心言存，於性言養，其義始周。而此章養氣，則以清乎心之源，而復乎性之初也。告子之學，卽後世禪家所祖。其不動心也，靜存其空明妙有之質。而於心之動也，則强制其憧擾之端。自宋以來，儒者多是此學。特儒者靜心而亦以物理爲要，故重格物而補傳其實踐。倫常不欺，暗室亦有合乎聖人矣。而理氣之原不明，故其所謂不動心者亦非。夫理不虚，附氣載以行，氣非空渺，理爲之宰。靜而養其未發之中，得乾元之本體，則太極渾然一氣也；動而得乎中節之和，著時行之妙用，則一氣散爲萬物也。孟子之不動心，内外交修，動靜交養，其功非可淺求，其理難以形狀，故先曰難言，而後想像形容之，切實指陳之。集義者，擴充其天理以爲氣之原；必有事焉者，涵養其正氣以與理相比，非但集義而别無養氣之功也。三代下，三教分門。僧流靜心，有似告子。羽流養氣，則似黝、舍。其所守者，後天虛靈之心，非純一不已之性。其所養者，後天血氣之質，非乾元、太和之氣。而儒者亦以心爲性，其所謂不動心者，亦强制頑空而已。孟子若有見於後世之失，而預爲之防。先言黝、舍之養勇，是後世養後天之氣者類也。次言告子之不動心，是後世養後天之心者類也。然後言己之不動心，由於養氣而原其剛大之本體，申以必配道義，蓋内養其虛明之本，外謹其言動之宜，有體有用，盡人合天。末篇所謂美大聖神之詣，皆在其中。以漸而幾、積久而誠、非可以文字曉也。知言，即是知人。孟子自謙言之耳。詖、淫、邪、遁，就一人説，相因而及。可就數人説，各有其弊，亦可不必專指異端也。即尋常議論，知其一不知其一，是爲詖辭。蔽於所見，故以偏見爲特見，放言高論，自以爲奇而不知倚於一偏、陷溺其中而不出，即是淫辭。語言不合乎正，知其心與理違者已久，是爲邪辭。初，滕口説經，駁問而支離遷就，是爲遁辭。此四者，由心而發。若誤聽而誤用之，使之在位發於其政，勢必是非顛倒，流害無窮。孟子因加齊卿相之問而言及此。能制其蔽則能知人。而異説詭行之士無由倖進，堯舜官人，以此而已。故曰：聖人復起，必從吾言也。所以能知言者，即由養氣至不動心，自然至虛至明耳。此節正意已完，下因丑以孟子爲聖，孟子力辭。又因丑問，明其願學孔子。孔子之聖所以異於羣聖者，《中庸·上律天時》章已详。伯夷、伊尹不可貶斥，得百里之地而君之，朝諸侯有天下，是何等經綸？行一不義、殺一不辜而得天下不爲，是何等操守？孟子特以己所願不在此，故曰：不同道。與上文姑舍是一般辭意，並非薄顔、冉、夷、尹。以孔子集羣聖之大成耳，賢於堯舜。宰我因人衹知堯舜之賢而不知孔子，故作此抑揚語以推崇之。其曰以予觀於孔子，對人之觀孔子者言也。實則堯舜不讓於孔子。孔子稱堯則天，舜無爲祖述，其道豈能有加焉？特孔子生衰亂之季，堯舜之道已將廢墜，而孔子修明之，體以教人，載以貽後，不特堯舜之道待子而傳。凡類於堯舜者皆得以不朽，而悖於堯舜者不能以妄參，則以爲賢於堯舜焉耳。子貢、有若之言，皆如此看，不得誤認。孔子未嘗作禮、樂，其服習者文武、周公之禮樂耳。設使得志，豈能有加？子貢欲明孔子之道如聖王，故云然拔乎其萃，亦如孟子言夷、尹、柳下之意，非羣聖皆不如孔子。春秋之時，孔子一介儒生耳，即孟子時，孔子之道亦未顯。然前聖之道皆在孔子，孟子爲門人言，欲其學孔子以承羣聖之道，故推尊之如此，亦闡明大道，誘啟後來之苦心。不善讀之，則似堯舜、文武俱不如子，而子思又何以云祖述憲章耶？今孔子配天，人皆知之矣。而天非孔子一人之天，道本人人得天之理。不善學之，又將謂孔子以後更無聖人。而以孔子爲可及，則遂自外於聖，自絕於天，而不全其所以爲人之理，豈非孔子所痛哉？而孔子何以言困勉、成功一？孟子何以言皆可爲堯舜也？故讀聖賢書當知聖賢之心，言各有當，乃不負聖人教世之苦衷耳。

孟子曰：以力假仁者霸，霸必有大國。以德行仁者王，王不待大，湯以七十里，文王以百里。

當時諸侯矜詐，力而豔霸功，故誘之以行仁政。假仁，本無仁心而假託其事。仁，指事功而言。

以力服人者，非心服也，力不贍也；以德服人者，中心悅而誠服也，如七十子之服孔子也。《詩》云：自西自東，自南自北，無思不服。此之謂也。

趙氏曰：贍、足也。申言以力以德之效，而譬之於賢人服聖，欲其以德行仁也。《詩·大雅·有聲》之篇。自，自鎬京也。

附　解

戰國時，小國無幾，七國最强。恃其强大，爭城爭地，塗炭生民，不過欲霸耳。孟子憫之，爲指出心悅誠服之故。由於以德行仁，故曰王不待大，繼曰如七十子服孔子。孔子無寸土而人悅服之，況有土地、政權，何難以德化人？引無思不服，明以德行仁，更無遠弗居，歆動諸侯之意惓，非徒較論王霸優劣也。通章重心字。力不足以服心，卽假仁亦不足以服心。服之誠者，其仁誠也。七十子，約舉其成數。或以爲七十二，或以爲七十七、七十九，世遠難稽，不如仍以孟子言爲斷。

孟子曰：仁則榮，不仁則辱。今惡辱而居不仁，是猶惡濕而居下也。如惡之，莫如貴德而尊士。賢者在位，能者在職，國家閒暇，及是時明其政刑，雖大國，必畏之矣。

惡，去聲。下同。閒，音閑。爲君本當行仁，豈因惡辱而然？因人情好榮惡辱，故卽此以誘之。德，天理也。士能全之，故尊之。賢者，純乎德。能者，優於才。戰國分爭，閒暇之時甚少，故勉以及時明其政刑，實則行仁任賢，不拘其時也。

《詩》云：迨天之未陰雨，徹彼桑土，綢繆牖戶，今此下民，或敢侮予？孔子曰：爲此詩者，其知道乎？能治其國家，誰敢侮之？

徹，直列反。土，音杜。綢，音稠。繆，武彪反。《詩·豳風·鴟鴞》之篇。周公因管叔之畔而託爲烏言也。趙氏曰：迨，及也。徹，取也。桑土，桑根也。朱子曰：綢繆，纏綿補葺。牖戶，巢之通氣出入處出[①]。予，烏自謂也。烏自言備患如此，則下人或不敢侮予。而孔子歎其和衣而臥道，以爲治國家者能如烏之思患預防，則亦無敢侮而辱之矣。

今國家閒暇，及是時，般樂怠敖，是自求禍也。

般，音盤。樂，音洛。敖，音傲。般樂，溺於逸樂。怠，懈。傲，倨也。不修政刑而及閒暇以爲樂，求禍之道也。

禍福無不自己求之者。《詩》云：永言配命，自求多福。太甲曰：天作孽，猶可違；自作孽，不可活。此之謂也。

孽，魚列反。申言求禍求福，皆由自己，而引《書》以惕之。欲其避辱求榮也。朱子曰：《詩·大雅·文王》之篇。永，長也。言，猶念也。配，合也。命，天命。《太甲》，《商書》篇名。孽，禍也。違，避也。活，生也，《書》作逭。張氏曰：上孽，妖孽。下孽，辠孽也。

附解

爲人君，止於仁。蓋體天地生成之心以生成民物，分也，非爲求榮惡辱而然也。第常人无所勸則不興，無所懲則不改，故孟子就當時人君好榮惡辱之念而引以行仁。末又述《詩》《書》以求禍惕之。此聖賢不得已之心，而其理亦非誣也。後世儒者諱言禍福，謂爲所當爲，不必存求福之見，是也。而善乃天理，得於身曰德，人所共由如大路曰道，順天理而行，自與天合。天祇是一團善氣，善與善相感，而天自親之，故必有福。栽者培之，培者固由其能栽，非天有私，其理氣自相合也。福，不必富貴功名，俗云平安卽是福。人雖不求福，未有不避禍者。無禍卽福，福由德致。孔子曰大德必壽云云。孟子言禍福無不自己求。《易》言吉、凶、悔、吝。《洪範》福極。凡聖賢皆言此，而世儒必斥之，以天道高遠明神爲誣，謂爲善未必得福，爲惡未必得禍，致愚民悍然爲非，其禍世深矣。豈知人道卽天道？天、人同此理，卽同此徵應。夫子曰天且不違，而況於人？況於鬼神？直以一理卜天之不違，亦曰理之至者卽天之心。天固不能外理而別有所與，此卽孟子求福之說也。人君不體天心而般樂怠敖，是以天爲戲。其禍辱有必然者，自作孽不可活。所謂憫其愚而大聲疾呼之，豈曰不言理而言禍福哉？通章喫緊，尤在

① 出，《孟子集注》作也。

及、是、時三字。當時天下事勢危若朝露，而不爲仁者方恬然不覺。孟子憫之，故告以及時挽救。厥後六國爲秦所噬，秦又爲楚漢所噬。求禍之言，其有爽乎？篇首言辱而篇末言禍，辱淺而禍深。夫子所謂，何校滅耳凶者也？孟子此言，不幾垂涕而道哉。

孟子曰：尊賢使能，俊傑在位，則天下之士皆悦而願立於其朝矣。

朝，音潮。賢，有德者。能，有才者。俊傑，統二者而言。皆在位而尊，與使禮貌有差。趙氏曰：俊，美才出眾者。才過萬人者稱傑。

市廛而不征，法而不廛，則天下之商皆悦而願藏於其市矣。

趙氏曰：廛，市宅也。爲宅以居之而不稅。其貨，以市官之法禁其侵擾而不稅。其地租，蓋《周禮》廛人掌斂布、絘布、列肆之稅。戰國時因之病民，而孟子酌其宜如此也。

關譏而不征，則天下之旅皆悦而願出於其路矣。

解見前篇。旅，行客也。

耕者助而不稅，則天下之農皆悦而願耕於其野矣。

朱子曰：但使出力以助耕公田，而不稅其私田。

廛無夫里之布，則天下之民皆悦而願爲之氓矣。

趙氏曰：廛，里居也。《周禮・閭師》：凡無職者出夫布。《載師》：宅不毛者有里布。里，所居之宅。布，幣也。夫里之布，皆以警游惰。戰國時，凡里居者悉征之，則民困。氓，民也。

信能行此五者，則鄰國之民仰之若父母矣。率其子弟，攻其父母，自生民以來，未有能濟者也。如此，則無敵於天下。無敵於天下者，天吏也。然而不王者，未之有也。

天吏，天之吏。體天心以愛民，無愧代天之職也。當時虐民以逞，正告以子民之道而誘之以無敵。

附　解

戰國諸侯虐民求霸，民不堪命矣。孟子酌當時所急而告以五者。張惕菴曰：意在止殺，非慫恿使圖王。誠篤論也。五者，是孟子自出意見，酌時立法，不必拘牽《周禮》，以求其合古都邑之市。前朝後市，市四面有門，每日市門開則商賈百物皆入焉。而一國之中，地方遼闊蓋不止一市。此市蓋統言之也。三廛字各別：首廛字，市宅，次廛字，指廛人，三廛字，里居也。

先王之制，廛人本有征税。戰國時藉法以行奸，征税太重，商賈裹足。故孟子斟酌時宜，欲並地租貨税而皆免之，非如張子之説：逐末者多，則廛以抑之；少則不必廛也。法，即市官之法，《周禮》備載。商旅，有合言，有分言。此分言則商。商賈，旅行客也。夫里之布。朱子沿趙《註》而誤。《日知録》之言爲善，故從之。布有二：錢曰泉布，此則布帛之布也。夫布，一夫所職之布。里有三：一、二十五家之里；一、三百步之里；一、里居之里。此乃里居之里。因其無職而賦其夫布，使不能不勤職業。因其宅不毛而賦其里布，使不能不樹桑，此先王防民之制。而戰國時，凡里居者悉税以里布。或非無職者，亦税以夫布。故孟子云然也。氓，即民也。楊升菴曰：氓，從亡從民，流亡之民，亦有義，但不可據以解凡氓字耳。率其子弟，攻其父母，自生民以來未有能濟。煞是説得曉暢。後世講求戰伐之説益多，而無父母斯民一段功夫。無惑乎亂亡接踵也。

孟子曰：人皆有不忍人之心。

不忍人，不忍於人。人性中自然之天理也。人皆得天地之理以爲性，故皆有不忍人之心。

先王有不忍人之心，斯有不忍人之政矣；以不忍人之心，行不忍人之政，治天下可運之掌上。

常人以私欲害其天理，惟聖人全其固有，得志乘時，本天理而施於政，無非此不忍人之心。人能全此不忍之心，則政行而天下不難治矣。運掌，運物於掌。

所以謂人皆有不忍人之心者，今人乍見孺子將入於井，皆有怵惕惻隱之心。非所以内交於孺子之父母也，非所以要譽於鄉黨朋友也，非惡其聲而然也。

怵，音黜。内，讀爲納。要，平聲。惡，去聲。下同。朱子曰：乍，猶忽也。怵惕，驚動貌。惻，傷之切［也］①。隱，痛之深也。内，結。要，求。聲，名也。即乍見孺子入井，以驗人不忍之心。其出於至誠而無所希冀，乃天理之良而不自知者也。

由是觀之，無惻隱之心，非人也；無羞惡之心，非人也；無辭讓之心，非人也；無是非之心，非人也。

惡，去聲。下同。朱子曰：羞，恥己不善。惡，憎人不善也。辭，不受。讓，不爭。是以善爲是，非以惡爲非。是三者，與惻隱之心同，賦於天而所以爲人者也。故

① 也，據《孟子集注》。

因上文而推類言之。

惻隱之心，仁之端也；羞惡之心，義之端也；辭讓之心，禮之端也；是非之心，智之端也。

仁、義、禮、智皆性也。因其用而異名。端，兆也。性涵於中，不可得而見。即四者之發而見其兆，可以知性無不善。

人之有是四端也，猶其有四體也。有是四端而自謂不能者，自賊者也。謂其君不能者，賊其君者也。

四體，四肢也。無四肢則無此身，無四端則不爲人。處賊，自害其所以爲人也。

凡有四端於我者，知皆擴而充之矣，若火之始然，泉之始達。苟能充之，足以保四海；苟不充之，不足以事父母。

擴，音廓。朱子曰：擴，推廣之意。充，滿也。人皆有四端，誠知而皆擴充之，則天性之良必有不能自已者。火然泉達，喻其機之自然而充盛。第充與不充，必自決耳。

附　解

此章爲當時諸侯指出不忍之心，令其自家體察此心，擴充以保民，乃救時之意也，而其理通於凡爲人矣。蓋不忍之心，即天心也。萬物皆天所生，惟人得此天理以爲心。此先天之心，即所謂性也。迨後天氣拘物蔽，則性梏而情擾。然此不忍人之良，必不能盡斬，故無論智愚，感觸皆有此心，第或明或暗，不常不眞。孟子教人察其端而擴充之，然非實能返躬內叩，念念克己，豈能爲之？爲時君言，且先告以擴充，果能擴充則行之。久久勉强，歸於自然。若學者希聖希天，則靜存動察，有許多功夫在。此章因當時人君兵爭，忍於害民而發，非爲學者言。性理勿混，視也，仁義禮智不言，信者。承上惻隱羞惡四者之心，而指明之。言此心即某，此心即某非專論性，故不備言也。前人拘於五性，謂信在五者之中，亦是。而孟子立言之時，意實不如此。通篇皆指點諸侯之辭。火然泉達，形容其易以歆動之耳。

孟子曰：矢人豈不仁於函人哉？矢人惟恐不傷人，函人惟恐傷人，巫匠亦然。故術不可不愼也。

函，音含。術，託業也。人非不仁，第習焉而忍爲殘刻，故先即術藝以顯喻之。朱子曰：函，甲也。巫者，爲人祈祝利人之生。匠者，作爲棺槨利人之死。

孔子曰：里仁爲美。擇不處仁，焉得智？夫仁，天之尊爵也，人之安宅也。

莫之禦而不仁，是不智也。

焉，於虔反。夫，音扶，承上言欲免不仁，必當善擇。引孔子之言而極言仁之美。不擇仁而處，則爲不智也。仁，即天理。貴無以尚，故曰尊爵；盡性樂天，故曰安宅。

不仁不智，無禮無義，人役也。人役而恥爲役，由弓人而恥爲弓，矢人而恥爲矢也。

由，與猶同。知仁爲智，行仁爲禮，經權合宜爲義。不仁，則智、禮、義均無矣。乃恥爲人所役，是猶擇術。既非而欲求安，不可得也。

如恥之，莫如爲仁。仁者如射，射者正己而後發，發而不中，不怨勝己者，反求諸己而已矣。

中，去聲。時君恥人役而不知處仁，故正告之。正己者念念自責，必依於仁如射。

附　解

張氏甄陶謂：此章專爲人役而恥爲役者言。極得書旨。但云擇術、擇里，引起爲仁，殊失語意。蓋當時諸侯欲免人役而不知爲仁，非必天良全沒，特欲僥倖苟且。外此，或有富强之術不知舍卻，爲仁更無良策。孟子以弓人、矢人，仁、不仁之分，由於擇術以明其平日志事之非。次節乃引孔子。言擇仁爲智，而極言仁之至貴至安。安對危亡而言。下文直揭諸侯恥爲人役之心。言其不仁不智，則必禮義亦無，有必爲人役之理。智、禮、義皆生於仁。由不仁，故皆失之。既不擇仁而欲不爲人役，與弓人矢人操術非而求免恥，何能也？末節仍歸到爲仁。爲仁，先須悔己。前非正己而不求於人，以射爲喻。言發而不中亦不怨勝己者，恐其方爲仁，即欲求功望報，便爲仁不久矣。蓋既導以爲仁，又慮其不能恒久。救世婆心，委曲周詳如此。舊解失之。

孟子曰：子路，人告之以有過則喜。禹，聞善言則拜。

時以改過爲心，故聞人告過而喜。心與善理相洽，故一聞善言則拜。

大舜有大焉，善與人同，舍己從人，樂取於人以爲善。自耕、稼、陶、漁以至爲帝，無非取於人者。

舍，上聲。樂，音洛。大，謂善量之大。善與人同，己善則推諸人人善。樂取，爲助。自匹夫而爲天子，皆未嘗恃己而遺人之善也。《史記》：舜耕歷山，陶於河濱，漁於雷澤①。

取諸人以爲善，是與人爲善者也。故君子莫大乎與人爲善。

承上而言。取諸人以爲善，是使人益勸勉於善，而亡之善亦彌廣。故好善之量，必至此而後盡。以，猶人也。

附解

此章借子路與禹舜，指明爲善功夫次第，非較論聖賢優劣也。自來講家多誤。蓋欲爲善者，必先寡過。若惡聞己過，則隱慝日滋，爲善種子便已斷絶。此不可與言聖賢事矣，故初學必當以子路爲法。至改過日久，漸漸無過可改，則天理純熟，便覺一言一行之善，乍見乍聞自與此心相契。其於善，有不覺喜之甚而服之眞者。如是涵養省察，無時稍懈，樂善之趣日增，義禮之途日廣。自能隨處集益，不遺葑菲，不分人我，樂取於人以爲善，乃天性中之投合，有不知其然而然者。此身一息尚存，此理總覺難盡，日取諸人而猶恐其不足也。大不大，何暇計哉？特孟子爲俗人言，則以莫大乎此歆動之耳。自古聖賢祇此改過不吝之心。孔子假年學《易》，乃無大過。寡過未能深契伯玉，聖不自聖，所以至於神明不測。若自謂無過，卽非聖人矣。子路聞過則喜，其功匪淺。所以曾子畏之而世俗顧猶短之。啥其死於孔悝，不知其死之故大寃枉也。晉人佯爲送蒯聵入衛，實欲吞衛。衛人知之，立輒拒晉，非輒背父也。但晉師已退，輒當迎父，乃竟自立。蒯聵乃私入衛，孔悝輔輒，故刼悝登臺。子路，悝家臣，往視，見蒯聵刼悝登臺，云將燔臺。聵懼，令人下臺，以戈擊子路，非欲殺之也，誤中致命，遂結纓而死也。奈何誤認耶？自耕、稼、陶、漁以至爲帝，該括舜一生而言重，無非取人句。蓋世界許多事業，便有許多義理。閱歷一事，盡一事之理，聖人所以不棄芻蕘，然非此心至虚至明，視人善如己善，安能如斯？常人不然，對己自是，人才都歸湮沒，所以功業不廣。孟子故特揭言之，以戒自以爲是者。至所以取人爲善之實，則夫子好問好察數句盡之。歷山，《傳》《記》不一，當以山西蒲州府爲是。其地與雷首山近。雷澤，亦在首陽山下。河濱，相傳在今山東定陶縣，去蒲州殊遠。古蹟流傳附會，《傳》《註》多非，不可誤信也。

---

① 《史記》原作：舜耕歷山，漁雷澤，陶河濱。

孟子曰：伯夷，非其君不事，非其友不友。不立於惡人之朝，不與惡人言。立於惡人之朝，與惡人言，如以朝衣朝冠坐於塗炭。推惡惡之心，思與鄉人立，其冠不正，望望然去之，若將浼焉。是故諸侯雖有善其辭命而至者，不受也。不受也者，是亦不屑就已。

朝，音潮。惡惡，上去聲，下如字。浼，莫罪反。非其君友，皆謂其人惡也。事則尊之，友則親之。立朝與言，較事友之，爲偶矣。而亦不然。朱子曰：塗，泥也。鄉人，鄉里之常人。望，去而不顧之貌。浼，汙也。屑，潔也。不屑就，不以就之爲潔。已，語助辭。善其辭命而不受，亦爲其惡也。極形惡惡之嚴如此。

柳下惠，不羞汙君，不卑小官。進不隱賢，必以其道。遺佚而不怨，阨窮而不憫。故曰：爾爲爾，我爲我，雖袒裼裸裎於我側，爾焉能浼我哉？故由由然與之偕而不自失焉，援而止之而止。援而止之而止者，是亦不屑去已。

佚，音逸。袒，音但。裼，音錫。裸，魯果反。裎，音程。焉能之焉，於虔反。柳下惠，魯公族，姓展，名獲。一名禽，字季，謚惠。趙氏曰：柳下，號也。不隱賢，不隱己之長，欲行其道也。朱子曰：遺，佚。放，棄也。阨，困也。憫，憂也。爾爲爾至焉能浼我哉。惠之言也。袒裼，露臂也。裸裎，露身也。由由，自得之貌。偕，並處也。不自失，不失其正也。援而止之而止，欲去而可留也。

孟子曰：伯夷隘，柳下惠不恭，隘與不恭，君子不由也。

朱子曰：隘，狹窄也。不恭，簡慢也。戰國時去聖益遠，傲世嫉俗者託於伯夷，輕世肆志者託於柳下惠。故孟子擬二子之志行而斷以隘與不恭，爲當時戒君子時、中之聖也。

附解

孟子嘗稱夷、惠聖人，謂其奮乎百世之上。百世之下，聞者莫不興起矣。又嘗曰得百里之地而君之，皆能以朝諸侯，有天下，行一不義、殺一不辜而得天下，不爲矣。此章乃以爲隘與不恭，何耶？聖賢立言，各有所指，無非救世之心。戰國時，縱横捭闔者卑汙，爲我兼愛者簧惑，固不足道也。有立身高潔者，如段干木、田子方之流，貧賤驕人，平日睥睨一切，必離塵絶俗爲高，此學伯夷而誤者也；有等混俗和光之士，如莊周、列禦寇之輩，疎狂玩世，至於天地衾枕，不必定履潔懷清，此學柳下而誤者也。孟子爲此二種人鍼砭，難於顯斥其人，而即伯夷、柳下以擬其狀。斷之曰隘與不恭，君子不由也。欲其損過就中以適於道，非伯夷果置身無所，柳下果同流合汙也。二程子及尹和靖皆覺此言之過。曰：此非瑕疵夷、惠之語。言其弊，必至於此。而朱子則以爲不必說到流弊。伯夷既清，必有隘處，柳下既和，必有不恭處。道理自是如此。夫聖人者，德造其極之名。夷、惠既聖人矣。其微與孔子不同處，孟子集大成章已言之，而非謂其清和，乃實隘與不恭也。夫果隘與不恭，尚得爲聖人乎哉？孔子曰：不念舊惡。夷非隘也。孟子曰：不以三公易其介。惠非不恭也。不會通孔、孟之言，而誣夷、惠，惡乎可？

公孫丑下 凡十四章

孟子曰：天時不如地利，地利不如人和。

天時，如丙之辰越得歲之屬。趙氏曰：地利、險阻、城池之固。人和，得民心之和樂也。

三里之城，七里之郭，環而攻之而不勝。夫環而攻之，必有得天時者矣；然而不勝者，是天時不如地利也。

夫，音扶。朱子曰：三里、七里，城郭之小者。郭，城環圍也。言四面攻圍、曠日持久，必有得天時之善者。

城非不高也，池非不深也，兵革非不堅利也，米粟非不多也；委而去之，是地利不如人和也。

朱子曰：革，甲也。粟，穀也。委，棄也。言不得民心，民不爲守也。

故曰：域民不以封疆之界，固國不以山谿之險，威天下不以兵革之利。得道者多助，失道者寡助。寡助之至，親戚畔之；多助之至，天下順之。

朱子曰：域，界限也。封疆三者，非可廢也，而必以得人心爲本。得道者，又得人心之本也。極言得道失道之相懸如此。

以天下之所順，攻親戚之所畔，故君子有不戰，戰必勝矣。

承上言。不戰則已，戰則必勝。而當時之失道者，可反矣。

附　解

天生民而立之君，使養教之，惟恐其不安也。農桑、禮樂、法制周詳，而又設兵以禁暴禦亂，然必先有教化懷柔之，不服而後威之也。戰國時，專務爭戰，自圖富强，並非外侮頻臨不得已而用兵。然平日無得民心之道，往往求勝反敗，速其死亡。故孟子言此。於時權謀術數之士甚多，凡兵家書託言黃帝、太公者，皆戰國策士之所爲也。天時之說，古人爲精。如《左傳》所載南風不競之類。後世多就陰陽五行，按方位、日時合之。主將年命論孤虚旺相以决吉凶，已爲逐末。又如風角、鳥占、奇門遁甲、分八門、閉六戊、太乙、天罡等術，雖亦可以應變，然非有仁民之君，賢智之將，德惠孚於平時，兵將無不効命，而又紀律明，賞罰當，則占驗諸法亦屬無益。《易》曰：王公設險，以守其國。兵家審山川之要隘爲戰。守之機宜，尤爲至重，地利安可不知？然民心不固，主將不賢，亦望風而潰。奈當時憒憒忘本逐末，徒向二事索解。故孟子特指明之不如二字，非謂廢二者而不用，特必以人和爲本耳。此乃鍼砭當時之言，千古不易之論。第專恃人和，置二者於無用，亦非全策。儒者談理而不知兵，誤人家國者亦復不少，不可不察也。文武盛德感人，無思不服而勘黎伐密，步伐止齊，未嘗不約束兵將。《易》曰：弧矢之利，以威天下。《詩》曰：尚父鷹揚[1]。黄帝、太公非不知兵之人，特其得道靖民，必有其本。後世如《陰符》《奇遁》等書，皆託於聖賢，而不思聖賢之所以大畏小懷，實由盛德。故史載兵家者流，及馭將馭兵、出奇制勝之法，儒者亦切順講求。而平日父母斯民之政爲先，兼而有之，斯爲體用兼全之學。三代而還，以逆犯順，僥倖成功者莫如曹操及明燕王。以孔明之才，不能挽既去之人心。而練、黄之誤國，僅完節於後來。則人和固必豫之於早，兵事亦不可不知也。讀者幸毋不達孟子立言之意，而執此廢彼焉。

孟子將朝王，王使人來曰：寡人如就見者也，有寒疾，不可以風。朝將視朝，不識可使寡人得見乎？對曰：不幸而有疾，不能造朝。

章内朝，並音潮。惟朝將之朝，如字。造，七到反。下同。孟子在齊居賓師之位，自見王可也。王以禮見亦可也。使人召之，不可也。故孟子雖本將朝王，而使來，則亦以疾亂。

明日，出弔於東郭氏。公孫丑曰：昔者辭以病，今日弔，或者不可乎？曰：昔者疾，今日愈，如之何不弔？

朱子曰：東郭氏，齊大夫家也。昔者，昨日也。或者，疑辭。辭疾而出弔，與孔子不見孺悲，取瑟而歌同意。

王使人問疾，醫來。孟仲子對曰：昔者有王命，有采薪之憂，不能造朝。今病小愈，趨造於朝，我不識能至否乎？使數人要於路曰：請必無歸，而造於朝。

要，平聲。趙氏曰：孟仲子，孟子之從昆弟，學於孟子者也。采薪之憂，言因采

① 尚父，《詩經》原文作維師尚父。鷹揚，《詩經》原文作時維鷹揚。

薪而致疾，謙辭也。朱子曰：仲子權辭以對，又使人要孟子，令勿歸而造朝，以實己言。

不得已，而之景丑氏宿焉。景子曰：内則父子，外則君臣，人之大倫也。父子主恩，君臣主敬。丑見王之敬子也，未見所以敬王也。曰：惡！是何言也。齊人無以仁義與王言者，豈以仁義爲不美也？其心曰是何足與言仁義也云爾，則不敬莫大乎是。我非堯舜之道，不敢以陳於王前，故齊人莫如我敬王也。

惡，平聲。不得已者，不可召之意，不能自達也。景丑氏，齊大夫也。景丑責其不敬，而孟子言以堯舜，望王爲至敬也。

景子曰：否。非此之謂也。《禮》曰：父召無諾；君命召不俟駕。固將朝也，聞王命而遂不果，宜與夫《禮》若不相似然。

夫，音扶。下同。《曲禮》曰：父召，無諾。《玉藻》曰：君命召，在官居不俟屨，在外不俟車。景丑以臣例孟子，而謂其非禮。否，不然。其言非此之謂，非陳言之謂。

曰：豈謂是與？曾子曰：晉楚之富，不可及也。彼以其富，我以吾仁；彼以其爵，我以吾義，吾何慊乎哉？夫豈不義而曾子言之？是或一道也。天下有達尊三：爵一，齒一，德一。朝廷莫如爵，鄉黨莫如齒，輔世長民莫如德。惡得有其一，以慢其二哉？

與，平聲。慊，口簟反。長，上聲。豈謂是與，言禮之所云。豈謂己今日之事歟？因述曾子之言而明齒德與爵並尊，不得以一慢其二，而概欲趨走之也。朱子曰：慊，恨也，少也。達，通也。是或一道，因景子言謙而亦謙言也。

故將大有爲之君，必有所不召之臣，欲有謀焉則就之。其尊德樂道，不如是不足與有爲也。

樂，音洛。大有爲，欲大有作爲，濟世安民者也。所不召之臣，道隆德備，佐其大有爲者也。有謀則就，尊德樂道之一節。

故湯之於伊尹，學焉而後臣之，故不勞而王；桓公之於管仲，學焉而後臣之，故不勞而霸。

朱子曰：先從受學，師之也。後以爲臣，任之也。

今天下地醜德齊，莫能相尚。無他，好臣其所教，而不好臣其所受教。

好，去聲。朱子曰：醜，類也。其所教，己所教令。所受教，己所師法。言當時皆無不可召之臣，故不能大有爲也。

湯之於伊尹，桓公之於管仲，則不敢召。管仲且猶不可召，而況不爲管仲者乎？

若大有爲之君，則不敢召道德之臣。管仲，非尹比也，而且不可召，况孟子乎？

附　解

此章書旨易明。而三代下，能行之者惟先主之於孔明而已。符堅於王猛，神宗於安石，亦有委任之誠，而其臣非不可召之臣。故其君不能成大有爲之烈。然則所謂大有爲者，必其君先有知人之哲，乃能得賢而用之。故誠正修齊之學，所以裕知人之哲者，不可一日而不講。否則，君自以爲堯舜，臣自以爲伊吕，幸相遇合，終至誤國誤民。孟子所懷，非特齊之君臣不能知，而公孫丑孟仲子輩亦不能解。宜乎負大有爲之具，而卒無所遇也？悲夫。采薪之憂，趙氏爲優，故從之。

陳臻問曰：前日於齊，王餽兼金一百而不受；於宋，餽七十鎰而受；於薛，餽五十鎰而受。前日之不受是，則今日之受非也。今日之受是，則前日之不受非也。夫子必居一於此矣。

趙氏曰：陳臻，孟子弟子。兼金，好金也。其價兼倍於常者。一百，百鎰也。

孟子曰：皆是也。

承臻是、非二字而言，非自詡。

當在宋也，予將有遠行，行者必以贐，辭曰：餽贐。予何爲不受？

贐，除刃反。趙氏曰：贐，送行者贈賄之禮。

當在薛也，予有戒心，辭曰：聞戒。故爲兵餽之，予何爲不受？

爲兵之爲，去聲。戒，戒備不虞之心也。孟子在薛遇兵難，戒備之。而薛贈以金。辭曰，爲戒兵故也。

若於齊，則未有處也。無處而餽之，是貨之也。焉有君子而可以貨取乎？

焉，於虔反。趙氏曰：在齊無事，於義未有所處也。朱子曰：取，羅致之意。

附　解

孟子居齊爲客卿，王有所餽，宜乎當受。若在宋在薛，特偶然客寄，宜乎不受人餽。而孟子不然，故陳臻疑而問之也。然孟子應齊之聘而來，原爲行道計，非爲利禄。且王待以客卿，館禄俱豐，無事餽金，原可不受。在宋爲餽贐，在薛爲聞戒，非無處而餽之。張氏謂辭受無常，惟義之歸本，不難曉。愚按：古今名流，辭受取與，合義者殊寥寥。非析理甚精，操守極定，不易言也。伊尹非道非義，天下不顧，一介不苟，乃能在野而樂。堯舜之道，佐商而成救世之功，易而言之。毋乃未知聖賢精義之學乎？薛本奚仲之後，是時已爲齊有，而封田嬰。張氏椿謂孟嘗好士。孟子鄆過而餽以金，自是常事，不爲無見。作《孟子年譜》者，謂孟子去齊返魯之宋，由宋之薛。而張氏椿亦謂由齊而宋而薛，與本文形迹相合，不知本文當在宋也、薛也，皆追憶之辭。孟子未至齊之前，曾過宋薛而後返齊，皆不可知。戰國之時，遊說之士最重，諸侯恐其往來人國，挑弄干戈，故各國皆有客館養士。而孟嘗、平原、春申、信陵，其最著者也。孟子雖不比遊士，而所至諸侯亦以遊士客之，則所贈固所常有。作《年譜》者不知當日時勢，以爲孟子所至，即與其君相見，而又不知孟子不見諸侯之義。乃影響摸索，牽合《七篇》，宛轉附會，其義欲尊孟子而實誣孟子，愚故不敢從也。予有戒心，或當時薛地有兵，孟子過而遇之；或在圍城之中，不必定是有人欲害孟子。自趙氏謂惡人害孟子，而朱子從之，且曰：設兵以戒備之。羈旅人國，素無權勢，何從設兵？弊由泥視兵字，不知兵非孟子之兵，乃鄰國之兵也。當時兵戈擾擾，所在多有。魯仲連在圍城，新垣平且奚落之矣。無處，舊《註》謂處置之處，亦不如古《註》之分明。

孟子之平陸。謂其大夫曰：子之持戟之士，一日而三失伍，則去之否乎？曰：不待三。

去，上聲。閻百詩曰：平陸，齊之邊邑。持戟之士，爲大夫守衛者。伍，班次也。去之，罷去也，孟子卽所見以爲喻。朱子曰：大夫，邑宰也。戟，有枝兵也。

然則子之失伍也亦多矣。凶年饑歲，子之民，老羸轉於溝壑，壯者散而之四方者，幾千人矣。曰：此非距心之所得爲也。

幾，上聲。失伍，言其失職，亦如士之失伍也。趙氏曰：轉，轉尸於溝壑。距心，大夫名。非我所得爲。隱，諉過於王也。

曰：今有受人之牛羊而爲之牧之者，則必爲之求牧與芻矣。求牧與芻而不得，則反諸其人乎？抑亦立而視其死與？曰：此則距心之罪也。

爲，去聲。死與之與，平聲。朱子曰：牧之，養之也。牧，養之之地。芻，草也。孟子言若不得自專？何不致其事而去？

他日，見於王曰：王之爲都者，臣知五人焉。知其罪者，惟孔距心。爲王誦之。王曰：此則寡人之罪也。

見，音現。爲王之爲，去聲。孔距心，女生也。《穀梁傳》：民之[1]所聚曰都。誦，述言也。爲王誦其語，以警王改過。

附　解

聖賢耳目所及，無非救世濟民之志。孔子於衛歎其庶，孟子於平陸斥其失伍。蓋皆仁心不能自已，非無故而出位以謀求人之過也。夫天災流行，國所常有。而苟素有仁政，備荒有具，救荒有策，小民何至失所？奈齊之君臣昏然弗知，及孟子發之，而亦但引罪而已。豈非父母斯民之念實未嘗誠切乎？趙氏曰：邑有先君宗廟曰都，《集註》從之。然平陸不錄有先君宗廟，《穀梁傳·僖公十六年》：民之[2]所聚曰都。張氏椿引以證本文，爲確。

孟子謂蚳鼃曰：子之辭靈丘而請士師，似也，爲其可以言也。今既數月矣，未可以言與？

蚳，音遲。鼃，烏花反。爲，去聲。與，平聲。趙氏曰：蚳鼃，齊大夫。靈丘，齊下邑。士師，獄官。朱子曰：似，近似有理。可以言，士師近王，得以諫刑罰之不中者。

蚳鼃諫於王而不用，致爲臣而去。

朱子曰：致，猶還也。

齊人曰：所以爲蚳鼃則善矣。所以自爲則吾不知也。

譏孟子道不行而不去也。

公都子以告。曰：吾聞之也：有官守者，不得其職則去；有言責者，不得其言則去。我無官守，我無言責也，則吾進退，豈不綽綽然有餘裕哉？

朱子曰：官守，以官爲守者。言責，以言爲責者。綽綽，寬貌。裕，寬意也。孟子居賓師之位，與爲臣不同。或進或退，審乎其義而已。

附　解

君父，倫之大者也。然君臣以義合，與父母微有不同。況列國諸侯與後世一統天子咸戴尊親者又别。孟子平日不見諸侯。其至齊也，必非無故而至。齊王致稷下之士三千人，想當時亦如梁惠王，卑禮厚幣而後孟子至齊。觀其與齊君臣問答，以不可召自命，以進退綽綽自明，可見乃後人作《年

[1] 之，阮刻本無。
[2] 之，阮刻本無。

譜》不明此旨，以孟子爲泛游列國至齊而已。其誣聖賢特甚。舊《註》謂孟子居賓師之位，未嘗受禄。然當世客卿亦有禄，但與北面爲臣之禄不同。豈惟在齊從者數百，傳食諸侯？當時列國重士風氣如此，孟子亦以其無害於義而就之。但與他人苟且就禄，爲臣僕者不同。此意不明，則孔孟境遇不同之故無由道。着齊王既不用孟子，則可以去，而不去者，孟子篇末自言之矣。

孟子爲卿於齊，出弔於滕，王使蓋大夫王驩爲輔行。王驩朝暮見，反齊、滕之路，未嘗與之言行事也。

蓋，古盍反。見，音現。蓋，齊邑，在今沂水縣西北。孟子爲齊客卿，王不能使也。蓋藉其賢，以重於鄰國而浼之。行，非義所屈，故應之。王驩爲副使，往還而不與之商。及使事，非不與交言也。

公孫丑曰：齊卿之位，不爲小矣；齊、滕之路，不爲近矣。反之而未嘗與言行事，何也？曰：夫既或治之，予何言哉？

夫，音扶。朱子曰：王驩蓋攝卿以行，故曰齊卿。夫既或治之，謂賵奠儀物之屬。若弔禮，則孟子專之矣。此孟子磨不磷，涅不淄之道，非但待小人不惡而嚴也。

附　解

天下豈能無小人？亦豈有必不與小人晉接之理。特自位者高，則小人如浮雲之不能蔽太虚。而溫良恭儉讓，又足以化之，則小人且樂爲君子所容，而我之道自若也。孔子欲往公山、中牟，孟子與王驩同出弔，正是一副本領。想王驩日在孟子化日之中，亦不自覺。公孫丑善學，覷破機關，見其未嘗與之言行事。孟子止言夫既或治之，不待於言，未嘗謂王驩不足與言也，是何等廣大含蓄？前人謂孟子英氣太露，如此等處，何讓孔子？或曰：如使有司不治，孟子或與言行事乎？曰：然否也。弔事，孟子一人專之，無慮不當於禮，原不待與他人籌議，其有司備具賵襚、奠祭之儀物，卽或弗給，亦可自命有司，不必與王驩共籌也。而有司既治之，尤無俟與言。若王驩自相質問，卽與言何害？要之，言行事與否，不甚相關係。第他人處此，則必先有一齊卿。在其意中，凡事有多少將就處。而孟子不然，直道而行，故丑問之。未嘗與之言行事，只是未嘗委曲周旋之意耳。

孟子自齊葬於魯，反於齊，止於嬴。充虞請曰：前日不知虞之不肖，使虞敦匠事。嚴，虞不敢請。今願竊有請也。木若以美然。

孟子爲齊客卿。家貧，因奉母居齊。母喪，歸葬於魯。復歸，終喪於齊。止，宿於嬴。朱子曰：嬴，齊南邑。充虞，孟子弟子。敦匠事，董治作棺之事。嚴，急也。木，棺木也。以、已通。以美，太美，蓋工緻也。

曰：古者棺椁無度，中古棺七寸，椁稱之。自天子達於庶人。非直爲觀美也，然後盡於人心。

稱，去聲。朱子曰：度，厚薄尺寸也。椁稱之，與棺相稱。愚按：中古唐虞以降，非徒美好可觀，不欲速朽其親之心，必如是而後盡也。

不得，不可以爲悦，無財，不可以爲悦。得之爲有財，古之人皆用之，吾何爲獨不然？

悦，承親之歡也，言人子事親禮。不得爲者，不能逾分以悦親。得爲而無財，亦不能悦親。若得之矣，而又爲有財，古之人皆用以自盡其心，吾何獨不然乎？

且比化者，無使土親膚，於人心獨無恔乎？

比，毗義反。恔，音效。比，親近也。化者，死者。恔，較慰也。此乃言木不嫌美之故。棺椁與死者相親近，厚爲之，無使土親其膚，人心不可稍慰乎？

吾聞之也[①]：君子不以天下儉其親。

又推言之，凡禮可得爲而財又能爲者，皆奉於親。雖竭天下之物，不爲奢。不薄其親故也。

附　解

劉向《列女傳》：孟子處齊，有憂色，擁楹而歎。孟母見而問之。則孟子在齊爲客卿，因家貧即挈家客於齊也。母没歸葬，仍反於齊，止宿於嬴，充虞問之。閻百詩謂：三年之喪，言而不議。疑孟子非禮。以爲終三年喪而返齊。顧炎武謂：經自齊葬於魯，而不言喪。此改葬也。然既日改葬，又何以不可與充虞言？則將母喪歸葬，自合情理。且下文棺椁等語，方有着落。孟子客齊，則葬畢返齊，亦自然之勢。考《禮·三年之喪》：不言而事行者、言而後事行者，其禮不同。孟子固言而後事行者，非不言之例也。鄒即郰邑，魯地。鄒、郰字本可通用，故葬於魯。魯附庸之國，其都在鄒，春秋時號小邾，曹姓，不知何時改名鄒。或以其居鄒而名之歟？今兗州府鄒縣，孟母冢在鄒縣北二十里。閻百詩謂，孟子非生於郰，意以爲孔子郰人，孟子不應與孔子同生一地。然孔子生於郰邑昌平鄉，蓋叔梁紇爲郰邑大夫時孔子生。三歲而孤，聖母即家於郰，後徙居魯都。不知何時前人以孟子爲孟孫

① 也，《四書章句集注》無。

後，殊非。孟孫世爲魯公族，即支屬亦不當居鄒爲齊民。孟子蓋别氏孟者也。閻氏因孟子爲孟孫後，故謂孟子不應生於鄒。然孟母墓在鄒縣，則其爲鄒人無疑。孟子鄒人，信而有徵者也。爲孟孫後，無確據者也。孟子言孟獻子百乘之家也。若爲其後，則不應如此云云。故斷以别氏孟鄒人爲的。孟子因家於齊，故葬畢反齊終喪，並非北面爲齊臣，而當時客卿之禄，亦不以遭喪輟，故孟子儘可反齊終喪也。師弟問答，如家人父子相告語。若三年喪内不可與弟子言論，則孔孟講學爲業，必遣去生徒，緘默三年乃爲盡孝。於理既爲不通，於禮又無足據，此皆前人拘窒之見也。或曰：客卿之禄不以遭喪輟。何以知之？曰：戰國時諸侯畏策士往來人國，挑動干戈，各國皆養士。馮煖彈鋏興歌，而孟嘗即爲之家。可知養士必安其身家也。孟子挈家於齊，客卿有常禄，何不可以終喪乎？若廬墓非禮，顧炎武已能辨之。此不足以難孟子。不得不可以爲悦數句，泛言人子事親之心。不黏葬事説下無使土親膚節，乃正言棺椁之事。爲悦，爲親悦也。若人子於親没哀痛無窮，即得之有財，豈堪悦哉？獨無恔乎，恔字作快字解亦欠。安終天之恨，何窮形骸之化莫保？即無使土親膚，遂快然於心乎。不以天下儉其親，言雖竭天下之養可也。極言人子無窮之心如此。

沈同以其私問曰：燕可伐與？孟子曰：可。子噲不得與人燕，子之不得受燕於子噲。有仕於此，而子悦之，不告於王而私與之吾子之禄爵。夫士也，亦無王命私受之於子，則可乎？何以異於是？

伐與之與，平聲。下伐與、殺與同。夫，音扶。趙氏曰：沈同，齊臣。以私問，非王命也。子噲，燕王。子之，燕相也。子，謂沈同也。朱子曰：諸侯土地人民，受之天子，傳之先君，私以與人，則與者、受者皆有罪也。仕，爲官也。士，即從仕之人。

齊人伐燕。或問曰：勸齊伐燕，有諸？曰：未也。沈同問燕可伐與？吾應之曰可。彼然而伐之也。彼如曰：孰可以伐之？則將應之曰：爲天吏則可以伐之。今有殺人者，或問之曰：人可殺與？則將應之曰可。彼如曰：孰可以殺之？則將應之曰：爲士師則可以殺之。今以燕伐燕，何爲勸之哉？

朱子曰：天吏。解見上篇。齊無道，與燕同，如以燕伐燕也。《史記》亦謂：孟子勸齊伐燕。蓋傳聞此説之誤。

附解

語云伐國，不問仁人。齊伐燕，孟子何以言其可伐？蓋當時周室之令已不行，苟有弔民伐罪之心者起，而尊周禁亂，亦聖賢所許。齊王若商之，孟子必將令其上告天子，奉辭伐燕。正其君臣、安集民人，此方伯之事也。乃王不問而沈同以其私問，衹是局外閒論，故孟子但以可伐告之。而同不以聞於王，王竟伐燕，取之乃告於孟子。孟子逆知其不能安民匡亂也。故曰：如水益深，如火益熱，亦運而已矣。及諸侯將謀救燕，王又質之孟子。孟子乃告以旄、倪等語，此皆事後補救之辭，非萬全之計。若使舉事之初，卽以孟子爲依歸，必不至此。此章乃門人事後追記，以見孟子至公至明之心。章首提明以其私問，大旨已明。惟天吏則可以伐之。當時周天子尚存，德非天吏，位則天吏也。齊王若奉周之命以救民爲心，亦爲天吏而顧。不然，則以燕伐燕而已。朱子謂：聖賢之心，如明鑑止水，物來則照之，然不能揲其背而照之說①。統謂孟子未嘗輕貸燕，亦未嘗輕予齊。要識得聖賢大公之心，皆得之。

燕人畔，王曰：吾甚慙於孟子。

《史記》，齊破燕後二年，共立太子平，是爲燕昭王。王自慙於孟子，則孟子未勸齊伐燕益明。

陳賈曰：王無患焉。王自以爲與周公，孰仁且智？王曰：惡！是何言也？曰：周公使管叔監殷，管叔以殷畔。知而使之，是不仁也；不知而使之，是不智也。仁智，周公未之盡也，而况於王乎？賈請見而解之。

惡、監，皆平聲。朱子曰：陳賈，齊大夫也。管叔，名鮮，武王弟，周公兄也。《王制》：天子使其大夫爲三監。監於諸侯之國②。國三人。武王克商，仍使武庚君於舊都，司其土地人民。而武庚不肖，故以管叔三人監之。猶舜之於象，使吏治其國而輔翼之也。曷意管叔不體武王之意，反誘武庚爲亂。周公乃奉成王命而誅之。賈以此病周公，而欲爲王解慙也。

見孟子，問曰：周公何人也？曰：古聖人也。曰：使管叔監殷，管叔以殷畔也，有諸？曰：然。曰：周公知其將畔而使之與？曰：不知也。然則聖人且有過與？曰：周公，弟也。管叔，兄也。周公之過，不亦宜乎？

與，平聲。賈以周公不知管叔之畔，解齊不知燕之畔。不知周公與管叔兄弟也。至親以至誠待之，不逆料其將畔。其不知也，正其大公至誠之心也。故曰：過亦

① 《晦庵集》（《四庫全書》本）作：聖賢之心，如明鑑止水，來者照之。然亦照其面我者而已矣。固不能探其背而逆照之也。

② 《禮記注疏》（《四庫全書》本）作：監於方伯之國。

宜也。

且古之君子，過則改之；今之君子，過則順之。古之君子，其過也如日月之食，民皆見之，及其更也，民皆仰之；今之君子，豈徒順之，又從爲之辭。

更，平聲。朱子曰：順，猶遂也。更，改也。辭，辨也。更之則無損於明，故民仰之。順而爲之辭，則其過愈深矣。責賈不能勉其君以遷善改過，而教之以遂非文過也。

附　解

聖賢行事計義理，未嘗不求萬全。而意外之變，或有不能逆料者，人心轉移在乎頃刻，雖賢智亦不免中變，而常流無論矣。管叔與武王、周公爲同母弟兄。文王太姒之聖德，所以教導之者，與武王周公宜無不同。而武王周公使監殷時，亦豈第以其親而使之哉？乃管叔爲武庚所煽惑，固周公所不及料者，未可以爲過也。而陳賈以之爲過。孟子亦卽姑以爲過而曰弟也兄也。明乎骨肉之間，不預料其不肖，非果過也。《語類》謂周公當日作此事也。大段疎脫，則是竟以爲眞過，殊未得孟子之意。且云周公不過，是怕武庚畔，故遣三叔監他。爲其至親可恃，不知他反與武庚同作一黨，則尤大誣聖人之心。不可不辨也。夫紂爲無道，天下諸侯同心畔之。不期而會孟津者八百，豈武王要結之哉？蓋如山東豪傑羣起而亡秦，武王勢不能禁止之，則不得已因而約束之。《牧誓》一篇，是也。使武王不從諸侯推戴之意，束身歸周，諸侯亦必滅紂而斬商之祀，廢湯之政。互相爭立，民遭塗炭，其害有不可勝言者，故武王不得已而應天順人。紂聞天下畔己倉猝自焚，非武王迫之也。今《泰誓》三篇僞造，非《泰誓》古本，而《汲冢書》尤謬，遂致先儒紛紛疑竇。若使武王周公有一毫利天下之心，而孔子《繫易》稱其應天順人與？子游言禮，謂其順時爲至大，不亦誤乎？惟武庚不可輔，而天下諸侯亦無可作君師者，故武王遂自爲之。而由是反商政，政由舊。自堯舜遞傳以至於湯之治法道法，賴以長存。而且仍封武庚於故都，土地猶是，人民猶是，俾其修禮物以作賓王家，其大公無我之心，何如因武庚非賢智之才，是以使管叔等爲三監？仍古制也，非恐其畔亂也。若使其憂畔亂，則何不別遷之於他國？而必仍使在舊都乎？舜禹有天下而不與，伊尹非道非義一介弗取、天下弗顧。孟子之稱伊尹也，曰行一不義、殺一不辜而得天下不爲，會武王周公獨不然乎？聖人之心，如青天白日，敝蹝天下，凡聖皆然。觀巢許、嚴陵淸高之士且然，何况湯武？故陳賈以爲周公過者，其失猶淺，而以湯武征誅爲紊君臣之大防者，其失甚。此名教所關聖人大節，愚故不得不反復而辨論之。至林氏謂，齊王知慙，猶有羞惡之心，其臣不能因是心而將順之。其説甚美。游定夫謂，管叔與象不同，亦得大義，然猶有未盡者。象之害兄，父母命之也。舜方求順父母而不得，則但使象不能害己足矣，豈能忘父母而念弟之惡？管叔不知武王周公至公無私之意，而與武庚爲亂。既陷武庚於非道，幾墜成湯之祀，則不得爲紂之功臣。且不知武王周公繼述文王之意，尤不得爲文王之肖子。周公奉王命誅之，非周公私罪之也，其情事不侔矣。

孟子致爲臣而歸。王就見孟子曰：前日願見而不可得，得侍同朝，甚喜。今又棄寡人而歸，不識可以繼此而得見乎？對曰：不敢請耳，固所願也。

朝，音潮。客卿受祿，亦臣也，第與委贄者不同。齊王久而不用，孟子故至祿而去。而王復虛詞促駕，孟子亦虛辭應之而已。

他日，王謂時子曰：我欲中國而授孟子室，養弟子以萬鍾，使諸大夫國人皆有所矜式。子盍爲我言之？

爲，去聲。朱子曰：時子，齊臣也。中國，當國之中也。萬鍾，穀祿之數也。鍾，量名。受六斛四斗。矜，取也。式，法也。盍，何不也。王欲以虛禮博尊賢之名，實不能委國受命也。

時子因陳子而以告孟子。陳子以時子之言告孟子。孟子曰：然。夫時子惡知其不可也？如使予欲富，辭十萬而受萬，是爲欲富乎？

夫，音扶。惡，平聲。朱子曰：陳子，卽陳臻也。孟子既以道不行而去，則其義不可以復留。而時子不知，則又有難顯言者。故但言設使我欲富，則前日爲卿，嘗辭十萬之祿，今乃受此萬鍾之饋，我雖欲富，亦不爲此也。

季孫曰：異哉，子叔疑。使己爲政，不用則亦已矣。又使其子弟爲卿。人亦孰不欲富貴，而獨於富貴之中有私龍斷焉。

龍，音壟。朱子曰：季孫、子叔疑，不知何時人。龍斷，岡壟之斷而高者。於叔疑嘗不用，而使其子弟爲卿，季孫譏其既不得於此，而又欲求得於彼，如下文賤丈夫所爲。孟子引此以明道，既不行，復受其祿，則無以異此矣。

古之爲市者，以其所有易其所無者，有司者治之耳。有賤丈夫焉，必求龍斷而登之，以左右望而罔市利，人皆以爲賤，故從而征之。征商，自此賤丈夫始矣。

朱子曰：孟子釋龍斷之説如此。治之，謂治其爭訟。左右望者，欲得此而又取彼也。罔，謂罔羅取之也。從而征之，謂人惡其專利，就征其稅。後世緣此，遂征商人也。

附　解

戰國諸侯，各有客館養士。然泛泛者多。孟子至齊，自是齊王聞其賢而禮敬之。故待爲客卿。禮貌較他人不同，故孟子安之而且挈家於齊。乃啟導多端，久而不用，孟子則不可以虚文羈矣。齊王就見，即挽留亦未必肯住，而况不以現在不可去爲辭，以繼此或得見爲請，是無意留孟子矣。時子不直告孟子，而因陳子以告，想亦知孟子未必肯留。但以爲齊王之意不可負耳。孟子不便明言己道不行，祇就辭禄之意極言欲富之賤，使知既非欲富，則是必欲行道。此對面着筆之意。惜乎，王既不知，而時子亦不悟也。

孟子去齊宿於晝。有欲爲王留行者，坐而言，不應，隱几而臥。

晝，當作畫，音獲。下同。爲，去聲。下同。隱，於靳反。趙氏曰：畫，齊西南近邑。孟子去齊歸鄒宿此。朱子曰：隱，憑也。

客不悦曰：弟子齊宿而後敢言，夫子臥而不聽，請勿復敢見矣。曰：坐，我明語子。昔者魯繆公無人乎子思之側，則不能安子思；泄柳、申詳無人乎繆公之側，則不能安其身。

齊，側皆反。復，扶又反。語，去聲。朱子曰：齊宿，齊戒越宿也。繆公尊禮子思，常使人道達誠意於其側。泄柳，魯人。申詳，子張之子也。常有賢者在君之左右白其賢，蓋孟子非不可留。而齊廷無人，故孟子道不能行也。

子爲長者慮而不及子思，子絶長者乎，長者絶子乎？

長，上聲。朱子曰：長者，孟子自稱也。客不言孟子之賢，使王用之，而以私意來留行，是益促長者之駕，爲絶長者也。

附　解

當時士風卑靡，見孟子在齊，尊以客卿，禄以十萬，已是非常禮遇。故客留行，以爲孟子可不必去也。不知聖賢之心，惟欲救世安民，必可以行吾道而後就之。若有一毫疎慢之心，即是輕道，雖天下弗顧也。然此意不可與俗人言。第言子思三人當年所以久留人國之故，以明齊廷無人，坐視其君昏亂而不救，非欲客薦，達己於王也。按：繆公時，公儀子爲相，子思亦未當國，故魯亦不振，第繆公猶知尊禮子思耳。此章只重繆公之側有人，不必及此。泄柳、申詳，品固不如子思，然孟子言安其身，則亦非可苟留者。舊《註》維持調護，安二子有語病，不可從。晝，作畫。蓋以澅而得名。在臨淄城十八里水南山西有王蠋墓，《史記·田單傳》：樂毅聞畫邑王蠋賢，令軍中曰：環畫邑三十里無入。漢耿弇討張步，進軍畫中，遂攻臨淄。皆是地也。俗以澅水爲宿，因孟子在齊宿於此而易名，乃或謂齊有晝邑，又有畫邑。《廣韻》：晝，姓。畫邑大夫之後[①]。鑿空之語，不可信。隱几，古人席地而坐，優之則有几。

孟子去齊。尹士語人曰：不識王之不可以爲湯武，則是不明也；識其不可，然且至，則是干澤也。千里而見王，不遇故去。三宿而後出晝，是何濡滯也。士則兹不悦。

語，去聲。趙氏曰：尹士，齊人也。干，求也。澤，禄也。濡滯，淹久也。千里，道遠之恒辭也。

高子以告。曰：夫尹士惡知予哉？千里而見王，是予所欲也。不遇故去，豈予所欲哉？予不得已也。

夫，音扶。下同。惡，平聲。朱子曰：見王欲以行道也。今道不行，故不得已而去。非本欲如此也。

予三宿而出晝，於予心猶以爲速。王庶幾改之。王如改諸，則必反予。

當時王必有得罪孟子者，故孟子决於引去。張氏甄陶曰：再言改之，必有所指。齊王此過，有所便於己忍而不能改。是以欲留孟子而不敢明言。時子、陳子與留行之客，皆有所受而來，亦得其情矣。

夫出晝而王不予追也，予然後浩然有歸志。予雖然豈舍王哉？王由足用爲善。王如用予，則豈徒齊民安，天下之民舉安。王庶幾改之，予日望之。

由、猶，通。浩然，如水流不可止也。楊氏曰：齊王天資朴實，如好勇、好貨、好色、世俗之樂，皆以直告而不隱於孟子。故足以爲善。愚按：孟子之憂者，天下之民不安也。王猶足用爲善，故欲輔齊以安民，非爲己也。

予豈若是小丈夫然哉？諫於其君而不受則怒，悻悻然見於其面，去則窮日之力而後宿哉？

悻，形頂反。見，音現。朱子曰：悻悻，怒意也。窮，盡也。

尹士聞之曰：士誠小人也。

尹士聞義而服，亦君子也。

---

① 《廣韻》作：又姓，畫邑大夫之後，因氏焉。

附　解

聖賢救世情殷，然枉己即不能正人，故不輕於託足。齊王禮聘孟子，孟子必不容逆料其不可而弗至。既至而見齊王。非誠能用賢之主，便有去志。特以其禮貌尚優，王猶足用爲善，或有翻然易轍之一日，故不即去。繼而齊王不知何事得罪孟子，義不可以久留，故去。然是時生民塗炭，大有爲之君既不世出，而齊王天資朴實，猶堪啟發，故遲遲其行以冀悔心。而竟不然，則天未欲平治天下也。蘇老泉評此章謂：纏緜幽深，《離騷》似之。蓋其惓惓救民之心，形於詞意，有令人反復而流連者。學者誠由是而得聖賢之用心，則有以袪夫私妄之念矣。

孟子去齊。充虞路問曰：夫子若有不豫色然。前日虞聞諸夫子曰：君子不怨天，不尤人。

趙氏曰：路，道也，於路中問也。朱子曰：豫，悦也。尤，過也。此二句孔子之言。蓋孟子當稱之以教人。

曰：彼一時，此一時也。

朱子曰：彼，前日。此，今日。隱居求志，義惟自修；行道濟世，心宜惻憫。

五百年必有王者興，其間必有名世者。

朱子曰：自堯舜至湯，自湯至文王，皆五百餘年而聖人出。名世，謂其人德業聞望可名於一世。若皋陶、稷、契、伊尹、萊朱、太公望、散宜生之類。

由周而來，七百有餘歲矣。以其數則過矣，以其時考之則可矣。

朱子曰：周，謂文、武之間。數，謂五百年之期。時，謂亂極思治之時。按：史自武王至孟子時，已八百餘年，而云七百有餘歲者，約略言之。猶堯舜至湯，湯至文武皆過五百年而俱約言五百年也。

夫天，未欲平治天下也。如欲平治天下，當今之世，舍我其誰也？吾何爲不豫哉？

夫，音扶。舍，上聲。因天心未欲平治，故憂世深而形爲不豫也。如天欲平治天下，則己道必行，可以救民而釋然，何爲不豫哉？蓋言所以不豫之故，非怨天尤人比也。

附　解

孔子曰：不怨天，不尤人。下學而上達。蓋聖賢克己自修，念念求其無愧，不一毫願外也。然私妄日除，天理日熟，性分之清明廣大，既與天同此心之慈祥，愷惻自與天合。由是一事之善，欲推及於人，一物之危，卽引咎於己。由親親而仁民，由仁民而愛物，天下一家也，中國一人也。卽不遇於時，而恫瘝斯民之心，未嘗一日去諸懷抱，況孟子既遇齊王，有可以爲善之資，而又不果行，安能免於不豫？充虞錯認不豫爲有怨於人，故孟子明己濟世之意，以見天心未轉，不能不戚戚於懷。舍我其誰？非自夸張，乃言舍我更無二人。故一己不遇，卽生民塗炭不休，而歎息於天心，天未悔禍，幾乎聲淚俱下矣。孔子：天下有道，某不與易[1]。果哉，末之難皆是此心？

孟子去齊居休。公孫丑問曰：仕而不受祿，古之道乎？

休，地名。閻氏曰：今兗州滕縣北十五里。丑以客卿爲仕齊，疑孟子之不受祿也。

曰：非也。於崇，吾得見王。退而有去志。不欲變，故不受也。

非也，非仕而又不受祿也。崇，地名。孟子初見王卽知其非大有爲，遂有去志。既未可以行道，則不可仕，故不可受祿。變，變其初志也。

繼而有師命，不可以請。久於齊，非我志也。

師命，賓師之命。王繼而以賓師待之，猶知禮貌，可不卽去，故姑留以觀其後。而竟不然，故久於齊，非其初志也。

附　解

孟子一生，不見諸侯。其見王於崇，必王禮聘之也。一見齊王，卽知其非大有爲之君，故退而卽萌去志。繼而王以賓師處之，則感其禮貌，自可以稍留。儻齊充其尊禮之意，委國而聽，斯道大行矣。無如僅以虛文，久而不用，是以決去。客卿亦有祿，但非任事任官之祿比。孫氏奭以師命爲賓師之命，甚合。若言師旅之命，考諸史策，既無其事。且欲去而因師旅久羈，並前數章情事亦不合也。賓師之命，或疑爲鑿空，不知當時遊士鴟張，列國懼其爲患，故爲賓館養士。有厚薄之分，尊之者曰客卿，或處以賓師之禮。繆公於子思未嘗任之，亦未嘗臣之。孟子應聘至齊，王平日亦知其賢，以其齒尊，待以客卿，卽賓師之位也。故王稱爲夫子。而孟子亦言爲長者，慮不及子思。將朝王，聞王命遂不果焉。孟子初至，知齊王不足有爲，卽欲去。既

[1] 阮刻本作：天下有道，丘不與易矣。

而王以賓師處之，言將行其言也，禮貌未衰，則就之，正此之謂。孔子見行可之仕、際可之仕、公養之仕皆然。非孟子創爲之也。

孟子恒解卷三晚年定本

滕文公上凡六章

滕文公爲世子，將之楚，過宋而見孟子。

諸侯太子曰世子。滕南與楚鄰，世子特迂道而見孟子。

孟子道性善，言必稱堯舜。

道，言也。性者，人受中，天地之至理。善，純粹之意。堯舜亦祇全其所性，而以之善世耳。故孟子爲世子言性善而舉堯舜以實之，門人約記其旨如此。

世子自楚反，復見孟子。孟子曰：世子疑吾言乎？夫道一而已矣。

復，扶又反。夫，音扶。世子未得性善之故而疑堯舜爲難及，故孟子直揭其隱而言一善也，即性也。道者，率性之謂。

成覸謂齊景公曰：彼丈夫也，我丈夫也，吾何畏彼哉？顔淵曰：舜何人也？予何人也？有爲者亦若是。公明儀曰：文王我師也，周公豈欺我哉？

覸，古莧反。成覸，齊景公之勇臣。彼，謂聖賢，是舜也。公明儀，魯南武城人。文王我師也，周公之言。公明儀信公之言，以文王爲可師。引此三言，勗世子篤信力行也。

今滕，絶長補短，將五十里也，猶可以爲善國。《書》曰：若藥不瞑眩，厥疾不瘳。

瞑，莫甸反。眩，音縣。朱子曰：絶，猶截也。《書·商書·説命》篇。瞑眩，煩悶。自修與爲國皆當革，故鼎新如疾之瘳，必由良藥瞑眩而得。

附解

性之一言，始見於成湯。而夫子系《繫易》稱：繼善成性。又曰：成性存存，道義之門。性之理略備於此矣。性相近之一言，乃就氣質不同，中而原其始曰相近，非謂最初生理如是也。老子曰：人生而靜，天之性也。漢儒採入《禮記》中，其言至粹。孟子値戰國横議之日，言仁言義，多就性中固有自然之理而指其發用處言之。此章記者撮記。孟子告世子大旨而曰道、性、善。性，卽天理。天理無不善，率天理行無不盡善，卽堯舜也。聖人盡性，衹是念念事事皆天理。天理只是一善字，人人所有，人人所共由，故曰道一字，卽是善字。下文言可以爲善國，與道性善相應，故一字本無難解。而解者朦朧其詞，令千古迷離甚，且以言善爲諱，可謂謬妄矣。是時，世子尚未爲君，而與之言猶可以爲善國，蓋勉之以將來之事。但治人本於自治，滕又弱小，當有一番振作，然後可以維新，故曰：若藥不瞑眩，厥疾弗瘳也。至性與心之辨，愚於《四書》屢言之，兹不再贅。此書滕文公，或疑《春秋》有滕文公，不應祖孫同謚。不知謚與各異：周文王謚文，而周公亦謚文。晉文侯之後，又有晉文公。滕固不嫌兩文公也。絶長補短，張氏椿曰：古開方之法，不必實方，皆由絶長補短而成。墨子《非命》篇：湯封於亳，絶長繼短，方地百里。文王封於岐周，絶長繼短，方地百里。《戰國策》：韓非說秦王曰：秦地形斷長續短，方數千里。莊辛對楚王：今楚雖小，絶長續短，猶數千里①。《楚世家》：周赧王使謂秦曰：今西周之地②，絶長補短，不過百里。則四字當時恒言耳。

滕定公薨。世子謂然友曰：昔者孟子嘗與我言於宋，於心終不忘。今也不幸，至於大故，吾欲使子問於孟子，然後行事。

趙氏曰：定公，文公父也。然友，世子之傳。大故，謂大喪。世子感於性善之言，居喪而戚特問喪禮於孟子。

然友之鄒問於孟子。孟子曰：不亦善乎。親喪固所自盡也。曾子曰：生，事之以禮；死，葬之以禮，祭之以禮，可謂孝矣。諸侯之禮，吾未之學也。雖然，吾嘗聞之矣，三年之喪，齊疏之服，飦粥之食，自天子達於庶人，三代

---

① 《戰國策》（《四庫全書》本）作：今楚國雖小，絕長續短，猶以數千里。
② 《史記》（中華書局本）作：西周之地。

共之。

齊，音咨。疏，所居反。飦，諸延反。善其不隨俗而欲行古禮。又言喪禮自盡其心非爲觀美。未學，謂儀文節目之細。服、食，喪禮之要者。人子哀痛之誠於此致焉，非可苟而已。是時禮制衰廢，孟子舉其大本而節文度數可次第而求，非果未學也。齊疏、齊衰，粗服。舉齊以該斬也。粥，稠者曰饘，稀曰飦。

然友反命，定爲三年之喪。父兄百官皆不欲，曰：吾宗國魯先君莫之行，吾先君亦莫之行也。至於子之身而反之，不可。且志曰：喪祭從先祖。曰：吾有所受之也。

張氏曰：定爲三年之喪，以子爲主而臣統焉。父兄百官皆不欲，非特不欲世子行之，卽彼等亦然。周同姓封國，周公爲長，故稱魯爲宗國。先君，謂文公以上廢禮諸君。人君卽位，未踰年稱子。志，邦國記事之書。喪祭從先祖，本謂從其禮，而此誤引之也。父兄百官狃於卑俗，故其言如此。而且妄解志之所云。

謂然友曰：吾他日未嘗學問，好馳馬試劒。今也父兄百官不我足也，恐其不能盡於大事，子爲我問孟子。然友復之鄒問孟子，孟子曰：然。不可以他求者也。孔子曰：君薨，聽於冢宰。歠粥，面深墨，卽位而哭，百官有司莫敢不哀，先之也。上有好者，下必有甚焉者矣。君子之德，風也；小人之德，草也。草尙之風必偃。是在世子。

好、爲，皆去聲。復，扶又反。歠，川悅反。不我足，不以其人果足行禮。世子自責而恐無以厭衆心，其意美矣。故孟子然之而引孔子之言，使之自盡。君薨五句，自之道也。朱子曰：冢宰，六卿之長。歠，飲也。墨，黑色。卽，就也。尙，加也。偃，伏也。

然友反命。世子曰：然。是誠在我。五月居廬，未有命戒，百官族人可謂曰知。及至葬，四方來觀之，顏色之戚，哭泣之哀，弔者大悅。

世子自盡其喪禮而人皆感動，記者終言之，以見性善之實。朱子曰：諸侯五月而葬。未葬，居倚廬於中門之外。居喪不言，故未有命戒也。可謂曰知，皆謂世子知禮也。

附　解

毛西河言：夏商皆以三十六月爲三年喪，周始減爲二十五月。張甄陶辨之至悉，是矣。然後代不從禮書而從鄭康成。王肅增定爲二十七月，於義終有未安。蓋三年之喪，以爲賢者立法，而尤慮不肖者之不及，故酌再期之久多餘一月。若以補節候之缺，先王之意實以再期爲至久也。《儀禮》曰：期而小祥。再[①]期而大祥，中月而禫。中月足二十五月。又半月，乃禫不遽，從吉祭也。喪期滿則已變服，特不遽吉祭耳。鄭康成以爲自始死至禫，凡二十七月，不合禮意。今若以古禮爲必不可違耶，則二十五月可也。若以人子於親，雖三十六月猶有歉，然則不必僅增二月以爲悠也。愚謂禮制因時，準乎天理、人情之安，有可從古禮者，有不必從古禮者。至儒生箋註尤多，未協允宜，精義出之，大抵閏月不計，而以二十五月則合古禮。若三九二十七之說，以九月爲一年，則嫌於迫不及待，短時以就三年矣。曰：然則二十五月何以名三年？曰：再期二十四月，餘一月爲又一年之始。既以補乎，再期之缺日，如小月之類，而又留此不盡之意，以明乎孝子無窮之思。禮雖終而哀未終也。此聖人之微旨也。文公求喪禮，孟子特舉其大意，告以服食之間必加謹焉。面深墨，所以明其至哀，不屑縷舉繁文，第勉以仁孝之至誠。而世子果卽行之，足見孟子立言之要，非果猶有未學也。若瑣陳儀節，不發其哀戚之良，與後儒之說禮何以異哉？林氏謂三年之喪惻隱痛切之意，皆出於人心之固有。世子行禮而人無不悅服，以人心之所同然，不期然而然，性善豈不信哉？其說善矣。

滕文公問爲國。

文公禮聘孟子至滕而問之。

孟子曰：民事不可緩也。《詩》云[②]：晝爾于茅，宵爾索綯；亟其乘屋，其始播百穀。

綯，音陶。亟，紡力反。民事，民身家之事，下文所謂養與教也。引《詩》言民之綢繆牖戶，急於播穀，且不自緩其事如此。朱子曰：《詩·豳風·七月》之篇。於，往取也。綯，絞也。亟，急也。乘，升也。播，布也。亟治屋者，爲將播穀也。

民之爲道也，有恒產者有恒心，無恒產者無恒心。苟無恒心，放辟邪侈，無不爲已。及陷乎罪，然後從而刑之，是罔民也。焉有仁人在位，罔民而可爲也？

音義並見上篇。申言不可緩之。故恒心必由於恒產。故仁人必不以爲緩，圖緩民事卽罔民矣。

是故賢君必恭儉禮下，取於民有制。

民，有急其事而往往無恒產者。君不恭儉，則民失所，惟賢君知之也。

---

① 再，《儀禮注疏》卷十四（《四庫全書》本）作：又。
② 云，阮刻本作曰。

陽虎曰：爲富不仁矣，爲仁不富矣。

承上言。禮下有制，所以仁民。賢君故重民事而不重富也，意與陽虎異。

夏后氏五十而貢，殷人七十而助，周人百畝而徹，其實皆什一也。徹者，徹也。助者，藉也。

徹，勑列反。藉，子夜反。歷舉三代之制，以見聖王取民之仁。夏氏人各受田五十畝，而以其五畝之入貢。殷制人各七十畝，而公田七畝，八家共助耕之。周制人各百畝，公田百畝，二十畝爲廬舍，僅得八十畝，八家同耕公田。而公計九百畝之出以均分，皆於十分取一。徹，通力合計之名。藉，借民之力，實各收其所入也。

龍子曰：治地莫善於助，莫不善於貢。貢者，校[1]數歲之中以爲常。樂歲粒米狼戾，多取之而不爲虐，則寡取之；凶年糞其田而不足，則必取盈焉。爲民父母，使民盻盻然，將終歲勤動不得以養其父母，又稱貸而益之，使老稚轉乎溝壑，惡在其爲民父母也？

樂，音洛。盻，五禮反。養，去聲。惡，平聲。龍子，名穆，春秋時人。當時諸侯託於古制，取民太苛，龍子言此正之。夏，先王耕斂補助並無取盈之法。五十而貢，蓋亦因年之豐歉而約計五畝之入以取之。戰國之時，如龍子所云，孟子引此以戒文公也。朱子曰：狼戾，猶狼籍，言多也。糞，擁也。盈，滿也。盻，恨視也。勤動，勞苦也。稱，舉也。貸，借也。益之，以足取盈之數也。稚，幼子也。

夫世祿，滕固行之矣。

夫，音扶。助法、世祿皆先王之法。專行世祿則必取民無制。孟子就滕之已行者而勉其所未行，承上起下之詞也。

《詩》云：雨我公田，遂及我私。惟助爲有公田。由此觀之，雖周亦助也。

雨，于付反。三代取民，皆善政而行之。歷久無弊，則惟助法爲然。引《詩》以明，雖周亦助，見助之至善也。朱子曰：《詩·小雅·大田》篇。雨，降雨也。當時助法盡廢，典籍不存，惟有此詩可見周亦用助，故引之也。

設爲庠序學校以教之。庠者，養也。校者，教也。序者，射也。夏曰校，殷曰序，周曰庠，學則三代共之，皆所以明人倫也。人倫明於上，小民親於下。

養立而教可行，皆民事之重者也。庠、序、校之義，皆鄉學名。繹其義而舉三代以實之。明倫爲教民之要，民心所同欲，故親也。庠以養老爲義，蓋父兄宗族所周遊之地。校以教爲義，爲賢士大夫聚集之所。序之言射。序賓以賢，序賓以不侮。鄉黨，觀德之地也。學，國學也。

---

① 校，阮刻本作校。

有王者起，必來取法，是爲王者師也。

上文言養教之事。舉三代而折其衷，乃孟子因時制宜之大略。恐文公安於小成，故以爲王者師歆動之，而欲其行己言也。

《詩》云：周雖舊邦，其命維新。文王之謂也。子力行之，亦以新子之國。

引文王以勗滕文，言力行可以新國，又不但爲人取法而已。

附　解

以上自爲一章，下畢戰問井地自爲一章。於書旨較易看。向來連爲一章，致講章牽連割裂，今從張甄陶之說。文公問爲國，自是問大經大法。孟子告以民事，卽下文養教之事，不單指農事也。第先養然後可教，故承以恒產恒心之說。引《詩》之言乘屋，言民自愛惜其身家不緩如是。第上無善政，民遂失所。恒產既無，安望恒心？此仁人所不出也。是故賢君知民事，卽如己事，而謀其身家，使有恒產，必自不妄取民始。恭儉禮下，取於民有制，省己以裕民也。蓋是時井地已壞，滕地弱小，困於悉索取民之制，不能不重民之失所蓋多。孟子教文公恭儉禮下、約取，是薄嗜欲正君心之大原。而下文乃備舉三代取民之法，明其爲仁。民就中可以久而不敝者，尤莫如助。爲滕計，欲取民有制，必行助法。引龍子之言，正當時諸侯取民之弊。不行助法，雖行世祿亦徒以病民；果行助法，則恒產興而恒心有，然後可以言教。教民之法，三代亦各有義。今兼行之，總期於明倫化俗，則滕之治卽聖王之治，可以繼三代而立。極有王者起，必來取法。明己之折衷前代至當，不可易也。且養教並舉，風移俗易，卽如文王之新命亦不難。所以望滕文者綦切。時解割裂不清。又連下章爲一章。僅以民事爲農事，不知記者因滕事而連記，不料後人混而爲一也。今分爲二章，則各節承遞語氣自明。引陽虎之語，承上節而言。意重爲仁，不可求富，以堅文公取民有制之意。夏后氏五十而貢節，前人多不得其解。當時諸侯毀棄良法，以私意行之，取民無度，則託之於先王，以爲貢法如此。想滕亦相沿行之，故孟子引龍子所言以明其弊，非夏禹之貢法乃若是其謬也。上文明言皆什一也，而何以又言貢法之不善？夏禹貢法五十而貢，蓋人各受田五十畝，而約計以五畝之入貢。且君視年之豐歉爲斷，如豐年每畝二石，則以十石貢；凶年每畝五斗，則以二石五斗貢。而又有省耕、省斂、春秋補助之法，未嘗取盈也。七十而助，人各受田七十畝，而八家同力助耕公田。至所納多少，只取給於公田，不及民田。百畝而徹，則通計八家與公田爲九家，同力合作，計其所入之多寡，照畝均攤。至五十、七十、百畝多寡之不同，前人紛紛疑議，惟顧炎武《日知録》以丈尺不同爲詞，稍爲近理。具實三代聖王，因時制宜，各就其時地而斟酌。盡善可以永行，並非後世拘文析字，可能臆想，卽如孟子此章，備舉三代以己意斷之，亦就滕文當時勢可爲者言之。豈如王安石、蘇威等拘泥成法，不求其本乎？引龍子重在發滕文不忍之心，言世祿以見不行助法而徒世祿之害。引《大田》之詩，以見周家亦行助法。而滕果行助，亦非外於先王先公。至言王者必來取法，所以明己言盡善，堅文公之信。新子之國，歆動之也。講章多不合，難以枚舉，姑撮其大要，學者熟讀白文，細玩通篇語氣，自知得失矣。

使畢戰問井地。孟子曰：子之君將行仁政，選擇而使子，子必勉之。夫仁政，必自經界始。經界不正，井地不均[①]，穀祿不平。是故暴君汙吏必慢其經界。經界既正，分田制祿，可坐而定也。

夫，音扶。文公因孟子之言而使畢戰問井地，蓋孟子已去滕矣。經界，經畫其各受田之界。非必盡以溝洫限之。無界則無稽核而侵奪者衆，下反正以明其理。古者，祿皆取於田。慢，怠緩而陰壞之也。

夫滕壤地褊小，將爲君子焉，將爲野人焉，無君子莫治野人，無野人莫養君子。

夫，音扶。養，去聲。壤，可井之地。地，凡爲地也。褊小，治之尤難爲治。將使君子小人各得其理，必有其道。而因言君子小人相需之理，以起下文。

請野九一而助，國中什一使自賦。

此下，孟子酌滕之可行者而以己意告之。因時制宜之法也。不可以《王制》《周官》混言。侯國十里以外爲野，十里以内爲國中。野外闊曠，畫井而居，人使助以給祿。國中狹隘，計口而受地，使自貢。其什一，皆使民安爲之，而非有所强也。

卿以下必有圭田，圭田五十畝。

圭，潔意。卿以下不盡有采地，必有圭田以濟之，使奉祭祀，蓋無世祿者也。

餘夫二十五畝。

餘夫，鰥獨之人。亦受田以安之。

死徙無出鄉，鄉田同井。出入相友，守望相助，疾病相扶持，則百姓親睦。

朱子曰：死，葬也。徙，移居。同井，八家也。友，猶伴也。守望，防寇盜也。此乃授田之後而爲之制，使型仁講讓，以厚其俗。鄉，猶言一方。

① 均，阮刻本作鈞。

方里而井，井九百畝，其中爲公田，八家皆私百畝，同養公田。公事畢，然後敢治私事，所以别野人也。

養，去聲。别，彼列反。詳言井田之制，方里而井，積步至里可爲井也。先公後私，所以别野人於君子，明上下之分也。蓋均地授田，恐文公疑於貴賤之無别，故言此以見井地之至善。

此其大略也。若夫潤澤之，則在君與子矣。

夫，音扶。大略，猶大概。潤澤，變通合宜之法。

附　解

孟子至滕未久而歸，故文公又使畢戰來問。仁政必自經界始，蓋當時界紊久矣。經畫其疆界，俾各甯宇，則强暴不得侵並而田均禄平。時解援引《周官》經涂溝洫之説，似各人所受皆有溝澮川洫限之，則非。夫滕壤地褊小，言以蕞爾之滕，將使君子小人各得其所，尤不容。或苟均田而不便於君子，則君子難安，不便於小人，則小人失所。審乎二者，而使君子小人各得其所，此不可以常法拘也。請野九一而助，以下乃自出己意權其宜而告之。時解乃拘牽《周禮》，以求孟子之言謬矣。野與國中，惟張甄陶之言爲確。蓋滕至褊小，而以《周禮》王畿之制概之，不亦舛乎。九一而助，即下文方里而井節事。什一使自賦，以國中地非平曠，故人授百畝，使自酌量十分之一以貢於君，而初未嘗有所迫之，如龍子所云也。圭田五十畝，乃鄉以下禄薄、位微有所不給者，而以此給之。前人謂世禄常制之外，又有此田，不特短長五十里之滕，無以堪之，且未知古人世禄鄉大夫以上也。此圭田五十畝，因當時官制已壞，鄉以下多無采地，以此助之，爲體恤之仁。若其人失官，則此田仍歸君上。《王制》曰：圭田無徵。爲其非子孫世守之業也。餘夫，舊説十六以上，不知一夫授田百畝，而又與少壯以田，此田合家耕之乎？抑餘夫一人耕之乎？共耕則似百畝之外又有田，獨耕則似父兄之外别爲業，此亦程子之誤矣。餘夫只是鰥、孤、獨三項人。彼無室家、妻子之依，有如餘人，故曰餘夫。以田給之，終其身乃無棄民。後世錯解經義，不知聖人隨時處中之義，遂使學者有田少人多之慮。而孟子井地之説，亦爲虚談矣。此其大略，亦孟子自言其意，非爲典籍已亡，己特記其大略。潤澤者，審於風土人情之宜而盡其周詳。誤解似孟子毫無眞實作用，僅記先生大略而欲滕文君臣潤澤之。眞可笑人也。

有爲神農之言者許行，自楚之滕，踵門而告公曰：遠方之人聞君行仁政，願受一廛而爲氓。文公與之處，其徒數十人，皆衣褐捆屨、織席以爲食。

衣，去聲。捆，音閫。朱子曰：許，姓，行，名。踵門，足至門也。氓，野人之稱。褐，毛衣賤者之服。捆，扣椓之。以爲食，以易食也。神農興稼穡以利民，本無不合。許行詭託其說，蓋矯當時繁征之弊而過者。廛，民宅也。

陳良之徒陳相，與其弟辛，負耒耜，而自宋之滕，曰：聞君行聖人之政，是亦聖人也，願爲聖人氓。

趙氏曰：陳良，儒者。耒，手耕曲木。耜，耒端金也，廣五寸。叙陳相與許行本不相謀，以見下文受惑之深也。

陳相見許行而大悦，盡棄其學而學焉。陳相見孟子，道許行之言，曰：滕君則誠賢君也。雖然，未聞道也。賢者與民並耕而食，饔飧而治。今也滕有倉廩府庫，則是厲民而以自養也，惡得賢？

饔，音雍。飧，音孫。惡，平聲。許行必更有惑人之異術。而並耕，特其一事之不通者，故相盡棄其學而學焉。趙氏曰：饔飧，熟食也。朝曰饔。夕曰飧。朱子曰：言當自炊爨以爲食而兼治民事。厲，病也。許行此言，蓋欲陰壞孟子分别君子野人之法。

孟子曰：許子必種粟而後食乎？曰：然。許子必織布而後衣乎？曰：否。許子衣褐。許子冠乎？曰：冠。曰：奚冠？曰：冠素。曰：自織之與？曰：否。以粟易之。曰：許子奚爲不自織？曰：害於耕。曰：許子以釜甑爨，以鐵耕乎？曰：然。自爲之與？曰：否。以粟易之。

衣，去聲。與，平聲。詰許子種粟自食外，不能兼，以爲下文攻辨之地。褐，以毳織之。有足曰錡，無足曰釜。甗，實二鬴無底。甑，實二鬴有底而孔，穿所以烝物。

以粟易械器者，不爲厲陶冶；陶冶亦以其械器易粟者，豈爲厲農夫哉？且許子何不爲陶冶，舍皆取諸其宫中而用之？何爲紛紛然與百工交易？何許子之不憚煩？曰：百工之事，固不可耕且爲也。

舍，去聲。朱子曰：此孟子言而陳相對也。械器，釜甑之屬。陶，爲甑者。冶，爲釜鐵者。趙氏曰：舍，止也。

然則治天下獨可耕且爲與？有大人之事，有小人之事。且一人之身而百工之所爲備，如必自爲而後用之，是率天下而路也。故曰或勞心，或勞力；勞心者治人，勞力者治於人；治於人者食人，治人者食於人：天下之通義也。

與，平聲。食，音嗣。朱子曰：此下皆孟子言也。一人之身，備用百工所爲，如必皆自爲之，是率天下而困於道路。勞心四句，古語也。食人，奉養人。食於人，受人奉養。天下通義，非滕君一人然也。

當堯之時，天下猶未平：洪水横流，氾濫於天下，草木暢茂，禽獸繁殖，五穀不登，禽獸偪人，獸蹄鳥跡之道交於中國。堯獨憂之，舉舜而敷治焉。舜使益掌火，益烈山澤而焚之，禽獸逃匿。禹疏九河，瀹濟、漯而注諸海。決汝、漢，排淮、泗而注之江，然後中國可得而食也。當是時也，禹八年於外，三過其門而不入，雖欲耕，得乎？

瀹，音藥。濟，子禮反。漯，他合反。承上言勞心之事，而舉堯舜以例神農，明其斷無並耕之事。横流，不由水道。五穀：稻、粱、稷、麥、黍。登，成熟也。益，舜臣名。烈，熾也。疏，分殺也。禹於河之下流，疏爲九河，以殺水勢。而後河得同爲逆河以入海。故道久湮，不必强爲之説。瀹，開滌也。濟、漯二水，當時附河以爲災，故瀹之而使各行其所以注海。禹前，蓋無汝、漢之名，至禹始決而通之。淮、泗本有而相混爲災，故排之使不相干。其注江、注海，與《書》不同者，蓋江、淮、河、濟名爲四瀆，天下之水南條皆謂之江，北條皆謂之河。江河，衆水所統宗也。孟子卽當時水之附四瀆爲災者，姑舉其概。言禹或疏、或瀹、或決、或排、或注之江、或注之海，非區區計水道也。且《書》言懷山襄陵。懷襄之勢，豈能以後世水道泥哉？至九河，名見《爾雅》。八年於外，指治水之年。

后稷教民稼穡，樹藝五穀，五穀熟而民人育。人之有道也，飽食煖衣，逸居而無教，則近於禽獸。聖人有憂之，使契爲司徒，教以人倫：父子有親，君臣有義，夫婦有别，長幼有序，朋友有信。放勳曰：勞之來之，匡之直之，輔之翼之，使自得之，又從而振德之。聖人之憂民如此，而暇耕乎？

契，音薛。别，彼列反。長、放並上聲。勞、來並去聲。又言教稼明倫之詳，且切而不暇耕，可見堯前已有稼穡，但法未備。后稷，官名，棄爲之。司徒，官名，契爲之。樹，種。藝，耨也。有道，有恒性。無教，則縱欲戕性，而失其所以爲人。五倫皆天性，自然之理也。勞，賞勞。來，招徠。匡，正其邪。直，伸其枉。輔，佐成之。翼，維持之。振德，拔舉其有德者。朱子曰：放勳，史臣贊堯之辭。孟子因以爲堯號也。

堯以不得舜爲己憂，舜以不得禹、皋陶爲己憂。夫以百畝之不易爲己憂者，農夫也。

夫，音扶。易，去聲。易，治也。明刑弼教，亦勞心之大務，故以皋陶與禹同稱也。承上三憂字而結，言聖人勞心之大，不若小人之勞力。結上之辭也。

分人以財謂之惠，教人以善謂之忠，爲天下得人者謂之仁。是故以天下與人易，爲天下得人難。

爲、易並去聲。惠，恩惠。忠，受人之誠。二者皆善行，而所及有限，不若爲天下得人，仁覆天下也。

孔子曰：大哉堯之爲君。惟天爲大，惟堯則之。蕩蕩乎民無能名焉。君哉舜也。巍巍乎，有天下而不與焉。堯舜之治天下，豈無所用其心哉？亦不用於耕耳。

與，去聲。朱子曰：則，法也。蕩蕩，廣大貌。君哉，無愧君道。不與，不以天下動其心。引孔子之言，以見堯舜之大。不用心於耕，而神農可知矣。

吾聞用夏變夷者，未聞變於夷者也。陳良，楚產也，悅周公、仲尼之道，北學於中國。北方之學者，未能或之先也。彼所謂豪傑之士也。子之兄弟事之數十年，師死而遂倍之。

夏，中夏。朱子曰：此以下責陳相北師而學許行也。倍，與北同。先，過也。夏之異於夷者，以有禮義也。陳良生楚而以夏變夷，陳相倍師而變於夷。

昔者孔子沒，三年之外，門人治任將歸，入揖於子貢，相嚮而哭，皆失聲，然後歸。子貢反，築室於場，獨居三年，然後歸。他日，子夏、子張、子游以有若似聖人，欲以所事孔子事之。彊曾子，曾子曰：不可。江漢以濯之，秋陽以暴之，皜皜乎不可尚已。

任，平聲。彊，上聲。暴，蒲木反。皜，音杲。孔氏之門人，不倍師而曾子尤見其大。述以愧陳相也。任，擔也。江漢水廣而清，秋陽燥而清剛，皆言性體也。蓋聖人形神精氣，無一不與天相似。而門人以有若似之於外，曾子言難以似其中也。二句喻其純粹剛健。皜皜，趙氏曰白甚也。

今也南蠻鴃舌之人，非先王之道，子倍子之師而學之，亦異於曾子矣。

鴃，古役反。鴃，惡聲之鳥。楚人語似之。非先王之道，謂其鄙仁義也。言其囿於夷而爲異端以惑世。異於曾子，婉詞以悟之。

吾聞出於幽谷，遷於喬木者；未聞下喬木而入於幽谷者。

譬其由高趨下。不若禽鳥，則醜之矣。

《魯頌》曰：戎狄是膺，荊舒是懲。周公方且膺之，子是之學，亦爲不善變矣。

朱子曰：膺，擊也。荊，楚本號。舒國，地近楚者。懲，艾也。《魯頌》本美僖公之詞，而孟子斷章以爲周公。蓋膺懲之法，周公之舊，而詩人以祝僖公耳。言許行以夷狄之教惑人，法所不宥，相何自變於夷也？

從許子之道，則市價不貳，國中無僞，雖使五尺之童適市，莫之或欺。布帛長短同，則賈相若；麻縷絲絮輕重同，則賈相若；五穀多寡同，則賈相若；屨大小同，則賈相若。

賈，音價。下同。朱子曰：陳相又言許子之道如此。蓋神農始爲市，故又託而述其說。五尺之童，幼而無知。長短、丈尺、輕重、權衡、多寡、斗斛，蓋言布之長者與長者同，則賈同；短與短同，亦賈同。非謂布帛同以長短論賈也。他放此。麻，枲也。縷，則麻之績而細者。絲，蠶所吐。絮，繅出之絲。

曰：夫物之不齊，物之情也。或相倍蓰，或相什百，或相千萬，子比而同之，是亂天下也。巨屨小屨同賈，人豈爲之哉？從許子之道，相率而爲僞者也。惡能治國家？

夫，音扶。蓰，音師，又山綺反。惡，平聲。不齊：美惡、精粗、大小之異致。倍，一倍。蓰，五倍。什，十倍也。比，竝也。巨屨、小屨同價，言大與大同，小與小同，而不論精粗也。不爲，不爲其精者。許子欲無僞而實爲僞，以其亂物理也。

附解

上古聖人除物患以利民。其道同，其心同，而因時制宜之事不同。神農始爲耒耜以教民，民受其利，原非與民並耕。許行託爲此說，不過欲矯世俗以爲高。如白圭二十之說，不知其紊天地之常，亂斯民之正，大有罪於聖人也。孟子反復辨之，正謂其似是而非，易使人信從之。故此正如後世僧尼道士之流，因入溺於嗜慾而遂去人倫，絶嗜味以爲道，不自知其非也。引堯舜之憂民以例神農，非謂堯舜優於神農。王罕皆誤。九河故蹟，諸儒考據甚勤。汝、漢、淮入江之說，多以爲孟子誤。然細玩文義，孟子乃約舉禹治水大概言之，當時洪水滔天，懷山、襄陵衆水氾濫，莫辨源委。禹導水各歸其所，《禹貢》言之甚詳。孟子約舉大勢，以四瀆爲綱，謂凡南條水之近江者，皆注之江而入海。北條水之近河者，皆瀹之而使注海。汝水不見《禹貢》。想當時橫流氾濫，與他水混。漯、泗之混於淮亦然。孟子言或決之，或排之，或疏之，或瀹之。其注之江云者，江水直趨東南，地勢卑下，凡近江之水皆注之江而自入海。注之海云者，河、淮、濟皆北條之水，各挾奔騰之勢，非他水可比。禹排之使不相干，瀹之使不淤滯，三瀆入海而衆水皆易治矣。至河之爲水，爲天地脊氣，其性直瀉，尤非他水可比。《禹貢》又北播爲九河，其義甚明，諸家忽之。蓋河流入中國，不直趨東南而迆邐於西北之間。西北地高，水勢易徙，禹導之至於大陸矣。而河勢又轉北，禹知北方高而河性駛，必傾瀉轉徙爲數郡患，故分播爲九河以殺其勢。至將入海，始合爲一，同爲逆河而入於海。孟子言疏，卽播之義。當時，因利乘便，至後世輒轉遷徙，失其故處。而河且合爲一，是以歷代河患不平。至濟、漯二水，禹時河相附爲災，而其力最勁。瀹者，汰其瘀而浚之使深，則各行一道，不至與河合爲害矣。汝水出汝州天息山，而文王在岐山。《汝墳》之詩云：父母孔邇，其與漢固，不甚相遠。詩篇與江漢緊相連序，則汝水昔時或有支流近漢而溢。水道遷徙不常，以今數十年之間而所見，有迥不侔者。況數千年之久而可執後世以求之哉？後世吳城、邗溝通江於淮，隋時開山陽瀆引淮達江。而當洪水氾濫之時，謂淮泗不必與江通，未免過迂。故愚以爲孟子之言定當不錯。而後世書籍所載水道變遷，不足以證孟子也。卽以吾鄉水道考之，江、沱、潛、漢皆在蜀境，江水支分派别何止數十餘處。而《禹貢》則止以岷山導江，東别爲沱，了卻蜀境矣。《書》《傳》僅載大略而水道古今異觀，孟子學幾聖人，豈肯妄言致誤。如漯水，今亦無考矣。而堯之時，則與濟河合而爲災。濟水出王屋山，而泲水出常山房子縣贊皇山，後人或以泲濟通用，亦且混而無辨矣。《書》言：浮於濟、漯。則禹時二水本相通，至唐時已不然。故唐高宗問許敬宗，以爲斷不相屬。至河之屢徙，又不待言。卽濟、漯、河三水以例，而汝、漢、淮、泗可知，故不容執書籍以疑孟子也。宋傳寅，字同叔。云：孟子所言，乃古溝洫之法。亦足備一解。由治水而教稼明倫，詳言聖人憂民之事，而終之以爲天下得人者謂之仁。仁民豈厲民哉？五穀：趙《註》謂：稻、黍、稷、麥、菽。朱子因之。然菽，豆也。雖亦穀類，不能如稻、粱、麥、黍、稷之中和，可以常食。愚故核實而另註之。放勳之解，惟朱子爲是。或因此並重華、文命皆以爲舜禹號，則非神農與堯舜本一輩人。堯舜之大，不用心於耕，神農獨並耕哉？篇中無貶神農之言。神農本不可貶，而講章云：删《書》斷自唐虞，神農不足稱。豈非瞽論哉？夷夏之分，只在聞道不聞道之辨。陳良，夷也。而用夏變夷，則爲豪傑。陳相，夏也。而從不合道之許子，則爲夷。南蠻鴃舌，楚之土音非可惡也。惡其非先王之道耳。鴃、鳺、鶪，本三字而前人誤合之鶪。伯勞，非惡聲之鳥，孟子何以斥而比之？但古今物類，隨時異名，不能確指爲何鳥耳。《爾雅》：鵙鶪，鶪鳺，以鳺共鵙鶪言，想非善音。而《疏》以爲，鶪、鳺、鴃字相類，或一鳥而誤分之，然斷非鶪也。孔子沒，門人皆喪三年，而子貢六年。人以爲子貢獨依依耳。不知子貢晚年得聞性與天道，此廬墓三年之中，當非塊然獨居。闡夫子之教，魯人及弟子從而往者百家，因名孔里，而又預卜秦火之變。藏經瘞石，若漢代壁中絲竹之音。張白懷璧之記，事雖近誕，或者子貢所經營也。前知非聖賢所貴，而秦火之後，典籍淪夷，謂聖賢無以預覺之，而使後世大道不明，則聖賢亦與庸衆人同耳？豈衛道之心哉？後世如諸葛孔明、邵康節等，每有以前知目之，而孔門乃無其人於是？聖賢之外，别有神仙。無識者遂以聖賢爲無奇，甘心求仙而不悔。豈知至誠如神，卽是神仙，但不屑以前知見耳。而維持大道，則不得不然。若無故而矜前知，必不可也。江漢、秋陽二句，譬喻太奇，王罕皆以爲兼内外言，不專指心體。謬矣。子夏、子張、子游以有若言語氣象似聖而欲事之。曾子因言夫子心體如是，其義安可不知？人爲天地之心，其性之渾然粹然者，卽上天於穆之理。而氣質梏之，嗜欲誘之，則不能無瑕疵。聖人欲淨理純，清明在躬。其志之神化無方者，與天通；而其氣之浩然流行者，亦與天合。江漢濯，喻其清，秋陽暴，喻其明。曾子深造之後，有以驗於形神精氣之微，而乃爲此極力形容之語。四瀆皆水之大者。而河淮常濁，江漢獨清。且水之流行一化，機自然之發育也。江漢以濯之，則性體瑩澈，形骸精氣無不晶明，豈猶夫人之身？一陽始於子而老於西北。秋氣最清，秋日最明，金氣旺也。金爲天一之母，乾陽之氣渾成，故人性卽乾金。《易》曰：剛健中正，純粹以精。此之謂也。凡人則不能無垢濁，賢人亦不免有微疵，惟聖人德造其極，剛健精明，與天合德，湛然凜然。纖翳不知，消歸何有，故曰秋陽以暴之。秋謂夏令，非周之五六月。六月之炎熱，乃陰火耳，非乾元之眞氣，故暑熱常傷元氣，謂其能尅秋。金，夫子《繫易》曰：乾爲金爲玉。濯與暴之皜皜，甯非乾元之喻乎？僧道之見道者，亦喻性爲金丹、金剛身。其徒不解而謬說，儒者概斥爲異端。不知理本無二，天地與人皆然。弗得其眞，則此章取譬亦爲支離矣。荊、舒是懲，當日周公曾有是事，而僖公從齊伐楚，詩人以此美之。故孟子亦以爲周公之事。荊、楚皆棘刺之木。楚地荒遠，多有之。故因以爲名。周武王封建井田，屏之外域，至春秋猶以夷視之。故孟子斥之如此。非故作刻薄語也。巨屨小屨，卽許子所爲以詰之。絮，卽今繭絲之餘。古無棉布，今世棉布名曰吉貝，來自外國者也。

墨者夷之，因徐辟而求見孟子。孟子曰：吾固願見，今吾尚病，病愈，我且往見。夷子不來。

辟，音璧，又音闢。徐辟，孟子弟子。墨者，學墨翟之道者。夷，姓，之，名。夷之習於墨氏，而來求見，是其心有不安也。孟子欲堅其意，故以疾辭。

他日，又求見孟子。孟子曰：吾今則可以見矣。不直，則道不見；我且直之。吾聞夷子墨者。墨之治喪也，以薄爲其道也。夷子思以易天下，豈以爲非是而不貴也？然而夷子葬其親厚，則是以所賤事親也。

不見之見，音現。朱子曰：又求見，則其意已誠矣。直，盡言以相正。莊子曰：

墨子生不歌，死無服，桐棺三寸而無槨，是墨之治喪以薄爲道也。易天下，移易天下之風俗。墨氏薄葬而夷子獨否。孟子即此以反詰之，使思其本心之良。

徐子以告夷子。夷子曰：儒者之道，古之人若保赤子。此言何謂也。之則以爲愛無差等，施由親始。徐子以告孟子。孟子曰：夫夷子信以爲人之親其兄之子爲若親其鄰之赤子乎？彼有取爾也：赤子匍匐將入井，非赤子之罪也。且天之生物也，使之一本，而夷子二本故也。

夫，音扶。下同。匍，音蒲。匐，蒲北反。夷子未悟其不忍之心，而强爲墨氏解。引《書》言以爲儒者亦有兼愛之説，而後言已厚葬其親，非反墨氏之教。不過，施愛由親始，是其心本視親如外人。孟子以親兄子不若鄰子，破其愛親如愛人之見。而後，言《書》云保民如赤，物喻其仁心，非果無差等。若父母者，乃生身之本，人各有親，則人各一本。而乃齒於外人，是二本矣。

蓋上世嘗有不葬其親者。其親死，則舉而委之於壑。他日過之，狐狸食之，蠅蚋姑嘬之。其顙有泚，睨而不視。夫泚也，非爲人泚，中心達於面目。蓋歸反虆梩而掩之。掩之誠是也，則孝子仁人之掩其親，亦必有道矣。

蚋，音汭。嘬，楚怪反。泚，七禮反。睨，音詣。爲，去聲。虆，力追反。梩，力知反。上文攻其兼愛之説。此乃代白其不忍薄葬之故。引上世哀親之情，以言人子葬親不得不厚，非有爲而然？豈得謂愛無差等。朱子曰：委，棄也。壑，山水所趨。蚋，蚊屬。姑，語助聲。嘬，攢共食之。顙，額也。泚，泚然，汗出之貌。睨，邪視。視，正視也。不能不視而又不忍正視。反，覆也。虆，土籠。梩，土轝也。

徐子以告夷子。夷子憮然，爲間，曰：命之矣。

憮，音武。間，如字。夷子不忍薄葬，出於一時之天良。久且自忘其故。聞孟子言，乃感動本心，悵然自失，哀痛復萌，故爲間乃言，以爲不必面見，受教已深也。朱子曰：爲間，有頃之間。

附　解

仁者，天之理，而人得之以爲性，故愛爲立德之本。但聖人即天下一家，中國一人，祇是推吾愛親之心以愛物，而欲其皆得所，乃宏吾錫類之仁，非齊其親疏之致也。墨氏者輿，乃謬執一人一家之論，而無所不愛。其至等父母於塗人，彼但知他人在所當愛，而不知愛親特爲根本。夷子之厚葬，正是天良發動處。乃自行之而自昧之，反執其師之説以爲愛無差等。經孟子一番警醒，乃恍然悟己本心之良，有不可得而掩者，此如齊王不忍一牛，無以保民，自昧其心而待孟子之反覆警告也。常慨聖人之道，祇一理耳。而人必自私，遂使學術紛然不齊。今世所傳天主教、回回清眞教，彼皆謬託於老子虚無之説中，以爲凡事皆從後起，獨尊一天而至有天主之名。儒者知斥其非，而未能解其與老佛異也。今詳辯之。老子曰：有物渾成，先天地生。吾不知其名，强名之曰道。天地卽道之體也，而何以又有存乎天地之先者哉？蓋天地未分，太極在天地之始，其一氣氤氳，渾於無形者，所謂先天地生也。迨天地既分，太極卽在天地之中，其動而無動，一氣流行者，所謂維天之命也。世儒但知太極在天地之始，而不知天地雖分，太極仍在天地之中。老子從其原而言，故曰不知其名。其言道生一，一生二，二生三。卽太極而兩儀之義。天數一，地數二，合之得三，萬物之所從出。人秉父母而生，實秉天地而生，故天地大父母，而父母小天地。聖人事親如事天，是以孝爲百行之原，事天如事親，是以有物與民胞之念。天主教不明其理，而曰：人乃借母懷胎。則誤認聖人乾父坤母之義而失之者也。人皆秉天理而生，故盡性者可以與天不朽。而彼但知道爲萬物之母，遂並一切明神棄之，又誤認老子先天地生之義而失之。凡物名皆緣後起。道無聲臭，又何以名，故曰强名。墨氏誤解民胞物與之義，無所不愛而不知差等，遂至齒父母於路人。孟子闢之，以其易惑人也。而後世儒生又以兼愛爲戒，有以濟人利物爲志者，斥之曰：此墨氏也。不知修道以仁，有痌瘝斯民之意，而後天良不昧，希聖有基。然仁者，人也。親親爲大，若父母尚不能誠愛誠敬，又何能愛人？此墨氏之教既無其本，則所謂兼愛者亦徒襲其跡而已。向來言墨氏近佛，楊氏近老。不知佛説慈悲清淨，只是仁慈寡欲之别號。其言眞空、不空、妙有、不有，卽《中庸》微之顯，費而隱之義，何嘗教人割肉棄家？文佛尚有妻子，他不待言。今世達賴喇嘛自幼出家，乃後世流傳之謬。亦以彼地民俗獷愚，貪、嗔、癡、愛尤甚。過高之徒，遂割愛絶慾以自苦，而久久寖成風俗，非中國之恒法也。中華寺觀藉以位鰥、寡、孤、獨之人，而昧者從而效之，又神奇視之，則惑矣。至老子與孔子問答，純乎義理。世傳煉精化氣、煉氣化神、煉神還虚、煉虚合道之説，祇是存心養氣，本末之功用而特異其名耳。本二五之精生先天之元氣，積浩然之氣，養先天之道心。道心純熟，無意必固我之私有，隨時處中之妙，此卽氣化神，神還虚之大概。而始終皆以神爲主心者，卽大之神明。神卽火也。以神養氣，如以火煉藥，故曰煉丹。持其志，無暴其氣，養氣之始功也。靜而一理渾然，動而隨時處中，化神之究竟也，而豈教人清淨自全，妄想長生哉？今世學道者，棄家息氣，不近婦人，不安牀席，求卻老長年、變化飛昇，皆託於老子。老子何嘗有是？若夫厚葬之説近世尤誤，不可不辯也。聖人事親如事天，敬愛本於至誠，生則盡其養，死則盡其禮，附身附棺，一切必致其精詳。而後世君子，痛念遺骸必朽，乃審山川之氣勢，造物之靈光，卜宅而葬，俾吾親魄爽不至速腐，此亦仁孝之用心，而昧者又以爲禍福計。前人良法美意，後人往往别出歧途，若此者何限？孔子曰：卜其宅兆而安之[①]。事親之終焉，世俗不察，所以必安其親之由而求風水者，惟知富貴。矯之者又或不慎其終，隨地藁葬，其薄於父母，又可乎哉？故無仁孝誠敬之心者，吉壤必不能得，而棄親於朽腐者，其忍心爲尤甚。所謂不以天下儉其親者，不過僧道齋醮，鼓樂喧嗔，弔賓盈門，屠殺物命而已。其實自衣衾棺槨之外，無一事實裨於親。而親之安其魂體者，惟此一坏土。此之不慎，使泥水風煞戕賊吾親，雖使黄金爲槨，鐵石爲城，而水泥陰風且得浸削其親。古之聖人所以與天地合德，而致親於不朽者，何哉？夫子曰：卜其宅兆，魂體得安焉。魂安體安，於人子之心得無恔乎？孟子曰：無使土親膚。得之爲有財。古之人皆用之。或富或貧，皆有以自盡於親而無憾，此其道亦何可不講？故非禮而豐侈，不可也。苟且而忘親，又何以爲人？若夫不擇地，不用棺，或水或火葬，此夷俗，不足辨。而儒生未知天、地、人一氣相通之理，棄親於腐，粉飾繁文，亦曷有當？

滕文公下凡十章

陳代曰：不見諸侯，宜若小然。今一見之，大則以王，小則以霸。且志曰：枉尺而直尋，宜若可爲也。

王，去聲。陳代亦知孟子救世心切，而欲其往見，以行道。朱子曰：八尺曰尋。枉尺直尋，所屈者小，所伸者大。

孟子曰：昔齊景公田，招虞人以旌，不至，將殺之。志士不忘在溝壑，勇士不忘喪其元，孔子奚取焉？取非其招不往也。如不待其招而往，何哉？

喪，去聲。朱子曰：田，獵也。虞人，守苑囿之吏。招大夫以旌，招虞人以皮冠。元，首也。志士固窮，雖死無棺槨而不顧；勇士輕身，雖喪元首而亦甘。孔子借以歎美虞人。虞人非其招不往，君子豈可不待其招而自往見？

且夫枉尺而直尋者，以利言也。如以利，則枉尋直尺而利，亦可爲與？

夫，音扶。與，平聲。以利言利，其直尋也二句，釋《志》之所云。言不足爲

---

① 《古文孝經孔氏傳》(《四庫全書》本)作：卜其宅兆而安厝之。

法。下乃言如使行道者亦以利，則何所不至？雖枉尋直尺，亦將爲之耶。蓋陳代固略知孟子者，故如此反詰之。

昔者，趙簡子使王良與嬖奚乘，終日而不獲一禽。嬖奚反命曰：天下之賤工也。或以告王良。良曰：請復之。彊[①]而後可，一朝而獲十禽。嬖奚反命曰：天下之良工也。簡子曰：我使掌與女乘。謂王良，良不可。曰：吾爲之範我馳驅，終日不獲一；爲之詭遇，一朝而獲十。《詩》云：不失其馳，舍矢如破。我不貫與小人乘，請辭。

乘，去聲。彊，上聲。女，音汝。爲，去聲。舍，上聲。王良，今《傳》作郵無邮。蓋古有善御者曰王良，時人以名無郵。趙簡子，晉大夫，名鞅。嬖奚，嬖臣，名奚。御有法度，取禽之巧在乎射者，御不能功。嬖奚拙於射，王良舍其常法，以與禽遇而後獲也。下文乃申斷之。朱子曰：與之乘，爲之御也。復之，再乘也。彊嬖奚不可，彊之而後可。一朝，自晨至食時。掌，專主。範，法度。詭遇，不正而與禽遇也。《詩·小雅·車攻》篇。貫，習也。

御者且羞與射者比，比而得禽獸，雖若丘陵，弗爲也。如枉道而從彼，何也？且子過矣，枉己者，未有能直人者也。

比，必二反。朱子曰：比，阿黨也。若丘陵，言多也。言御者且不枉尺直尋，而己何能枉道？且子過矣以下又言枉，則斷不能直。

附　解

聖賢憂世之心雖切，而不枉己徇人，非自高也。以濟世枉己則失道，更何以正人？且輕進人，亦不尊信，又安能行其所學？果有安天下之志者，自不惜屈己下賢？能用賢者，必先知賢。非有窮理盡性之功，則所謂賢者非賢，而賢者反隱。劉先生之於孔明，宋神宗之於王安石，其任同而其效不同，本原異也。夫聖賢不計一身之榮辱，而憂斯世之安危，求士於奔走承順，安所得天下之豪傑哉？噫。郵無邮、郵無，正郵良一人也。王良，古之善御者，因以名之。至孫陽、伯樂，另是二人。或比而同之，則非。

景春曰：公孫衍、張儀，豈不誠大丈夫哉。一怒而諸侯懼，安居而天下熄。

景春，人姓名。公孫衍，魏人，號爲犀首。張儀亦魏人。二人皆辨士。景春小人，以其能爲禍福，遂謂爲大丈夫。

孟子曰：是焉得爲大丈夫乎？子未學禮乎？丈夫之冠也，父命之；女子之嫁

① 彊，阮刻本作強。

也，母命之，往送之門，戒之曰：往之女家，必敬必戒，無違夫子。以順爲正者，妾婦之道也。

焉，於虔反。冠，去聲。女家之女，音汝。朱子曰：加冠於首曰冠。女家，夫家也。婦人内夫家，故以嫁爲歸。夫子，夫也。女子從人以順爲正，蓋小人得志，未有不從屈辱中來者。孟子但就女子之異於丈夫者，微示之。

居天下之廣居，立天下之正位，行天下之大道。得志與民由之，不得志獨行其道。富貴不能淫，貧賤不能移，威武不能屈，此之謂大丈夫。

廣居，存心之宏。正位，立身之正。大道經綸之裕，合言之皆道也。用行舍藏，物莫能撼，惟孟子能之。

附解

公孫衍、張儀與孟子同時。景春極稱其能，安知不是一流人物。孟子若痛斥其非，則非含宏孫言之道。故但以焉得爲大丈夫一句輕放。隨即以未學禮乎，閒閒敘去。言妾婦之所以異於丈夫，爲其以順爲正，而丈夫之不以順爲正可知。次言大丈夫之實如此，儀、衍未必能之，何得遽以推許？至衍、儀之如何順人？孟子卻未明言，俾景春小人聽之，祇覺是分解丈夫、不丈夫，而識者聞之，則知是明斥儀、衍。方是立言之道，妾婦之道也。祇言禮之所云如此，此妾婦之事，接口說居天下廣居云，如此乃大丈夫之事。作文勿極口詆，斥衍、儀同於灌夫罵座，全無含蓄，孟子必不如此淺露。至廣居、正位、大道。朱子分仁、禮、義亦佳。但孟子口中無仁、禮、義字眼，只按切本文形容爲是。蓋心之所存，統天地民物於在宥曰居廣；居身之所處，嚴禮義範圍而不偏曰立正位；行事所適，皆天理人情之極致曰行大道，合言之皆道也。得志則與民由之，不苟且以徇人；不得志則獨行之，不隨俗而俯仰。富貴不淫，舜禹是也；貧賤不移，孔顔是也；威武不屈，比干是也。即此數語，孟子之學，確是到聖人地位。而後世猶以爲英氣害道者，何哉？當是語言、口吻間不善體貼之故也。如此章敘大丈夫處，只閒閒擬論，勿作激昂語，則是聖人口氣。一作血性語，便去聖人遠矣。讀書可不慎哉。按《國策》：衛悼公時，有犀首公孫衍，偶同其號，或以爲人名，或以爲官名，皆非也。故從趙《註》。女子之嫁，據《儀禮》：父母皆命。以母爲主耳。

周霄問曰：古之君子仕乎？孟子曰：仕。傳曰：孔子三月無君，則皇皇如也。出疆必載質。公明儀曰：古之人三月無君則弔。

傳，直戀反。質與贄同。下同。趙氏曰：周霄，魏人。質，臣所執以見君。三月無君，謂已仕而復失位，蓋孔子居魯遲遲吾行，憂道之不行，故若皇皇然。出疆必載質，古禮。

三月無君則弔，不以急乎？

霄意諷孟子難仕，而先言古人之急仕，以反詰之。

曰：士之失位也，猶諸侯之失國家也。《禮》曰：諸侯耕助，以供粢盛；夫人蠶繅，以爲衣服。犧牲不成，粢盛不潔[1]，衣服不備，不敢以祭。惟士無田，則亦不祭。牲殺、器皿、衣服不備，不敢以祭，則不敢以宴，亦不足弔乎？

盛，音成。繅，素刀反。皿，武永反。朱子曰：黍稷曰粢，在器曰盛。牲殺，牲必特殺也。皿，所以覆器。失位，已仕而失者，蓋古有世官世禄之典，士而失位，隳先疇而缺祀事，等於諸侯之失國。故君子仁孝哀切之心，可以弔慰，非謂本寒素而無禄者也。耕助，親耕。藉田庶人，助以終畝。蠶繅，親養蠶而繅絲。不敢以宴，不敢自樂也。

出疆必載質，何也？

出疆必載質，急仕可知。霄故復爲反詰。

曰：士之仕也，猶農夫之耕也。農夫豈爲出疆，舍其耒耜哉？

爲，去聲。士仕而後有田以祭，農耕而後有食以養。載質，亦如載耒耜。

曰：晉國亦仕國也，未嘗聞仕如此其急。仕如此其急也，君子之難仕，何也？曰：丈夫生而願爲之有室，女子生而願爲之有家。父母之心，人皆有之。不待父母之命，媒妁之言，鑽穴隙相窺，踰牆相從，則父母國人皆賤之。古之人未嘗不欲仕也，又惡不由其道，不由其道而往者，與鑽穴隙之類也。

爲，去聲。妁，音酌。隙，去逆反。惡，去聲。朱子曰：仕國，士君子遊宦之國。霄以孟子不見諸侯爲難仕。孟子喻以男女之情，而言非道必不可仕。則皇皇載質亦非舍道而鶩也。媒妁，《說文》：媒，引合也。妁，酌也。酌量二氏，以成配合。

附解

先王治國，必使賢者在位，而人無失所，故計口授田，人皆有以養其廉

---

① 潔，阮刻本作絜。

恥而敦其品誼。自周之衰，世官世禄之禮微，士往往失其先業。齊民有德者，又無由驟致。春秋戰國，士所以多貧也。孔子爲宋公室，而播越在鄹。後稍貴，不久依然貧賤。故委吏乘田，爲貧而仕，其他可知。此章惟士無田則亦不祭，就當時實事言之。若三代盛時，士有德者皆興，而無德者亦不至赤貧也。周霄本以孟子難仕而姑先問急仕之故。迨孟子據理而答，霄乃以矛陷盾。孟子以不由其道曉之，則皇皇載質，忠主救民之心，與抱道自重之志，原是並行不悖。然必道成於已而有憂世憂民之心。又値家貧親老，則皇皇欲仕乃爲忠孝。不然，則槃澗咏歌，固其分也。世俗或矯以鳴高，或徇以屈己，蓋兩失之。而末俗託於爲貧鑽穴踰牆，無所不至，國家亦安賴有是人哉？

彭更問曰：後車數十乘，從者數百人，以傳食於諸侯，不以泰乎？孟子曰：非其道，則一簞食不可受於人；如其道，則舜受堯之天下，不以爲泰。子以爲泰乎？

更，平聲。乘、從皆去聲。傳，直戀反。簞，音丹。食，音嗣。戰國策士能爲禍福，故列邦皆有客館禮士。而孟子講學，從遊者衆。傳食諸侯，乃當時待士之常，故孟子亦不妨就之。彭更不解，故問。更，孟子弟子。泰，移也。

曰：否。士無事而食，不可也。

彭更未知所以可食之，故而言舜非泰也。士無事而徒食爲泰。

曰：子不通功易事，以羡補不足，則農有餘粟，女有餘布；子如通之，則梓匠輪輿，皆得食於子。於此有人焉，入則孝，出則悌，守先王之道，以待後之學者，而不得食於子。子何尊梓匠輪輿而輕爲仁義者哉？

羡，延面反。朱子曰：通功易事，通人之工而交易其事。羡，餘也。有餘，不貿易而積於無用。梓人，匠人，木工也。輪人，輿人，車工也。言士之事至重，而傳食非泰。孝悌，道之實，而仁義所從生。戰國不講久矣。守以待後，天理民彝賴以不墜，優於百工遠矣。

曰：梓匠輪輿，其志將以求食也；君子之爲道也，其志亦將以求食與？曰：子何以其志爲哉？其有功於子，可食而食之矣。且子食志乎？食功乎？曰：食志。

與，平聲。可食而食，食志、食功之食，皆音嗣。下同。更言士即有事，亦非求食。蓋重視食而輕視功。孟子言有功則可食耳。因問以食志與否，而彼且遁詞曰食志。

曰：有人於此，毀瓦畫墁，其志將以求食也，則子食之乎？曰：否。曰：然則子非食志也，食功也。

墁，武安反。子食之食，亦音嗣。破其食志之説，而食功之義益明。其以食爲泰，直不知士之功甚大耳。墁、鏝通，杇也。

附解

戰國策士，朝秦暮楚，口舌生非，諸侯畏其爲禍，競設賓館以養士。孟子雖非策士之比，而諸侯例有賓館，所以後車從者得傳食於諸侯。非孟子干求之，乃當時待士之常也。聖賢不幸生於亂世，憂世憂民之心切。既不可以不應聘，而所至之國，雖不能行其道，猶頗知敬其人。傳食諸侯，比於公養，本無害義者也。後車數十乘，從者數百人，乃講學從遊之士，非尋常侍從之徒，孟子勢不能卻。以此周遊列邦，所至談仁講義，梁惠齊宣之流即不甚見用，而亦尊禮其言。至後生小子，聞風親炙，沐浴於大中至正之道者，更復不少。雖日受鼎鍾，豈爲非分哉？但世俗淺人，惟知勢利可樂；而拘方之士，又疑其泰。孟子不得已而自言其功，彭更猶不之解，至以求食相譏。及孟子言毀瓦畫墁，而彼乃塞口。是孟子所遇之窮，而不得不好辨者也。若孔子在春秋，周遊旅費皆出於其徒，且當時亦無遊士傳食之風。遭逢之殊，豈道德之異哉？先王之道，人之所以爲人。故維持者爲大功。

萬章問曰：宋，小國也。今將行王政，齊、楚惡而伐之，則如之何？

惡，去聲。萬章，孟子弟子。宋王偃即位之初，有自强圖霸之心。萬章蓋因傳聞，而以爲將行王政。

孟子曰：湯居亳，與葛爲鄰。葛伯放而不祀，湯使人問之曰：何爲不祀？曰：無以供犧牲也。湯使遺之牛羊。葛伯食之，又不以祀。湯又使人問之曰：何爲不祀？曰：無以供粢盛也。湯使亳衆往爲之耕，老弱饋食。葛伯率其民，要其有酒食黍稻者奪之，不授者殺之。有童子以黍肉餉，殺而奪之。《書》曰：葛伯仇餉。此之謂也。

遺，唯季反。盛，音成。往爲之爲，去聲。饋食，酒食之食，音嗣。要，平聲。餉，式亮反。朱子曰：葛，國名。伯，爵。放而不祀，放縱無道，不祀先祖。亳衆，湯之民。其民，葛民也。授，與也。餉，亦饋也。《書·商書·仲虺》之誥。仇，怨也。亳，宋州，穀熟縣西南三十五里。宋王偃恃勢以服人，而不務德。故孟子詳述湯待葛之仁，以見王者之用心如此。葛伯仇餉，蓋不可禮化之至者。

爲其殺是童子而征之，四海之内皆曰：非富天下也，爲匹夫匹婦復讐也。

爲，去聲。湯爲天下之無辜而興師戡亂，非利天下，而徒以威服人。正與宋相反也。

湯始征，自葛載，十一征而無敵於天下。東面而征，西夷怨；南面而征，北狄怨。曰：奚爲後我？民之望之，若大旱之望雨也。歸市者弗止，芸者不變，誅其君，弔其民，如時雨降，民大悦。《書》曰：徯我后，后來其無罰。

朱子曰：載，亦始也。十一征，所征十一國，皆黨惡害民者也。餘見前篇。承上伐葛而推言之，以見湯之弔民伐罪，爲民心所倚望如此。

有攸不爲臣，東征綏厥士女，匪厥玄黄，紹我周王見休，惟臣附于大邑周。其君子實玄黄于匪，以迎其君子；其小人簞食壺漿，以迎其小人。救民於水火之中，取其殘而已矣。

食，音嗣。又述武王取殘救民之心，以見行王政者皆非有富天下之心，而天下無不諒其心。孟子約舉武成之言，與《書》不合。古人引經多如此。不爲臣，助紂爲虐而不爲周臣者。攸，所也。東征，由岐周而東也。匪，與篚同。玄黄，幣也。紹我周王二句，商人之辭。紹，繼也。休，美也。大邑，尊之之辭。言繼周王平日仁民之意，必見其美。今惟臣附爲是也。君子小人，其辭如是，而奉迎恐後，以武王救民於水火，取其殘民者也。

《太誓》曰：我武惟揚，侵于之疆，則取于殘，殺伐用張，于湯有光。

引《書》以證上文。取殘之説，言武王揚威以侵不惟臣者之疆。非利其土地，則取殘民之人，因是而始有殺伐。較於湯之伐桀，尤有光也。伐，功也。

不行王政云爾。苟行王政，四海之内，皆舉首而望之，欲以爲君，齊楚雖大，何畏焉。

宋果有湯武仁民之心，何憂齊楚？孟子蓋即其理而斷其事也。後王偃果以暴虐爲齊楚滅。

附　解

聖人一介不苟，況於天下。其不得已而弔伐，蓋仁憫斯民之心至深且厚。而天下灼見其心，自然歸往。由是民心所赴，天命屬焉。而爲獨夫者，方且荼毒其民，人以爲淵叢驅物。聖人即欲漠視斯民之困，固辭天命之屬，而有所不能。是故湯武之伐桀紂，自懷慙德，引罪無良。由其眞誠惻惕之心，動於天下之不容已，而天下皆如見其心。正如天道好生，而罰惡誅淫，不得已之降殃。不得病天之薄也。後世聖人之道罕傳，則以奮發有爲即王者之量。以宋王偃之無道，而萬章謂其將行王政。蓋當時即位之初，慨然振作，亦欲明政刑、厲兵甲，而庸淺之流遂以爲將行王政。萬章與孟子均未在宋國。萬章風聞其將行王政而問，孟子舉湯武之仁民以見王者用心如此，而宋未必能然。故曰：不行王政云爾。蓋以事理斷之，皆未嘗親見宋之行事也。繼而王偃無道，爲齊所滅，孟子竟若燭照而龜卜。武王伐紂，因八百諸侯同心叛紂推戴，武王不得已而應天順人，未嘗與紂交戰。《書》稱前徒倒戈。蓋紂如林之旅以禦諸侯，而兵自瓦解。孟子言東征不爲臣，侵于之疆，即指此輩，非謂紂疆也。愚於《詩》《書》及《四子書》屢爲辨斥，此事兹不多贅。夫以湯武之事，世莫不震其武功，而孟子獨表其心術之仁，不以勘亂爲武也。聖賢之言，所以扶天綱而植人紀者，豈有他哉？後世若漢高祖、唐太宗、宋太祖皆能混一海宇。即其迹而觀之，似亦與湯武無二。然其心豈誠有哀痛斯民之志，如慈母之於赤子也哉？故其初業，止於如此。而易世以後，父子兄弟之間即爲讎仇，由其誠正修齊之功未講，而本原不清故也。亳有三：穀熟縣西南爲南亳，湯都也。宋州北五十里大蒙城爲景亳，湯所盟地，因景山爲名。河南偃師爲西亳。湯有天下，後徙都與葛爲鄰者南亳，今梁甯陵有葛鄉。孟子引《太誓》文，與今《書》不合，蓋今所傳《太誓》僞書，非古本也。

孟子謂戴不勝曰：子欲子之王之善與？我明告子：有楚大夫於此，欲其子之齊語也，則使齊人傅諸？使楚人傅諸？曰：使齊人傅之。曰：一齊人傅之，衆楚人咻之，雖日撻而求其齊也，不可得矣；引而置之莊嶽之間數年，雖日撻而求其楚，亦不可得矣。

與，平聲。咻，音休。戴不勝，宋臣之稍知義理者，欲致王於善，而孟子曉之如此。朱子曰：齊語，齊人語。傅，教也。咻，讙也。齊，齊語。莊嶽，齊街里名。楚，楚語也。

子謂薛居州善士也，使之君於王所。在於王所者，長幼卑尊皆薛居州也，王誰與爲不善？在王所者，長幼卑尊皆非薛居州也，王誰與爲善？一薛居州，獨如宋王何？

長，上聲。居州，宋賢臣，名正。告之以薦賢，去不肖之功，欲其盡致君之術也。

附解

人主之不肖，非必自爲之也。諭教之法不明，生長深宫，嗜好居遊，無事不如其意，固已有凌轢天下之心。而諂臣媚子又迎合壅蔽，及其在位，視善如仇，視恶如黨，而賢人君子不罹禍者，寡矣。况欲進身哉？宋王之爲人，非大恶之流。蓋暴慢性成，故雖欲發奮有爲，而剛躁之過，流爲狂虐。戴不勝知進賢矣，而僅一薛居州。孟子故告之如此。習與衆善人居，不能不善；與衆小人居，不能不恶。此理前人論之詳矣。抑愚猶有進者。人非幼即從事聖學，漸企於存誠復性。則内無以正其性命之原，即禮法防閑，正人相處，而嗜欲攻取來前，鮮不潰而難制者。况人主之尊，百寮承命，無不頤指氣使，而又有讒佞誘之，雖百君子何益哉？又况君子每自重而不肯苟容。人主非虚己誠求，彼安能輕就？後世若先主、符堅之於孔明、王猛，可謂知人專任矣。然先主不聽孔明，而伐吴遺恨；符堅不信王猛，而伐晉殞軀。蓋性學不純，偏私有時竊發。其他庸庸之主，不待言矣。神宗誤認王安石，世宗信任嚴嵩，彼何嘗不以二人爲社稷臣哉？漢末黨錮，唐末清流，明末東林，不止一薛居州矣。然曷嘗有益？故愚嘗讀《歷代名臣奏議》，竊歎孔孟之學。人臣不敢責難於其君，而君亦迂而不用，則用人行政之乖謬，終不得而除也。故《大學》之禮，詔於天子，無北面。聖帝明王，無不有聖師。聖學本原，其可忽諸？楚臣皆僭稱公，而孟子稱楚大夫，從其實也。《左傳》，陳桓子得慶氏之木百車於莊。又，慶封反陳於嶽。蓋二地均人多處耳。

公孫丑問曰：不見諸侯何義？孟子曰：古者不爲臣，不見。

不爲臣，未仕於其國不見。道在則然也。戰國亡之，故遂成古禮。

段干木踰垣而辟之，泄柳閉門而不内，是皆已甚。迫，斯可以見矣。

辟，去聲。内，與納同。段干木，魏文侯時人。段干，魏邑。蓋因邑以爲姓。泄柳，魯繆公時人。繆公誠於求見而必不一見，故曰已甚。朱子曰：已甚，大甚。迫，求見之切也。

陽貨欲見孔子而恶無禮，大夫有賜於士，不得受於其家，則往拜其門。陽貨矙孔子之亡也而饋孔子蒸豚；孔子亦矙其亡也而往拜之。當是時，陽貨先，豈得不見？

欲見之見，音現。恶，去聲。矙，音勘。引孔子以爲不見中正之則。蓋段干、泄柳、夫子皆不爲臣。而可見、不可見尤必準之以禮。陽貨，家臣也，亦稱家大夫。孔子未仕則士也。陽貨以未先見爲無禮，故矙亡饋豚。孔子若不往拜，則非禮矣。

曾子曰：脅肩諂笑，病于夏畦。子路曰：未同而言，觀其色赧赧然，非由之所知也。由是觀之，則君子之所養，可知已矣。

脅，虛業反。赧，奴簡反。引二子之言，以見枉見者之可恥。脅肩，孫氏曰：竦縮其身。諂笑，强笑。朱子曰：皆小人側媚之態也。病，勞也。夏畦，夏月治畦之人。未同而言，與人未合而彊與之言。赧赧，慙而面赤之貌。一言笑而必慎，可知所養矣。

附解

聖賢道成於己而欲成人。憂世憂民之心，不能一日而息也。然若非有重道求賢之君，則道無可行。雖卿相何貴？孟子不見諸侯，以諸侯無知己者也。然御曰：古者不爲臣不見，何等渾含？且夫不見之者，正爲其無禮也。若雖未嘗爲臣，而以禮求見，則何妨一見。段干木、泄柳之已甚，未免徒潔己而無志斯民矣。若孔子之於陽貨，可以不見，又不願見，而貨以禮來，則必往拜。即遇塗一見，貨自貨，孔子自孔子，亦何能相浼哉？惜孤高之士，既失之太過；而阿諛苟容之人，又失之太汙。如曾子、子路所言脅肩諂笑，未同而言之徒，蓋曾不知人間羞恥事也，尚可責以行道哉？孟子深得時中之妙，故其言如此。

戴盈之曰：什一，去關市之征。今茲未能，請輕之，以待來年然後已，何如？

去，上聲。孫氏曰：盈之，即戴不勝也。已，止也。什一而稅，關市無征。孟子蓋嘗以語盈之，而盈之姑爲飾言如此。

孟子曰：今有人日攘其鄰之雞者，或告之曰：是非君子之道。曰：請損之，月攘一雞，以待來年然後已。

攘，如羊反。朱子曰：攘，物自來而取之也。損，減也。取民無制，情同攘竊也。

如知其非義，斯速已矣，何待來年？

知非義而速改，則君子矣。

附解

孟子稱子路人告之以有過則喜，而《論語》記其有聞未之能，行惟恐有聞。此萬世爲善之法也。君子之去不善如去荼毒，况横征厚斂，兆民受殃。早寬一刻，民早舒一日，何乃輕之以待來年？雲谷禪師語袁了凡云：天下不少聰明子弟，祇爲悠悠忽忽擔擱一生。善哉，言乎悠忽者。緩於爲善，非欲其急求名利也。天下之不爲攘雞者，幾何哉？

公都子曰：外人皆稱夫子好辯，敢問何也？孟子曰：予豈好辯哉？予不得已也。天下之生久矣，一治一亂。

好、治並去聲。辯，與人爭辯是非也。不得已，維世救民也。天下之生，猶言自有生民以來，治亂生於人事而氣化應焉。惟聖賢救其衰而通其變。詳在下文。

當堯之時，水逆行，氾濫於中國，蛇龍居之，民無所定，下者爲巢，上者爲營窟。《書》曰：洚水警余。洚水者，洪水也。

洚，音降，又胡貢、胡工二反。卽其可考者言之。自堯而始，蓋帝摯之世，人事廢而天命改，洪水爲災。引《書》而釋之，見非常災可比。此一亂也。水逆行壅滯，而逆流旁溢也。下，下地。上，高原。營窟，窟因營而成，故名之。《書·虞書·大禹謨》。洚，大也。

使禹治之，禹掘地而注之海，驅蛇龍而放之菹。水由地中行，江、淮、河、漢是也。險阻既遠，鳥獸之害人者消。然後人得平土而居之。

菹，側魚反。掘地，鑿川渠也。澤生草曰菹。險阻，懷襄也。地中，所掘之地中。江、淮、河、漢舉南流、北流之大者，以該其餘。此一治也。

堯舜既沒，聖人之道衰，暴君代作，壞宮室以爲汙池，民無所安息，棄田以爲園囿，使民不得衣食；邪說暴行又作，園囿、汙池、沛澤多而禽獸至。及紂之身，天下又大亂。

壞，音怪，去聲。下同。沛，蒲内反。此節由唐虞以括夏商，而特舉紂亂以起下文。暴君，所該者廣壞民居衣食，以從其欲。邪說、暴行，皆非一事，指爲上者而言。園囿、汙池二句，則紂之實事。草棘曰沛，澤水所鍾也。舉其甚者以例其餘。又一亂也。

周公相武王，誅紂伐奄，三年討其君，驅飛廉於海隅而戮之，滅國者五十，驅虎、豹、犀、象而遠之，天下大悅。《書》曰：丕顯哉，文王謨。丕承哉，武王烈。佑啟我後人，咸以正無缺。

相，去聲。奄，平聲。奄，東夷國名。飛廉，本生於西戎，善走，以力事紂。《書》言會朝清明，紂聞變而自焚，不啻誅之也。伐奄，成王時事。三年，卽東征三年事。皆所以終武王之事，故承相武王而連言之。滅國五十，統虐民及革除之國言。虎、豹、犀、象，蓋紂養以爲玩者，而沛、澤所致，亦有之。朱子曰：《書·周書·君牙》篇。丕，大也。顯，明也。謨，謀也。承，繼也。烈，光也。佑，助也。啟，開也。缺，壞也。惡黨、禽獸皆害民之大者。引《書》言公承文武之謨，烈至正而無缺略。此一治也。

世衰道微，邪說暴行有作，臣弑其君者有之，子弑其父者有之。

有作之有，作又，古字通用。無聖賢之君則世衰。道，禮樂刑賞之中道。邪說，悖於禮。暴行，害於人。兼上下而言。弑君、弑父，舉其甚者。又一亂也。

孔子懼，作《春秋》。《春秋》，天子之事也。是故孔子曰：知我者其惟《春秋》乎，罪我者其惟《春秋》乎。

天子以禮治天下，則刑賞予奪皆者其公正也。周衰不然，夫子取魯史而筆削之，以存天子之正。天子之事，天子賞罰之事也。知我，謂即其事以明其理，亦不得已之心。罪我，謂非天子而賞罰人也。明聖人之法，以治亂賊。又一治也。

聖王不作，諸侯放恣，處士横議，楊朱墨翟之言盈天下。天下之言，不歸楊，則歸墨。楊氏爲我，是無君也；墨氏兼愛，是無父也。無父無君，是禽獸也。公明儀曰：庖有肥肉，廄有肥馬，民有飢色，野有餓莩，此率獸而食人也。楊墨之道不息，孔子之道不著，是邪說誣民，充塞仁義也。仁義充塞，則率獸食人，人將相食。

横、爲皆去聲。莩，皮表反。無聖王則無道。放恣悖道，妄爲横議，非道妄說。楊朱，疾當世利禄之徒，以爲我爲學。墨翟，疾暴虐之徒，以兼愛爲學。然倚於一偏。自愛其身，而不知輔世救民之義，則無君；愛無差等，而視至親如衆人，則無父。處士之悖道者多，而二人尤爲人所趨向，故孟子特闢之。孔子之道，仁義而已。仁義者，人之天性。去仁義，則爲禽獸。不仁、不義，必至相食。極推其流弊如此。此又一亂也。

吾爲此懼，閑先聖之道，距楊墨，放淫辭，邪說者不得作。作於其心，害於其事；作於其事，害於其政。聖人復起，不易吾言矣。

爲，去聲。復，扶又反。先聖之道，孔子所承於往聖者。距其人，放其辭，正所以閑道也，不得作决其效。下又言邪說或作之害，而見己力争於微。雖聖人亦必爾也。事，以在下言。政，以在上言。朱子曰：閑，衛也。放，驅而遠之。作，起也。

昔者禹抑洪水而天下平，周公兼夷狄、驅猛獸而百姓寧。孔子成《春秋》而亂臣賊子懼。

朱子曰：抑，止也。兼，并之也。總結上文，明其皆不得已也。

《詩》云：戎狄是膺，荆舒是懲，則莫我敢承。無父無君，是周公所膺也。

引《詩》言無父無君之當膺。以起下文。

我亦欲正人心，息邪說，距詖行，放淫辭，以承三聖者，豈好辯哉？予不得已也。

行、好皆去聲。人心正則世亂息。邪說顯，悖於理；淫辭漸，遠於道。詖，偏也。承三聖而好辯。憂人心之陷溺而民彝將亡。雖欲已而不能。仁之至也。

能言距楊墨者，聖人之徒也。

當時以立談取士，而楊墨鼓舌以害生民，故孟子既力辯之，而尤望人人共拒之。若孔子之時，則無事此也。

附　解

率性之謂道。仁義者，道之實也。人心不正，則失其性。自古聖人維持天地，闡明道化，皆所以正人心而還其所固有，非以爲己功也。春秋之世，周室雖衰，文、武、周公禮樂法度猶存七、八，諸侯大夫多講禮度。孔子生於其時，與門弟子講明禮樂，使皆身體力行一王之法。身體以教，故成材爲特多。至孟子時，七十二國僅存數國。七雄皆以詐力取勝，不特禮法蕩然，卽典籍皆去之矣。一介之士，以詞説見長。縱横捭闔之徒，朝爲布衣，暮爲卿相，所恃者三寸舌耳。孟子不幸生於其間，若不明目張膽與異學爭，而何待哉？夫一人之口，豈足以勝衆人？然身體大道，友教英才，而又隨事指示，必辨論其義理之是非。當時爲一家之言，後世爲千古之則。孔子之道，究賴以明。而天理民彝，自兹弗墜。故先儒以爲孟子功不在禹下也。楊墨之實，詳見下孟《楊子爲我》章。當時異學甚多，而楊墨託於聖人，潔己仁愛，從者尤多，而不知已陷於不忠、不孝，故孟子不得不力攻之。抑後世之患有甚類於楊墨，而顯託於孔子者，不可不辨。士人束髮受書，卽志利禄。一旦得志，肆其奢逸，車馬田廬，光耀親黨，而民生國計，罔然弗計。身家念重，不欺其君者寡矣；妻子情濃，不欺其親者亦寡矣。甚至患得失，苟可以得名利者，無不爲。遂有讀書萬卷，而家庭之間，父子、兄弟、夫婦實懷慙者。後生小子尤而效之，蠅營狗苟，無所不至。其人則儼然衣冠中人也，其志則溫飽之外無所謂濟世安民之學也。於是愚民靡所效法，以爲儒者之學不過如此，而僧道異端，乃以神奇惑之。干犯例禁，亦所弗顧。孟子曰：經正則庶民興。庶民興，斯無邪慝。夫經正之道，孰有如仁義者乎？有不忍人之心，存不敢爲之志，愛敬篤於君親，而誠正修齊，清其本原，獨善兼善，乃無不可。此豈非主持教化者之責乎？先儒言佛老之害，甚於楊墨。然佛未嘗廢人倫，其在西方，因時立法，以清淨慈悲爲教，所以化貪殘之俗。而外裔無人倫，乃其舊俗因佛後，無佛遂不能革其習染，俾如中夏之教，至中華寺觀以養鰥、寡、孤獨之民，其廢人倫勢所不得已。而歷代高僧，無棄君親以爲賢者。老子與夫子問答，無非至理。後世異端託之，豈容以誣老子？先儒言僧道爲佛老之罪人，俗士爲孔孟之罪人。其事一轍，不可以其流而咎其始也。楊氏爲我。今之僧道，頑空習静，妄想成僊作佛。士人貪名逐利，弗顧君親，是其類也。墨子兼愛。今之僧道棄家，佈施士人，薄其所厚，厚其所薄，亦其倫也。故五倫之外，無事業；敦倫之本，在身心。窮理盡性，由慎獨而漸至中和，世無不可唐虞，人無不可賢聖。斯爲孔子之眞傳，而一切似是而非者，不得淆之矣。禹與周公，達而在上，治一時之天下；孔孟窮而在下，治萬世之天下。然孟子祇是發明孔子之道而已。而孔子之道，非孟子則亦難存。夫孔孟豈必求其言之信哉？誠以道備於身，有以深契乎天地之心，而憫斯世斯民之困溺，不得已而周流，不得已而好辯之。而當時不能從，後世則不能外。蓋其理固萬世人心之公理，而其言遂爲代天之言也。世變無窮，則所以因時制宜。維持天理民彝者，亦不可執一而施前之聖人。其治亂固不同而同。後之聖人其維世立法，又安有外仁義而别出者哉？春秋天子之事，説者不一。然史官掌記時事而已。其美惡固未必咸當。夫子取魯史而筆削之，褒貶寓於文字，而所褒貶者，皆諸侯卿大夫也，非天子而何以賞罰諸侯大夫乎？故曰罪我者《春秋》也。知我謂知其不得已之心，治亂祇是正人心。禹與周公除民害，孔孟亦然。但禹周在事功，其治易見；孔孟在筆舌，人或不知。愚嘗言：主持風化之權，君、相、師、儒不可得而輕重者也。

匡章曰：陳仲子豈不誠廉士哉。居於陵，三日不食，耳無聞，目無見也。井上有李，螬食實者過半矣，匍匐往，將食之，三咽然後耳有聞，目有見。

於，音烏。下於陵同。螬，音曹。咽，音宴。述仲子居食之病而信其爲廉。朱子曰：匡章、陳仲子皆齊人。廉，有分辨，不苟取也。匍匐，無力不能行。咽，吞也。按：於陵，淄之長山。螬，螬，糞土中大白蟲。

孟子曰：於齊國之士，吾必以仲子爲巨擘焉。雖然，仲子惡能廉？充仲子之操，則蚓而後可者也。

擘，博戹反。惡，平聲。蚓，音引。齊國士多不廉，故以仲子爲巨擘。第其所以廉者，太矯則必如蚓而後可也。下文詳之。朱子曰：巨擘，大指。齊人中有仲子，如衆指中有大指也。充，推而滿之。操，所守也。蚓，蚯蚓。苟充滿其所守之志，必如蚓之無求於世，然後可耳。

夫蚓上食槁壤，下飲黄泉。仲子所居之室，伯夷之所築與？抑亦盜蹠[1]之所

① 蹠，阮刻本作跖。下同。

築與？所食之粟，伯夷之所樹與？抑亦盜蹠之所樹與？是未可知也。

夫，音扶。與，平聲。蚓，生於壤泉，而飲食即在斯。仲子居食，必藉築樹。而所從來不可知，則不能如蚓。此申上惡能廉之意也。朱子曰：槁壤，乾土。黄泉，濁水。抑，發語辭。

曰：是何傷哉？彼身織屨，妻辟纑，以易之也。

辟，音璧。纑，音盧。朱子曰：辟，績也。纑，練麻也。言其力作以易居食，可無傷廉。

曰：仲子，齊之世家也。兄戴，蓋祿萬鍾。以兄之祿爲不義之祿而不食也，以兄之室爲不義之室而不居也，辟兄離母，處於於陵。他日歸，則有饋其兄生鵝者，己頻顣曰：惡用是鶂鶂者爲哉？他日，其母殺是鵝也，與之食之。其兄自外至，曰：是鶂鶂之肉也。出而哇之。

蓋，音合。辟，音避。頻，與顰同。顣，與蹙同，子六反。惡，平聲。鶂，於一反。哇，音蛙。世家，陳田一族也。陳戴食邑於，蓋其祿萬鍾。己，仲子。鶂鶂，鵝聲。頻顣，不悦也。哇，吐也。聖人之道，中正而已矣。廉者不苟取，而世家之祿非同不義。父兄之恩，不容輕絶。此節詳敘其事，以見其廉。有所窮，以起下文。

以母則不食，以妻則食之；以兄之室則弗居，以於陵則居之。是尚爲能充其類也乎？若仲子者，蚓而後充其操者也。

承上文而斷之，母與兄誼，至重也。其居室本於世祿，非爲不義，而仲子必欲去之，則無人尚可居食矣。故必如蚓而後可充其操。

附解

廉，美德也。然君子之廉，必準於義。輕重大小，去取權衡，確有道焉，非成德者不能知也。如孟子論交際，可受周之可受，免死而已。及如其道，舜受堯之天下；非其道，一簞食不可受。精察而思，可知其概。仲子値戰國紛靡之時，而欲以廉自持，其心未爲不美。但審於義利，毋失己遠道，足矣。乃必一概不取於人，而至以先人所遺之世祿爲非義，辟兄離母，困餓匍匐，若人人皆必如仲子所爲而後可，則必廢祿養、去人倫、槁餓而後已。其弊不但如許行並耕之説而已。理既不通，事尤難行。且使天下之人聞之，益以廉爲不便，而使奢淫者藉口以相爭。是仲子直異端之祖，而大有妨於聖賢中正之道也。故孟子反復辨其不能充類，以爲求廉不能徒足惑人心而誣大道耳。至於忘親戚、君臣、上下之非，此章尚未明言，大意只重斷其不能廉。其所以不能廉，爲其太過乎中，勢必不行。爲廉字辨，眞非爲仲子一人是非計也。不然，卑汙成風，有人能志於廉，孟子亦何必厚非哉？司馬溫公爲仲子辨，而朱子、范文正公論之，亦援下孟《不義與之齊國》章爲解，皆未深明此章本義。講家益用惘然矣。學者詳之，則知聖賢不輕斥人非，而斤斤欲維持於大道。

孟子恒解卷四晚年定本

離婁上凡二十八章

孟子曰：離婁之明，公輸子之巧，不以規矩，不能成方員；師曠之聰，不以六律，不能正五音；堯舜之道，不以仁政，不能平治天下。

離婁，一名朱，黄帝時人，明察秋毫。公輸子，名般，魯之巧人。規，筳也。運以爲圓。矩，今曲尺。師曠，晋樂師，精於音者。六律者，黄帝使伶倫截竹爲筩，按十二月以爲十二律呂：黄鐘、太蔟、姑洗、蕤賓、夷則、無射爲陽，大呂、夾鐘、仲呂、林鐘、南呂、應鐘爲陰。十二律而言六律者，陽統陰也。五音：宫、商、角、徵、羽，喉、腭、舌、齒、唇所生也。音不均而聖人齊之以律，音是以和。即治器審音，以興仁政之要也。

今有仁心仁聞，而民不被其澤，不可法於後世者，不行先王之道也。

聞，去聲。仁心，愛人之心。仁聞，愛人之名也。當時諸侯亦有志於仁者，而以王道爲迂，故孟子發其弊。

故曰：徒善不足以爲政，徒法不能以自行。

徒，空也。善，謂心法。謂政徒善之弊，亦如徒法。舉古語以實之。

《詩》云：不愆不忘，率由舊章。遵先王之法而過者，未之有也。

朱子曰：《詩·大雅·假樂》之篇。愆，過。率，循。章，典法也。引《詩》以明遵仁政之美。

聖人既竭目力焉，繼之以規矩準繩，以爲方員平直，不可勝用也。既竭耳力焉，繼之以六律正五音，不可勝用也。既竭心思焉，繼之以不忍人之政，而仁覆天下矣。

勝，平聲。朱子曰：準，所以爲平。繩，所以爲直。申言先王不恃心而有法，乃正所以善全其心。

故曰：爲高必因丘陵，爲下必因川澤。爲政不因先王之道，可謂智乎？

朱子曰：丘陵本高，川澤本下，爲高下因之，則用力少而成功多。又言因先王之甚便，而以智勗之。

是以惟仁者宜在高位，不仁而在高位，是播其惡於衆也。

承上言。以仁心行仁政乃爲仁者，而後可以仁民。否則毒民矣。

上無道揆也，下無法守也，朝不信道，工不信度，君子犯義，小人犯刑，國之所存者，幸也。

朝，音潮。道揆，以道酌事而爲之則。法守，則而循之。道，以理言。度，以法言。承上言不仁而在高位，則無道揆，其禍如此。犯義、犯刑，各舉其重言之也。

故曰：城郭不完，兵甲不多，非國之災也；田野不僻，貨財不聚，非國之害也。上無禮，下無學，賊民興，喪無日矣。

辟，與闢同。喪，去聲。當時以富强爲急，而不知不仁之害如此。禮仁之節，學仁之基也。

《詩》曰[①]：天之方蹶，無然泄泄。泄泄，猶沓沓也。

蹶，居衛反。泄，弋制反。沓，徒合反。蹶，顛覆意。泄泄，怠玩也。引《詩》以慨喪無日而不知。以時人語解泄泄，蓋沓沓，人所嗤笑也。以上皆指君言。

事君無義，進退無禮，言則非先王之道者，猶沓沓也。

非，詆毀也。上言君泄泄而不自危，此言臣亦同爲沓沓。

故[②]責難於君謂之恭，陳善閉邪謂之敬，吾君不能謂之賊。

難，仁心仁政兼全，難能之事也。善，則一言一行之仁皆是。邪，不仁。恭，尊崇意。敬，嚴謹意。賊，傷害之也。

附　解

人各有良。孟子在當時與齊梁之君言，或曰願安承教，或曰明以教我，是未嘗無仁心。梁王移民移粟，齊王不忍一牛，是未嘗無仁聞。特以富强易取效於目前，仁義必待持久，故目爲迂緩。不知水深火熱之地，一施仁義尤

① 曰，阮刻本作云。
② 故，《四書章句集注》作故曰。

爲神速。而時君不知，臣下亦無以是告君者，故此章反復言先王之政自喪無日矣。上反復曉君，下並曉其臣，愛之深而望之切矣。六律正五音，古樂罕傳，經生家多爲臆説，竊嘗論之。人秉陰陽之正氣而生，陰陽之氣播爲五行，是以有五聲。腭、喉、舌、齒、辰五音之所從出也。凡人皆有五聲，特其志氣之清濁不同，則聲之純駁不一。聖人德詣中和，其心卽天地之心，其氣合陰陽之正，故作樂崇德，以宣豫而導和天地，可通神明，可格宫、商、角、徵、羽五音，易知也。而人安能皆正其心？和其氣？得乎陰陽之正？故製爲律吕，節五音而和五氣，其律管取配於十二月，以明陰陽循環，自然生生不窮。天地之元氣，如斯人聲之中和，亦當如斯也。五音旋相爲宫。宫者，中氣，卽一元太和耳。其初伶倫製管，本就天地自然之理數爲之，故度量、權衡皆自此而推。然自是度量準律管而生，非律管必以度量爲合也。八音之器齊鳴，則長短、疾徐、清濁、高下相應而合。若專奏一器，則惟絲竹能備五音，餘器不能備五音，故以人聲爲主。人聲無不有五音，特隨心而成聲者，駁雜必多，以六律節之。聲娩於器，器範乎聲，乃得中和之氣，此正五音之道也。而其本原則以存養心性、實踐倫常爲主。致中致和，清明在躬，自然發於聲音，得乎陰陽之正。而器以傳聲，五音翕和，否則第求諸器數，何者爲宫？何者爲商？較量於尺寸之間，經營於管籥之器，而心中之疵累不除，其音節雖合乎度數，實未嘗協於中和。此樂之所以失傳也。先儒拘拘於黄鐘八十一，林鐘五十四等之數，然古今尺法、長短不同，而五音之自然從心發者，古今不異，必在上之人躬行，又得神瞽爲之師，使天下之人自幼服習，久久精微，而尤要者在禮。無禮不立，無樂不知，禮樂相需，不容强分。平日服習於仁義之途，心無邪慝，行無乖戾，而自少卽以聲樂爲教化，其邪僻之氣，則雖世俗之樂，去其不合中正者亦可以有益於性情心術矣。不以六律，不能正五音。衹謂人聲五音，隨心歌咏，不能合乎節度。以六律節之，而長短、疾徐、清濁範之以器，而服習之久，自然協乎中和，非謂區區較量尺寸、累黍之多寡。其三分益一上生，三分損一下生，蓋陽生陰者下生，陰生陽者上生也。正五音之實不離乎五聲。二變而卽陰陽之各分者言之，則陽律從陽，陰吕從陰，各成一均而不相紊。以陰陽唱和合用者言之，則一律一吕，折中取聲，使陰陽之氣得以相兼備。此二者而後，旋宫之用始全，旋宫正音、正律之外，又有變律、半律、倍律之法。今之考音者，以工、凡、六、五、乙、上、尺七字名聲調，不知出自何代。然《楚辭·大招》卽有四上競氣，極聲變只之語。則其來舊矣。核以今音，黄鐘爲低工字，大吕高工字，太簇爲低凡字，夾鐘爲高凡字，姑洗爲低六字，仲吕爲高六字，蕤賓爲低五字，林鐘爲高五字，夷則爲低乙字，南吕高乙字，無射爲低上字，應鐘爲高上字，半黄鐘低尺字，半大吕爲高尺字，至半太簇仍爲低工字，與黄鐘應。半夾鐘仍爲高工字，與大吕應。則七字與十二律吕亦相配也。古人律吕正五音，不離乎琴、瑟、管、磬、鐘、鼓。今則古樂多不傳，而所以考定十二律者，管聲又不同於弦聲。精數如京房亦有差戾，細密如朱子不能無疑。則以合管弦而强配古法之過也。故審定古尺以較今尺則度明；考驗黍實以規尺度則量合；分别樂器，以辨古今則聲正。是在明者之究必而已。仁心、仁聞，人人所喜。孟子卽此以誘之，其實仁政之不行，由仁心不純，不眞心愛民耳。末又以陳善閉邪望其臣，是孟子一片婆心，蓋逆知戰國之禍，必有塗炭生民，不可救藥之弊，而爲此諄諄也。賊民興喪無日，斬木揭竿不如燭照而龜卜哉。

孟子曰：規矩，方員之至也；聖人，人倫之至也。

至，範圍，不過之意。道備於人倫，而責歸於君上。

欲爲君盡君道，欲爲臣盡臣道，二者皆法堯舜而已矣。不以舜之所以事堯事君，不敬其君者也；不以堯之所以治民治民，賊其民者也。

堯舜盡人倫之道，故君臣必當以之爲法。

孔子曰：道二：仁與不仁而已矣。

君臣之道，不外於仁。惟法堯舜，乃可免於不仁。

暴其民甚，則身弑國亡；不甚則身危國削。名之曰幽、厲，雖孝子慈孫，百世不能改也。

朱子曰：幽，暗。厲，虐。皆惡謚也。甚，言不仁之禍。不特身受其災，亦且遺臭無窮。

《詩》云：殷鑒不遠，在夏后之世。此之謂也。

《詩·大雅·蕩》之篇。言殷當鑒夏。孟子又欲當世法堯舜而鑒幽、厲。

附　解

此章乃發明上章未盡之意。道，不過人倫。人倫不正，以上無聖人之君臣耳。法堯舜則能立人倫之極，而君臣各盡其道。人倫之事雖多，不過一仁字。暴其民以下，分三層，極形不仁之過，以見不可不法堯舜。非謂惡謚之禍甚於弑亡也。引《詩》點出一鑒字，爲通章結穴。蓋當時諸侯日蹈弑亡之禍而不知，豈以爲無傷哉？如幽、厲可鑒也。道，二道字衹作路字解。若道理之道，則孟子曰夫道一而已矣。《周書》有《謚法解》一篇，言：周公旦，太公望開嗣王業，攻於牧野之中，終葬乃制謚法。後世因之。然《周書》由來不可考。劉向、班固所録，並著《周書》七十篇，謂孔子刪削之餘。而司馬遷載武王克殷事，亦與《周書》合，後儒遂不敢議之。愚嘗詳其文義，大都紕繆不經。史遷、向、固諸子所稱，已爲無識附會。而《汲冢周書》出於晉太康中汲郡魏安釐王冢，所稱述多乖聖義，斷不可信者也。後世好古之士，徒以其舊存之，不可不辨。今謚法必自天子，而不拘拘舊文，誠萬世之師也。

孟子曰：三代之得天下也以仁，其失天下也不仁，國之所以廢興存亡者亦然。

當時諸侯欲有得無失，而不知重仁。孟子特爲曉之。

天子不仁，不保四海；諸侯不仁，不保社稷；卿大夫不仁，不保宗廟；士庶人不仁，不保四體。

極言不仁之禍如此。

今惡死亡而樂不仁，是猶惡醉而强酒。

惡，去聲。樂，音洛。强，上聲。結言諸侯所樂，反其所惡之非。

孟子曰：愛人不親反其仁，治人不治反其智，禮人不答反其敬。

反，反己自凊。卽三言以起例，明不必求諸人也。

行有不得者，皆反求諸己，其身正而天下歸之。

此乃就諸侯而言。不得皆求諸己，則所以正身之功必嚴。天下歸之，諒其誠也。

《詩》云：永言配命，自求多福。

引《詩》以證自求諸己，不特可以感人，亦可以得天命而獲福。

附　解

聖賢千言萬語，無非教人反求。反求之，實由幽獨以推及乎天下無在。不然，一息尚存，無時不思寡過。此聖人之所以爲聖人也。反求諸己，衹是欲盡義理之當然。問心無愧，原非爲獲福計，但天止一理，理止一善。天、地、人共由之，故曰道。道，猶路也。與天同其道，自與天合其心，安有事事合天理而天不應之者？故福亦隨之。《大易》明吉凶，《洪範》詳福極。聖人無不言福在自求。世儒諱言禍福，不過恐人專求福利。然果求福避禍，除卻爲善，更無他術。故當教人：凡事循天理即是求福之道，悖理即求禍之道，不可以私心妄求即是。若不言禍福，則人益無忌憚而僥倖一時。旋罹凶災，福不可保，禍乃倍之，猶相尋而不悟，其誤世多矣。《易》言天且弗遠。《中庸》言大德者必受命。理正如此。謂天爲高遠，而縱心妄爲，或不知反求，妄希獲福，其禍豈有涯哉？若夫忠孝，節義或至隕身，而全受全歸，日星並永，俎豆千秋，福正無量。古今忠孝之人，其神不朽，其子孫亦蒙庥，安在天不眷顧之者？人其勉之。

孟子曰：人有恒言，皆曰天下國家。天下之本在國，國之本在家，家之本在身。

繹恒言之序，欲人反求其身，亦上章之意也。

附　解

舜好察邇言，武王不泄邇。先民詢於芻蕘，人各有心，心各有良。尋常無端之論，常有至理。聖人聲入心通，則隨處見其有益於我。常人忽不經意，則至言亦覺其寡味。即孟子此章，可以類推而窮理也。予嘗考世俗言，議其可裨《經》《傳》者甚多，今不具書。即如天理良心四字，天之理即心之良，心之良乃爲天之理。明此四字，則三代下言心言性，轇轕不清者，皆判然矣。其可忽諸。

孟子曰：爲政不難，不得罪於巨室。巨室之所慕，一國慕之；一國之所慕，天下慕之，故沛然德教溢乎四海。

此章有爲而言。巨室：宗戚世臣。在戰國則如信陵之屬。不得罪，恩、禮兼盡。當時諸侯信策士，而猜忌大臣。孟子言德教之施，必由巨室。欲其正身率下，毋自翦羽翼也。

附　解

巨室不過臣僚，何故不可得罪？身正天下歸之，何必巨室所慕乃爲人慕？自來講家鶻突。張氏甄陶據陸稼書之言，謂當時諸侯信策士而輕巨室。故孟子言此，甚爲有識。第其義猶有未盡者。周以世官世禄制官，歷春秋之衰至於戰國，而其制未盡淪亡。七國相爭，其宗臣子弟何一不踞大郡、享千鐘？策士之重也，由列國急於功利。招致外國之以求奇策，而干進者乘隙以希富貴，如范睢去穰侯之類。巨室漸多衰微，且當時互相盟質，往往用宗臣大臣，而不知修明政治、養教宗戚。此章，孟子必有爲言。當時巨室，必有賢能之士，如信陵一輩人。而君不信用，使卑踰尊，疏踰戚，小人夤緣倖進，宗戚世臣漸漸衰微。不知巨室卽不盡賢，然世受國恩，宗廟土地遺傳已久，必不肯危其國以危其身家。誠使正身律己，擇其賢者用之，不賢者教之，則必感恩自奮。其宗族既衆，權勢亦尊，人君德教既詳，畏懷悦服，風流令行，他國之讒佞不行，民人之觀聽有屬，故可施德教於四海。不此之務而自翦其本根，徒欲用疎遠之士。其所用者，既未必賢；卽賢矣，而巨室不服，彼此猜嫌，徒授反間以隙。若信陵君之以憂死，而魏隨亡；公子鞅入秦，而秦亦遂大，皆自諸侯忽視宗室一念誤之。蓋聖賢以仁義教人，特欲其修德返求，無翦强宗、黜國戚之事。觀孟子此言，亦可知其大公至正之心矣。後世若漢祖懲秦孤立，戮功臣而建諸侯。然功臣與諸侯何分厚薄？唐宗蔭功臣而傷同氣，功臣與同氣又何分親疎？蓋皆不明《九經》之義，顛倒妄行，而子孫受禍，國亦傾危，何如仁厚之爲效大也？張氏謂當時惟楚有巨室，引屈原、項梁等爲證，其義亦未善。三晉、田齊，雖由篡奪，至孟子時已百餘年，豈無巨室？秦自無道，微項梁亦滅亡。項梁發難，無功於楚，不如張良擊秦有功於韓。且孟子乃就當時列國之勢渾言，不專爲楚言，亦非爲巨室吐氣。乃言果能正身修德，正當從巨室始耳。

孟子曰：天下有道，小德役大德，小賢役大賢；天下無道，小役大，弱役强。斯二者，天也。順天者存，逆天者亡。

有道之世，天眷有德而大德大賢在上，天之正理也。無道之世，天棄不德而强弱任其自禍，十大之怒者也。知大意者，則必順大而修德。逆者，任心背理也。

齊景公曰：既不能令，又不受命，是絕物也。涕出而女於吴。

女，去聲。朱子曰：令，出令以使人。受命，聽命於人。物，猶人也。景公畏吴之强，不得已以女妻其太子波。承上言，役於强大，其恥如此。

今也小國師大國而恥受命焉，是猶弟子而恥受命於先師也。

不能修德承天，而效大國之所爲，則難免於恥辱。甚言恃勢力之違天也。

如恥之，莫若師文王。師文王，大國五年，小國七年，必爲政於天下矣。

師文王，修德以承天意。五年、七年，皆言其速。

《詩》云：商之孫子，其麗不億。上帝既命，侯于周服。侯服于周，天命靡常。殷士膚敏，祼將于京。孔子曰：仁，不可爲衆也。夫國君好仁，天下無敵。

祼，音灌。夫，音扶。好，去聲。朱子曰：《詩·大雅·文王》篇。麗，數也。十萬曰億。侯，維也。殷士，殷之臣。膚，大也。敏，達也。祼將，助周祼地之祭，言商之孫子衆多，其數不但十萬而已。上帝既命周以天下，則皆臣服于周。所以然者，天命不常，歸於有德。是以殷士之德大而敏達者，皆執祼獻之禮，助祭于周京也。孔子讀此詩而言仁者，雖億衆不能相抗。故國君好仁，則必無敵於天下也。孟子引以爲以仁，順天之則。

今也欲無敵於天下而不以仁，是猶執熱而不以濯也。《詩》云：誰能執熱，逝不以濯。

不以仁，則爲人所制尚，安能合天心？執熱以濯，喻承天必以仁也。朱子曰：《詩·大雅·桑柔》篇。逝，語辭。言誰能執持熱物，而不以水先濯其手。

附解

孟子此章，爲小國不修德以自强而發。因當時矜尚勢力，不知修德而徒欲效其所爲，日益衰滅。將言同天，莫如修德而先言有道、無道。人事所趨，皆關天意。不修德則授命於人，自取危亡；能修德則可如文王之同天。同天，卽順天也。天以理治世，有德則天享之，而大德大賢，各効其能，是天福之之理；無德則天棄之，而大小强弱待其自斃，是天禍之之理。人知受命爲順天，而不知修德之爲順天。如景公是不能修德以承天，爲天所棄者也；如文王是能修德以承天，爲天所福者也。有道無道，皆以修德爲順天，違分恃力爲逆天。斯二者：天言有道之時，重德重賢而天佑之，是天理也；無道之時，逆天妄爲而天棄之，亦天意也。蓋天祇有此理，斷無棄理任力之時。其有强大偶然得志而弱小衰滅者，必其弱小之德更薄於强大，如秦滅六國。三晉、田齊皆以簒奪得國，楚以夷狄憑陵肆虐已非一朝；燕雖召公之遺，罕修德政；秦自穆公以來，代有令辟簒弑，寡聞且能重農力本，所爲較優，天亦姑稍容之。惜其詐力太甚，横暴繼作，天復震怒，則斬木揭竿足以亡秦矣。三代以下，大類如此。舊《解》謂勢之所趨，天無如何。夫天理祇一善字，降祥降殃，視其有德與否，而豈人肆陵暴，天無如之何哉？蓋其始也，亦必有德賢之實，而天始福之。及其勢既昌大而威力並作，忘其本來，則天卽棄之。後人徒見其勢之方盛，以爲天若不聞，而不知其先此之功德未艾。及其先代與本身積累既盡，亦必旋卽滅亡。魏、晉、隋、陳之輩，皆是類也。烏有棄理而可以爲天，外理而別有爲道者乎？舊《註》云理、勢之當然。勢字甚不妙。勢字，聖人所不言，以其非天理也，言勢必本理。如王莽、曹操、朱溫皆以篡弒得國，然其先必有謙恭下士、忠勤之長而後有勢。及其勢盛而棄禮背叛，天卽滅之。天之任理不任勢可見。盜蹠日弒不辜而享遐年，莊子憤世之言，且惡知其所殺者之果無辜乎？果日殺人而天顧縱之乎？吾鄉明末張獻忠之難，其屠戮之慘，有曠古所未聞者。然以理度之，明重科第，而蜀中科名最盛。於時，勢家凌虐鄉里，蓋非朝夕。而民風狡詐百出，乃蓄爲獻賊之禍，然獻賊亦不免於誅戮，則天仍以常理治之而已。學者不明乎天之常經，則必惑於流俗之說，而使人不知信德，烏乎可？

孟子曰：不仁者可與言哉？安其危而利其菑，樂其所以亡者。不仁而可與言，則何亡國敗家之有？

菑，與災同。樂，音洛。不仁，昧理而縱欲者也。危，不安。菑，不利。亡何足樂，而昧理則不知。不可與言，言無由入也。

有孺子歌曰：滄浪之水清兮，可以濯我纓；滄浪之水濁兮，可以濯我足。

浪，音郎。滄浪，非一。兖州嶧縣北有滄浪淵，此當是也。纓，冠系。纓貴而足賤也。

孔子曰：小子聽之：清斯濯纓，濁斯濯足矣。自取之也。

清貴濁賤，以水喻仁不仁之由己。

夫人必自侮，然後人侮之；家必自毁，而後人毁之；國必自伐，而後人伐之。

侮辱、毁敗、侵伐三者，皆由不仁所致，此乃正言自取之實。

太甲曰：天作孽，猶可違；自作孽，不可活。此之謂也。

不仁拒諫，自作孽也。

附　解

仁，祇是天理之良。全仁非一時可至。但能寡欲養心，凡事恐其非禮，克治偏私，擴充善念，久之自然惡念不生，志氣清明，亦可獲祐於天，菑危可免。奈常人既不省心，又不友善，任其所爲，喪心蔑理。方且憑權藉勢，睥睨一切，以爲人莫己若，長治久安矣，而不知菑危已在耳目之前。孟子此篇，自首章以下皆言仁字。至此乃以自取菑、危惕之，意蓋爲當世人君言。而凡不仁者，統此矣。開端卽歎其不可與言，是其作孽不可挽迴之故，而古今能味此章者實希。歎不可與言而名曰不仁，正從本源處勘定。學者不先究乎窮理盡性之原，而欲聞善則拜，見義必從，是猶責聾者以聽，鞭跛者以走也。故大人格君心之非，而聖王皆以治心修身爲急。閻氏謂安其危，利其菑。各有所以字至下句，方倒點出省言之體，是也。滄浪，非一地。均州武當縣有之，沔陽州北亦有之，湖南常德府龍陽縣、山東嶧縣皆有之。大抵屈原所言者在楚，孔子所言者在魯。水亦何知？借孔子語點出自取，以起下文耳。

孟子曰：桀紂之失天下也，失其民也。失其民者，失其心也。得天下有道：得其民，斯得天下矣；得其民有道：得其心，斯得民矣；得其心有道：所欲與之聚之，所惡勿施爾也。

惡，去聲。民心歸往謂之王。觀桀、紂所以失天下，則得天下者可知所欲、所惡、養教，安全之事。因當時七雄皆有得天下之心，故言此導之以仁，非誘之以得天下也。

民之歸仁也，猶水之就下，獸之走壙也。故爲淵敺魚者，獺也；爲叢敺爵者，鸇也；爲湯武敺民者，桀與紂也。

走，音奏。爲，去聲。敺，與驅同。獺，音闥。爵，與雀同。鸇，諸延反。朱子曰：淵，深水。獺，食魚者。叢，茂林也。鸇，食雀者也。申言民心歸仁，自然而然，所以得民，必得天下。非仁者先有得天下之心。仍以桀、紂、湯、武證之。

今天下之君有好仁者，則諸侯皆爲之敺矣。雖欲無王，不可得已。今之欲王者，猶七年之病求三年之艾也。苟爲不畜，終身不得。苟不志於仁，終身憂辱，以陷於死亡。

好、爲、王並去聲。此乃斥言欲王者之非。能好仁則不期王而可王。不仁則匪特不王，亦且速亡。艾以炙疾，陳者良。

《詩》云：其何能淑，載胥及溺。此之謂也。

朱子曰：《詩·大雅·桑柔》篇。淑，善也。載，則也。胥，相也。引詩以悼時君之自速敗亡。

附　解

此章爲當時强侯指點，吃緊在今之欲王者句。蓋因其不仁而欲王，不知危亡已在指顧，特痛切告之，非孟子專以王天下望人也。開端即以桀、紂失天下起，明民心之得與否在仁與不仁。仁民在與聚勿施，意重仁民，不重在得天下。故即接言民心歸仁，自然而然，非仁者有心致之。桀、紂不仁，正如爲湯、武敺民一般。湯、武何嘗欲得天下？今之君果有如湯、武好仁者，則爲之敺者不少。而乃不仁以求得民，豈知其素無仁心，民心已離，卽今日行仁，已是七年之病求三年之艾？况又不然。則豈特不王且必憂辱以至死亡？引《詩》言而太息之。其後六國亡於秦，秦亡於楚，孟子此言誠如神之哲也。蓋深惡時君賊民，憫民生不安，一片悲憫之心，不得已而明斥其非如此。不善讀之，則反以爲孟子望諸侯代周。其得失天淵，安可不辨哉？獺類，非一種。形類狗，頭類馬，身如蝙蝠，鼻小尾大，名獱獺。一種四足俱短，頭與身尾俱褊，水居，亦能休於木上，謂之木獺。鸇，一名晨風，似鷂，黄色燕頷，擊鳩、鴿、燕、雀食之。

孟子曰：自暴者，不可與有言也；自棄者，不可與有爲也。言非禮義，謂之自暴也；吾身不能居仁由義，謂之自棄也。

暴，害也，毁禮義而自害其身。棄，絶也。滅絶天禮，自外於聖賢。此爲學者言之。

仁，人之安宅也。義，人之正路也。

仁，天性也。見於事爲則爲義。宅以居，路以行，仁義相爲體用也。

曠安宅而弗居，舍正路而不由，哀哉。

哀哉，謂其有人之名，無人之實也。

附　解

此章道得實是平易明白。然自古迄今，知仁義之爲美者多矣，而踐之者少。又所謂不自暴棄者，往往用之於謀名謀利；而談仁義者，反以爲迂，是自以爲不暴棄而實自暴棄也。悲夫，天理祇一箇仁字，由仁而行卽是義，禮則節文。斯仁以成其義者，實無二理也。但禮義見於事，爲人所易曉；仁藏於心，人所不知。言非禮義則明，知而不信故爲自暴。以其易見者言，則曰禮義；就其體用之全言，則曰仁義，非一理而故歧其説也。

孟子曰：道在爾[1]而求諸遠，事在易而求諸難。人人親其親，長其長，而天下平。

道，天理。事，事功。親，親仁也。長，長義也。善事其父兄而推之於民、物、

① 爾，阮刻本作邇。

事，爲無非仁義，故天下可平也。

附　解

道，不外於仁義。仁義從親親、長長始。孝子無不友弟，友弟者無不孝。蓋纏綿悱惻之心見於愛親。敬長者篤至，則愛其親而仁民而愛物，敬其兄而尊賢而事上，無患其不遜順周詳。人人如此，天下有何刻薄人？故曰天下平也。當時，人君不以此修身，亦不以此教人，而徒張皇法術，殘虐蒸黎。故孟子言此，喫緊在人人二字，安得天下人人孝弟必在？上者能親其親，長其長，以身作則而又詳明禮樂，然後天下人翕然從風，雖未必皆十分孝弟，而愛親敬長之義，人人知之，則犯上作亂者少矣。不然，上無其本，孝弟未嘗徧滿於人間，而天下安得遂平也？又所謂親親、長長者，必先明善誠身。苟爲不然，將阿意曲從，陷親不義，朋淫濟惡，兄弟罹殃。於是有徇父兄而干名犯義者，有盡恭讓而反爲悖逆者。孔子曰：不明乎善，不誠乎身；不誠其身，不能事其親。又曰：大道之行，三代之英。不獨親其親，長其長。孟子言天下平，固有實際，而人不知。則所謂孝弟者，非孝弟。而天下且相尋於亂，如莽、操之流皆以起家爲孝，其昆弟亦以濟惡爲賢。即尋常百姓，平日不知誠善以事君親，亦必非禮相徇，長亂禍身，反爲不忠不孝。至於身行俱毀，猶曰孝弟之事也，可無慨歟？孟子此章，爲當時不務本而求功業者言。原以天理爲主，未許昧理而談孝弟者藉口。

孟子曰：居下位而不獲於上，民不可得而治也。獲於上有道，不信於友，弗獲於上矣；信於友有道，事親弗悅，弗信於友矣。悅親有道，反身不誠，不悅於親矣。誠身有道，不明乎善，不誠其身矣。

此爲當時治人不治者發。欲其明善誠身而施諸國家也。獲上，上知其賢而任之。信友、悅親，皆本於誠。誠兼內外，一以天理爲歸，故必先明乎善。

是故誠者，天之道也。思誠者，人之道也。

承上言，無事不本於誠，以誠爲天之實理而不可違也。未能皆誠，念念思極於誠，是人所以承天之道。

至誠而不動者，未之有也。不誠，未有能動者也。

承上言誠無不動欲，治人者反而自思。

附　解

此章張甄陶以爲爲治人不治者言。其説甚善，從之。獲上、信友、悅親、誠身，朱子謂皆以有道言之。此最是第一義。然孟子自是爲不明善者言。從獲上、信友一一推至誠身，果能明善，則事事必辨其天理人欲，安有非道而求獲信與悦者？且既至誠矣，則精於義，熟於仁。上也，友也，其君子必吾知，其小人亦不能害也。《中庸》言豫字之義，此爲當時諸侯不能誠身化民而言。故述孔子言而曰至誠無不動。惟在上者爲民司命，草偃風行，故易動；若聖賢在下，有動有不動、如孔子、七十子之外，不免愠於羣小；文王化及江漢，不免囚於羑里矣。

孟子曰：伯夷辟紂，居北海之濱，聞文王作興，曰：盍歸乎來，吾聞西伯善養老者。太公辟紂，居東海之濱，聞文王作興，曰：盍歸乎來，吾聞西伯善養老者。

辟、養並去聲。朱子曰：作、興皆起也。盍，何不也。西伯，文王也。太公，姜姓，吕氏，名尚。北海，今永平府昌黎縣西北。東海，今吕縣東。伯夷、太公辟無道而就有道，引之以起下文之論也。

二老者，天下之大老也。而歸之，是天下之父歸之也。天下之父歸之，其子焉往？

言二老繫天下之人心，一歸而無不歸如此。

諸侯有行文王之政者，七年之内，必爲政於天下矣。

諸侯不務德而力爭，民心日去，遺老失賢。孟子欲其行仁政以致賢，勿爲少年、新進所惑。

附解

聖賢不以一人之得失爲憂喜，而以蒼生之安危爲欣戚。故有仁民之君，則心往之，非爲己計也。戰國諸侯喜浮薄而惡老成，不知民心日去，賢士隱於巖阿。孟子心目中，實有數大老在，如孔子作者七人之慨。而言此以警當時，非爲己一人寫照也。奈諸侯不悟，厥後黄石啟留侯、商山來四皓，而漢賴以興，況以大道如孟子？果知信任，伯夷、太公何遠哉？太公，四岳之後，姜其本姓，吕其封姓。太公望，文王始加之號，師尚父，武王繼加之號，子牙，字也。

孟子曰：求也爲季氏宰，無能改於其德，而賦粟倍他日。孔子曰：求，非我徒也，小子鳴鼓而攻之可也。

改於其德，匡正之也。賦粟倍他日，常賦所入，以善籌計而日增。

由此觀之，君不行仁政而富之，皆棄於孔子者也。况於爲之强戰？爭地以戰，殺人盈野；爭城以戰，殺人盈城。此所謂率土地而食人肉，罪不容於死。

爲，去聲。求之賦粟，非有剝民之事也。特以不能導君行仁，徒爲求富。聖人已棄之。況爭土地而殘民，雖死何足蔽辜。

故善戰者，服上刑。連諸侯者，次之。辟草萊、任土地者，次之。

辟，與闢同。連諸侯，使爭戰。辟，開墾。辟與任，以廣戰資也。草萊，爲民樵牧之所。而皆辟使歸上，則地盡民貧矣。任土地，竭地利以肥國，而不留餘利以歸民。

附解

此章爲病民之臣言，欲諸侯察而遠之也。冉求爲季氏聚斂，非剝民以益君，祇爲求有足民之才。尋常賦斂，出入有紀，經營有法，財自日饒，如田千秋、劉晏之流。但季氏富於周公，非不足於財者，惟當匡正其德，使歸於中正，故孔子責之。孟子此章，已明言其失，而後人竟等之於聚斂之臣，何不善讀書也？愚已於《論語》附論之。辟草萊任土地者，作一句讀。蓋言辟草來以盡地利者，又次之也。舊《解》殊不分明，而其引商鞅、李悝亦欠協。張甄陶辨之，而亦未知二句之當爲一句。李悝盡地力，固無可議。即商鞅開阡陌，亦時勢不得不然。末句以其人而一概責之。先王之世，地有餘力，民有餘財，蓋其時天子所制，僅今北五省川原平衍之地。官制、禮樂，所以維繫上下，無敢侵漁者，至詳且密。其仁讓禮俗，足以相安；其等威制度，足以自守。而其他山林川澤，不堪爲井之地，則聽民漁獵、採樵；遠阻之區，則以爲荒服，溝洫澮洫，畫界分疆，補助巡行，隨時救弊。蓋其君實有父母斯民之心，而其道又合乎天時人事之宜，故民化其德，安其俗。當時所以取人者，道，無貧富相耀，勢利相爭之事，故久而無弊。及周之衰，世胄擅權，民田半歸豪族，修士困於單寒。列國苟且相安，民疲於下，主困於上，而世祿之家擁名城，據厚實，名爲井田而實不均不和。非有聖人在上，齊之以禮樂，需之以歲時，未易盡反先王之舊也。又況民多於前，地狹於舊，雖有聖人，不能不變通之。孟子告文公以井地而曰潤澤之，蓋滕猶可以行井田。而孟子所以相時制宜者，亦必非盡拘成法也。商鞅之失，在於刻薄寡恩，而不在於開阡陌。試問三代以下，尚能復井田否？如井田後尚可行，而鞅廢之，誠爲不可赦矣。《詩》《書》《禮》《樂》不可廢，而始皇廢之。不久而《詩》《書》《禮》《樂》仍復。封建井田不可行，而商鞅、李斯廢之。至今而封建、井田難興，蓋因時制宜，誠有古今不可强齊者。儒者窮經致用，要惟達於古今事物之宜，而隨時處中，未可隨聲附和，類於紙上之談兵也。楊炎、衛鞅之法後世莫能違，而《周禮》足以亂天下，豈聖不如狂哉？其所以行法者，異也。

孟子曰：存乎人者，莫良於眸子，眸子不能掩其惡。胸中正，則眸子瞭焉。胸中不正，則眸子眊焉。

眸，音牟。瞭，音了。眊，音耄。朱子曰：良，善也。眸子，目瞳子。瞭，明也。眊，蒙昧之貌。人之神聚於目，故瞭與眊，一如其心之所藏。

聽其言也，觀其眸子，人焉廋哉？

焉，於虔反。廋，音搜。廋，匿也。既知其言之善惡，而又觀眸子，則人無遁情。言此，欲人内清其神明，而外謹其言貌也。

附　解

此爲觀人者言。蓋爲門人言也。聖賢惟以修慝崇德爲事。攻其惡，無攻人之惡。子貢方人，子曰：夫我則不暇。豈有必求能知人之理？但德果崇，慝果修，則清明在躬，志氣和如神，亦無患不知人。此蓋爲當時無學者言，故淺淺指示。然觀眸子，必己心正而後知其心，聽言必先知言，亦非易也。聖賢德造於精，淺語亦復深，微多類此。

孟子曰：恭者不侮人，儉者不奪人。侮奪人之君，惟恐不順焉，惡得爲恭儉？恭儉豈可以聲音笑貌爲哉？

惡，平聲。爲貌恭儉者言，欲其先戒侮奪。順，順己私心也。

附　解

以聲音笑貌爲恭儉而侮奪於人，人不之察，王莽且藉以即眞矣。恭儉必先不侮、不奪，此必有爲而言。

淳于髡曰：男女授受不親，禮與？孟子曰：禮也。曰：嫂溺，則援之以手乎？曰：嫂溺不援，是豺狼也。男女授受不親，禮也；嫂溺援之以手者，權也。

與，平聲。援，音爰。朱子曰：淳于，姓，髡，名，齊之辨士。授，與也。受，取也。禮，男、女授不親，以遠別也。援，救之也。權，稱錘也。稱物輕重，而往來以取中，權而得中，是乃禮也。

曰：今天下溺矣，夫子之不援，何也？

髡欲孟子屈己以救民，是以權爲委曲之說也。

曰：天下溺，援之以道；嫂溺，援之以手。子欲手援天下乎？

正己乃可以正人，屈己則先自失。其道何以援之？手援天下，甚言失其具也。

附　解

權字之義，孔明、陸宣公已先程、朱而言。愚於《論語·未可與權》章已詳。兹不贅。淳于髡欲孟子貶道以行權，蓋謂當時干進成風，非屈己難以進身，並救民之心亦徒然耳。不知聖賢立身正大，細微必謹，惟其在我者中正無愧。然後遇合明良，以成己者成物而皆當。故雖有悲憫深心，未曾往見諸侯。非道無以救民，枉己則自失。淳于髡不知也，喻以手援，而髡無詞，想亦心解矣。嘗歎世主求士於夤緣苟合之内，而純篤者忽之。不知孔孟有忠主庇民之心，而不求榮利。求榮利者感恩而効忠，亦或有人。然每無濟世安民之大略，況又但知禄利，不計君國。老萊子云：可榮以爵禄者，可隨以刀鋸。人主何樂而任之哉？故草莽之臣，心懷忠愛者，勿以其難進而斥之。庶可得命世之材？

公孫丑曰：君子之不教子，何也？

不教，不親教。孟子蓋嘗使其子就外，傳而丑疑之。

孟子曰：勢不行也。教者必以正。以正不行，繼之以怒；繼之以怒，則反夷矣。夫子教我以正，夫子未出於正也，則是父子相夷也。父子相夷，則惡矣。

夷，傷也。夫子，子謂父也。孟子謙言己未必正，而欲教子以正，則反至於傷。恩勢不行，謂法與恩難以兩全之處。

古者易子而教之。

蓋蒙養不無督責，而父兄不盡聖賢。古人易子而教，以兩全之。

父子之間不責善，責善則離，離則不祥莫大焉。

責善，身不正而務以督責爲能也。離，情誼傷也。孟子欲人正其身而善其教，故爲常人示以則也。

附　解

道之重者三綱。不正其綱，無以令下固已。第父子之間，責望莫非天性？而父雖不賢，子不得以不肖視父；子雖不肖，父猶必大賢望子。此天理人情之正。孟子此章，何以有勢不行之說哉？且所謂不行者，主於父子互相責望乃世俗之情，不可以爲常訓。前賢亦常疑之。愚謂此乃孟子現身說法，爲後世則耳。孟子非不能修身之人，即古來聖賢，父子授受而成名立德者，亦正不乏。第天下容有不肖之人，而斷無願子弟不肖之父兄。然己德未修，則啟翼者固無其本矣。而又不知訪求明師，徒以苛嚴立教，是如卻行而求及前人，必不可得。孟子此言，正欲人育德尊賢以全善教。勢不行一言，自謙以引起下文，非謂君子必不可親教其子也。聖賢之言，爲天下後世計，不爲一人之私計如此。且即夫子教我數語，亦少年無知，子弟偶有如斯而督責之。甚者亦惟童蒙則然，非謂十五以後，將從事《大學》而猶姑息長驕，避責善之嫌也。故愚論之如右。且此章責善與卜文、匡章責善不可同看。舊《註》引責善朋友句於此亦誤。責善則離，離則不祥莫大焉。言外蓋歎不能正其身，而徒責下之難也。

孟子曰：事孰爲大？事親爲大。守孰爲大？守身爲大。不失其身而能事其親者，吾聞之矣；失其身而能事其親者，吾未之聞也。

守身，誠身也。以義理防其身，爲聖爲賢而後可以諭親於道。全受全歸，稱爲肖子。

孰不爲事？事親，事之本也。孰不爲守？守身，守之本也。

申言所以爲大之義。本謂理所從出。

曾子養曾晳，必有酒肉。將徹，必請所與。問有餘，必曰有。曾晳死，曾元養曾子，必有酒肉。將徹，不請所與。問有餘，曰亡矣，將以復進也。此所謂養口體者也。若曾子，則可謂養志也。

養，去聲。復，扶又反。曾子固守身事親之人，故舉其養志之一節以見。謹於事親，皆自知本而然也。朱子曰：曾晳，名點，曾子父。曾元，曾子子也。請所與、問所餘者、與誰必曰有，恐親意更欲與人也。曾元不請所與，雖有言，無其意。將以復進於親，不欲其與人也。此但能養父母之口體而已。曾子則承順父母之志，而不忍傷之。

事親若曾子者，可也。

結明事親之道，當以曾子爲法。

附　解

人爲天地之心。而親也者，身之所自來。天地大父母，父母小天地也。聖人事天如事親，事親如事天。天理備於人身，德不肖乎天地，不可爲人；不能守其身而毀性墮行，不可爲子。故守身爲事親之本。守身卽誠身，非但不毀傷身體也。能守身則能事親。己爲聖人，思致其親於聖人。凡自古聖賢皆同此志。父母而賢若武、周父母，不賢若舜禹幹蠱與象。賢並美，非但服勞奉養而已。故養親固要而養志尤要。引曾子以明養志之大概。順親之所欲，必其所欲無害於義而後可。曾子固誠身者，承一貫之傳使其親不朽，而養親之際又至誠。體親若此，卽而推則平日成親之美。以道事親，不違親亦不失道，有許多委曲纏綿處，故曰若曾子可。不然，僅酒肉之間娛親，而不思守身，何如？上下文義理不相連屬。蓋曾子之孝與其誠身，人所知也。而誠身事親，事非一端，卽酒肉間亦養志，以明其概。則平生守身事親，可知養志卽守身事親內事也。結以事親若曾子可，以神迴氣合，有無限低徊，或拘泥字句，作斡補之筆非也。

孟子曰：人不足與適也，政不足間也。惟大人爲能格君心之非。君仁莫不仁，君義莫不義，君正莫不正，一正君而國定矣。

適，音謫。間，去聲。爲知正君而不知己者言也。君不正而臣但於用人行政，力爲挽救，終歸無裨。仁義，格心之實也。君正莫不正，承上而言。所以致君於仁義者，則正己久矣。趙氏曰：適，過也。間，非也。格，正也。

附　解

道盡於仁義，以此事君，君心正而用人行政何待斤斤匡救？然必如伊、周之遇，勳德望重，事權獨任，身爲師保疑丞，告君誠正之學，陶淑久而君心始正。然伊、周之興也，皆簡自先王。湯、武之貽謀者，固已不常，而太甲、成王又非昏懦之比，是以獲成厥功。後世諭教之法不明，東宮師友、文士已爲首選，老成碩德無由致身，所以陶養德性者固遜古人。及其在位，復增之以傲慢，卽有大人之臣，方將先幾而退，人主高拱自是，格心之事於何施之？故聖王隆師傅以教胄，正學術以興賢，明禮義以清心，廣言路以蒐善，而後，大人得展其才。孟子慨晚近而爲此言，非特勗臣，亦以規君。蓋其身固大人之身，而其遇無大人之遇，言下有無窮浩歎也。後世大臣亦間有類於能格心者，然誠正心學，出處規模，未入孔孟門庭。格心二字，終許之不得，而其效亦可覩矣。

孟子曰：有不虞之譽，有求全之毁。

虞，度也。本非懿行而竟得譽，本欲求全而反致毁，蓋世俗之毁譽，不足以定人。吕氏曰：言修己者不可以是據爲憂喜，觀人者不可以是輕爲進退。

附　解

朱子引吕氏之説，已是明盡。又曰：天下事祇是一箇是非，吾人只揀箇是的行將去便是。若必要迴獲得人道好，豈有此理[1]？尤耐人尋味也。

孟子曰：人之易其言也，無責耳矣。

易，去聲。爲易言者，警惜其無所懲而自損德也。

附　解

人須有畏懲方好。無責之者，言日益肆而徒自損其德，長惡不悛。孟子故惜之。

孟子曰：人之患在好爲人師。

好，去聲。時有薄植而好爲人師者，言此警之。

附　解

師豈易爲？言行心術自省之不暇，而猥以師爲好，則其自治疎矣。孟子非不欲人爲師，欲其自治而後治人耳。

樂正子從於子敖之齊。

子敖，王驩字。蓋以偶爾同行，爲無傷也。

樂正子見孟子。孟子曰：子亦來見我乎？曰：先生何爲出此言也？曰：子來

① 陸隴其：《四書講義困勉録》卷三十（《四庫全書》本），是非作是與非。迴獲作顧。

幾日矣？曰：昔者。曰：昔者，則我出此言也，不亦宜乎？曰：舍館未定。曰：子聞之也，舍館定，然後求見長者乎？

長，上聲。朱子曰：昔日，前日。館，客舍也。樂正子學未至於聖人，度未能磨不磷，涅不淄，則從於子敖雖偶，而不可不戒也。故即其求見之晚以責之，而意猶未發也。

曰：克有罪。

自服其罪，猶未知責之之意也。

孟子謂樂正子曰：子之從於子敖來，徒餔啜也。我不意子學古之道而以餔啜也。

餔，愽乎反。啜，昌悦反。王驩欲交孟子而不得。克爲孟子高弟，或驩浼之同行，非必其願從之也。然小人不可與爲緣，故孟子嚴切責之。朱子曰：徒，但也。餔，食也。啜，飲也。

附　解

小人欲交君子，每先投其所欲。樂正子本之齊求見孟子，王驩適與之遇，因其爲孟子弟子，獨有一番款洽。樂正子以爲偶爾偕行，亦屬無傷，遂與之俱。餔啜之事，子敖所以結樂正子者也。樂正子以爲此子敖相待之情，不便固卻，而孟子即以爲失己之漸，樂正子已爲所愚故也。徒餔啜也，非樂正子惜行李之小費，而因便於小人；亦非孟子惡其竟從小人，而故作如是之醜語。其曰子學古人道，是信樂正子必不爲小人所移，而曰徒餔啜，則惜其竟爲飲食虛文所欺也，自來講家多未得其辭義。

孟子曰：不孝有三，無後爲大。舜不告而娶也，爲無後也，君子以爲猶告也。

爲無之爲，去聲。當時有無故而違親自娶，藉口於舜者，故言此解之。以爲猶告，告則不得娶。且堯以君命治之，瞽瞍不敢違，舜亦不得以父命辭也。趙氏曰：於理有不孝者三事，阿意曲從，陌親不義，一也；家貧親老，不爲祿仕，二也；不娶無子，絕先祖祀，三也。三者之中，無後爲大。

附　解

起四句一氣讀下，不必分節。蓋孟子全是爲藉口舜者發也。趙伯循古《註》言不孝有三，輔氏謂必古傳有之。趙氏猶及見，故云良然。《虞書》蒸乂、克諧、不格姦[①]，言舜克諧烝乂，不能感格頑嚚與象，蓋信舜之孝也。故帝曰：我其試哉。言果修身事親無愧，則必有刑于妻子之實。試之云云，蓋已信其眞，而特以閨門纖細，惟妻孥始克知之，故必試之而始見其精義入神否也。若未知其賢，遽以二女妻之，豈不孟浪？至妻舜之時，瞽瞍尚未厎豫[②]。孟子已屢言之，無可疑者。而後儒誤解一格字，遂疑孟子爲權詞，豈知權詞有可否輕重之分？事關聖人大節，而以權詞啟後世之惑，可乎？曰：然則帝堯何以不能感化父母之人爲天子，且《書》至誠感神者，義又何居？曰：《書》言不誤，人自誤解耳。瞽瞍之頑，象之傲，蓋千古所罕有。且夫勢利之見，猜嫌之私，雖骨肉之間蓋所常有也。聖賢爲天下子弟，言必以忠孝。其實父兄之不可以誠感者甚衆。當時舜竭力事親，天下人皆知之。而父母與象不諒其誠，故爲頑嚚與傲。且舜生三十年矣，其父母不爲之妻，而必欲致之於死。四岳亦聖流，而堯固知神之智者也，聞其名，察其賢，知舜事親之道已盡。而瞽瞍小人，不足與深求，故妻之、舉之，不必更令舜告之。及舜既爲天子，而齋慄有加，瞍也既幸其子之榮養，而又感舜之小心敬謹，無已時，故允若也。此正堯之權而得中以善全人父子。舜之妙於用權，卒遂其悅親之心。《書》言：帝初于歷山，往于田，號泣于旻天。言其始之不得于親如此。祇載見瞽瞍，夔夔齋慄。瞽瞍亦允若，言其繼之格親如此。蓋綜舜之始終言之，非謂于田之時卽已允若。而孟子不知《書》言，憑空揑撰如窮人等詞，以圖一時折辨也。且所謂如窮人無所歸，正夔夔齋慄之實，而瞍以聖子如舜，必待攝政登庸，彌復小心乃爲厎豫，故爲至頑難化，而舜之至誠，所以爲不可及也。不然父之於子乃天性也，若未至，迥非人情。而子能順之，何至遂稱之爲感神？且下文曰矧兹有苗，是明明言瞽瞍之頑在有苗上也。有苗至難感動，而瞍過之。以此思孟子所言，豈鑿空妄語哉？抑無後爲大之義，須善會人之氣質不同。固有終身不能生育者，但弟兄有後，卽親有後不必己出。舜與象異母，其德不宜無後，故孟子云然。

孟子曰：仁之實，事親是也。義之實，從兄是也。智之實，知斯二者弗去是也。禮之實，節文斯二者是也。樂之實，樂斯二者。樂則生矣[③]，生則惡可已也。惡可已，則不知足之蹈之，手之舞之。

---

① 阮刻本作：克諧以孝，烝烝乂，不格姦。

② 厎豫，阮刻本原作底豫（下面通改為厎豫）。

③ 阮刻本作：則生矣。

樂斯、樂則之樂，音洛。惡，平聲。此爲外視仁義者言，而欲其務本也。事親從兄，愛敬之良於此最爲眞切。能事親從兄，則愛敬至誠，故知禮樂從此而生，知其當愛敬。而凡不當愛敬者，自知愛敬所施。等威隆殺卽爲禮，樂則愛敬洽於父兄。天倫之樂，性天日暢，鐘鼓管弦不過鳴其豫耳。惡可已以下形容樂舞之事。

附　解

仁，主於愛義，主於敬父母。我所以生，兄弟同所生，於此不愛敬，天良澌滅矣。更何事他言愛敬。孟子恒言仁義，而人迂闊之，蓋以仁義爲身外事耳。故特明白鄭重言之。愛敬二字，事親從兄皆有，特就其重者言。親，尊嚴也。恐敬畏甚而反至瞻依情少；兄，狎習也，恐情誼孚而反至禮貌有疏。其實，事親從兄皆必愛敬兼到。非有至誠懇惻之心，小心愼懼之實，安得爲仁與義？仁，天良也。天良所發，見於言行，合宜曰義。必當辨別天理人欲，始不至陷親不義，從兄爲非，故智卽在其中。禮者，節其太過，文其不及。仁義所施，親疏厚薄不可一概而例。隨時處中，有隆殺等威卽是禮。樂以導和，愛敬篤者，性情必中和自然，與樂洽浹。人倫至樂，天趣盎然，太和洋溢，隨處有以自樂，故曰樂則生矣，生則惡可已。手舞足蹈而不自知，樂舞在焉。孟子蓋實踐之，故能言之親切如此，愛敬俱必，就合天理者言，勿誤認。

孟子曰：天下大悅而將歸己，視天下悅而歸己猶草芥也，惟舜爲然。不得乎親，不可以爲人。不順乎親，不可以爲子。

孟子極形舜順親之心，而又申言舜所以草芥天下之意。得親，得親歡悅。順親，諭親於道，使親爲聖賢。

舜盡事親之道而瞽瞍厎豫，瞽瞍厎豫而天下化，瞽瞍厎豫而天下之爲父子者定，此之謂大孝。

悅親、順親，兩者易於相妨，故盡事親之道至難。惟舜克全其道，既得親而又順親也。厎，至也。豫，悅也。安其孝而化之，蓋非徒徇其歡而已。天下感動而各止於孝慈，是不匱之孝也，故曰大。

附　解

得親順親，朱子已是說得分明。然講家猶多含混，今爲析之。首句憑空而來，言人世富貴，適心之事無過此也。然舜視如草芥，豈矯情哉？蓋舜以不得親之歡心，不可爲人；不能順親於道，尤不可爲子。夫爲人爲子，豈有大分耶？人子不幸而遇難事之親，在稍知子道者，必以得親之悦爲快。然親之所悦，或未必合於義。將順親耶，而已陷親於非道；將不順親耶，而又拂親之歡心，是得親、順親常兩相妨也。舜之事親也，使舜肯阿意曲從，則得瞽瞍之歡，固自易易。惟舜聖德在躬，必欲至其親於聖賢而又惟恐失親之歡心。瞽瞍之頑，方以順從其欲爲孝。而舜又不忍違道以陷親，是以夔夔之念，雖誠頑嚚，不克遽化，必待至誠之久，帝命升庸，然後厎豫。厎豫者，感動於孝謹之誠而心安其德性之美。蓋瞽瞍已化於善，而非但喜悦其順己私心，故曰盡事親之道云云。是不得乎親四言，非特泛然慨歎，乃揣舜以道事親之隱，是所以草芥天下悦之之故，而凡阿意曲從以爲順者，不得云得親矣四句，當抑揚讀之。言不得乎親之悦，不可爲人；而不順親於道，又不可爲子。欲得親之歡而又不失乎道，使吾親得爲聖賢，則事親之道，良非易也。惟舜盡之，所以瞽瞍至頑而亦豫。瞽瞍豫，而天下之人子皆知得親、順親，人人可爲天下之父子。得與順兩情相安，故曰化也，定也。舜之大孝，所以爲難也。不然，徒向得順人子四字字面着解，並通篇血脈皆不靈矣。按：舜本世爲虞國。自幕至於瞽瞍皆然。因當時君長如今部落酋長，各領聚落，故有一年成邑，三年成都之事。瞽瞍愛後妻以及其子，蓋欲使象世及，故信讒惡舜耳。又舜欲諭親於道，凡父母言行動静，必多幾諫之事。瞍不以爲子之孝，而以爲拂逆，故怒益甚。得孟子此章，發明得親、順親兩難之道，而舜之孝始彰。凡爲人子者所以善全子道者，有法孟子不匱之孝，亦與舜而並永矣。

離婁下

孟子曰：舜生於諸馮，遷於負夏，卒於鳴條，東夷之人也。

諸馮，冀州地。負夏，衛地。鳴條，在安邑之西。東夷，在中原之東鄙。

文王生於岐周，卒於畢郢，西夷之人也。

岐周，今鳳翔。畢，在鎬東。

地之相去也千有餘里，世之相後也千有餘歲。得志行乎中國，若合符節。

符節，或以竹，或以玉爲之。篆刻文字，彼此各一，以爲勘合。承上而言，世、地雖懸，其得志所行之事則一，蓋指功業而言。

先聖後聖，其揆一也。

推言凡聖人行事，其心同，其理同，皆如此也。揆，揆度，義理之權衡。

附解

此章非止爲舜、文而言。蓋天下古今，止有一理。而人不能造其極，則無以貫萬有而妙時中。聖人亦人耳，然其盡性之功已至，以一中揆天下之理而有餘。無論窮達常變，惟盡其當行之道而事莫不宜。其窮而在下，所以經權互用者，人或莫測其微；若得志而行道，則大經大法之昭垂損益，因時之妙用，盡善盡美。人耳而目之，尊而信之，易於指點，孟子故即舜、文言，而特就其得志所行。斷曰若合符節。不曰道而曰揆者，道理有定而因時制宜者無定。惟聖人能揆，其至是而悉協于中，故曰其揆一也。符、節二物，以竹爲之，則分剖之而各藏其半；以玉爲之亦然。《周官·小行人》：達六節於四方①。其上篆刻不同以分貴賤，即旌也。或符或節，皆彼此取以勘合。符，合也。節，取其有節之義。舜、文，非夷也，而曰東夷、西夷之人。或以夷字爲聖人諱，曰猶言東邊西邊。不知此正孟子精義入神之言也。天之生人同此耳目，同此心思，華夷之辨以禮義，不以疆域。三代後中原大國，其初半屬邊夷，不待言矣。即春秋時，夷、戎、白狄等，時出入於齊、晉、魯、衛之邦，曷得云中原無夷也哉？凡具人形，無一非天之赤子；凡在覆載，無人不秉天地之性，豈有聖人必生於河洛、中夏之地乎？舜之生平，多在山東、山西、河東、濮州、濟南等處。孟子以爲東夷之人，謂奄、徐海隩相近之地也。至文王之僻在西戎，自無可疑。孔子欲居九夷，曰：君子居之，何陋之有。惟聖人生處夷狄之地而能承天心，立人極，故爲宇宙不可少之人。而下文得志行乎中國。中國字從夷字而生，言其心理之極，有以得乎六合人心之所同。然蔡虚齋乃謂，止作天下字解，忌諱之見，鄰於褊陋，蓋未知孟子立言之義矣。戰國之時，中國禮教凌遲，孟子察天心人事而究其理之所歸，特就人人所知之舜、文，指出生卒之地。及得志之行，以見聖人不可以方域論。此心、理之權度所以扶世道於無窮者。聖無不同，誠遠覽高明之識。或曰：《春秋》何以黜楚？孔子何以憂左衽？曰：聖人之所以外夷戎者，因中國。《經》如許聖人經制，《春秋》時禮教衰微而共主猶在，莫不有文、武之道焉，恐外夷入來毁棄先王之教，故云然耳。若中華禮義全無而外夷有之，又何必是中華而黜外域？子欲居九夷，又曰：不如諸夏之無問官。郯子何嘗

① 阮刻本作：使適四方，達天下之六節。

謂夷蠻不若中夏？故孟子之言與孔子原不相悖。不得其義與坐井觀天何異也？畢郢，後世名畢，原有二：文王墓，在渭水南之畢；原渭水北之畢，原亦名畢陌，秦惠王、悼武王墓在焉，僅隔一里。宋太祖誤認而祭之。舜、文卒居，當以孟子之言爲定。後世考古者紛紛聚訟，俱不足憑。如《禮記》言：舜崩于蒼梧。非今廣西蒼梧也。文人復增湘妃卽皇英，及灑淚成斑之說，大謬。

子產聽鄭國之政，以其乘輿濟人於溱、洧。

子產當時偶有此事，人競傳之，孟子因論之。溱、洧，二水名。

孟子曰：惠而不知爲政。

卽濟人一事斷之。惠，小惠。政，綱紀法度之大者。

歲十一月徒杠成，十二月輿梁成，民未病涉也。

杠，音江。卽以濟人一事言政，亦有其大者遠者。杠、梁，皆橋也。徒，通徒步。輿，通車馬。十一、二月，皆《周正》也。

君子平其政，行辟人可也，焉得人人而濟之？

辟，與闢同。焉，於虔反。平其政，通德類情以爲民法。政平則辟除，行人猶可，何必濟之。

故爲政者，每人而悅之，日亦不足矣。

此乃正教人以不必尚小惠言，卽惠之而亦不能給也。

附解

此章向來講家皆知不黏定子產，而張甄陶之言尤妙。其言曰：乘輿濟人，亦是仁心。偶然流露，如禹下車泣罪，不過偶爾。若日日與罪人同泣，梁武不如子產。若不修橋梁，待人病涉，非子產矣。夫子脫驂於舊館人，於門人未嘗有所脫驂。天下無印板之聖賢云云。眞達理之談也。子游問夫子，亦嘗論此事，皆借子產立教原難黏煞。然天下又有不平其政而亦不濟人者，方且訑訑然，曰：行辟人可也。每人而悅之，日亦不足矣。又將奈之何哉？溱，《水經注》作潧，出鄭縣西北平地，東過縣北，又東南過縣東，又南入於洧水。洧，出河南密縣潧西南馬嶺山，東南過縣南，又東南過鄭縣南。潧水從西北東注之。

孟子告齊宣王曰：君之視臣如手足，則臣視君如腹心；君之視臣如犬馬，則臣視君如國人；君之視臣如土芥，則臣視君如寇讎。

君、臣，以義合者也。孔子曰：以道事君，不可則止。戰國之君奴隸其臣，正士日遠而小人干進。君方以其威福驅之，不知臣主之情已攜，即國勢危矣。故孟子厲言以悚齊王，蓋不得已之苦心也。手、足、腹、心，一體無間。犬馬，輕賤之。國人，猶路人泛泛相視。土芥，則踐踏之，斬艾之矣。

王曰：禮，爲舊君有服，何如斯可爲服矣。

王未知君臣同德之義，而以孟子之言爲過，故有此問。禮，以道去君而未絶者，服齊衰三月。

曰：諫行言聽，膏澤下於民，有故而去，則君使人導之出疆，又先於其所往，去三年不反，然後收其田里。此之謂三有禮焉。如此，則爲之服矣。

詳舊君禮遇臣下之事，委曲詳盡如此，則爲服非無因也。朱子曰：導之出疆，防剽掠也。先於其所往，先爲之容。遲收田里，猶冀其歸。

今也爲臣，諫則不行，言則不聽，膏澤不下於民，有故而去，則君搏執之，又極之於其所往，去之日遂收其田里。此之謂寇讎。寇讎何服之有？

膏澤不下於民，則君本無代天子民之心，徒以利祿相誘耳。而稍不相合，又迫蹙之，是君實視臣如寇讎，奚怪臣之不爲禮耶？朱子曰：極，窮也。窮之於其所往之國，如晉錮欒盈。

附解

此章孟子救時之言。語雖鋒稜，卻有至理。儒者多議之，不可不辨。天之立君，以爲民也。民事不能一人獨理，則承以大夫、師長。聖王之馭宇也，以天位爲兢兢，而非一身一家之榮。其視天下人皆同氣，而惟恐己無以安之。故虚己下賢，與同天位天祿。而賢德之士感其禮遇，度其可以行道受爵乂。安元元末世，以天下國家爲私器，頤指氣使爲固。然視臣下如草芥寇讎者，誠不乏人。夫其賢明之士，先幾而遁，擇木而棲，非至誠禮任，固必不能羈致之，尚安待君以草芥犬馬視之而後藏身也哉？若其中下之材，以祿位爲欣欣，以功名爲美遇，則多委曲以就時，奔走而効命。然易於羈縻，即易於離散，忠君愛國之誠，未必百折而不改其操也。若夫奸欺僉小之流，方且以人主之喜怒爲迎合，以利祿之豐歉爲榮枯，苟有便於其私，不暇念及於國，即斥黜之偶及，亦銜怨而不平。人君以爲此事我之輩，可以惟吾辱也。又烏知賢臣側足，宵小盈朝，緩急無可恃哉？孟子因齊王薄待臣下，惜其宇下離心，非國之福，故爲此痛切之言。蓋時風所趨，不激切無以動聽。而其意則主於愛君，不可昧立言之本旨而相苛也。不然，齊王之於孟子，不過以虛文相待，諫則不行，言則不聽，膏澤不下於民，而孟子三宿出晝，餘意惓惓，抑又何耶？厥後六國亡秦，皆以無禮臣下至於衆叛親離。孟子之言，獨非救世之良藥乎？聖賢爲天下臣子防，亦未嘗不爲天下君父勸。孔子值周之衰，患在於下凌上替，故多尊君之詞。孟子值七雄之暴，患在於主驕民疲，故多警君之語。其實，憂世之心，一也。推接淅而行之心，卽孟膏澤不下之想；揆三宿出晝之意，卽孔子去魯遲遲之懷。潘興嗣，蓋未及見。明太祖因讀孟子此言，欲廢孟子享祀。然其起自布衣，猜忌功臣，殺戮太甚，又足法耶？

孟子曰：無罪而殺士，則大夫可以去；無罪而戮民，則士可以徙。

士大夫忠厚存心，必求有裨君父。徒苟進亡身，無取也。故孟子特示人以見幾之道。

孟子曰：君仁莫不仁，君義莫不義。

勉爲君端本於仁義，與上章微別。

孟子曰：非禮之禮，非義之義，大人弗爲。

惟仁熟而義精，乃知明而處，當孟子特表大人之學，使人求其故也。

附　解

禮義本無不是，然經權常變，因革損益，不泥古亦不背古，不隨俗亦不戾俗，隨時處中，乃爲盡善。若執而不化，迂而不通，勢必爲非禮之禮，非義之義。而小則害於風俗，大則禍於國家，故孟子爲指出大人，使從本原用功，蓋爲門人示也。夫萬事歸於一理，仁熟乃可義精，豈易責之俗人？自堯、舜以至周、孔，其道同而其事不同，得其同而異、異而同之故，則窮理盡性以至於命，有許多功夫。在今亦不能具述也。

孟子曰：中也養不中，才也養不才，故人樂有賢父兄也。如中也棄不中，才也棄不才，則賢不肖之相去，其間不能以寸。

中，中道。才，才能。子弟無不可教爲之，父兄者或實無道以成之。孟子特指出養之一言，使人修其身而善其教。朱子曰：養，涵育薰陶，俟其自化也。

附　解

聖人爲世道人心立法，自當責子弟以孝弟。然子弟之生而賢者幾何哉？必也爲父兄者正必修身，端其作率，而又寬嚴交濟，訓化多方，則賢者可聖，不肖者可賢矣。奈世人不知正身立教之原，或失則寬，或失則嚴，坐令子弟無成，反侈然以爲己道已盡，豈聖人之意哉？孟子此章，抉出養棄二字，使人各盡其父兄之道，而後天下無棄才，非爲子弟寬其責也。嘗有朋輩，以堯、舜之子不肖爲辭。愚謂：此言啟天下父兄以諉責之意，而開子弟甘居下愚之端，是大不可。堯、舜之子，不能爲堯、舜，堯、舜即以天下與人，使天下咸被聖澤，而其子亦免於鼎足之禍。厥後子得保身保家，虞賓在位，三恪留封，與三代相終始，正所以深愛其子也。《書》曰：慢遊是好。罔水行舟。蓋丹朱年少時之惡習，而益舉以爲戒，乃宜鑒於殷之意。觀典樂教胄，當時必有善誘之道。迨象管鼗鼓燕樂虞賓之時，丹朱已非舊矣。不然，獸蹌蹌，鳳來儀，而朱也悍然不化，堯、舜眞不必更治天下矣。世俗之言，每附《經》《傳》而誤，蒼生不可不辨。

孟子曰：人有不爲也，而後可以有爲。

善惡公私，不容並立，有不爲則有守矣。而後專志於善見之明而行之力。

孟子曰：言人之不善，當如後患何？

抉人之過以快其私談，直小人耳。故以後患惕之。

附　解

此爲不攻己惡而專言人過者發。朱子曰：有爲而言是也。若忠臣孝子大節所關，利害攸繫，不可不明目張膽以爭之。或人心風俗所繫，是非得失亦必明辨以維教化，不可一概而論也。孔子居是邦，不非其大夫而謂季氏、臧孫下至乞醯之微，亦必指其非。蓋聖賢爲世道人心計，雖微必辨，且私與門弟子論講是非，時或以人事證之，非攻摘人短也。初學未能自修其身，且以寬厚含容爲主。

孟子曰：仲尼不爲已甚者。

已甚，太過也。順物平施而無一毫加損，若含宏光大又不待言矣。

附　解

此表仲尼之所以爲聖人，實爲已甚者發也。已甚二字，所該甚廣。聖人凡事責己，卽爲父爲師，亦必先正己而後正人，他無論矣。故善善從長，惡惡從短，非姑息也。法行而留其恩，以開自新之路。如罪無可寬，亦不枉法。然如其應得之罪，而止必無已甚之行。世人於己分內當爲之事，尚未盡道；卻求人責人，往往已甚。不特報怨洩忿多過其施，卽尋常日用每不免逾分相求，此五倫之所以多嫌隙也。孟子特舉仲尼以爲法。

孟子曰：大人者，言不必信，行不必果，惟義所在。

行，去聲。外義而言信果，則所謂信果者並不得爲信果矣。大人精義入神，故無必信必果之私心，而後全其信果。

附　解

此章與孔子必信必果、硜硜小人之說及前章非禮之禮章，互相發明。信、果自是好字眼，但必信必果則是先有一段私心，而不審義理之至當否，尚得爲信果哉？大人義精仁熟，言行必歸中正，未嘗設成心，有意信果而實則無不信果。孟子正爲信、果辨眞，非教人不信、果也。此處最易看錯，學者詳之。

孟子曰：大人者，不失其赤子之心者也。

赤子之心，謂人生而靜之初。赤子之心，無情欲者也。大人神明不測，要祗全其性之所固有，而不昧赤子之良。一涉於後天形氣之私，則心非性矣。

附　解

此章道理至精至粹。先儒紛紛議論，俱不甚分明。大人神明不測，赤子蠢然無知，如何同論？朱子純一無僞四字，固是説得最好。但赤子之無僞，有不失之而卽爲大人者，有不失而卽爲小人者，不可不辨。如呱嚎必歸父母，聲色無所動心，此不失而可爲大人者也。如饑則不擇食，寒則不擇衣，順之則喜，拂之則怒，此不失之而卽爲小人者也。然則孟子此言，究未爲細密乎？非也。《禮》曰：人生而靜，天之性也。孟子此言乃指未生以前一點天性，乃赤子之所以爲赤子，故曰：赤子之心，人之生也。受氣於天，稟理爲性，此性之具於生。初者粹然無欲，渾然至善，一太極之真氣所含，而人之所以爲人不同乎物者也。赤子之在母腹也，母之呼吸通於天地，而子之呼吸通於母，此所謂氣也，而性存乎其間矣。性之理至誠無妄，乃天之所以爲天而人實得之以成人。夫其形骸具而天命存，太極分而胞胎破，先天渾然之性梏於後天氣質之情，而赤子初生清濁智愚已判矣。惟夫未生以前，具此太極渾然之性者，乃爲赤子之心。而大人之生，安學利困勉不同？及其成功，皆祇全此最初之性，而非言赤子既生以後，知覺運動之心涉乎情欲者也。惟此渾然太極之性，在未生以前，而既生以後梏於氣質，故大人有復性之功，存養克治之學，迄於聖學之成，不過全乎赤子之時，天與我全體之性，故曰：不失其赤子之心。若以赤子既生之後嗁笑皆眞而言，試問何人喜怒嗜欲，終身不本眞心而發？特以其有天理人欲之分，故有聖狂之辨也。而謂孟子所指赤子之心，乃在既生以後之情哉？故愚嘗曰：先天之心，情中之性；後天之心，性中之情。而此章赤子之心，則指先天胚胎之心、渾然太極之理，非謂繼起形氣之私情也。自先儒言心而不分先、後天，是以淪於卽佛之說。而越椒羊舌之生，卽朱子不能無疑，是故大人不失其赤子之心，正謂大人善全其固有之性耳。不然，但以純一無僞爲言赤子之心，其眞於嗜欲與眞於愛敬，必不能無善惡兩途。可知孟子之言，不亦多罅隙乎？嬰兒、赤子微有分。赤子，赤體色。赤，未加衣服之名。人胷曰嬰，抱之嬰前乳養之，故曰嬰兒。

孟子曰：養生者不足以當大事，惟送死可以當大事。

養，去聲。當時喪禮廢棄，忽於送死者多，故言此。欲人愼終以免遺憾。

附　解

事親爲第一大事。原無養生送死之分，此特爲不愼終者言。若論其常，則視無形，聽無聲，一出言、一舉足，不敢忘父母，終其身而後已也。豈以能愼終爲已了大事哉？周家喪葬之禮極繁重，無非欲人篤於親而興於仁。孟子時無之，故以此動其天良而使求其無憾於心也。大事二字，爲俗人指點而言。乃近人居喪於簷楹燈罩，自書當大事，抑何謬哉。

孟子曰：君子深造之以道，欲其自得之也。自得之則居之安，居之安則資之深，資之深則取之左右逢其原，故君子欲其自得之也。

造，七到反。示人以造道之功效，欲其毋安小成也。深造，循序以造其極，以道不違仁也。自得之，反身而誠。居安，性定而安。資、深，含藴無窮。左右逢原，隨取諸至近而莫非天理之流行也，故君子句深歎美之，使人自得其趣。

附 解

此章是教人盡性之功。性理散著者爲道，内外交修，動静交養，循序深造，馴至於仁熟義精，自然無所施而不可。前人反復言論，不甚分明，衹緣淺看以道二字，一切所言多類禪語，轉令本章文義不明。孟子言君子爲學，必循序漸進以求至乎其極者，蓋以萬事皆本於心，萬理皆統於性，性盡身修，自得於己，則可以一貫萬也，特患不能實自得之。若果自得之，則心與理一，静而有主，居之安矣。居之安則萬事萬物之理，全備於我。資之深矣，資之既深，則日用之間動静，云爲因物付物，而無不協理，取之左右，其用不窮。若百川之分流，其源在此，無有弗給其效，如此豈有他哉？一理而散爲萬事，萬事還歸一理，故君子欲其自得之也。奈何世之人不求諸己而求諸人；又或求自得而不深造，乃以君子爲難及哉。以道二字，煞是鄭重。世有深造而不以其道者，縱窮極工巧，無與於天命之精；亦有以道而不深造者，雖略知道體，而不足語於神明之德。孟子詳悉言之，末又歎美言之，蓋其深造者久矣。學者勿草草讀過。

孟子曰：博學而詳說之，將以反說約也。

示人以求博之要，而非判博約爲二途也。詳說，細研精義，約反求其說於身。約而守之，以踐其事。

附 解

此章爲孔子所言博學於文二句下一註解。令後世徒博徒約二種人恍然自悟也。蓋天下萬事萬物之理，皆具於心，心未復性，則本原已昏，安能燭理？然天下古今之理，萬有不齊，若非多識前言，往行研究天下事物之理，又何從得其會通？故君子尊德性而道問學，不可偏廢。而博學之功，則入道第一務也。奈專言心性者，不知理徵諸事，而不能博務；於淹洽者，不知理函於性而昧所約。孟子特爲指出。詳說二字，曰詳則必研窮，至於至精而後已；曰將以反說約，必使所說之理一一反求心而豁然卓然，然後可以一貫。其博者，固將以實踐於身而不詳說，則是其所非不可以行矣。其約也，亦所以清其本原而不能守，則乍合乍離，無得於身矣。三代以下，言博者或偏於淹洽而略事，爲言約者偏於守心而不知盡性，則孟子所不及料也。博約二字，豈易索解人哉？戰國時，聖人之學漸微，一二志士亦知道在日用事爲孜孜考究，不知日用之理皆本身心，必身心有實踐之功，然後見見聞聞，莫非吾身之身，故特爲開示之。將以二字是爲徒博而不返約者言，曰反說約，固非謂不可博，正言所博之之故。說，即所博者也。返於身心即爲反約。孔子曰以約，孟子曰守約，皆此理。

孟子曰：以善服人者，能服人者也。以善養人，然後能服天下。天下不心服而王者，未之有也。

王，去聲。深明王者之用心，欲人蓄德以及人也。服人以驟，養人以誠，心量之廣、狹，不侔矣。

附　解

此章爲諸侯言是也。而謂指諸侯效法桓、文而言。謂桓、文尊周攘夷，皆以善服人之事則非，桓、文以力並非以善。此章乃爲知爲善而不能積誠久道者言。以善服人，是知爲善之美而欲人同歸於善，但其所以爲善者，既未必純。即純矣，而求功於旦夕，德意示孚，陶淑未久，人安能驟革其故、心悅其誠？堯、舜不待言矣，即湯、武之興，皆由至誠積德，實惠及民，久而民樂附之。世主不知養人之義，則雖有仁心仁聞，亦且徒然。况虐民以逞者乎？以善養人者，德企於純而無急功近名之心，推及士庶，凡成己成物者，皆當知之也。

孟子曰：言無實不祥，不祥之實，蔽賢者當之。

言僞爲不祥而蔽賢之言，皆虛僞。必以不實之虛言，受不祥之實禍。

附　解

此章朱子兩存張子、范氏之說而不敢定。講家多方前說，然言無實不祥者，於義爲強。一言興邦喪邦，樞機榮辱攸係，豈無實不祥乎？自當以范氏之說爲長。立誠以慎言爲本，言僞則不祥。然或無實之言不甚關係，猶或未至有不祥之禍。惟蔽賢之言，以不實之言汙人名節，必有不祥之實禍。言此以戒蔽賢之流也。上下實字，義不同而字同，行文常调，不可泥視也。古今譖毀蔽賢者，鮮不身受顯戮，可勿戒哉？

徐子曰：仲尼亟稱於水曰：水哉，水哉。何取於水也？

亟，去吏反。朱子曰：亟，數也。水哉，水哉，歎美之詞。

孟子曰：原泉混混，不舍晝夜。盈科而後進，放乎四海，有本者如是，是之取爾。

舍、放，皆上聲。朱子曰：原泉，有源之水。混混，湧出之貌。科，坎也。愚按：水有源則不竭，德有本則不匱。

苟爲無本，七八月之間雨集，溝澮皆盈，其涸也，可立而待也。故聲聞過情，君子恥之。

澮，古外反。涸，下各反。聞，去聲。孔子稱水之意，不僅爲其有本。孟子爲徐子發，欲其務實而勿務名。溝澮，皆田間水道。溝大而澮小。七、八月，以《周正》言。

附　解

子在川上曰：逝者如斯。及《家語》所記子貢問答之詞，是亟稱於水之故已有成解。徐子未知而問，孟子亦不多爲之說，但就有本罕譬於學。朱子謂徐子必有躐等干譽之弊，是也。聲聞過情，君子恥之，則聞人之譽必增愧。厲其進德益深矣，非汲汲利名，以求顯爍之謂聲聞。君子非必不居，恥其過情耳。

孟子曰：人之所異於禽獸者幾希，庶民去之，君子存之。

人物皆得天地之氣以生，即各有所以生之理。但人獨得天理以爲性，全性則人，失性則物。幾希，至少也。庶民縱情以滅性，君子存養以承天。

舜明於庶物，察於人倫，由仁義行，非行仁義也。

存與否，必驗於行事。舜繼五帝之統，即舜言則前聖可知。非略於堯以上也。庶物，凡事物人倫則道之要也。明有以盡其情，察必求極其精。仁、義、禮、智、信爲五性，即所謂幾希也。仁義可以該其餘。庶物、人倫、仁義之著，羣聖皆然。

附　解

孟子將明人禽之分，使人盡其一性以希聖。而此章但言舜，下文諸聖各爲一章。孔子與己私淑，又各爲一章。何也？人但知聖人之尊，而不知聖人亦與人同，不過能全乎人之理。人亦知聖賢之大，而不知聖人祇此小心，乃所以能全其性，故先言人禽止爭此幾希，去之則物，存之則人。幾希者何？仁義是也。必如聖人而後可謂爲人，必全仁義而後可爲聖人。凡聖人皆全仁義者也。不過，性反不同，至於成功則一。先卽舜以揭明仁義，使人知存幾希止是全仁義。而下文所言衆聖，事雖不一，其全仁義則一，可知必至於由仁義行，不待勉強，乃爲能存幾希，凡君子皆然，亦可知矣。蓋不全仁義，不可爲人。苟非由仁義行，但以仁義爲美而行之，是仁義與我尚爲二物，亦不得爲存之之君子。孟子不與舜實事，但總括平生而言其意如此。惟存之之理，此章已借舜言明，故下文禹、湯、文、武、周、孔，各舉其一事，以見事不同而理同。卽衆聖之明察，由仁義皆可卽一端以見全體矣。而孔子又自爲一章，何哉？聖人而不爲君相，自孔子始。布衣之賤，欲存天綱而立人紀，世以爲難。不知人無貴賤，心、理則一，德造於聖，卽困苦流離，所以承天心而立人極者自在，故特專敘孔子《春秋》一事，以見其扶世教之苦心。卽人類賴不墜，與聖人而爲君相者，同也。至孟子私淑自爲一章，則於理不得不與爾。俗講不知本文語脈，或以君子爲不必聖人，則舜、文、周、孔皆可通，或以舜一人爲生安，則禹、湯、文、武、周、孔豈尚有勉強行仁之迹？且堯以上諸聖，又何以不得爲存之之君子耶？弊由错解孟子性之反之二言。謂反之聖人，不如性之，遂覺禹、文、湯、武，微有參差，不知孟子乃言聖人生質不同，有此二種性反之名，就其用功言之也。至德造於聖，則皆能明庶物，察人倫，由仁義行，故曰及其成功，一也。夫子論《韶》《武》，亦是言聖人遭遇之殊，樂所以不同而其德固無不同，非謂武王不如舜也。先儒於此等處，多未分明，遂令講章妄說，安可不辨？不然，舜一人乃能明察由仁義行，諸聖不能，試問可通否也？浸假謂禹惡旨酒，湯、武不能，武王不泄邇，不忘遠，周公不能，可通否也？凡讀書須得立言之意，況義關發明聖人以維持世教，安可隨聲附和，貽誤將來乎？

孟子曰：禹惡旨酒，而好善言。

好、惡，皆去聲。禹之時，嗜欲日開，而平成功奏卽二事，以見其謹危微，大虛公之量。

湯執中，立賢無方。

堯、舜、禹執中之學，至桀而衰，遺賢尤衆，特舉湯二事以概其餘。

文王視民如傷，望道而未之見。

民遭紂之虐而文安之。道自伏羲以來，而文承之。視如傷，望未見，成己與成人，純一不已也。

武王不泄邇，不忘遠。

泄，狎也。不泄，則敬密。不忘，則恩周。錯舉遠邇以言其精純也。武以征伐興，或疑有遜於文，故特以此該括言之。

周公思兼三王，以施四事，其有不合者，仰而思之，夜以繼日，幸而得之，坐以待旦。

三王，三代之王。四事，四人之事，皆所以承天心而立人紀。周公審時勢以宜民，思之精而行之勇，仁至義盡也。

附　解

聖人之德，一也。惟因時制宜不同，則其跡若異。然承天心，立人紀，致其優，勤惕厲，固無不同也。此章歷舉羣聖，祇時中二字盡之，而非有低昂安勉之分。朱子曰：各舉其一事，以見其憂勤惕厲。程子曰：各因其一事，而言非謂武王不能執中立賢，湯欲泄邇忘遠，是也。聖人義精仁熟，不思不勉，而此言周公仰思待旦如是其勞，何也？聖人不自以爲聖，雖理極熟，未嘗不加敬慎，况爲天下立法，宜於人情土俗，通乎朝野遠近，一時便之，有尤必後世法之，安得不思之至精至密？且孟子以存幾希望人，歷舉衆聖各就一事，言卽各有一義，欲人會通而力行之，非第閒閒評論而已。周公尚然，則凡欲存幾希者，安可不慎思？

孟子曰：王者之迹熄而《詩》亡，《詩》亡然後《春秋》作。

王者之迹熄，禮樂教化不行於下。詩亡，太史陳風去取失實，而民情壅於上聞，是非之實不著也。孔子作《春秋》以存直道之公，而聖王賞善罰惡之意以明。

晉之《乘》，楚之《檮杌》，魯之《春秋》，一也。

原《春秋》之始，與列國無殊，以起下文也。乘，載也。記載其行事也。檮杌，本惡木，因以名惡獸，而楚則取記惡垂戒之意。春秋，錯舉四時，以記時事也。

其事則齊桓、晉文，其文則史。孔子曰：其義，丘[①]竊取之矣。

承上言其事其文，不過列國史官之常。而孔子卽其事以明其義，俾是非之分不泯，聖王禮樂之意猶在。竊取，謙言，私有所得也。

---

① 丘，《四書章句集注》作則丘。

附解

此章前人紛紛聚訟，祇因未解《詩》之所以係於王迹。范甯《穀梁》序列《黍離》於《國風》，齊王德於邦君，朱子據之。講家不敢異言，益以滋惑，實則孟子所言，亦人人意中所有，特拘於《傳》《註》，轉致迷謬耳。今正明之。聖王在上，使天下之人各正其性命，是非善惡之公，人多了然。而刑賞舉錯一歸於正，禮樂教化約民於中，故其時天子有採風之使，太史有陳詩之條，列國諸侯不敢外公道以行賞罰。間有政治不修、刑賞不當者，民間歌謠達於天子，天子用以知其風俗之盛衰，而黜爵讓地隨之。是蓋聖王慮之周而法之密，恐禮樂教化有時而衰，諸侯、大夫不皆賢智，而窮簷蔀屋之怨聲，不能上達於九重，故特重輶軒以驗風俗也。若其歌咏之和平、陳義之中正者，則登於朝廟被諸管弦；而賢士大夫之謳吟，卽其詩以知其人。升庸寵錫，又不待言矣。周衰，聖王不作，已無以正乾綱而同好惡，並此禮樂教化之迹，所以維持政法於不敝者，人悉視爲虛文。此爲王者之迹熄。夫聖王不世出，而所留遺之法度能奉行勿替，亦可以維人心。王迹既熄，則諸侯蔑王章，以好惡之私行其賞罰，顛倒是非，惑亂風俗。卽有一、二傷世憫俗人，著爲歌咏，勸懲褒譏，諸侯惡其指斥，不列輶軒，所存者皆阿諛頌禱之詞，是非失實，是爲《詩》亡矣。於斯時也，在上無聖君以操賞善罰惡之公，在下亦無復秉彝直道之良，是以諸侯縱恣，威福自擅。忌諱深而草野乏忠言；諂諛進而朝廷少公論。《詩》之亡也，非果無《詩》。聖王所以重《詩》，而《詩》之所以爲人心風俗所係者，亡也。《詩》亡而美刺失眞，民隱不上達。一時之美惡失眞，猶可言也；千秋之公論無存，甚可憂也。夫子知聖王不可復作，而列國之暴戾恣睢勢將益甚，故卽《春秋》而筆削之。是則是，非則非，令美惡之迹昭然。僭亂之徒卽能逸譏刺之篇章，而不能掩其所行之實事；卽能飾頌美之諛詞，而不能禁是非之公論。所謂誅奸諛於既死，發潛德之幽光，令天下後世曉然於父子、君臣之大義。而聖王代天賞罰之權，本有一定，此《詩》亡然後《春秋》作之義也。若如《黍離》降爲《國風》之說，是謂《風》不如《雅》。不知《二南》不害其爲《風》。東遷以後，非無《雅》。《板》《蕩》《昊天》，誹刺顯然，《駉牡》《泮林》，上齊二代。《雅》《頌》卽優於《風》，《豳風》亦列於變。拘鑿之私談，莫掩其支離之意見，皆自范甯啟之也。夫《詩》被管弦。《風》，諷也。列國之風謠，足以爲諷諭也。《雅》，正也。讜言正論，或規或刺，皆足爲一時之正訓也。

《頌》，頌也。詞專主於頌美，而非阿好失實也。《風》《雅》各有盛衰，均有關於王迹。特王迹既熄，是非美惡之眞不能上操於天子，則忠臣義士之謳吟無足動五公之敬聽，爲《詩》亡耳。夫子已刪《詩》以見意，而猶曰託諸空言，不如見諸行事，故作《春秋》。若以《王風》爲夫子所降，則《魯頌》必是夫子所升。聖人卽欲存王迹，必不敢倍天常，降王爲侯，升魯作《頌》。知宗邦而不知共主，豈臣子之義乎？且季札觀樂，已爲之歌《王風》，是《王風》本舊有，不因夫子序《詩》而降，特未經夫子刪定，則多駁雜。《詩》與《春秋》，既經夫子筆削，而解者猶謬，讀書不精，每令康荘化爲荊棘。愚另有《詩》及《春秋恒解》，玆不贅。晉之《乘》節，連下節看則易明。語意急遞而下，重末句。竊取二字，在子則自謙，在孟子述之則以明不得已之心。義字極重，該括多道理，不僅維王迹而已。所以辨人禽而懔幾希，直接堯、舜、禹、湯、文、武、周公，承天牖民之衷在焉。趙氏謂《乘》，興於田賦，乘馬之事。然史豈特記此一事？列國皆有史，常也。其說近鑿，不可從。《國語》所言晉、楚《春秋》，卽魯《春秋》。蓋魯史記事有法，列國皆傳誦之耳。至墨子謂周、燕、宋、齊皆有《春秋》，則附會語，不可爲據。

孟子曰：君子之澤，五世而斬；小人之澤，五世而斬。

泛言君子小人之澤，皆不過五世而斬。惟孔子世德，尚有子思。君子之澤，士大夫勳業所遺。小人之澤，庶人貽謀之善也。

予未得爲孔子徒也，予私淑諸人也。

孔子之澤，非猶凡爲君子、小人。而孟子方在五世之內，已得受業於子思，與親炙孔子同，非偶然也。二也字，自謙自幸之詞，勿誤作自負語。

附　解

此章孟子自敘其得聞聖道。而先言君子小人之澤，不過五世而斬。惟孔子之道，傳諸其徒，可以百世不敝。而己幸生孔子五世之內，有子思焉獲承聖緒。其所以承先聖而詔將來者，庶幾可以存幾希之理。語氣須說得謙婉，不然則竟侈然自負，失卻廬山面目矣。孫奭《疏》如此解，而張氏甄陶從之，良是。孟子受業子思之門人出《史記》。隋王劭謂，人是衍字。趙岐、孔叢子皆言孟子親受業於子思。孔叢子聖裔，趙氏去古未遠，其語必有所據。不直曰子思而曰人者，對孔子而言，故遜其詞耳。繆公之立，上距夫子卒時七十一年，孟子距繆公元年百一十二年，疑非受業子思。不知長年古人常事，毛西河就孟子本文論之，其說有理。梁惠三十年，齊虜太子申，則孟子遊梁在三十年之後，以本文有東敗於齊語也。然孟子居梁，不及二、三年而惠王已卒。以本文有見梁襄王也，乃實計其時。梁惠王卽位之年，距魯繆公卽位之年止三十零年。卽惠王卒年，距繆公卒年亦止四十零年。然而孟子已老，本文有王曰叟也。則受業子思，或未可盡非。與輔廣曰子思門人，無顯名於世者。而孟子直得子思之傳，則親受業於子思爲是。愚謂此章，言己得孔子之傳，而以五世立說，正因子思孔子之孫，非孔子有世德，安能承大道之緒？世字內已該得子思矣。

孟子曰：可以取，可以無取，取傷廉；可以與，可以無與，與傷惠；可以死，可以無死，死傷勇。

取與生死，人之大節係焉。孟子示人愼其似是而非，乃可以精於義而適中也。

附　解

非禮之禮，非義之義，大人弗爲。惟窮理盡性之極者，乃能辨其似是而非。戰國風氣輕死生，重然諾，取與生死不當於義者，多矣。故孟子言此。張氏甄陶謂語有抑揚。然本文三事平列，不必偏側。言子路之死非傷義，其言極是。子路爲孔氏臣，倉卒聞難赴之，不知其爲蒯聵也。子羔非孔氏家臣，可以不死。其說皆先得予心。

逢蒙學射於羿，盡羿之道，思天下惟羿爲愈己，於是殺羿。孟子曰：是亦羿有罪焉。公明儀曰：宜若無罪焉。曰：薄乎云爾，惡得無罪？

逢，蒲江反。惡，平聲。逢蒙卽寒浞，事見《春秋·襄公四年》。逢蒙以私忌殺其師，孟子歸罪於羿，而又引公明儀之言釋其意，以起下文。

鄭人使子濯孺子侵衛，衛使庾公之斯追之。子濯孺子曰：今日我疾作，不可以執弓，吾死矣夫。問其僕曰：追我者誰也？其僕曰：庾公之斯也。曰：吾生矣。其僕曰：庾公之斯，衛之善射者也，夫子曰吾生，何謂也？曰：庾公之斯學射於尹公之他，尹公之他學射於我。夫尹公之他，端人也，其取友必端矣。庾公之斯至，曰：夫子何爲不執弓？曰：今日我疾作，不可以執弓。曰：小人學射於尹公之他，尹公之他學射於夫子。我不忍以夫子之道反害夫子。雖然今日之事，君事也，我不敢廢。抽矢扣輪，去其金，發乘矢而後反。

他，徒何反。矣夫、夫尹之夫，並音。扶、去，上聲。乘，去聲。子濯孺子端人，而取友亦端，卒賴以免於難，節取其事以明取友必慎也。世有長於材技而不敦心品，亦不以心術人品取人者，勢必妄傳賈禍。故戒其重德行而慎交遊。朱子曰：僕，御也。尹公之他，亦衛人。端，正也。小人，庾公自稱。金，鏃也。扣輪出鏃，令不害人，乃以射也。乘矢，四矢也。

孟子曰：西子蒙不潔，則人皆掩鼻而過之。雖有惡人，齋戒沐浴，則可以祀上帝。

齋，側皆反。西子，姓施，名夷光，美婦人也。朱子曰：蒙，猶冒也。不潔，汙穢之物。掩鼻，惡其臭也。惡人，醜貌者。罔，念作狂。克，念作聖。自恃與自棄，皆非也。

孟子曰：天下之言性也，則故而已矣。故者以利爲本。

故，猶舊也，謂人生受性之初也。利，宜於行易。曰利者，義之和。當時，異學爭言性，故言。言性者，但當原其天命之始而言，不當以後起情僞參之，卽知性本善矣。但所謂故者，又必推之於萬事萬理無不宜，故曰以利爲本。

所惡於智者，爲其鑿也。如智者若禹之行水也，則無惡於智矣。禹之行水也，行其所無事也。如智者亦行其所無事，則智亦大矣。

惡、爲，皆去聲。此乃正言其失。言性者以私智穿鑿，而不知性本自然之天理，故推之萬事，無不宜言其本來，是乃所以爲智也。禹之行水，順水就下之性而去其壅。智者之言性，亦本乎天理之公，故利於行。

天之高也，星辰之遠也，苟求其故，千歲之日至，可坐而致也。

其故天理自然運行之常度也。千歲日至，後世運數之極致。獨言日者，天道以日爲綱，綱舉以該其餘。坐而致，卽目前以定將來。萬古無二理也。

附　解

戰國時性學不明，如公都子所述無善、無不善諸說，皆執後起雜糅之性以爲性。談天雕龍之輩，更不可枚舉。故孟子言天下之言性也，則就人生本然之始，以明其善而已矣。但所謂故者，必本諸天命之理，可推行於日用事爲，非談空守寂，高言性命而已。蓋性乃人生固有之理，溯其原於天而必驗其功於日用事物。若言之甚奇，而推諸倫常日用，滯礙不通，則非利矣。豈知天命之理具於生初者至純無二。天下萬理所從出全性者，以吾身自然之理推諸於萬事萬物，無不宜順其性而出之，豈逆其性而爲之？故言性者，本有生之初至誠無妄者以言之，則得其正矣。但異端言心言性，亦是本於生初，而流於空寂，偏於氣稟，以其所言之理驗之天地民物，施諸日用事爲，每多窒礙難通，則非利也。夫理具於性，而性之理驗諸日用倫常。智者言性，或道其原，或道其委，卽一端以見全體，卽全體以該萬事。其說不同，皆就人心本然之理原於天、率於性者以覺世而牖民，非有一毫穿鑿附會。如禹之行水，鑿險探幽，無所不至，然皆順水就下之性而導之，未嘗任意妄爲。彼鑿以言性者，謂無善、無不善，可善、可惡及有善、有不善等語，皆逆乎天命之故。既誣其最初之所得於天者，又不能推行於日用倫常。故曰若禹之行水，則智亦大。蓋由其原以達其委，信手拈來，莫非至理。世人不識其故，舍卑邇而求高遠。夫高遠孰有如天然？苟求其本然之故，則天有常經，日月有常度，卽天行以測天數，卽過此以往千歲，日至之數，可由今致之。況性乃人生自具之理，本於天者有一定，驗於事物者無二理。苟求其故，何難立決，而何事穿鑿哉？舊《註》謂故者，已然之迹。蓋欲人卽發現以識全體，未爲大錯，但孟子爲當時不識性體者言，正欲其原天命而知性善。如舊《註》則利字只說得自然之勢，類於禪家。祇這箇是都不用法，不若作體驗諸事皆宜於行之爲穩也。夫子《繫易》曰：利者，義之和也。利字的解如是。彼鑿以爲智者，推諸性之本來則不合，驗諸日用倫常則不通，故可惡也。天高星辰遠，而天與星辰之常度，有一定不移。隨處可驗者，此卽故也。若指歷法而言，猶爲後起之人工與性之故，不類千歲日至。以既往言，僅歷家推步之一法，以將來言，乃喻高遠難測之極致。且坐而致三字，始有着落。蓋千載以後之天運於目前。坐致之，乃因明於天道之本然，而有以推之也。若使天無一定之連，人安從測？若使性無一定之理，智者何以窺？此爲卽高遠以明其不必鑿耳。孫氏《義疏》亦以故爲人生之初，千歲之日至爲千歲之後。善讀者其必能辨之矣。日至二字，如《舊註》說是歷元，如愚則只作日度解耳。蓋造歷者因欲窺算天行，求箇日月五星會躔。日作歷元，從那裏算起，挨序推到目前。其原從《堯典·羲和》始，歷代有成法，至不難知。孟子說高遠難知，而實易知。故言千載以後，日月星辰運度亦可先知之。爲卽其故以定新來也。舉日以該天行，故曰日至。

公行子有子之喪，右師往弔，入門，有進而與右師言者，就右師之位而與右師言者。

行，音杭。公行子，蓋其先爲公行大夫，因氏焉。有子之喪，居子職之喪，羣臣皆奉君命而往弔，各有位次。《周禮·小祝》有其禮。右師，王驩也。

孟子不與右師言，右師不悦，曰：諸君子皆與驩言，孟子獨不與驩言，是簡驩也。

朱子曰：簡，略也。

孟子聞之，曰：禮，朝廷不歷位而相與言，不踰階而相揖也。我欲行禮，子敖以我爲簡，不亦異乎？

朝，音潮。孟子守禮而不及與右師言，非因惡之而託詞以安之也。位，佇立之班次。階，分行之序列。孟子於齊爲賓師。右師、大夫不同階也。歷位，越人之位。

附解

孟子平日固不取右師，而亦非有意矯激。弔，以君命而往，無異朝廷。守禮而不與言，非因其不足言也。簡何有焉？按《喪禮》，凡弔，有當未小斂。既小斂而至者，此時尚未設賓主位。又有當大斂至者，位亦未備。殯之明日，乃成服杖，而有朝夕哭奠之禮。内外位方齊，内位在寢門内，殯宫堂下；外位在外門内，寢門外。弔者初入門，即外位既定，辟寢門以次入，即内位。主哭賓皆哭。值朝奠則朝奠，值夕奠則夕奠。禮畢，賓出，主人拜送。是則初入門即行弔禮，安得紛紛與言？故孟子非託詞也。朱子《或問》言，孔子不辨知禮。而孟子辨簡，以爲不及孔子，殊非。孔子因魯昭公君臣之際，故諱言自以爲過。孟子與右師則不侔矣。右師小人，當時知禮者少，不盡言以服其心，則彼且含怒而徒以賈禍，豈爲肯哲之道？爲言禮本如此，非故簡慢，禮意明，而右師亦心解矣。其中和氣象、正大心情與孔子異地皆然，何可妄爲訾？孔子於或人孰謂知禮，亦自明。是禮若謂一概模稜，不辨是非，小之則啟嫌疑，大之或誤國事。後世君子崖岸過峻，致小人積忿成讐，貽害君國者甚多。試以孟子此事反勘之，得失可知矣。有子喪，爲子居父母喪，非其子喪。

孟子曰：君子所以異於人者，以其存心也。君子以仁存心，以禮存心。

爲高視君子者言，而近指君子存心之異。以仁，以禮，皆兼内外而言。

仁者愛人，有禮者敬人。

君子存心不易知，即其愛人敬人徵之。

愛人者人恒愛之，敬人者人恒敬之。

恒，胡登反。又言愛敬之應以見存心不可不以仁禮，非君子有預求功效之心也。

有人於此，其待我以横逆，則君子必自反也：我必不仁也，必無禮也，此物奚宜至哉？

横，去聲。下同。此下三節歷言君子自反之意，以見其存心之嚴密。朱子曰：横逆，強暴、不順理也。物，事也。

其自反而仁矣，自反而有禮矣，其横逆由是也，君子必自反也：我必不忠。

由，與猶同。下放此。忠，竭誠之謂。

自反而忠矣，其横逆由是也，君子曰：此亦妄人也已矣。如此則與禽獸奚擇哉？於禽獸又何難焉？

難，去聲。朱子曰：奚擇，何異也。難，詰辨也。不與之校，仍以仁禮自反也。蓋愛之敬之者依然，無已非遂置之也。

是故君子有終身之憂，無一朝之患也。乃若所憂則有之：舜人也，我亦人也。舜爲法於天下，可傳於後世，我由未免爲鄉人也，是則可憂也。憂之如何？如舜而已矣。若夫君子所患則亡矣。非仁無爲也，非禮無行也。如有一朝之患，則君子不患矣。

夫，音扶。憂己之存心不如舜，而無自取患難之道。萬一有之，亦自信其仁禮之素患，亦終解也。

附　解

此章爲淺人導以仁禮。當時殘虐成風，禮教蔑如。不特無以安人，亦不能安。故就愛敬二字，先言可以感人歆動之，次言當自反其愛敬，不必與人計較。不特免於禍患，且可以如舜。語似淺近，義實精微。古今多少名人，祇因仁、禮二字未精到，一朝之患，誤身、誤國者多矣。可忽視此章之言哉？言君子存心之異，惟知自反，不肯責人，推之於横逆不易其操，蓋必如是始爲君子。而凡外患之來，苟無以致之，則亦不足爲君子累矣。張氏曰：又何難？不是不屑校，言彼亦人也，只以存心不好，遂致墮落如此。君子悲憫之不暇，思所以變化轉移之。豈肯與之計校，眞說得出聖賢心事？

禹、稷當平世，三過其門而不入，孔子賢之。

平世，明良之期。所以過門不入，則因洪水之難也。

顏子當亂世，居於陋巷。一簞食，一瓢飲。人不堪其憂，顏子不改其樂，孔子賢之。

食，音嗣。樂，音洛。亂世急需聖賢，而無知顏子者，故以樂道爲賢。

孟子曰：禹、稷、顏回同道。

出處無成心，因乎時而已。

禹思天下有溺者，由己溺之也；稷思天下有飢者，由己飢之也，是以如是其急也。

朱子曰：禹、稷身任其職，故思之而救急也。

禹、稷、顔子易地則皆然。

朱子曰：聖賢之心，隨感而應，各盡其道。使禹、稷居顔子之地，亦能樂顔子之樂；顔子居禹、稷之任，亦能憂禹、稷之憂也。

今有同室之人鬬者，救之，雖被髮纓冠而救之，可也。鄉鄰有鬬者，被髮纓冠而往救之，則惑也，雖閉戶可也。

喻緩急之勢不同，以見聖賢隨時處中之義。朱子曰：不暇束髮而結纓往救，喻急也。

附　解

此章祇是用之則行，舍之則藏意。聖賢心乎救民，特無人知之，則亦惟樂道而已，非遂忘世。此蓋以誨門人也。

公都子曰：匡章，通國皆稱不教[①]焉。夫子與之遊，又從而禮貌之，敢問何也？

朱子曰：匡章，齊人。通國，盡一國之人。禮貌，敬之也。按《國策》，章母啟得罪其父，其父殺而埋馬棧之下。章因未奉父命，不敢改葬。

孟子曰：世俗所謂不孝者五：惰其四支，不顧父母之養，一不孝也；博弈好飲酒，不顧父母之養，二不孝也；貨[②]財私妻子，不顧父母之養，三不孝也；從耳目之欲，以爲父母戮，四不孝也；好勇鬬狠，以危父母，五不孝也。章子有一於是乎？

好、養、從，皆去聲。狠，胡懇反。朱子曰：戮，羞辱也。狠，忿戾也。世俗以匡章爲不孝，孟子卽以世俗常言衡之，而章子固非其人。

夫章子，子父責善而不相遇也。

夫，音扶。遇，合也。正言章子之罪，是不孝之稱所自來。

責善，朋友之道也。父子責善，賊恩之大者。

賊，害也。申責善所以爲罪。

---

① 教，《四書章句集注》作孝。

② 貨，《四書章句集注》作好貨。

夫章子，豈不欲有夫妻子母之屬哉？爲得罪於父，不得近，出妻屏子，終身不養焉。其設心以爲不若是，是則罪之大者，是則章子已矣。

即章子悔恨之情事，以見其可矜，未至於可絕也。養，不受妻子之養也。

附　解

《國策》，齊王使章子將，勉之曰：夫子之強，全兵而還，必更葬將軍之母。對曰：臣非不能更葬先妾也，臣之母啟得罪之父，臣之父之未教而死。夫不得父之教而更葬母，是欺死父也。故不敢。王曰：爲人子而不欺死父，豈爲人臣欺生君哉？《國策》書其人其言多不足取。而自春秋以後之事蹟，賴以有傳，不可廢也。其載章子此事，殆非無因。世固有人倫之變如此。不幸者章子，既不能救其母，又不能事其母，出妻屏子，終身不養，亦悔恨無聊之一念也。然則爲章子者，將奈何？當母得罪於父時，當幾諫其父母，使釋然敦睦。不幸不可迴，則善全其母，以俟父之怒解而不能，然以致母死於非命，則不孝於母，亦不孝於父。九州難鑄此錯矣。父在不敢改葬，父死則可改葬。幹父之蠱，方爲大孝，况君命改葬哉。孟子不絕章子者，取章子有悔恨之心，憫其不幸之遇，故曰：是則章子已矣。固非以其爲孝也。嗟夫，人倫之變，有不忍言者。惟聖人能曲盡其道，至誠感孚，全其美而求其失，下此難言之矣。是故《大學》之道不明，家庭骨肉之際，必多不得其道，而抱憾者多。聖人以忠孝望人，固不敢謂有不是之君父。爲君爲父者，亦豈可侈然自肆，樂莫予違哉？孟子謂章子責善，是其不知幾諫，以致决裂至此。而其父之不可話，言亦隱然見於言外矣。故人當明善誠身善事其親。而凡爲父母者，亦不可不正身以爲則也。

曾子居武城，有越寇。或曰：寇至，盍去諸？曰：無寓人於我室，毀傷其薪木。寇退，則曰：修我墻屋，我將反。寇退，曾子反。左右曰：待先生如此其忠且敬也。寇至，則先去以爲民望，寇退則反，殆於不可。沈猶行曰：是非汝所知也。昔沈猶有負芻之禍，從先生者七十人，未有與焉。

與，去聲。武城，南武城，在費西南。盍，何不也。左右，曾子門人。忠敬，誠且敬也。爲民望，使民望而效之。沈猶行，弟子姓名。曾子嘗舍於沈猶氏，値負芻者作亂。

子思居於衛，有齊寇。或曰：寇至，盍去諸？子思曰：如伋去，君誰與守。孟子曰：曾子、子思同道。曾子，師也，父兄也；子思，臣也，微也。曾子、子思，易地則皆然。

朱子曰：微，猶賤也。尹氏曰：或違害，或死難，所處之地不同也。

附　解

臨難節所係也。然非身食其祿，則不必捐生。世人或輕受人之祿，而臨難又苟免。孟子即二賢遇寇，使人參觀，明賢者不輕徇人，亦斷無苟免之事。亦爲門人言也。

儲子曰：王使人瞯[①]夫子，果有以異於人乎？孟子曰：何以異於人哉？堯、舜與人同耳。

儲子述王使瞯之意，而孟子答以無異。舉堯、舜以證其說，非自况也。

附　解

聖人亦人耳。盡人之道而立人之極。以其此心此理合於造化而功於人羣，五官百體，固無異也。孔子生周之衰，得人爲盛。四友之歎，固嘗深幸於其徒。然陳亢、叔孫之流，妄爲訾議，而桓魋且與爲讎，則人之知之者亦寡。孟子處横議之日，巖巖道貌，非必有心於異人，而敬之者少，疑之者多。齊王之瞰，蓋非敬而信之，其亦疑而伺之耳。孟子言無以異人，而舉至奇之堯、舜以實之，豈自詡哉？以爲以形體求異，則將不察聖賢之眞，而自棄於堯、舜。夫聖人誠不可不尊信矣。而視聖人太高，以爲我不能及，則必任意悖理，反自喪其幾希。故孔子言及其成功一，困而不學，民斯爲下。孟子言人皆可爲堯、舜，與此章之言正同此意。今聖人之道昌明矣，而人鮮希聖，非果無美材，皆緣高視聖人，甘爲流俗之故，不可不戒。

齊人有一妻一妾而處室者，其良人出，則必饜酒肉而後反。其妻問所與飲食者，則盡富貴也。其妻告其妾曰：良人出，則必饜酒肉而後反，問其與飲食者，盡富貴也，而未嘗有顯者來，吾將瞯良人之所之也。蚤起，施從良人之所之，徧中國無與立談者。卒之東郭墦間，之祭者乞其餘；不足，又顧而之他，此其爲饜足之道也。其妻歸，告其妾曰：良人者，所仰望而終身也，今若此。與其妾訕其良人，而相泣於中庭。而良人未之知也，施施從外來，驕

① 瞯：阮刻本作瞷。下同。

其妻妾。

施，音迤，又音異。墦，音燔。施施，如字。朱子曰：章首當有孟子曰字，闕文也。良人，夫也。饜，飽也。顯者，富貴人也。施，邪施而行，不使良人知也。墦，冢也。顧，望也。訕，怨詈也。施施，喜悦自得之貌。當時齊國適有是事，而孟子述之，非虛撰也。

由君子觀之，則人之所以求富貴利達者，其妻妾不羞也，而不相泣者，幾希矣。

人知齊人可鄙，而不知求富貴利達者亦然。孟子歎之，欲人發其羞惡之良，慎厥所以求也。

附　解

若謂孟子鑿空撰出，笑罵當世，必不其然。蓋聖賢卽處己甚高，無過爲憤嫉之言也。或以一妻一妾非乞食可以養活，墦間非可常乞之地，疑孟子設言之。愚謂妻妾娶於未乞之前，墦間特其乞食之一節，自無不可通，不必定作孟子描寫。若輩解，致有傷厚之嫌也。顧炎武謂古無墓祭。閻百詩則以爲有。愚嘗考之二人之説，皆是也。曾子問：宗子去在他國，庶子無爵而居者，可以祭乎？孔子曰：向墓爲壇，以時祭。若宗子死，告於墓而後祭於家。又去國則哭於墓而後行。吳季札之於王僚也，復命哭墓。顧氏引以爲禮之變，非也。古人祭皆於廟，有事則亦祭墓。蓋古葬日有制，無停柩不窆者。或羈旅士民，不及歸葬者，旣葬，則不改。厝則有事告墓，不能不祭。禮本有此，非變也。閻氏引《韓詩外傳》曾子曰：椎牛而祭墓，不如雞豚之逮親。亦爲仕宦有故者言。孔子葬魯城北。魯世世以歲時祀孔子冢。弟於師無主故，然非爲子若孫者。《周禮》：祭墓，爲尸①。則祭土神耳。蓋子孫家居，以廟祭爲正，非有他故。不廢廟而之墓，若羈旅。及奉祀先賢，亦祭墓。是以孟子此章祭墓，蓋實有其事。顧、閻二子，知據典而不知禮意，故相戾也。後世士民歲時展墓，暮春尤隆其禮。子孫不忘其先，雖非古禮，豈可嗤乎？至無廟者爲主於家，日日奉祀，凡時薦及昏禮慶事，皆先薦奠。權而得中，亦不可少，安可拘拘古制，反使天下人忽忘其親也？

① 阮刻本作：凡祭墓爲尸。

孟子恒解卷五晚年定本

萬章上凡九章

萬章問曰：舜往于田，號泣于旻天，何爲其號泣也？孟子曰：怨慕也。

號，平聲。瞽瞍逐舜在外，居歷山耕田。愛親不能自已，因于田以呼天而自咎。天曰旻者，取其愍下之意。怨慕，怨己而慕父母也。

萬章曰：父母愛之，喜而不忘；父母惡之，勞而不怨。然則舜怨乎？曰：長息問於公明高曰：舜往于田，則吾既得聞命矣；號泣于旻天，于父母，則吾不知也。公明高曰：是非爾所知也。夫公明高以孝子之心，爲不若是恝，我竭力耕田，共爲子職而已矣，父母之不我愛，於我何哉？

惡，去聲。夫，音扶。恝，若八反。共，平聲。萬章誤以怨慕爲怨親，孟子解之。言長息亦曾疑之，而公明高不深告之。因推其意，以爲孝子必不怨親，惟罪己而思何所得罪父母也。竭力耕田，共爲子職之小者。恝，置之也。于父母，亦《書》詞。

帝使其子九男二女，百官牛羊倉廩備，以事舜于畎畝之中。天下之士多就之者，帝將胥天下而遷之焉。爲不順于父母，如窮人無所歸。

爲，去聲。承上而言舜怨慕之實事。事舜于畎畝，《書》所謂觀刑也。九男無考。二女：娥皇、女英。百官，瞽瞍虐舜，使于田。堯妻舜，正其嫡位，並畀以庶事，使百官分職。牛、羊、倉廩，祿餼也。士多就之，慕其德也。胥，皆也。遷之，移以與之。言舜之怨慕不獨于田之時爲然，因狀其慕親如窮人也。

天下之士悦之，人之所欲也，而不足以解憂。好色，人之所欲，妻帝之二女，而不足以解憂。富，人之所欲，富有天下，而不足以解憂。貴，人之所欲，貴爲天子，而不足以解憂。人悦之、好色、富、貴，無足以解憂者，惟順於父母可以解憂。

承上而推言其心。蓋瞽瞍至頑，雖聖人之子，不能遽化。而舜既徵庸，猶弗厎豫。舜所以如窮人而于田之號泣，其爲自怨可知矣。

人少則慕父母，知好色則慕少艾，有妻子則慕妻子，仕則慕君，不得於君則熱中。大孝終身慕父母。五十而慕者，予於大舜見之矣。

少、好，皆去聲。又言常人之情，而歎舜之慕親無已時，蓋不但不得於親而後慕也。終身慕父母，則父母而外無可喜，故不順於父母則無可解憂。言五十者，舜五十攝政，極富貴之時，足以該終身也。朱子曰：艾，美好也。不得，失意。熱中，躁急心熱。

附　解

父母無不愛其子，而舜獨處其變。《書》云：號泣于旻天，于父母。非孟子此章，幾疑怨親。怨慕二字，直括舜一生心迹，故詳敘舜之榮遇，而以惟順於父母可以解憂明其心。末以常人反形之。世不乏如瞽瞍之父母，而其子果能如舜，則亦無不可厎豫矣。九男，《路史》言堯長子監明早死，庶子九。監明之嗣，封於劉，其後丹、房、傳、鑄、唐、冀、隨、郇、櫟、函皆云堯後。然不見《經》《傳》，以備參考可也。娥皇作以盲，女英作以瑩。娥皇無子，女英生商均，次妃癸比生霄明、燭光。《山海經》以舜之二女爲湘神，《離騷》以娥皇爲湘君，女英爲湘夫人。《博物志》云：舜死蒼梧，二女涕淚，灑竹成斑。皆附會不足信也。百官事舜者，舜本嫡子，當嗣位。《左傳》：自幕至於瞽瞍，無違命。瞽瞍蓋欲廢舜立象，至欲殺之。時人以其不知聖子，故目之曰瞽。虞國，今山西安邑縣，去歷山數十里。瞽瞍逐舜在外，舜耕於歷山。堯知其賢，妻之，正其嫡位，故有百官、牛羊、倉廩等。先成婚後歸見翁姑，故《書》曰：嬪于虞。潙[1]水，出歷山，汭水之支流。潙、汭，即歷山下也。

萬章問曰：《詩》云：娶妻如之何？必告父母。信斯言也，宜莫如舜。舜之

① 潙，諸本作嬀。

不告而娶，何也？孟子曰：告則不得娶。男女居室，人之大倫也。如告，則廢人之大倫，以懟父母，是次告[①]也。

懟，直類反。朱子曰：《詩・齊風・南山》篇。信，誠也。懟，讐怨也。舜生三十年矣，瞽瞍不爲之娶，而欲殺之。如竟不娶，則疑懫怨於父母。亂命不可從，大倫不可廢，故堯妻之舜，亦不告父母。萬章疑問，而孟子告之如此。後世誤解《尚書》，反以孟子爲疑。愚已詳其義於《不孝有三》章。

萬章曰：舜之不告而娶，則吾既得聞命矣。帝之妻舜而不告，何也？曰：帝亦知告焉則不得妻也。

妻，去聲。章疑堯當使舜盡禮。且以帝堯命之，瞍當見從不必竟不告也。告則不得娶，蓋瞽瞍至頑，非遽可以禮喻。告之而不從，舜必不安。以堯之意行之，則舜從君與父一理，而堯獨任其咎於舜，爲無罪矣。

萬章曰：父母使舜完廩，捐階，瞽瞍焚廩；使浚井，出，從揜[②]之。象曰：謨蓋都君咸我績。牛羊父母，倉廩父母，干戈朕，琴朕，弤朕，二嫂使治朕棲。象往入舜宫，舜在牀琴。象曰：鬱陶思君爾。忸怩。舜曰：惟兹臣庶，汝其于予治。不識舜不知象之將殺己與？曰：奚而不知也？象憂亦憂，象喜亦喜。

弤，都禮反。忸，女六反。怩，音尼。與，平聲。完，治也。捐，去也。階，梯也。揜，蓋也。《史記》：瞽瞍焚廩，舜以兩笠自捍而下，去[③]。使穿井，舜已先出。瞍不知而蓋之。謨，謀也。蓋，蓋井。都君，舜本應襲虞封也。績，功也。干，盾。戈，戟。弤，彇弓也。棲，牀也。治棲，欲以爲妻也。鬱陶思君，閉結也。忸怩，慙色也。臣庶，堯妻舜，蓋已使正位世子，故有臣庶也。象至無禮，而舜喜其來。前忘其所爲，蓋聖人純乎愛弟之誠，有不知其然而者。

曰：然則舜僞喜者與？曰：否。昔者有饋生魚於鄭子産，子産使校人畜之池。校人烹之，反命曰：始舍之圉圉焉，少則洋洋焉，攸然而逝。子産曰：得其所哉！得其所哉！校人出，曰：孰謂子産智？予既烹而食之，曰：得其所哉？得其所哉？故君子可欺以其方，難罔以非其道。彼以愛兄之道來，故誠信而喜之，奚僞焉？

校人，《周禮》：掌王馬之政。《春秋》猶然。無主池沼之說。蓋子産偶以其便使之也。朱子曰：圉圉，困而未舒之貌。洋洋，則稍縱矣。攸然而逝，自得而違去也。方，亦道也。其方，理之所有。校人狀魚之生，而子産信之。象以愛兄道來，而舜喜

① 次告，《四書章句集注》作以不告。
② 揜，《四書章句集注》作而揜。
③ 《史記》卷一作：瞽瞍縱火焚廩，舜乃以兩笠自扞而下，去，不得死。

之。聖賢以理自處，卽以理處人。人苟一言一行合理，則忘其平日所爲而欣喜納之，況於弟乎？孟子深知聖人如天之心，故能言此。

附　解

此章愚已於前《不孝有三》章、《天下大悅》章《附解》，言其大義。聖德如舜，何以不能得親？孝子必致其親於聖人，而瞍頑，反以爲違逆，又後妻少子媒孽其短，益增忿怒。《書》曰：母嚚。想其巧言播弄，不知若何動聽？故瞍逐欲廢舜立象。其平日虐舜，蓋非一端。而于田、井、廩亦見一斑。當于田之時，堯信斯錫而妻舜、使九男二女從事之。虞，本小國，堯又聖明。於時四方風動，想瞽瞍必不能與堯相抗。瞍欲廢舜，使儕齊民。堯妻之而正其位，畀以臣庶，必別有臨馭之事。瞍既畏堯，無如何乃又於家庭間瑣事，如井、廩類私虐使之？詳見下章。《史記》謂：舜穿井，匿空旁出。不合情事。當是舜知父欲蓋井，先出避去。父母以爲尚在井中而蓋之也。《列女傳》載，舜女弟繫，一名敤，首與舜妻，諧脫舜於難，理或有之。或謂舜與堯同出於黃帝，而妻二女，爲瀆倫。然舜自是幕之後，並非同出自黃帝。《左傳》及《國語》可信。他書不足信也。

萬章問曰：象日以殺舜爲事，立爲天子則放之，何也？孟子曰：封之也，或曰放焉。

象恃父母之愛而不行仁，舜以善化之，反成釁隙，故欲殺之也。封之而以爲放，世俗以私妄窺聖人如此。

萬章曰：舜流共工于幽州，放驩兜于崇山，殺三苗于三危，殛鯀于羽山，四罪而天下咸服，誅不仁也。象至不仁，封之有庳，有庳之人奚罪焉？仁人固如是乎？在他人則誅之，在弟則封之？曰：仁人之於弟也，不藏怒焉，不宿怨焉，親愛之而已以[①]矣。親之，欲其貴也；愛之，欲其富也。封之有庳，富貴之也。身爲天子，弟爲匹夫，可謂親愛之乎？

庳，音鼻。流，徙也。幽州，今密雲縣。崇山，今湖廣永定衛西。三危，山名，今燉煌東南三十里。羽山，今贛榆縣西北八十里。三苗之君，與鯀皆死於徙地，故曰殺。殛，實則殆，但放流而已。按此與《書》皆言四罪，蓋皆不遵舜教化之人。左氏乃有四凶，凶與罪相去遠矣，不可混視。萬章疑在封象耳。有庳，當在蒲坂畿內，而

① 以，阮刻本無。

或謂卽零陵有庳。疑舜後南巡，象或從之至是與。萬章疑舜不當封象虐民，孟子言親愛當然也。

敢問或曰放者，何謂也？曰：象不得有爲於其國，天子使吏治其國，而納其貢稅焉，故謂之放。豈得暴彼民哉？雖然，欲常常而見之，故源源而來。不及貢，以政接於有庳。此之謂也。

使吏治其國，卽後世命卿之制，所由彷漢世藩相亦然。蓋處之以優，而俗疑爲放。常常見、源源來，則舜親愛之本心也。不及貢二句，古有是言，而引以證之。

附解

張甄陶援引左氏、《史記》，謂象之殺舜，蓋欲爭世傳之位，是也。而謂瞽瞍目實盲，則非。上古制度不及後世之詳，其君長祇如今部落酋首。舜之先世封於虞，及瞽瞍襲位，蓋多遺行。舜以道幾諫，反遭斥惡，又後母傲，象從中播弄，遂至瞍恨益深。使舜耕田，舜卽往田，賤而勞之也。所在人民悦而從之，故有一年成邑，二年成聚，三年成都之事。陶、漁亦當在此時。聖人溫、良、恭、儉、讓，又能利用前民，民故歸之。而當時君長部民，無甚定居，可見象之殺舜，蓋亦其父母所命。如近世無賴子弟，惟知阿順，不知亂命不可從也。見舜而忸怩，是其本心之良，有不可得而湮沒者。舜惟知孝親，卽惟知愛弟，卽弟果自欲殺己，己但預防，不罹其患足矣，何能恨弟？况親之所使乎？聖人有天地之量，又有神明之哲，其處變而不失其常，委曲而全其道，凡事皆然。而父子兄弟之間天親大倫，不幸遇變，尤非易全其美者。舜能如此，故爲大孝。堯早聞其事，已灼知其賢，及聞岳薦，師錫，曰：我其試哉。試者，觀其刑家事實事外，亦别有所以試，故妻以二女。後人析《堯典》爲二，增一《舜典》，人遂謂一聞舜賢，卽妻以女。我其試哉句，空而無着，且覺堯孟浪矣。虞，今安邑，去歷山數十里。瞽瞍逐舜，欲傳位於象。堯以禮降二女于嬀、汭，嬪于虞。釐降，就歷山爲宫成禮，故曰于嬀汭。嬀水，出歷山。堯妻舜後，乃歸見翁姑，故曰嬪于虞。瞍無禮，堯以天子命治之，正舜嫡位，賜舜臣庶。瞍忿，猶不解，復以井、廩等私賤虐之。舜不以堯故稍自侈，然益夔夔齊慄，敬事無已，久而瞍悟其誠，又喜尊養之隆，遂爾底豫。詳考《尚書》，孟子其本末情事宛然。如司馬溫公、蘇子由、史剡，近崔述等，未達經義，反以《孟子》書所載爲非，誤矣。張甄陶又謂舜避象而往陶、漁，民因化之。不知夫子嘗曰瞽瞍欲殺舜，不可得。欲使之，未嘗不在側，烏有行千里之外，號泣以求格親者乎？

陶、漁與耕田，皆一時事。在未曾師錫之前，至謂歷山，雷澤、河濱，相去甚遠，尤非。安邑，去歷山纔數十里，何不詳考而妄言之乎？且孔孟之言，析理至精，學者可依據以定千載，無容以私臆而妄談。學者合觀愚言，細繹《書》云，參詳自明。其他書不足信也。共工，不一人。《左傳》，共工氏以水紀，在炎帝前。《楚詞》康回馮怒地，何故以東南傾？指《列子》所載與顓頊爭者。《書》曰垂共工，則冬官也，杜預謂卽窮奇。又堯時，一共工既流之，而垂乃爲之。密雲東北五十里曰共城，閻氏謂是流共工處，則幽州所屬之地耳。《山海經》，顓頊生驩頭，《博物志》謂卽驩兜。近之崇山，從《地理今釋》。三苗，國名。其君不善，竄之。而更立賢者，故《禹貢》言三苗丕敘[1]。三危亦不一，《書》凡三見。三危既宅，導黑水，至于三危。竄三苗于三危。三危，前人以爲在今陜西嘉峪關外。近是，俗名卑羽山，鯀之罪書曰方命圮族。《楚詞》曰，鯀以婞直亡身。以禹之聖，能平成天地，而鯀不任之，其剛愎自用可想。羽山，在登州逢萊縣。《孔傳》謂東裔在海中。是也。《禹貢》之羽山在祝其縣，今海州屬。《漢志》以爲鯀所殛處疑誤。四罪，《書·鄭註》以《左傳》四凶錄之，不可從也。以有庳爲道州鼻亭，始於《漢書》，然與此章源源而來不合。前人已辨之。張氏椿據《寰宇記》，謂在趙州之象城，近是。不及貢二句，古語或以爲《逸書》，未必然也。

咸邱蒙問曰：語云：盛德之士，君不得而臣，父不得而子。舜南面而立，堯帥諸侯北面而朝之，瞽瞍亦北面而朝之。舜見瞽瞍，其容有蹙。孔子曰：於斯時也，天下殆哉，岌岌乎。不識此語誠然乎哉？孟子曰：否。此非君子之言。齊東野人之語也。堯老而舜攝也。《堯典》曰：二十有八載，放勳乃徂落，百姓如喪考妣，三年，四海遏密八音。孔子曰：天無二日，民無二王。舜既爲天子矣，又帥天下諸侯以爲堯二年喪，是二天子矣。

朝，音潮。岌，魚及反。朱子曰：咸邱蒙，孟子弟子。語，古語。蹙，顰蹙，不自安也。岌岌，不安貌。《堯典》，《虞書》篇名。古書本一篇，無《舜典》，後人始析之也。放勳，堯號。徂落，死也。死者魂歸於天曰徂，魄降於地曰落。遏，絕。密，靜也。百姓，百官有姓者，舜之相堯，《書》有明徵，故直引以折之。

咸邱蒙曰：舜之不臣堯，則吾既得聞命矣。《詩》云：普天之下，莫非王土；率土之濱，莫非王臣。而舜既爲天子矣，敢問瞽瞍之非臣，如何？曰：是詩

---

① 阮刻本作：三危既宅，三苗丕敘。

也，非是之謂也，勞於王事而不得養父母也。曰：此莫非王事，我獨賢勞也。故說詩者，不以文害辭，不以辭害志。以意逆志，是爲得之。如以辭而已矣，《雲漢》之詩曰：周餘黎民，靡有孑遺。信斯言也，是周無遺民也。

咸邱誤解《北山》詩。言既爲釋詩，意以曉之，而臣父之說自破。文，字。辭，語。逆，迎也。志，詩人之志。孑，獨立貌。遺，餘也。

孝子之至，莫大乎尊親；尊親之至，莫大乎以天下養。爲天子[①]父，尊之至也；以天下養，養之至也。《詩》曰：永言孝思，孝思維則。此之謂也。

養，去聲。言孝子以尊養爲念。舜因天子而益有以將其孝思，豈反有臣父之說。引《下武》之《詩》，言當以舜之孝思信之，不必效齊東語也。

《書》曰：祇載見瞽瞍，夔夔齋慄[②]，瞽瞍亦允若。是爲父不得而子也。

見，音現。齋，側皆反。祇載，敬事也。夔夔，戰懼貌。齋慄，莊敬畏懼。引《書》言瞽瞍反爲舜所感化，是爲父不得而子，蓋姑就其說言之也。

附　解

君父，至尊也。而勢利之俗興，至有齊東之說。咸邱蒙所述，在今日人知其非，而後世勢利相沿，則竟有其事。燕王噲於子之，晉庶人朝三家及熊蹯、雀鷇皆其類也。孟子爲之詳辨，而後世擁篲之風、攝員之事，猶昧綱常以行。甚矣。天良之淪亡，不勝髮指也。咸邱，魯地，或其人居此而因以爲氏。齊東，海隅。僻壤無識者多。古書有《堯典》而無《舜典》。愚另有書註，茲不贅。《堯典》：百姓、黎民分言。張說對康元宗曰：古者，民無姓。百姓者，皆有土有爵者也。《丹鉛錄》據之，立說甚詳。誠然夔夔，閻氏曰：夔，獸，一足之物。凡人常時兩足舒布，有所畏，則束足如一足者然，故曰夔夔也。《史記》使天下重足而立，亦此意，至爲得之。

萬章曰：堯以天下與舜，有諸？孟子曰：否。天子不能以天下與人。

時篡亂之徒多，假堯舜禪受爲詞。故萬章問之，而孟子答以不然。

然則舜有天下也，孰與之？曰：天與之。

言天意如此，而聖人承之，非私與也。

天與之者，諄諄然命之乎？

諄，之淳反，萬章問也。朱子曰：諄諄，詳語之貌。

---

① 子，《四書章句集注》作下。

② 慄，阮刻本作栗。

曰：天不言，以行與事示之而已矣。

行，去聲。下同。天無言而其意常與人相麗。行，德行。事，功業也。示，著其端也。

曰：以行與事示之者，如之何？曰：天子能薦人於天，不能使天與之天下；諸侯能薦人於天子，不能使天子與之諸侯；大夫能薦人於諸侯，不能使諸侯與之大夫。昔者堯薦舜於天而天受之，暴之於民而民受之，故曰，天不言，以行與事示之而已矣。

暴，步卜反。下同。暴，顯白也。天子爲天治民，薦賢自代，本於至公，誠則天必應之。堯薦舜，蓋以仁育天下之心格天，而因以舜之行與事卜天心之從違。

曰：敢問薦之於天而天受之，暴之於民而民受之，如何？曰：使之主祭而百神享之，是天受之。使之主事而事治，百姓安之，是民受之也。天與之，人與之，故曰：天子不能以天下與人。

治，去聲。祭法曰：有天下者，祭百神。天子者，神人之主。德至則神鑒其誠，民服其教。非堯之聖，亦無由知其故而燭其兆。

舜相堯二十有八載，非人之所能爲也，天也。堯崩，三年之喪畢，舜避堯之子於南河之南。天下諸侯朝覲者，不之堯之子而之舜；訟獄者，不之堯之子而之舜；謳歌者，不謳歌堯之子而謳歌舜，故曰天也。夫然後之中國，踐天子位焉。而居堯之宫，逼堯之子，是篡也，非天與也。

相，去聲。朝，音潮。夫，音扶。上文言天子不能與人天下已詳。此復就舜避位實事，以見其初無利天下之心。而堯爲天下得人，授皆無毫髮之私，是以歸其權於天與也。必三年喪後，避者三年，總己以聽之時。南河之南，堯都平陽，在大河、北河之南，則豫州地，非帝畿矣。舜避於此，其志甚決可見。中國，王内畿也。而，猶如也。

《泰誓》曰：天視自我民視，天聽自我民聽。此之謂也。

自，從也。引《詩》以證上文，民願，即天心也。

附　解

聖人體天心、行天道以治民，未嘗以天下爲榮，亦非以天下爲輕也。己子不肖，則不忍以一人害天下，而必擇賢以授之。然不敢私心與也，必考諸於天心。惟天意眷顧昭然，而民情協應，則以天下與之。直如天自與之，授者、受者皆無心也。後世履位而疚者，既大負乎天心；而睥睨神器者，直大干天罰，方且託於禪讓之奇。夫惡知天之所以爲天，與聖人之所以承天意哉？孟子此章，發明嚴正，直令燕噲、子之、莽、操之流，一齊膽落。又言舜、禹、益避位事，今皆無傳。然《尚書》尚在，授之事昭然，而孟子又非妄言者，後人乃以所不見疑之，謬矣。

萬章問曰：人有言：至於禹而德衰，不傳於賢而傳於子，有諸？孟子曰：否。不然也。天與賢則與賢；天與子則與子。昔者舜薦禹於天，十有七年，舜崩。三年之喪畢，禹避舜之子於陽城，天下之民從之，若堯崩之後，不從堯之子而從舜也。禹薦益於天，七年，禹崩。三年之喪畢，益避禹之子於箕山之陰，朝覲訟獄者不之益而之啟，曰：吾君之子也。謳歌者不謳[1]益而謳歌啟，曰：吾君之子也。

朝，音潮。否，人言非也。不然，禹事不爾，下放此。聖人奉天行事，惟以至公之心盡其道之當然，而成敗得失弗論也。禹之薦益，與堯舜同，而民之歸啟，與堯舜異，正惟薦者、受薦者皆以無心處之，而見其至分至明也。陽城，今河南登封縣北三十八里。箕山與陽城相對。啟，禹之子也。

丹朱之不肖，舜之子亦不肖。舜之相堯、禹之相舜也，歷年多，施澤於民久。啟賢，能敬承繼禹之道。益之相禹也，歷年少，施澤於民未久。舜、禹、益相去久遠，其子之賢不肖，皆天也，非人之所能爲也。莫之爲而爲者，天也；莫之致而至者，命也。

之相之相，並去聲。舜之子，商均也。承上天與之意而申明之。言舜、禹、益德無低昂，而所遇不同，故民心之歸往有異。是其事故所遭，即天意存焉，而非人力所能爲。因言天命不可以人爲強致，聖人奉若天道，豈有絲毫作意於其間哉。渾論言之，謂之天有因言之謂之命。

匹夫有[2]天下者，德必若舜禹，而又有天子薦之者，故仲尼不有天下。

上文言益之事已明。此下二節又明創世、繼世之大凡。以杜覬覦之妄。托匹夫而有天下，此不可爲常之事。德若舜禹而又有天子薦之，則天意也。不然，聖人豈以位爲榮哉？

繼世以有天下，天之所廢，必若桀紂者也。故益、伊尹、周公不有天下。

繼世以有天下，天道之常，必其子孫大悖天心而後廢之。益、伊尹、周公德下讓於舜、禹，而嗣君皆賢。不有天下，適得其本心之安，豈非臣子之大快哉？

伊尹相湯以王於天下。湯崩，太丁未立，外丙二年，仲壬四年，太甲顛覆湯

① 謳，《四書章句集注》作謳歌。
② 有，《四書章句集注》作而有。

之典刑，伊尹放之於桐。三年，太甲悔過，自怨自艾，於桐處仁遷義，三年以聽伊尹之訓己也，復歸於亳。

相、王皆去聲。艾，音乂。上言伊尹、周公所以證益，而此下又申言伊尹、周公之事。敘尹事獨詳，以見聖人委曲至誠，盡臣子之道，大概然也。趙氏曰：太丁，湯之太子，未立而死。外丙立二年，仲壬立四年。太甲，太丁子也。桐，近湯墓，今河南偃師縣西南五里。太甲居仲壬之喪，伊尹總己攝政，營桐宮以居之，使密邇先王，修身蓄德。聽伊尹之訓己，尹爲置賢師，保以教之也。

周公之不有天下，猶益之於夏，伊尹之於殷也。

言周公之不有天下，亦以天命有屬，如益之不有天下。而又云猶伊尹於殷，以見忠勤之心事同也。

孔子曰：唐虞禪，夏后、殷、周繼，其義一也。

禪，授也。引孔子言以實之。義，盡其道而與天合者也。

附 解

最可笑者，世俗之見以名位得失爲榮辱短長。至於禹而德衰之言，祇緣視天下爲重，便謂能讓天下者爲至奇。不知聖人之心如青天白日，或窮或達，在己自有承天立極之道，未嘗薄富貴而不居正，非藉富貴而尊榮。舜、益同處一時，聖德無殊，其薦之於天也，自是因現有如此之人，才德倍於己子，可以代天理物，即薦之以卜天心。而舜、禹、益何嘗有絲毫得天下之心也？三年之喪，舜與益皆以冢宰總百官，禮也、分也。喪畢而歸政遠去，亦禮也、分也。天下之從舜禹，誠不得已而應天順人，然亦必商均能遵其父之命，甘心讓位而後可。觀于虞賓在位，鼗鼓笙鏞，鳳儀獸舞，可見聖人讓德之隆。君臣父子間一片太和醞釀，有非末俗所能測識者矣。避之一字，孟子爲人言而云，其實皆行其理之常而已。益之歸政遠去，而民心奉啟，適如其本心，此益所暢然滿志者。而於禹，益復無損。韓昌黎《對禹問》謂，禹傳子，憂後世爭亂。又以孟子爲求其說而不得，從而爲之辭。殊誤。夫子言舜禹有天下而不與，則其德同矣。其薦益，必見益之賢尤倍於啟，故不自私其子。然而禹固大聖，平成功烈在人，啟非不肖，民安能棄之？謳歌、訟獄之啟，豈但如甘棠之愛？則禹豈因憂後世爭亂而然乎？孟子據實事以立言，明白曉暢，何云求其說而不得？且恐聖人之心及天與子之意，人未甚釋然，故又申言輔相與子之賢、不肖，以見人事如此，即天心可知。非人之所能爲四句，鄭重天命，正以明聖人寅畏之由，不敢一毫有私，豈謂益可傳而天下傳之事？人所無如何哉？天命渺冥，然其迹固昭昭在人事間。聖人恪盡人事，不敢稍違天理，初非有所責望于天。天或福之，不敢以爲當然也；天或困之，不敢以爲不當然也。其視天下如浮雲，爲臣克盡其職，已是快然。此外一衣一食之榮，亦不介意，况天下乎？孟子之言至明，而後人妄爲之說，啟世之疑，可乎？天命二字，就本章言，惟陳北溪說得最是。其言曰：爲，以事言，爲事是人，非人所爲卽是天；致，以吉凶成敗言，有因而致是人力，非力所致卽是命。外丙二年，仲壬四年。趙岐古《註》，鐵板不可移易，而世每以程子之說爲疑，至金仁山據《商書》附和程子，王罕皆亦取之，不可不辨。孟子特筆提明，伊尹相湯以王於天下，則君臣一德。湯之薦尹于天，可知湯崩，太丁未立而卒。外丙立二年，仲壬立四年而卒，則湯無子矣。伊尹於是立太甲。《書》曰：惟元祀十有二月乙丑，伊尹祠于先王。奉嗣王祗見厥祖。蓋尹不敢擅立君之權。告于湯而立之，若曰此先王之命耳。喪三年不祭告廟，亦以太甲之名，特不親行祭禮耳。先王，卽是成湯及商之先王。其曰祀于先王，就尹言之；其曰厥祖，就太甲言之，非有二也。仁山謂若隔外丙、仲壬之世，而太甲承仲壬之後，則自成湯以上俱曰祀于先王足矣，何獨又曰奉嗣王祗見厥祖，《書》法若是重複。不知外丙、仲壬之立，尹或無《誥》，或有而逸之。至太甲初立，時尚年幼，本不十分秉德。尹以義立之。謂其既立，當自重德改行，而乃不然。因其居憂，且令居桐宫，置賢師傅教導之，故曰密邇先王。其訓謂近湯墓而思祖德，動其哀思，或悔其所爲。其訓者，戒其師保善訓之也。若但使居桐而不訓，何以卽能率德改行？尹，聖人，其所選輔導，亦必聖賢，故太甲遂處仁遷義耳。太甲不以處桐爲辱，而反深感尹之匡救者，其訓之力也。若不知其訓，卽匡救之，實似尹置之桐宫，但求湯陰中默佑太甲，不大可笑人乎？卽尹之事，能知尹心，則周公亦可知。故下文不復詳周公事，猶益之於夏，是引證之。故猶尹之於殷，是不敘周公實事。故程子據邵子《皇極經世》，無外丙、仲壬年數而云。然邵子之推者，數也。卽其《經世》一書，以卦義配帝王，語多舛謬。孟子在先秦以上，得聖人之傳，邵子在孟子之後，僅工術數之學，孰得孰失，孰是孰非，艾千子有言。果其爲二歲、四歲而不之立，此乃伊尹意中之事，何緣傳至戰國而待孟子乃言？愚謂果如程子說，則伊尹以私意立君，而不論禮之當否，是直視君如弈棋者耳。解經不明，則誣聖人以長亂，何可不慎？湯墓在桐，晉《太康地記》，在偃師西南。閻百詩疑其去亳太遠，謂當在虞亭縣桐亭。張氏椿以爲湯本居南亳，穀熟後乃遷西亳偃師，援皇甫謐之言，謂在偃師爲信，近是。漢哀帝時御史案行水災，得湯冢於汾陰縣北。郭據《秦本紀》，甯公二年，伐湯，三年，與亳戰，亳王奔戎，遂滅湯。張氏謂周桓王時别自有湯，亦號亳。王乃西戎之君，葬於徵陌者，而非湯墓。其説甚辨，可從。

萬章問曰：人有言伊尹以割烹要湯，有諸？

要，平聲。下同。戰國卑汙之士爲此言，以自蓋其短。《史記》妄傳，不可信。

孟子曰：否。不然。伊尹耕於有莘之野，而樂堯舜之道焉。非其義也，非其道也，祿之以天下，弗顧也；繫馬千駟，弗視也。非其義也，非其道也，一介不以與人，一介不以取諸人。

樂，音洛。莘，國名，今陳留縣東北。耕於莘野，託業正矣。樂堯舜之道，以堯舜之道自樂而無外求。義、道，一也。分言之者，堯舜之道不止在辭受取予，爲證割烹事，故析言。尹揆之於義而不合，即非堯舜之道而不爲，即其辭受取與，見其析義至精、即是樂道之實，與養氣章言道義者不同。一介，細微意。

湯使人以幣聘之，囂囂然曰：我何以湯之聘幣爲哉？我豈若處畎畝之中，由是以樂堯舜之道哉？

囂，五高反，又戶驕反。此下四節，敘湯聘尹之實事，何以湯之幣聘自言無所求而自樂也。

湯三使往聘之，既而幡然改曰：與我處畎畝之中，由是以樂堯舜之道，吾豈若使是君爲堯舜之君哉？吾豈若使是民爲堯舜之民哉？吾豈若於吾身親見之哉？

趙氏曰：幡，反也。三聘則知尹至眞，尹可及身而行堯舜之道，故幡然改，非徒感知己也。

天之生此民也，使先知覺後知，使先覺覺後覺也。予，天民之先覺者也，予將以斯道覺斯民也。非予覺之，而誰也？

述尹平日自言，明其應湯之聘欲以道濟民，非有求於湯。知，明其理，覺，通其變，非予覺之，而誰以湯卜天心也？

思天下之民，匹夫匹婦有不被堯舜之澤者，若己推而內之溝中。其自任以天下之重如此，故就湯而説之，以伐夏救民。

推，吐回反。內，音納。説，音稅。總上文而斷之，明其求民之心與事。

吾未聞枉己而正人者也，況辱己以正天下者乎？聖人之行不同也，或遠近[1]，

① 近，《四書章句集注》作或近。

或去或不去，歸潔其身而已矣。

行，去聲。此乃正言尹正己以正人，必不辱己。尹之聖，人所知也。凡聖皆不辱己，尹豈辱己而要湯？遠，遠隱。近，近君。去，已仕而去。不去，留仕君也。

吾聞其以堯舜之道要湯，未聞以割烹也。

承其要湯之語而正之，猶言夫子之求之意。

《伊訓》曰：天誅造攻自牧宫，朕載自亳。

天誅，奉天討罪。造，始也。攻，伐也。牧宫，郊外之宫，桀所居也。朕，我也。載，始也。引《書》言湯奉天討罪，自己始其事於亳，以證正人之事。

附　解

人言誣伊尹不是。説尹非聖人，是言聖人亦且委曲行道，小人自蓋其卑汙苟且之行也。萬章之問，亦是疑尹，如此則非聖人。孟子先詳言尹出處本末，後言聖人無不潔身，以見人言不攻自破。朱子言尹是二截人，此語最是害事。尹當桀之世，其志亦曷嘗不憫天下之昏墊哉？特世無知己，義不枉道，故躬耕自樂。湯初以幣聘，尹固未定其果有重道安民之實、否也？故猶囂囂然自樂。及湯三聘之勤，則其樂道尊賢，可與有爲，曉然可見。而天之不欲尹終窮，亦可知矣。故幡然改而稱天意，以自明其曰予將以斯道覺斯民，非予之而誰？蓋喜湯之誠求，必能同心同德，濟世安民也。用行舍藏，只是一理，成己成物，初無二心，豈宜作兩截看乎？或曰，先主於孔明，親三顧之而後起。孔明祇言由是感激，許以馳驅。湯於伊尹，但三以幣聘而尹即赴，尹自言將以斯道覺斯民，其不同，何耶？曰，湯求尹於他國，勢不得親往，則三聘已勤。先主求孔明於咫尺，可以親往，必三顧始得。其抱道，同也。孔明上表於君，其詞謙；伊尹憫世自明，其詞戚，其濟世亦同也。孟子此章，敘事議論兼行，已説得甚是明白，而張甄陶謂此等事無可考證，孟子只以理斷之，誤矣。知、覺字本一。此處並言，則微有别。知，明其理，覺，則靈悟之速也。牧宫，趙氏曰桀宫。桀所居之地。以《爾雅》，邑外曰郊，郊外曰牧，證之。蓋猶牧野之説也。《書》詞與今《伊訓》異，古人引《書》，原不拘原文。又漢代《古文尚書》别行，趙氏偶未之見，故以爲《逸書》。

萬章問曰：或謂孔子於衛主癰疽，於齊主侍人瘠環，有諸乎？孟子曰：否。不然也。好事者爲之也。

主，以之爲主人。癰疽，嬖人名，或以其所能爲氏也。侍人瘠環，齊景之狎臣也。

於衛主顔讐由。彌子之妻，與子路之妻，兄弟也。彌子謂子路曰：孔子主我，衛卿可得也。子路以告。孔子曰：有命。孔子進以禮，退以義，得之不得曰有命。而主癰疽與侍人瘠環，是無義無命也。

讐，如字，又音犨。顔讐由，《史記》作顔濁鄒，學於孔子，子路妻兄也。彌子，衛嬖臣。子路以告，特藉以觀聖人耳。天理之主宰曰命，非世俗數命之説也。進退禮義，即安命之法。禮主辭讓，故以進言，義主斷制，故以退言。其實一理也。故下單承義字。

孔子不悦於魯衛，遭宋桓司馬將要而殺之，微服而過宋。是時孔子當阨，主司城貞子，爲陳侯周臣。

要，平聲。又即處變以孔子之不苟。朱《註》：不悦，不樂居，是也。桓司馬，宋司馬桓魋。司城，宋官名，以武公名司空，故改爲司城。貞，謚也。陳侯，名周，湣公也。蓋貞子本宋司城氏，而臣於陳者，陳貞子之賢，萬章所知，故實之也。

吾聞觀近臣，以其所爲主；觀遠臣，以所[1]主。若孔子主癰疽與侍人瘠環，何以爲孔子？

上文徵事已詳。此復以理斷之。朱子曰：近臣，在朝之臣。遠臣，遠方來仕者。君子小人，各從其類，故觀其所爲主與所主者，而其人可知。

附　解

按：癰疽，本作雍雎，一名渠，今本字誤也。衛靈公嬖臣，非謂其業瘍醫而賤之，等於侍人也。《周禮》，瘍醫，下士之職。古之業醫者，皆聖賢不爲賤役，其道甚精，亦非小道。後世緣朱子註小道，以醫卜當之，遂目爲賤役，而令天下志士不屑其事。斯民往往誤死甚矣，解經不可不慎也。愚嘗於《論語》二章詳言之，茲不更贅。侍人之賤，以其爲刑餘豎僕。然昔在文武，聰明齊聖，侍御僕從，罔非正人，則所以正身化人者固有其道，亦不得謂侍人即皆小人也。但孔子時，則無此等教化，此癰疽侍人，蓋本卑汙。士君子立身行己，稍知自重，自不黄緣曲徑，况爲孔子乎？顔讐由與彌子、子路，皆妻黨。人之賢不肖，各視乎其自命，父子、兄弟不相及也，况姻親乎？然孟子必註明之者，以彌子汙賤，子路不應爲彼傳言耳。命字，最不易解。先儒分義理之命，氣數之命，然祇是一命。世俗不達，則多爲之説，益支離

[1] 所，《四書章句集注》作其所。

矣。愚於《論》《孟》，凡言命章，已詳言之，茲不贅。桓魋欲害孔子，或疑聖人所過者化，何以風馬牛不相及之？桓魋而欲殺之，不知孟子言過化，承上王者而言也。若窮而在下，無權行道，人安能信之？夫子温、良、恭、儉、讓，而愠於羣小，蓋聖賢之是非往往與庸衆相反，所以道大莫容也。且從來君子不與小人爲仇，小人必欲與君子爲仇，其性情嗜好如冰炭之不相入，薰蕕之不同器，由來久矣。桓魋小人，其弟犂從子學。夫子告之皆仁義之事，想犂平日以善諫兄，多觸其怒，因而遷怒夫子，亦或有之。不然，則魋自爲石槨，三年不成，夫子嘗以戒門人，曰：若是其靡也，死不若速朽之愈也。魋聞而含怒之乎？此臆測之詞，不可爲據，聊以佐笑柄耳。觀其殺之不得，伐檀而還，嫉正太甚，其大理之淪亡已久。抑或犂不謹言，不可言而與之言，以致斯故，夫子告之，曰：其言訒也。此等處不明，則將爲淺人藉口。處末俗而欲敦上，行不可得矣，故詳論之。據《史記》，孔子不悦於魯，因受女樂而行。去至衛，衛靈公與夫人同車，使孔子爲次乘。去衛，過曹，適宋，遭桓司馬，去。適鄭，遂至陳，皆定公一十五年事。夫孔子去孟子未遠也，鄒魯門人服習孔子教者亦多人矣，而已有爲妄言以誣聖者，人心風俗惡直醜正，良可悼歎。然孟子不辨其事，直以孔子平日斷其必無。世這如孟子者幾人，賢人君子汩沒悠悠之口者，可勝道哉。

萬章問曰：或曰百里奚自鬻於秦養牲者，五羊之皮，食牛，以要秦穆公。信乎？孟子曰：否。不然。好事者爲之也。

食，音嗣。好，去聲。下同。百里奚，去虞入秦，道困，蓋曾爲人飯牛以自給。穆公聞其賢而聘之。五羊之皮，蓋奚所得主家者，而穆公償之耳。傳謌以奚爲自鬻於秦，因緣以干穆公。

百里奚，虞人也。晉人以垂棘之璧與屈產之乘，假道於虞以伐虢。宮之奇諫，百里奚不諫。

屈，求勿反。乘，去聲。垂棘、屈，皆地名。乘，四馬也。晉以璧、馬假道伐虢，欲並取虞。宮之奇諫，事見《春秋傳》。述奚去虞之故，爲下文知字伏案。

知虞公之不可諫而去，之秦，年已七十矣，曾不知以食牛干秦穆公之爲汙也，可謂智乎？不可諫而不諫，可謂不智乎？知虞公之將亡而先去之，不可謂不智也。時舉於秦，知穆公之可與有行也而相之，可謂不智乎？相秦而顯其君於天下，可傳於後世，不賢而能之乎？自鬻以成其君，鄉黨自好者不爲，而謂賢者爲之乎？

相，去聲。承上言奚智而且賢，必不自鬻要君，蓋卽其去就可考者，知人言之誣也。

附解

百里奚，虞人也。孟子一句已斷定。《左傳》，晉執虞公及其大夫井伯。朱子謂井伯别是一人，甚是。各書載奚事多誤，奚並無見執於晉及媵秦走宛之說。惟《韓詩外傳》謂禽息薦奚，尚可信。去虞入秦，君子避地之常，非有心干穆公。因行而無資，爲人飯牛，亦儒者貧困之常，非因干穆公而始。然人言則□將自鬻於秦四字，作有心藉此入秦，以爲干進之路，而以五羖一事證實之。孟子敘其知廢知興及輔君之賢，決其必不要君，已無遺意。但時解猶有當辨者。自鬻二字，不是不好字面。英雄失路，爲傭保自給，古常有之，特自鬻以爲入秦之路，則不可耳。自鬻以成其君，賢者不爲，卽枉己不能正人之意，時解於人言自鬻以下十八字，未得其意，並自鬻以成其君一段，亦不甚明白。至張甄陶直謂，五羖大夫只以五羖合縫一裘，殊穿鑿不成道理。五羊之皮，蓋奚貧困，曾得主家五羖以爲裘服，因爲食牛。如今傭保不久，穆公卽知其在本國，以禮聘之，而奚義不苟取。穆公因代償此五羊皮，國人美之，後遂稱爲五羖大夫。蓋誌奚遇合之奇，並著其廉介之實也。垂棘，見《左傳·顧公五年》。屈產泉，在石樓縣東南四里，馬因之得名。閻百詩謂在北屈縣，蓋沿朱《註》屈地所產而誤。虞地，今山西平陸縣。虢，今河南陝州。《漢志》及《水經注》有三虢之稱，東虢、西虢、北虢，蓋虢仲、虢叔所封之邑。其後析爲三，非大義所關，不必鑿，可也。

萬章下凡九章

孟子曰：伯夷，目不視惡色，耳不聽惡聲。非其君不事，非其民不使。治則進，亂則退。橫政之所出，橫民之所止，不忍居也。思與鄉人處，如以朝衣朝冠坐於塗炭也。當紂之時，居北海之濱，以待天下之清也。故聞伯夷之風者，頑夫廉，懦夫有立志。

治，去聲。下同。橫，去聲。朝，音潮。不法曰橫。頑、愚、廉、潔，伯夷自處於清，亦欲人之皆清，不清者，不忍與居與遊。蓋既無權力以化之，則惟遠處避之。極狀其清，爲阿世者戒也。待天下之清，其仁民之心可見，而不念舊惡所由來也。

伊尹曰：何事非君？何使非民？治亦進，亂亦進，曰：天之生斯民也，使先知覺後知，使先覺覺後覺。予，天民之先覺者也。予將以此道覺此民也。思天下之民，匹夫匹婦有不與被堯舜之澤者，若[1]己推而内之溝中，其自任以天下之重也。

與，音預。何事二句，言道在我，則事君治民皆可。治亦進，亂亦進，承其意而言其狀。又述其言而斷之。伊尹得君行道，即以天下事爲己任，聖之可爲人臣法者。

柳下惠，不羞汙君，不辭小官，進不隱賢，必以其道，遺佚而不怨，阨窮而不憫，與鄉人處，由由然不忍去也。爾爲爾，我爲我，雖袒裼裸裎於我側，爾焉能浼我哉？故聞柳下惠之風者，鄙夫寬，薄夫敦。

由事上以及居鄉，皆與衆偕，狀其雅量包容。袒裼，袒其裼衣，露肉。裸裎，赤體。趙氏曰：鄙狹者更寬優，薄淺者更深厚。柳下惠不失己，不失人，聖之可爲褊隘箴者。

孔子之去齊，接淅而行。去魯，曰：遲遲吾行也。去父母國之道也。可以速而速，可以久而久，可以處而處，可以仕而仕，孔子也。

淅，先歷反。朱子曰：接，承也。淅，漬米水也。漬料將炊，方承米出水而即去，不及炊也。舉去齊去魯以例仕止、久處之大概。孔子兼上三聖之長，而化其迹四句，分合觀之，其義乃明。

孟子曰：伯夷，聖之清者也；伊尹，聖之任者也；柳下惠，聖之和者也；孔子，聖之時者也。

張子曰：無所雜者，清之極；無所異者，和之極。德造其極之謂聖。清、任、和，則其性質之微，有不能盡化者也。孔子則純乎中正，隨時各得其宜。

孔子之謂集大成。集大成也者，金聲而玉振之也。金聲也者，始條理也；玉振之也者，終條理也。始條理者，智之事也；終條理者，聖之事也。

朱子曰：成，樂之一終。金，鐘屬。聲，宣也。玉，磬也。振，收也。始，始之。終，終之也。條理，猶脈絡，指衆音而言也。獨奏一音則一音自爲始終，而爲小成。智，先事而明其理。聖，既事而著其精。大成之樂，先擊鎛鐘，以宣其聲，後擊特磬，以收其韻。承上言孔兼三子而時出之，如樂之集大成。金聲而玉振之，釋集大成之本義。始條理，終條理，又釋金聲玉振之本義。末四句，乃切孔子而言也。始條理者，挈其端而啟其緒，終條理者，總其成而會其全。智之事，謂貫徹于其先聖之事，謂總一衆理於其成也。

智，譬則巧也；聖，譬則力也。由射於百步之外也，其至，爾力也；其中，非爾力也。

---

① 若，阮刻本作如。

承上聖、智二字而喻之。蓋凡聖，皆有智聖，而孔子智尤極於神化。如射者力皆至的，而巧者妙在皆中其鵠，蓋智者聖之妙。天資人爲有不可強齊者也。

附　解

學至於聖至矣。而孟子此章，獨尊孔子者，爲門人言之也。凡才技造其極曰聖手，故曰作者之謂聖。而聖人人倫之至，則盡其性、盡人物之性，無不同者。孟子何以旣稱三人爲聖，又言不如孔子，蓋因世變益甚，爲後人定學聖之準也。三代以前，聖人鮮不見用，聖人而爲匹夫，則人知之者罕。如夷、尹、惠三人，惟尹用世，人或知之，夷、惠卽無人稱爲聖矣。至孔子亦止門人稱之。戰國時，何曾有推奉之者？孟子承孔子之學，而門人等無顔、曾諸賢之材，其來學者如樂正、萬章輩已爲傑出。其他，孟子雖諄諄敎誨，奈資學所限，一時難望大成。故孟子此章，特爲指出學聖門經。如夷之聖，可以廉頑立懦；如尹之聖，可以覺世救民；如惠之聖，可以敎民寬厚。學者得其一，卽可爲聖，卽可以有益於世敎矣。惟孔子渾然無跡，易學而實不易學。因是自己平生所願，學不覺服膺之，至而形容之，詠歎之。其本意則但示學者，欲學聖人，不外此數聖耳。非故貶抑三聖以尊孔子也。後人不得其解，至不足三聖惟尊孔子，而清、任、和三字，竟無有如三聖人者學孔子之無可、無不可。至於喪名節，則不如夷；徒尸位，則不如尹；尚矯激，則不如惠；而孔子之栖皇求利，達者且襲之矣。凡孔子之事，無不託焉，未知果似孔子否。故此章之義不明，爲世敎害非小也。三子之聖，舊說倚於一偏，眞是誤解。夫聖者，造其極之名，安有一偏可以爲聖之理？且三人中，如伊尹出處合乎孔子，而亦一偏，則夫子用行舍藏都不是了。聖人者，心中無一毫私欲。如夷之清，乃其中無渣滓，故見人之惡自覺不安。然若其人改惡從善，遂不念舊惡矣。是其心何嘗有孤高絶俗之見？《集解》乃謂不忍居，乃不耐意，非憐惜意，何其謬哉？夫伯夷正爲不忍見惡人之爲民害，故惡之。其心仍一仁天下之心也。居北海之濱以待天下之清，日望其清，豈但欲全其已？柳下惠之和也，衹因見得我，得其爲我，他人旣不能浼我，亦不足與較。由由與偕，卽夫子不磷不淄，亦是道也。至尹之樂道畎畝，無心榮祿，得君而事，伐夏救民，乃用行舍藏之正，又不待言。孟子爲門人言聖人大概，欲其善學，而亦未嘗不願其竟造於孔子大成之境。若非爲門人言，無故抑三人以尊孔，與後世附會標榜何異？後人因孟子謂伯夷隘，柳下惠不恭，益不足於二子。不知孟子乃借夷、惠以砭世也。詳見上孟《伯夷隘》章。茲不贅。孟子嘗以夷、惠爲聖人，奮乎百世之上。百世之下，興起反復，歎美之矣。又嘗言得百里之地而君之云云，與孔子同矣。奈何不察立言之意，而輕詆聖人乎？三人之德，既無不純，而其不及孔子，衹是氣稟之所得，毫髮未能純化，遂各有一番氣象不同處。若孔子則生安之資而加以困勉之功，直是磨礲圭角盡淨，清、任、和皆有之，而不可以一德名。其於聖人尚然，況羣賢乎？故謂之爲集大成。集大成本言樂之名，孟子借以爲喻。金聲而玉振之以下六句，正解集大成之義。末四句，方就聖人說金聲何以爲始條理。蓋樂之未作也，衆音皆具而未敢發聲，是條理已全，特有待而啟以金聲之由。是衆樂次第畢舉，其中抑揚疾徐，清濁高下，許多條理皆自此啟之，故曰始條理也。而在聖人，則凡事之來早已洞燭其本末，任將來之委曲繁重，無窮端緒，皆自此而裕。是始條理者，智之事也。玉振之，終條理者。衆樂將終，其間長短疾徐，清濁高下，參差不齊之數，勢難頃刻劃，然以玉振之。而衆樂方譁，詘然而止，將從前許多條理，俱在此特磬收之。是於樂將畢之際，會其全部而闋之，故曰終條理也。而在聖人，則凡事究竟之時，旁人觀之，深歎其精微超妙，而在聖人，會萬於一，默成不言，攝全體於廣運神化之中。是終條理者，聖之事也。夫子之智聖，在始終條理之不同。而謂三聖人無智聖，則非也。故下文又即知聖而譬之。智乃神明變化之用，聖乃純粹無私之名。譬則巧力，三子之力皆至於的，其巧或不皆中於鵠，此由秉愛清靈之本體，學問造詣之精粗，稍有毫髮之間，故稍遜孔子。如黄金可寶，終是堅剛，白玉溫潤，又遜黄金堅緻，然其爲一也。智之巧者，隨機應變，一點神妙之用，如射者之巧，可意會而不可言傳，故又以射喻之。後人因朱子各極其一偏之言，謂聖人亦有所偏。且若在子幾無巧者，豈知智聖不全不可爲聖人哉？特夫子之智，較三子獨有神明不測之妙，正如射者之巧，潘黨穿札，必不若養叔也。孟子此喻精妙，已爲後儒所不能及。

北宫錡問曰：周室班爵禄也，如之何？

錡，魚綺反。趙氏曰：北宫錡，衛人。班，列也。當時至大之國七，惟燕、秦、楚爲周之舊。而其爵伯耳、子耳，今皆非舊，故北宫慨然問之。

孟子曰：其詳不可得聞也。諸侯惡其害[1]也，而皆去其籍。然而軻也嘗聞其略也。

① 害，《四書章句集注》作害己。

惡，去聲。去，上聲。害，妨己僭亂之事。略，大略。籍，班爵禄之書。

天子一位，公一位，侯一位，伯一位，子、男同一位，凡五等也。君一位，卿一位，大夫一位，上士一位，中士一位，下士一位，凡六等。

此班爵之制也。通天下之君長而計之，有五等。先王本天理而設君以治民，故天子亦在五等之列。通一國而計之，有六等，皆分天子之治以治民。班爵之制，莫非天紀也。君一位以下，兼畿内侯國而言。

天子之制，地方千里，公侯皆方百里，伯七十里，子、男五十里，凡四等。不能五十里，不達於天子，附於諸侯曰附庸。

方千里，方整一千里可耕之地。閒曠與公卿、大夫，士所受不與焉。附庸，有中國夷狄之分。附諸侯以達於天子，則羣奉天子之命，可知此班禄之制，通於天下者。

天子之卿受地視侯，大夫受地視伯，元士受地視子、男。

此班禄之制施於天子之國者。視，比也。天子之卿，六卿以上皆是卿大夫。士所受之地，蓋又在天子千里之外，而非旣以天子千里之地與之。然周盛時，天子之卿往往以外侯爲之，則所受之地，自非畀以世守。周衰，始有據以傳世者。

大國地方百里，君十卿禄，卿禄四大夫，大夫倍上士，上士倍中士，中士倍下士，下士與庶人在官者同禄，足以代其耕也。

大國，公侯之國。朱子曰：十，十倍之。四，四倍之。倍，加一倍也。庶人在官，府史胥徒也。以下三節，詳命國之禄，以見先王無濫無刻，而後世之失可知矣。

次國地方七十里，君十卿禄，卿禄三大夫，大夫倍上士，上士倍中士，中士倍下士，下士與庶人在官者同禄，禄足以代其耕也。

次國，侯伯之國。朱子曰：三，三倍之也。

小國地方五十里，君十卿禄，卿①二大夫，大夫倍上士，上士倍中士，中士倍下士，下士與庶人在官者同禄，禄足以共其耕也。

小國，子男之國。二，卽倍也。

耕者之所獲，一夫百畝，百畝之糞，上農夫食九人，上次食八人，中食七人，中次食六人，下食五人。庶人在官者，其禄以是爲差。

食，音嗣。申明上文代耕之意。朱子曰：獲，得也。糞多而力勤者爲上農，其所收可供九人。言一夫百畝之入，可以養其家。而下士以下，凡庶人在官者，皆以是爲差，不止府史胥徒然矣。

附　解

生民之初，人物混雜，一切養教之法俱無。天生聖人爲之經營法制，民

---

① 卿，《四書章句集注》作卿禄。

安樂之，奉爲君長。此貴賤所由來也。繼而聖神遞興，生養既遂，禮樂遂作，皆聖賢君長酌其人情物理，又因其時勢而爲之法，民心自然翕從愛戴而聽命之。故自羲、軒以來，聖人之爲天子者皆此類，非有一毫強人翼戴之心也。聖王不世出，而強暴嗜欲之徒乃有爭奪之事。然民心之誠服者，十無一二也。春秋至於戰國，襲前人之勢力，壞棄王制，任意妄爲。北宫此問，自不可少。孟子不與深言政治之源，而第以班制大略告之，蓋北宫非可與知道者。而後儒斤斤講求其詳，牽引諸書，反疑孟子。由未知聖人時中之義及孔孟濟世所急，並不在儀文節目之間耳。今略論之。先王奉天出治，擇其賢者而與之禄爵，以共治天下，雖公侯、大夫、世官世禄，然所恃以相維相恤長久者，禮樂教化爲之也。其時開國承家者，皆聖賢之才。而天子所以治天下，莫非誠正修齊之道，故由廟朝以迄於閭門里巷皆然。民無不田之夫，士無非聖之學，是以道一風同，人安其教，上下能久相保。數傳以後，賢聖漸少，禮法漸衰，則道敝俗壞，亦勢所必然。故封建之不可復行，以誠正修齊之本原不可復作也。程子曰：有關雎麟趾之意，然後可行周禮《周官》[①]。使孔孟得志，則所以損益而適中者，固必有道焉。秦壞封建，未爲大失，而聽民買賣民田，不均不和，由兹而盛。又《大學》之道，無復師傳，上何以興教？下何以率循？故孟子此章，略舉之而不欲苛議之耳。後世儒者，或是封建，或非封建，俱是就末節爭論，而不知國家所以久安長治者不在此。至柳子厚竟謂封建非聖人意，抑何武斷？孟子言大略，以見先王奉天立法，鄭重周詳之概，未嘗言封建之非。而近人張甄陶謂切齒封建者孟子，亦謬甚。孟子所言，與《王制》《周禮》不同者，孟子明言諸侯皆去其籍。於時《周官》一書卽有存者，不過民間私藏，如秦禁《詩》《書》，至漢始出之類。後人因《周禮》晚出，又或不解其義，謂爲僞書。云孟子所未見，何足信之？然詳繹其文，固非聖莫能爲。愚别有《周官恒解》，兹不贅。至《王制》，漢文時作，不可以疑孟子。受地一段，愚説近之。不然，六卿卽受地六百畝，猶有公孤師保及大夫以下，天子無地矣。周尺百畝，今五十畝。庶人在官，《周官》所載極多，若今書吏胥給徭役之類，卽以其地之人爲之。六一公不知其義，疑設官太多。非也。

① 《二程集》作：然後可以行《周官》之法也。周禮，疑衍。

萬章問曰：敢問友。孟子曰：不挾長，不挾貴，不挾兄弟而友。友也者，友其德也，不可以有挾也。

長，上聲。挾，恃也。兄弟，喻平日相親狎也。戰國勢交成風，惟孟子以賓師自處。章疑之而問友，孟子言不可有挾，蓋破當時之見，而以友德二句釋之。

孟獻子，百乘之家也。有友五人焉：樂正裘、牧仲，其三人則予忘之矣。獻子之與此五人者友也，無獻子之家者也。此五人者，亦有獻子之家，則不與之友矣。

乘，去聲。下同。此言獻子不挾貴而友。無獻子之家，忘其貧也。若五人尚未忘勢，則獻子亦不取之。

非惟百乘之家爲然也。雖小國之君亦有之。費惠公曰：吾於子思，則師之矣；吾於顔般，則友之矣；王順、長息，則事我者也。

費，如字。般，音班。費惠公，無考。此言費君之不挾貴，師、友則極其隆，事我則非其例矣。

非惟小國之君爲然也，雖大國之君亦有之。晉平公之於亥唐也，入云則入，坐云則坐，食云則食。雖疏食菜羹，未嘗不飽，蓋不敢不飽也。然終於此而已矣。弗與共天位也，弗與治天職也，弗與食天禄也，士之尊賢者也，非王公之尊賢也。

疏食之食，音嗣。趙氏曰：亥唐，晉賢人。平公造之，唐言入，公乃入，言坐，乃坐，言食，乃食也。不敢不飽，敬賢也。此言平公不挾貴，而又歎其未能盡尊賢之禮，以起下文。

舜尚見帝，帝館甥於貳室，亦饗舜，迭爲賓主，是天子而友匹夫也。

趙氏曰：尚，上也。貳室，副宫也。《爾雅》：妻之父爲外舅，故稱曰甥。舉堯友舜，以爲友德之極則。

用下敬上，謂之貴貴；用上敬下，謂之尊賢。貴貴、尊賢，其義一也。

結明尊賢與貴貴一義，見天子友匹夫之非過。

附　解

友也者，友其德也一句，成萬古鐵案。世之取友者，其上肝膽，其次則市交、庸惡之交，如《廣絶交論》所云是也。孟子在當時巖巖氣象，落落寡合，豈故峻其丰裁，縱横捭闔？士風卑靡，孟子安得而有同氣。至諸侯等侈肆，不以禮來，更無俯就之之理。萬章問友，意在考證孟子也。故孟子先言不挾三句，而以友德申明之。下文單承不挾貴説，正破萬章之見，而挾長、挾兄弟可知矣。挾兄弟，朱子未註。趙氏以爲兄弟之富貴者，然仍是挾貴，故弗從之也。歷引孟獻子三段，見凡友德者皆不挾貴，而歸到堯以爲極則，結言貴貴、尊賢一義，非回護之筆。蓋非德，則賤者何敢與貴者抗？惟友德則自當不挾貴，方爲能友德者亦始與友，正結明上文之意耳。據《雜史》，樂正裘，汶上人，家貧不遇，老於崧山下。孟獻子嘗過其廬而與之言，歡不忍別。牧仲，展氏之樵人也。夏不繻葛，冬不束帶，笑歌於市。歌曰：牧仲，牧仲，爾胡憧憧。世以江河，長安此窮。獻子聞而異之，遂與交。居之於家，不復佯狂焉。雖《經》《傳》所無，理亦近之也。費有二：隱元年，費伯之費讀如字。今兗州府魚臺縣有費亭，呂相謂殄滅我費滑者也。季氏之費，音秘，别一地。費滑之費，子思時已無，而季氏之費，子思時繆公賢明，魯尚無恙，季氏之後，安得僭稱公？不如闕疑爲是。貳室，猶言别館也。

萬章問曰：敢問交際何心也？孟子曰：恭也。

孟子抱道自重，而未嘗廢諸侯之交際，故萬章問之。恭，相敬之常也。

曰：卻之卻之爲不恭，何哉？曰：尊者賜之，曰其所取之者，義乎不義乎？而後受之。以是爲不恭，故弗卻也。

卻之卻之，堅卻之也。交際甚誠，而必逆疑其非義，則爲不恭。

曰：請無以辭卻之，以心卻之，曰其取諸民之不義也，而以他辭無受，不可乎？曰：其交也以道，其接也以禮，斯孔子受之矣。

章問果有不義而託辭，以卻亦未爲不恭。孟子言道、禮交接，聖人亦受。蓋不追其既往，不逆其將來，以義自處而已。朱子曰：以道，如餽贐聞戒，周其飢餓之類。以禮辭命，恭敬之節。

萬章曰：今有禦人於國門之外者，其交也以道，其餽也以禮，斯可受禦與？曰：不可。《康誥》曰：殺越人于貨，閔不畏死，凡民罔不譈。是不待教而誅者也。殷受夏，周受殷，所不辭也。於今爲烈，如之何其受之？

與，平聲。譈，《書》作憝，徒對反。禦人，止人而劫奪其貨。越，顛越。譈，怨也。章極擬一非義之交際，而孟子言禦人之人不待教之而誅，三代相承，著有明法，無可解說，至今猶然，不可受也。辭，辨說意。

曰：今之諸侯取之於民也，猶禦也。苟善其禮際矣，斯君子受之，敢問何說也？曰：子以爲有王者作，將比今之諸侯而誅之乎？其教之不改而後誅之乎？夫謂非其有而取之者，盜也，充類至義之盡也。孔子之仕於魯也，魯人獵較，孔子亦獵較。獵較猶可，而况受其賜乎？

比，去聲。夫，音扶。較，音角。此節萬章疑孟子交際之本衷，不知諸侯横征於民，王者必教而後誅，非禦人可比也。取非其有，爲盜充類，而至於義之盡。然諸侯之取民與取非其有者，有間也。獵較，獵而較其所獲之多寡。孔子因面而不改，以無大害義也。諸侯以禮相交，則並非此比。

曰：然則孔子之仕也，非事道與？曰：事道也。事道，奚獵較也？曰：孔子先簿正祭器，不以四方之食供簿正。曰：奚不去也？曰：爲之兆也。兆足以行矣，而不行，而後去，是以未嘗有所終三年淹也。

與，平聲。章疑事道，則一毫必以其正，不宜任其獵較。孟子言孔子有以正其爭，特未嘗驟革之耳。先以簿書正其祭器，而不以四方難繼之物爲正供，則所需有節，爭奇者將自止。章謂俗既難以卽革，則宜去之。孟子言聖人不肯示人以太難，以此爲兆而不行，然後去之。是以不輕於去，亦未嘗不去也。淹，留也。

孔子有見行可之仕，有際可之仕，有公養之仕。於季桓子，見行可之仕也；於衛靈公，際可之仕也；於衛孝公，公養之仕也。

申言孔子以明其時中，是交際之法也。桓子因仲由、冉求而知夫子。舉以自代，是大道可行之機。衛靈公以禮待孔子，孔子受之。孝公，出公輒。公養，受公家之養也。

附　解

萬章因孟子不見諸侯，卻又受其禮際，先設問明白，然後跌出今之諸侯數句，亦可謂善問矣。不知聖賢以道自重，固不枉尺直尋。而平常交際，無取乎已甚之行，苟揆諸義而可，何必過爲苛求也。若謂諸侯不可見，並交際亦不受，則絕人太甚，非所以爲中正之權衡矣。取非其有爲盜，自是不可移易之語。而諸侯據其土有其民，雖厚斂於民，有似於盜，而究與取非其有者有别。充類至義之盡，言充盜之類至於其極。凡取非其有皆爲盜，而諸侯之取民，特取之太過，非取之非有也。時解竟若取非其有非盜，則非矣。殷受夏四句，卽承上下不待教而誅言。三代以來，惟此禦人之罪顯而易見。卽欲爲之解説，明其非盜，不能於今猶憞然也。今律：强盜傷人，不問得贓與否，皆斬。卽是此意。孝公，卽出公輒。晉趙鞅以送蒯聵爲名，欲滅衛。輒從國人之計，不受晉欺。衛人以其保宗廟社稷，故謚之爲孝。爲之兆，使人知其不近人情也。須善會其義，非謂聖人急於行道，便苟且隨俗。蓋俗尚之事無大害義者，原不妨仍之，害義則不可從。麻冕拜下之分，夫子已言之矣。聖人不輕與人家國，蓋因枉己不能正人。至日用周旋，和而不流，並非盡反時俗以鳴高尚。爲之兆也，是孟子推獵較之意。時人因視聖賢太高，憚其方正，是以不敢相親。豈知聖人不外人情？孔子亦獵較，而先正祭器實未嘗隨俗。使當時魯君臣知其無高世絕俗之行，則必終委任之，而道可以行矣。其後因女樂行，曰魯致膰於大夫，則吾猶可以止。足見聖人一片惓惓君國之心，故爲之兆，非苟且將就之說，切宜細認。孟子於交際以禮則受，而於諸侯枉尺直尋亦不爲，正是孔子嫡傳。世儒或多昧之，反疑孟子過矣。

孟子曰：仕非爲貧也，而有時乎爲貧；娶妻非爲養也，而有時乎爲養。

爲、養並去聲。下同。井田法廢，而士多無田。苟祿者不擇而仕，孟子爲示此章。養，自養也。

爲貧者，辭尊居卑，辭富居貧。

言爲貧僅求免死，不當妄冀尊富。

辭尊居卑，辭富居貧，惡乎宜乎？抱關擊柝。

惡，平聲。柝，音託。抱關，司關也。柝，行夜所擊木。實上文之所云，舉抱關擊柝以爲例。

孔子嘗爲委吏矣，曰：會計當而已矣。嘗爲乘田矣，曰：牛羊茁壯，長而已矣。

委，鳥僞反。會，工外反。當，丁浪反。乘，去聲。茁，阻刮反。長，上聲。委吏，主委積之吏。乘田，主苑囿芻牧者。會計，其多寡出入之數。當，平也。茁，肥貌。引孔子之爲貧而仕，並述其言以爲法。

位卑而言高，罪也。立乎人之本朝而道不行，恥也。

位卑不可言高，明卑且貧者本無行道之責。立朝而道不行，可恥，明尊且富者，宜免竊祿之譏。當時之士多反此，故歎之也。

附　解

聖王之世，民皆有業而野無遺賢，安有爲貧而仕之一法？春秋井地漸壞，大聖人亦託於微員以自給。至戰國時，又不待言矣。第縱横捭闔之士，干進希榮，皆託於爲貧而仕，開終南之捷逕，不獨一盧藏用矣。孟子特爲指破關頭，言必辭尊居卑，辭富居貧，始爲爲貧而仕。否則夤緣苟祿，不得藉口於此。孔子節而已矣三字，在夫子口中自當作謙以自處看，而其職易稱，不爲苟祿，意自在其中。位卑節仍是申明辭尊居卑二句之意。當時，遊士干進，苟祿正緣，不明此義之故。二也字，言外有許多慨息，或謂位卑亦有當言之時。然非君相求之，安能越職言事？又或疑只揀卑貧而仕，爲聖賢打乖。然聖賢欲救濟民生，而君相不用，至於俯仰無資，亦無遂甘心餓死之理。擇其卑貧者而仕，盡職盡心，非徒竊祿以自肥，何爲打乖哉？若君相虚心委任，大用其道，豈復爲此？然此乃世衰道微，寒畯不得已之一法。孟子因當時時勢而言。使寒士有立身之道，至後世則有道可大用，而並求抱關擊柝不可得者也。故朝廷培養士風，其道不可不講，庶天下有人才。

萬章曰：士之不託諸侯，何也？孟子曰：不敢也。諸侯失國，而後託於諸侯，禮也。士之託於諸侯，非禮也。

託，寄也，不仕而受其祿也。古者諸侯出奔，寄食於人曰寓公。孟子不輕受祿，章故問之。而不知孟子所守者，禮也。

萬章曰：君餽之粟，則受之乎？曰：受之。受之何義也？曰：君之於氓也，固周之。

周，恤也。餽粟而受，蓋困乏時始然，而以氓自處也。

曰：周之則受，賜之則不受，何也？曰：不敢也。曰：敢問其不敢何也？曰：抱關擊柝者，皆有常職以食於上。無常職而賜於上者，以爲不恭也。

周則恤其窮，賜則錫以祿。孟子爲齊客卿而不受萬鍾，義正如此。謂無常職而不受，謙言也。

曰：君餽之，則受之，不識可常繼乎？曰：繆公之於子思也，亟問，亟餽鼎肉，子思不悦。於卒也，標[1]使者出諸大門之外，北面稽首再拜而不受，曰：今而後知君之犬馬畜伋。蓋自是臺無餽也。悦賢不能舉，又不能養也，可謂悦賢乎？

亟，去聲。下同。標，音杓。使，去聲。朱子曰：亟，數也。鼎肉，熟肉。標，麾也。章疑餽不可常，而貧乏無已時，將無以自處。孟子引子思之事，言餽可常受，而役賢則不可受。悦賢三句，謂人君不能用賢，而使困乏。尚不善養之，則非也。臺，給臺下厮役。

曰：敢問國君欲養君子，如何斯可謂養矣？曰：以君命將之，再拜稽首而受。其後廩人繼粟，庖人繼肉，不以君命將之。子思以爲鼎肉，使己僕僕爾亟拜也，非養君子之道也。

---

① 標，阮刻本作摽。

趙氏曰：僕僕，煩猥貌。此言賢者困於其國，人君周之之禮。周而有禮卽養也，子思不悅，正爲其相視太褻。

堯之於舜也，使其子九男事之，二女女焉，百官牛羊倉廩備，以養舜於畎畝之中，後舉而加諸上位，故曰：王公之尊賢者也。

下女字，去聲。言堯之於舜，養與舉皆盡其禮，是王公之所當法。而今不能，然則酌於可受與否者，非矯也。

附解

講章謂前三節，士之自處；後三節，君之待士。致說者，劃爲兩截，非也。而受七十鎰，受五十鎰，是餽之則受也。萬章疑之而問，逐節辨詰，煞是細心。不託與或受、或不受之義，前三節已明矣。萬章疑周之爲義，原不過困乏之極，一時嘉惠。士既不託諸侯，如受餽不可繼，勢將飢餓不能出門戶矣，故又問之。孟子引子思之事以明周其窮乏，亦當有禮，不然則僕僕亟拜，褻越太甚，賢者亦不受也。此養字只是周而有禮之謂，非尊養之養可比。章不識養字之義，又問國君如何始爲養君子。孟子卽以子思之事明之。言子思非不受餽，特惡其瑣褻太甚。並比困乏周恤之文，亦不合禮耳。言至此，覺賢者處於亂世，遭逢不偶，有許多可慨處，因慨然想至堯之於舜也，其先養之，其後舉之。養則極其隆，非若鼎肉亟拜之瑣；舉則極其尊，非若周氓之賤。是一重餘波，實乃迴抱前文，見君子自處之愼，皆因不遇堯使然也。諸家俱未解得分明。至周字、賜字，前人謂一有常數，一無常數，亦未允協。蓋□際，惟以義斷，殊不在有常數與否。如後節廩人□繼粟，庖人繼肉云云。既云可繼，卽與有常數，無甚分別，蓋周乃周恤其困，賜乃特優其賢。孟子曰免死而已矣者，周之道也。賜則平時本非貧困，本可無需於君。君既不用其道，徒以貨取，何爲受之？子思之於繆公鼎肉也，想亦是初見子思，子思方處窮困之時。既而繆公因子思之言，卽悟其非。臺無後餽，不久卽尊禮之矣。不然，非處窮困而徒甘其鼎肉，倦於拜跪，毋乃可笑人乎？此等處最當細心辨之，方免毫釐千里之謬。故此章託字、餽字、賜字、養字，當一一審析。

萬章曰：敢問不見諸侯，何義也？孟子曰：在國曰市井之臣，在野曰草莽之臣，皆謂庶人。庶人不傳質爲臣，不敢見於諸侯，禮也。

質，與贄同。當時士以干進爲固，然覺不見諸侯之可怪，而不知君未見知，士卽庶人，無往見之禮也。傳，通也。

萬章曰：庶人，召之役，則往役；君欲見之，召之，則不往見之，何也？曰：往役，義也。往見，不義也。

章疑庶人則惟君所命，而不知循分與守道不同。

且君之欲見之也，何爲也哉？曰：爲其多聞也，爲其賢也。曰：爲其多聞也，則天子不召師，而況諸侯乎？爲其賢也，則吾未聞欲見賢而召之也。

爲，並去聲。詰以欲見之意，而章知之。則往見非往役可比也，故正告之。

繆公亟見於子思曰：古千乘之國以友士，何如？子思不悅，曰：古之人有言，曰事之云乎，豈曰友之云乎？子思之不悅也，豈不曰以位，則子，君也，我，臣也，何敢與君友也？以德，則子事我者也，奚可以與我友？千乘之君，求與之友而不可得也，而況可召與？

亟、乘皆去聲。召與之與，平聲。欲友，非不可，不能行其道而以虛文友之，則不可也。繆公亟見子思而欲友之，非召之可比，尚爲不可，況以往役例之乎？

齊景公田，招虞人以旌，不至，將殺之。志士不忘在溝壑，勇士不忘喪其元。孔子奚取焉？取非其招不往也。

引虞人以爲不可招之例。

曰：敢問招虞人何以？曰：以皮冠。庶人以旃，士以旂，大夫以旌。

皮冠，田獵之冠。通帛曰旃，交龍爲旂，析羽爲旌。詳各有其招之義。

以大夫之招招虞人，虞人死不敢往。以士之招招庶人，庶人豈敢往哉？況乎以不賢人之招招賢人乎？

承上而言，招非所以施於賢人。

欲見賢人而不以其道，猶欲其入而閉之門也。夫義，路也。禮，門也。惟君子能由是路，出入是門也。《詩》云：周道如底[①]，其直如矢，君子所履，小人所視。

夫，音扶。底，《詩》作砥，之厲反。朱子曰：《詩·小雅·大東》篇。砥，礪石，言其平也。視，視以爲法也。承上不賢人之招意而正言之，君子以義禮自守，若往見則無以爲君子，而又何以示型於小人。義，禮之正軌。禮，義之節文。

萬章曰：孔子，君命召，不俟駕而行，然則孔子非與？曰：孔子當仕，有官職，而以其官召之也。

與，平聲。以其官召之，則非不爲臣可比。非，然則孔子亦不往見也。

---

① 底，阮刻本作厎。

附　解

道者，所以正己而正人。若枉道，便不能正人，故不見諸侯非傲也。諸侯必以道交賢爲蒼生也，欲見賢節已是説得明白。人君不知賢者道可以安天下，而欲友之，尚不可得，况召之乎？此義孟子屢言之。而當時諸侯不知之，故卒不遇也。

孟子謂萬章曰：一鄉之善士斯友一鄉之善士，一國之善士斯友一國之善士，天下之善士斯友天下之善士。

言己之善甲於一鄉，乃能友甲於一鄉之善士。一國天下皆然，非謂友盡天下以爲大也。

以友天下之善士爲未足，又尚論古之人。頌其詩，讀其書，不知其人，可乎？是以論其世也，是尚友也。

尚、上同。頌與誦同。古之人言行在《詩》《書》，而必即其所處之世，考覈其人之實，乃無遁情。能友天下之善士，則己善足以超今人矣。而又尚友古人，期於盡得古人之善，則己亦古人，非今人所可囿矣。

附　解

天下之大，安能盡得其善士而友之？祇是己善有得於身，由淺而深。概諸一鄉，而我居其上；又徵之一國，而我復居其上；更徵之天下，而又居其上。隨其學力所到之時，有一分器局便有一方賢士與之相友。譬如有三人於此，其一人可以超乎一鄉，一人可以超乎一國，一人可以超乎天下，即比鄰而居，謂之天下善士能友天下善士。而一國一鄉者，不待言矣。如謂必交盡天下，徧覽九州，始爲天下之善士，歷山莘野耕夫，何以垂裳戡定？故一鄉國云云，喻其識量之大小，非以抱負宏深，必外一身而求諸天下也。友之云者，同道相樂，同氣相親，非但結納之謂。其德可以超乎天下，則心性之潛修，倫常之實踐，已是無慙。而又必尚友古人者，古今多少事變，神聖許多經綸，而凡德行道藝，精粗表裏，是非得失尤無涯涘。尚友者博覽參稽，非聖不學，而賢、否不齊，一一有以晰之，由其有論世之明也。同是聖賢而世不同，則事不同知其所以同，又知其所以不同，是謂能知人。一才一技，不掩其長，大義大節，必闡其幽，千古之人，喜其知己如相把臂，故曰友也。然此非窮理盡性之極致，惡能以矩方物，不爽毫髮哉？孟子此章，平生抱負見矣。而其意則欲學者擴其識量，毋拘隘於聞見，喫緊在一善字。若除卻此字，無所爲士，亦無所謂友。世俗之見，則一分勢利交一分勢利之士云耳。故學者不可不卓然自命。

齊宣王問卿。孟子曰：王何卿之問也？王曰：卿不同乎？曰：不同。有貴戚之卿，有異姓之卿。王曰：請問貴戚之卿。曰：君有大過則諫，反覆之而不聽，則易位。

周衰，命卿之制廢，而齊王又無禮臣下，故孟子爲舉先王舊制以儆之。貴戚之卿，命於天子，與國同休戚者也。

王勃然變乎色。

王疑孟子之言太甚。

曰：王勿異也。王問臣，臣不敢不以正對。

孟子所言，古先王命卿之常制。

王色定，然後請問異姓之卿。曰：君有過則諫，反覆之而不聽，則去。

異姓之卿，命於君而位在羣臣之上者也。道合則留，不合則去。

附　解

孟子此言，先儒多疑其太過，惟朱子《總註》言之至明。而張甄陶直以爲古禮，其見尤卓。惜所以爲古禮者，亦未能詳悉言之也。按：古者，大國三卿皆命於天子；次國三卿、二卿命於天子，一卿命於其君；小國三卿皆命於其君。齊爲大國，其始封也，原有命卿。後世可考者二姓：高、國是也。蓋先王公天下，以土地付之諸侯，爵賞惟其所命，惟朝覲、會同、命討、大典乃歸之天子。慮其驕蹇而不制，故有命卿。後世君驕臣諂，卿制之廢久矣。宣王之先，以篡得國，傳及其身，藐不知卿之爲卿，故問於孟子。孟子明舉周制以告之而王色變，蓋自心有疚，不覺赧而怒也。不知貴戚之卿乃同姓之卿，而又命於天子者，其權尊，其誼切，與國相爲存亡。反復之而不聽，將使先王祖宗之業遂湮，安得不易位？易位者，奉其罪以告於天，王而更立賢君，已則置身遠引，如伊尹奉嗣王歸亳，而不以寵利居成功。非後世莽、操之假名所得託，並非霍光之履滿而不知止所能爲也。要之聖人以天下爲公器，惟恐嗣君或不賢，貽毒於民生，而立制以戒之如此。又其所置之卿，必有聖賢之德，可以爲社稷民生所依賴者，而非但取其才略已也。後世《大學》之道不明，則所以爲之卿者，既非果有大德，且無定制如先王之時者，則易位一事，固斷不可行矣。然人主不務修德以爲民先，而任用卿尹，或徒取奉命之流，長惡覆邦。雖防閑臣下之心彌切，而禍亂未必不起於殿庭，則孟子所言逆耳，而實大有裨於治安也。是又在賢君深思而自得之。至異姓之卿，不合則去，看似容易，其實，非中有定識、脱然於富貴者不能。後世絶大經濟之才，而往往不克令終，皆緣戀棧一念使之。故聖賢不以外來之榮爲吾身之加損也。

孟子恒解卷六晚年定本

告子上凡二十章

告子曰：性，猶杞柳也，義，猶桮棬也；以人性爲仁義，猶以杞柳爲桮棬。

桮，音杯。棬，邱圓反。杞柳，柜柳，柔脆易曲。桮、棬皆可盛酒水。桮圈方，而棬深曲。性，天理也。義，率性而行之得宜。告子以義非性之所有，第性可以爲義，如杞柳可爲桮棬耳，爲强使就範意。

孟子曰：子能順杞柳之性而以爲桮棬乎？將戕賊杞柳而後以爲桮棬也？如將戕賊杞柳而以爲桮棬，則亦將戕賊人以爲仁義與？率天下之人而禍仁義者，必子之言夫。

戕，音牆。與，平聲，夫，音扶。性，人得於天之理。言其慈愛曰仁，行而合宜曰義，戕賊杞柳以爲桮棬，非其性之本然，戕賊人以爲仁義，則毁人之本體。禍仁義使人病，仁義而不行也。

附　解

仁義者，性之實也。告子以仁義爲性外之物，謂人性原不盡善。先王設爲仁義以約束之，猶杞柳原不是桮棬，矯揉而成之。不知性者，人之所以爲人。由其性中之悱惻者言，則曰仁；性中之裁制者言，則曰義。人由仁義，正是率其性之自然，而全其所以爲人之理，非性外添設，亦非强人以難能也。但告子溺於一偏，難以理曉，姑就其說折之。言杞柳必戕賊而後成桮棬，仁義豈必戕賊而後成仁義？現在人多不行仁義，正惟不知仁義爲性所固有。而子又爲此言，使天下人以仁義爲性外之物，而不肯爲、是一言而禍仁義矣。然告子猶不明白，故有下章之論。杞柳，柳名。非杞梓及枸杞之杞。桮棬，皆盂也，而形不同。

告子曰：性猶湍水也。決諸東方則東流，決諸西方則西流。人性之無分於善不善也，猶水之無分於東西也。

湍，他端反。朱子曰：湍水，波流瀠洄之水。告子因孟子折之而申言其說，謂性無善惡。視乎人之自爲，猶湍水之隨所決而東西。

孟子曰：水信無分於東西，無分於上下乎？人性之善也，猶水之就下也。人無有不善，水無有不下。

信，猶誠也。性者，天理。人之所以爲人，故無不善，猶水之就下也。

今夫水，搏而躍之，可使過顙；激而行之，可使在山。是豈水之性哉？其勢則然也。人之可使爲不善，其性亦猶是也。

夫，音扶。搏，補各反。朱子曰：搏，擊也。躍，跳也。顙，額也。逆其性而水不得就下，溺於欲而人乃有不善，皆非自然之本體也。

附　解

告子因孟子戕賊人句，申辨性本無善惡。在人爲之者，如何是解其前章爲字之意也。蓋告子是僧流宗祖，以氣質之心爲性，而又以心之虛靈爲無有，故有此論。孟子第就其說折之不與深言，以素無復性之功。卽言之，而亦不知也。下章放此。水無不下，性無不善二語，已是斷得明盡。末節復明人有不善之故。

告子曰：生之謂性。

人得天地中正之理而生。告子則以爲知覺運動之靈，人恃以生者卽性。

孟子曰：生之謂性也，猶白之謂白與？曰：然。白羽之白也，猶白雪之白；白雪之白，猶白玉之白與？曰：然。

與，平聲。下同。有所以主宰吾生者，卽性也。猶白之謂白，則生外無性。然卽以生言，人與物亦不同矣。凡白之白皆同，則凡爲生者皆同。

然則犬之性猶牛之性，牛之性猶人之性與？

犬牛之知覺運動與人同，卽爲性同，豈可通耶？孟子第折其言性之非。性之所以善者，未與言也。

附　解

此章是告子自供平生。卽是三代後言性歧途所自出。此一字不分明，微論百家雜說簧鼓。卽理學之儒紛紛辨論，亦不得天人合一之故。而孔孟之學難免尚隔一層。且令後世以性爲精奥，聖人爲難學，其害非淺也。夫人受天地之中以生中者何？天之命而理氣中涵，無可形容則曰太極而已。萬物莫非天地所生，而人獨得理氣之全。理宰乎氣，氣載乎理。理氣之渾然者，未生以前爲先天，本無欠缺；既生以後爲後天，形骸具而理氣雜，受中之本體非舊，然其所得以生者固在，特囿於質，惑於情，不免逐物而遷耳。孟子言性善，指先天人生而静之始。孔子言性相近，謂後天既生以後不同而同。告子曰：生之謂性。是以知覺運動之靈卽爲義理之性，而不知性乃純乎天理。心乃雜於情識，情識亦理之所含也，而非心純乎性則發不中節。《中庸》所以云致中爲天下之大本。夫心，在先天卽性也，至後天而分爲七情，蔽於物欲，此非偶然也。感受於氣化之不齊，及先代父母之培植，聖人教人復性，正爲後天不侔。先天克己復禮，窮理盡性以至於命，皆所以返乎太極之本然。如告子之言，則心卽是性，養空空靈靈之心，至於屹然不動，便爲盡性。而勿求於心，勿求於氣，凡人倫事物之理，置諸不問，塊然默然，以爲了道，佛家所謂頑空，先儒亦知非之矣。而以格物窮理爲致知，似盡性之人尚不能了天下事，則未知明明德者静而致中，動而致和，内外本末，一時交修，非先逐物求理，然後静坐收心也。夫天下事，安可勝窮？惟此人倫日用，事事實踐，必誠爲要耳。人倫日用之事本於心，而其理則原於性，以私心、妄心、僞心行之，其可謂理乎？而無知其不能自禁也。問其何以不能禁，當局亦不知也。聖人亦同此心，同此人倫日用，何以止仁止敬曰盡性也？性如何可盡？博文、約禮、克復、致中和也。其功效若何？孔子十五志學，七十而從心不踰；孟子有諸己以至聖神，是也。此豈告子所能知哉？前人以仁、義、禮、智、信言性，是也。然五性止是一性所涵，性在後天，必不可語於先天。伏羲之畫卦也，本於圖書。圖書乃天地自然呈露之文章，是天地所以開道之原，而啟聖人之慧也。故圖以對待爲體，而五行運化之機寓焉。書以流行爲體，而乾坤對待之理藏焉。伏羲因之畫卦，雖分之有八，演之爲六十四，而實則一陰陽之用而已。六十四卦從八卦而分，六子又從乾坤而出。乾，純陽也；坤，純陰也，是天地之體也。天以陽生而交地，地以陰受而交天。天地變化，六子呈能，然實止乾坤盡之矣。乾坤以對待爲體，以流行爲用，五行因陰陽消長而生，五性自一元太極而出。《易》曰：一陰一陽之謂道。繼之者，善也；成之者，性也。人秉乾元一氣而生，受坤母含孕而育。其始生也，得天地之正氣，卽是得天地之正理，此先天之性所以無不善也。其既生也，雜於氣質之情，卽不盡先天浩然之氣。所以聖人有復性之功，有窮理之學，特其質之厚且清者，其爲功也較易。若質之薄且濁者，其爲功也較難。而溯其受中則同。故曰，人皆可以爲堯舜。越椒、羊舌虎之生也，聞聲而知其不善，乃受氣於祖宗父母者不同，並受氣於天地者亦雜。而在先天，固無不善也。先儒因禪家卽心卽佛之說，而不以氣質爲性，是也。因羽流煉精、煉氣、煉神之說，而不敢以氣爲性，則非。何者氣之雜於後天者多濁少清，是誠不可言性氣之本於先天者。無聲無臭，《易》所謂乾元，孟子所謂浩然，卽性之質也。告子以凡知覺運動之靈爲性，卽禪家卽心卽佛之說也，而其始如來之說不然；儒者謂氣不可以言性，是謂羽流運氣之說也，而其初老子之說亦不然。蓋精氣神之本於後天者，不可爲性；精氣神之本於先天者，卽性之體。無極之眞，二五之精，天之所以爲天，而人得之以爲人，卽性也。渾三而一之曰太極，故曰太極含三，此受中之本體則然；由一而三之曰精氣神，此既生之性情則然。是故五倫本於五性，五性原止一性，在天曰太極，在人曰性。欲全性之本然，非存養克制，擴充不可。而其功又往往爲佛道支流所亂，是以難也。孟子以四端與愛敬之良知良能言性，是就後天中指其可見者言，而後儒執此謂良知良能卽性，則不知除卻愛敬。良知良能者，多不得爲性也。至於四端之善，固是性之發現，而所以能擴充者，必由存養有功，始能辨其得失，去其私妄也。告子謂生卽是性，是言心卽是性。數千年理學家言不越乎此而斤斤闢佛老。不知佛言眞空不空，妙有不有，非偏於空，滯於有也。老子言守中抱一，是存心養性之旨也。愚於四子言仁言心性處，屢不惜辨論之煩，正爲此理數千年塵封，不得不盡情剖露耳。至本章反詰意，李安溪至爲分明。其言曰：生非性，其所得以生者，性。然第曰生之謂性，則或指其所得以生者未可知也。追問之曰猶白之謂白與？而應曰然，則卽生卽性矣。生與性不別矣。然雖曰卽生卽性，而或別之於其生未可知也。追問之曰：白羽之白猶白雪之白？白雪之白猶白玉之白？而曰然。則凡生皆性矣，生與生不分矣。於是告子論性之旨既曉然自供，而孟子牛犬之詰乃應弦而倒。

告子曰：食色，性也。仁，內也，非外也。義，外也，非內也。

申其生之謂性，意以人甘食悅色爲性。而又言仁自心內而生，義自心外而起。非知仁爲性內事也。

孟子曰：何以謂仁內義外也？曰：彼長而我長之，非有長於我也。猶彼白而我白之，從其白於外也。故謂之外也。

長，上聲。下同。長之，以彼爲長也。仁、義本無二理，而告子二之，故孟子特詰其說。其言因人長而後長之，是不識義，則亦無以知仁。故下文特就其說折之。

曰：異於白馬之白也，無以異於白人之白也；不識長馬之長也，無以異於長人之長與？且謂長者義乎？長之者義乎？

與，平聲。下同。張氏曰：異於二字，疑衍。白其白者，白之而已。長其長者，於人則敬，於物則否。是長與白已有異也。且但曰長即爲義乎？其必長之而後爲義乎？此折其以白喻長之謬，而明義必生於心。

曰：吾弟則愛之，秦人之弟則不愛也，是以我爲悅者也，故謂之內。長楚人之長，亦長吾之長，是以長爲悅者也，故謂之外也。

又言愛出於己，長生於人，蓋彼直謂長之者，非其本心也。

曰：耆秦人之炙，無以異於耆吾炙，夫物則亦有然者也。然則耆炙亦有外與？

耆，與嗜同。夫，音扶。炙，與長同在外。耆之，長之之心，在內。如告子之說，則甘食之心亦在外，是並其仁內之說而亦非矣。蓋仁義一原，非告子所知。姑就其說折之。物亦有然，言凡物皆在外，不獨長也。

附　解

凡異端曲學，祇是大本大原不徹，所以愈說愈支離，而不可以詞喻。告子不知性即天理。天無不善，故性無不善。經孟子隨機折辨，詞窮而意不屈。此章乃直道其生之謂性之義，言甘食悅色乃人生自然而然之事，即是性了。至於仁義二字，乃性外之物，原不可以言性。且即就子所言仁義論之。仁字尚較在內，至於義字則全不在內了。此數語乃告子駁斥孟子之言。孟子知其不可與言，姑詰其說。如何告子舍仁而言義？言因彼長而後長之，猶彼白而後白之，原不是因我而起，故謂之外。孟子曰子以白喻長，殊不知二者已是不同。就白言之，馬有白者，人亦有白者，白馬之白亦如白人之白。要不過因其白而稱之爲白耳。至於長馬之長與長人之長，則敬人必致其誠，敬馬不過以老視之而已。是子以白喻長，已爲不合。且子以長言義，還是但目爲長即是義乎？必致其長之之禮而後爲義乎？蓋必致其敬心，明矣。敬從心出，何爲義外？乃告子猶不明也。又自申其說，而即仁以形之，言孝弟出於誠心，至秦人之弟則不愛。仁本由我而生，謂之內猶可也。至於長人長與長己長無異，可見長之之故全在於人，並不干己，何得以義爲內？然若就聖賢正理而論，親親、仁民、愛物，無所不愛，特親疏有別耳。正如長人長與長己，長何嘗不同是一長？然伯叔兄弟以及外人，十年五年固有辨也。乃孟子亦不與之正言者，以其視仁義爲性外添設之物，本原已是不清。其所謂仁乃因食色之意而云，並非吾儒之說，故其所謂義者愈益支離錮蔽至此，直是無藥可療，故聊就其食色之說通之。言子以義爲在外，不過因長在外耳。然即以子食色是性之說言之，耆炙者心也，耆之之心不在外，而炙固在外之物也，何以耆之又在於內？如謂長之之心在外，則耆炙之心亦在外。與耆秦人、耆吾炙喻其長楚人、長吾長意。末一節舊《解》殊不分明，今正之。

孟季子問公都子曰：何以謂義內也？

季子蓋亦惑於告子之說。

曰：行吾敬，故謂之內也。

敬，本心之理。行，吾心之所安，不從外得。

鄉人長於伯兄一歲，則誰敬？曰：敬兄。酌則誰先？曰：先酌鄉人。所敬在此，所長在彼，果在外非由內也。

長，上聲。朱子曰：伯，長也。酌，酌酒。此皆季子問，公都子答。而季子又言敬本在兄，因鄉人長兄一歲，則酌必先之，是敬不自本心而出也。

公都子不能答，以告孟子。孟子曰：敬叔父乎，敬弟乎？彼將曰敬叔父。曰弟爲尸則誰敬，彼將曰敬弟。子曰：惡在其敬叔父也？彼將曰在位故也。子亦曰：在位故也，庸敬在兄，斯須之敬在鄉人。

惡，平聲。此節祇破其伯兄鄉人之說。言敬因時殊，正義之所以爲義，而非不由心出。古者祭必設尸以象神。在位，弟在尸位與鄉人在賓位。庸，常也。斯須，暫時。

季子聞之曰：敬叔父則敬，敬弟則敬，果在外，非由內也。公都子曰：冬日則飲湯，夏日則飲水，然則飲食亦在外也？

季子言敬因人異，不由己操。公都子仍即飲食曉之見。因時制宜，皆本於心也。

附　解

仁義即性之理。性既內，仁義安得在外？孟季子爲告子所惑，不知義本天理裁制之心。公都子知義自心出，而復爲所窘。辯才有礙，終是晰理未精。經孟子提撕，則知因時制宜，正吾心天理之妙用。而飲湯、飲水之說，所以能闕季子之口也。至義之本性、本天，孟子未遑與季子深言也。按：《曲禮》，祭祀不爲尸。是尸必無父之子而祭。統言父北面而事之者。上文言於祭者子行也，謂祭者於尸爲諸父，然尸禮不可行。愚於《禮記恒解》已言之。

公都子曰：告子曰：性無善無不善也。

此以心之虚靈爲性之妙用，而不知後天之心非盡先天渾然之性，是後世禪宗所本也。

或曰：性可以爲善，可以爲不善，是故文武興，則民好善；幽厲興，則民好暴。

好，去聲。此以性之因人轉移，爲善爲惡無定。而不知好善者性之常，好暴者性之累。是後世誤解夫子性相近者所由來也。

或曰：有性善，有性不善，是故以堯爲君而有象，以瞽瞍爲父而有舜，以紂爲兄之子，且以爲君，而有微子啓、王子比干。

此以人性爲竟有善惡，並非習所能移，是韓子三品之說。而不知由天之人，理氣分命之，故雖大賢，不能無惑者也。微子，紂庶兄。而第言兄之子者，就比干言而略微子，言至親如兄子。弟善、不善，不一也。

今曰性善，然則彼皆非與？

欲究孟子性善之說以破羣疑。

孟子曰：乃若其情，則可以爲善矣，乃所謂善也。

言性之原於天，而具於命者，難以顯言也，乃若其情之可驗者，無不可以爲善，乃以見性本善也。乃若，非但，發語詞。

若夫爲不善，非才之罪也。

夫，音扶。才，猶材。質言有不善之人，非其性之本質然也。

惻隱之心，人皆有之。羞惡之心，人皆有之。恭敬之心，人皆有之。是非之心，人皆有之。惻隱之心，仁也；羞惡之心，義也；恭敬之心，禮也；是非之心，智也。仁義禮智，非由外鑠我也，我固有之也，弗思耳矣。故曰：求則得之，舍則失之。或相倍蓰而無算者，不能盡其才者也。

申明情可爲善之說。惻隱、羞惡、恭敬、是非，皆情之發也。而即仁、義、禮、智所見端，仁、義、禮、智，性也。思而求其本心，則即情可以復性。其有善惡相去之遠者，從欲戕性，而不能求其性之本。然非生初卽如是也。鑠，消金也。

《詩》曰：天生蒸民，有物有則。民之秉夷，好是懿德。孔子曰：爲此詩者，其知道乎？故有物必有則，民之秉夷也，故好是懿德。

好，去聲。引《詩》及孔子以證己言。朱子曰：蒸，《詩》作烝，衆也。物，事也。則，法也。夷，《詩》作彝，常也。懿，美也。性，本天理而人得之。故天生人，有一物卽有一理之則，可見性爲氣質之宰也。民秉此常性，故於有懿德者必好之，可見人性皆善。上文三說，皆不知物則之本天，民性之有常者也。

附　解

性者，天之理，而人得之以爲人，以其爲人。以其爲天地至極之理曰太極，以其至眞言之曰誠，以其爲天地生生之意所含，如木果之有仁曰仁。是性也，得之在生我之初，所謂無極之眞，二五之精妙，合而凝者也。惟人獨稟天地之正理正氣，故爲得太極之體而靈於萬物。《記》曰：人生而靜，天之性也。此在受中之始，渾然粹然，卽孟子所謂性善者也。迨既生以後，形氣之雜於後天者，有厚薄清濁之不同，於是渾然粹然之在人者，遂有智、愚、賢、否之不一。然性如光明寶燭，質如燈籠。上智之人，水晶琉璃爲燈籠者；中智之人，紗絹紙帛爲燈籠者；下智之人，則木爲燈籠者也。究之，其內有燭則不異。聖人教人養氣存心，化其氣質之拘，是去其燈籠之蔽也。擴充克治，去其物欲之蔽，是增益光明之燭也。告子不知性乃仁義中正之實理，而但以昭昭靈靈爲性，故其不動心也，不過强制此心，使至於一塵不動，遂以爲無爲之性。後世僧流坐空守寂，皆是如此。雖其至靜之中，亦具有虛明活潑之趣，而後天之陰滓不除，卽乾元之性體未復，故卽心卽性者，流弊至今而未已也。談理名家，其以存養此心不至外馳爲主，而能究心物理，不類僧流空寂，所以較優。然上智之士，氣質較清，則但存養此心，省察克制而天理已覺昭然；中下之士，質濁而性蔽，徒使靜存此心，克制擴充，不能拔盡根株。恐告子之不動心非正，卽原憲之克伐怨欲不行，亦非仁也。孟子此章，是千古言性圭臬。然卽四端以驗性，乃卽其可見以明其所不可見，而性之何以與天相通，人何以有智愚清濁？未暇與公都子深言。誠難乎其言之也。夫仁、義、禮、智、信，名曰五性，實止一性而已。性乃天之理，而人之所以爲人，安有不善？其有不善者，則質之累而受氣之偏、全不同，非先天之本體也。因性本無名、象可求，故孟子就後天以明其先天，卽人所易見者曉之耳。韓子性有三品之說，大誤。而後世尚多沿其說，則以其不明理氣分命之源流，以後天之心爲先天之性，而越椒、羊舌之生，所以不解其故也。夫天地爲大父母，父母爲小天地，非天地，尚無父母，何有我？雖有天地，若無父母，又何有我？是爲四大。而天地之性，人爲貴，其異於物者，惟此幾希之天理耳。天理無不善，人性安有不善？以後起之情識爲受中之本然，紛紛異說，所以彌多。孟子姑卽後天情之善者以證先天，而又引《詩》言天理無分貴賤，凡蒸民皆有之。理宰乎氣，氣以成形，形氣所在爲物。形氣之所由來是性，性不可見於其形氣之物。言之人身，有一物卽有一當然之則，如目司視。天初生人，具此耳目。原是聰明者，入耳而心通曰聽。入目而理晰曰明。不當視聽而視聽，則非此物之性矣。而非禮勿視、聽者，幾人乎？故復性之學爲要，惟民皆本此性，故皆好懿德。德，卽善也。得於天，得於己，故曰德。人皆秉此常理，皆知好德，則性善可知。引孔子說《詩》之言，可謂深切著明矣。而後儒猶不盡瞭，如以性之一字，人與天一者，罕有能深造也。本章性、情、才三字，須的實看。明才字解者，猶滯。今一一正明之。識者當細辨之。

孟子曰：富歲，子弟多賴；凶歲，子弟多暴，非天之降才爾殊也，其所以陷溺其心者然也。

朱子曰：富歲，豐年也。賴，藉也。性本善也，因物而遷。卽富歲凶歲顯喻之，而言不可以陷溺者爲性。

今夫麰麥，播種而耰之，其地同，樹之時又同，浡然則[①]生，至於日至之時，皆熟矣。雖有不同，則地有肥磽，雨露之養，人事之不齊也。

夫，音扶。麰，音牟。耰，音憂。磽，苦交反。朱子曰：麰，大麥。耰，覆種。日至之時，成熟之期。磽，瘠薄也。此乃卽麰麥喻性之皆同，而見陷溺者非其常。

故凡同類者，舉相似也，何獨至於人而疑之？聖人與我同類者。

承上而言，同人則同性。雖聖人不異也。

故龍子曰：不知足而爲屨，我知其不爲蕢也。屨之相似，天下之足同也。口之於味有同耆也。易牙先得我口之所耆者也。如使口之於味也，其性與人殊，若犬馬之與我不同類也，則天下何耆皆從易牙之於味也？至於味，天下期於易牙，是天下之口相似也。惟耳亦然。至於聲，天下期於師曠，是天下之耳相似也。惟目亦然。至於子都，天下莫不如其姣也。不知子都之姣者，

① 則，阮刻本作而。

無目者也。

蕢，音匱。耆，與嗜同。姣，古卯反。蕢，草器。易牙，齊臣，善調味。曠，晉臣，善辨音。子都，鄭公孫閼。姣，好也。以上四節，歷舉形體嗜好之同，以起下文。

故曰：口之於味也，有同耆焉；耳之於聲也，有同聽焉；目之於色也，有同美焉。至於心，獨無所同然乎？心之所同然者何也？謂理也，義也。聖人先得我心之所同然耳。故理義之悅我心，猶芻豢之悅我口。

承上而斷之人心以理義爲體，故其悅之也同。否則，非心亦非人矣。求理義之端，以全理義之正，則可以爲聖人。理，謂天理之本體，義，則從理而適其宜也。牛馬曰芻，犬豕曰豢，此則藉言穀食也。口之甘味，心之甘理義，皆天性之自然。悅我心，則心全理義矣。

附　解

告子之說，孟子已屢辨折之。此章因性有善、有不善，性可以爲善、可以爲不善之二說而特辨明之也。凡爲人類，皆稟天地中正之氣而生，得天地生生之理爲性，安有不同開端？即不同者說起，明其非生而即然，乃陷溺之故。正意已明。下文以麰麥譬之見同者、其常不同者、其變同類者四句，承上起下，一章骨子。下文即形體嗜好之同以與心理無不同。因爲不知性者言，故語意止淺淺形容，以嗜好之大概同者言之與理義悅心耳。其實，嗜好本於氣質，間有不同。理義之心，本於天命，無不同也。故性皆善。天生一人，即賦以義理之心，如人有口便自甘味。理義悅心，以心原有理義猶芻豢悅口。口原甘芻豢也，不悅理義者，隱溺而失其心之正。豈天之降才殊哉？

孟子曰：牛山之木嘗美矣。以其郊於大國也，斧斤伐之，可以爲美乎？是其日夜之所息，雨露之所潤，非無萌蘖之生焉，牛羊又從而牧之，是以若彼濯濯也。人見其濯濯也，以爲未嘗有材焉，此豈山之性也哉？

蘖，五割反。牛山，在青州府臨淄縣。萌，芽也。蘖，斫木餘也。濯濯，光潔貌。山以生物爲性，而斧斤與牛羊交伐，則失其美。興下文也。

雖存乎人者，豈無仁義之心哉？其所以放其良心者，亦猶斧斤之於木也，旦旦而伐之，可以爲美乎？其日夜之所息，平旦之氣，其好惡與人相近也者幾希，則其旦晝之所爲，有梏[①]亡之矣。牿之反覆，則其夜氣不足以存。夜氣不足以存，則其違[②]禽獸不遠矣。人見其禽獸也，而以爲未嘗有才焉者，是豈人之情也哉？

好、惡並去聲。有，去聲。人，謂放良心之人。仁義之心，即人性也。放其良心，縱人心而昧道心。日夜所息，嗜欲稍遠之時。平旦之氣，清明之正氣，良心所賴以存者。與人之人，謂善人也。旦晝所爲，放良心之事也。牿亡，如械而困之。反覆，展轉不解也。才，仁義之本質。情，實也，猶言其情狀也。

故苟得其養，無物不長；苟失其養，無物不消。

養，上聲。養，培護之也。凡物皆必有自然之生氣而後能全其質，養浩然之氣至於不動心，則得其養者也。

孔子曰：操則存，舍則亡，出入無時，莫知其鄉。惟心之謂與？

舍，音捨。與，平聲。心難存而易亡，以其陰滓多也。常存夜氣，操而勿舍，馴至於良心渾全，則無出入，而非天理矣。

附　解

此篇孟子言心性屢矣。而此章以夜氣立説，歎人戕伐良心，尤爲深切著明。蓋與養氣章相發明也。後人言心性不明，多爲不知心與氣交關之故。蓋人生得天地之正氣而生，此氣非但口鼻呼吸之氣，乃上天之載一元，無聲臭之氣。《易》所謂統天，孟子所謂浩然也。雖名曰氣，而實乾元眞性所寓。蓋氣也，而理即存焉。其在先天，渾然粹然，不可得而見。迨既生以後，此氣寄於後天形質之中，如金在沙，甚微甚危。孟子所謂異於禽獸者幾希，而道心所主也。其人心之生，則後天陰濁之氣蔽其心之靈，而非乾元本體。上聖之資，清氣多而濁氣少，則道心盛而人心微；中智清濁各半；下智濁多清少。是故氣質之欲日盛，則理義之心日消，而先天浩然之氣不復存矣。存養之功，先須養氣，而孟子始發明之，何也？唐虞以來，聖王禮樂教化之法詳，文武周公，小學大學所以束其身心者備焉。孔子生周之衰，猶得因周公之遺法以教人。四方之士來學禮者，但使服習禮儀已足養其身心。上智之姿，乃與言性與天道。至孟子而邪説横行，禮法無有，故特爲指破養氣之功。不動心章，言之已詳。此章示人求其良心，而特指出平旦清明之氣，蓋就易見者以教人。夫凡物必先有此氣，而後有此質，而人則受中以生。中

① 梏，阮刻本作牿。下同。
② 違，阮刻本作違。

者，太極渾然之體也。太極動而無動，靜而無靜，而闔闢之機，即爲陰陽所由判。陰陽各有消長，而變化出焉。其在於天，五行之分布者，各効其靈，共成其化，而莫不統於太極。所以合者，雖分實未嘗不合。其在於人，五行之成，質者塊然；而一氣之彌綸者，自在其中。所以生而化，化而生，變化不窮者，萬古一轍。然其先天之性，分太極之理氣者，固非形質所能拘，存亡所能易，特秉此理氣以爲性者，有清濁厚薄之不同。聖人教人存義理之心，養清明之氣，久久深造，由勉企安，下學上達。克己之淨而心皆性，復禮之至而人亦天矣。心非氣不養，氣非心不存，故曰持其志，無暴其氣。氣非口鼻呼吸之氣，乃一元太和之氣。道家謂爲虚無元氣。虚無者，上天一元之本體也。夫子曰大哉乾元，萬物資始。乃統天。統天而行。上天之載，無聲無臭者，非風雨雷電等已發之氣所可例也。人身具天命之性，性不離心，而必不盡性，爲其後天氣雜於欲也。平旦之氣，緣夜臥久靜。先天清明之氣，偶見一斑，然亦就嗜欲未深者言耳。若嗜欲太深，則並此平旦之氣，亦復無有。孟子爲常人指出元氣端倪，使長葆此氣。宰氣者，理也。有一分天理，乃有一分元氣。故引孔子言心之難防，以見養心爲要。得其養者，以義理之心生浩然之氣也。因後世言養心則但守後天之心；言養性亦但養後天之氣。而心與性之分，天與人合一之故不明，實由孔孟之言未得諸身而晰其源流耳。苟得其養四句，承上而言養心之法，要在保守夜氣爲主。夜氣者，虚靜之中，一片清靈之氣也。末引孔子之言，以明後天之心不可端倪如此。惟操存省察，勿使人欲日增，則平旦之氣可充而久久。人心退聽，道心自全，非謂先天之心，即出入無時，莫知其鄉也。操則存，舍則亡，謂心動時必操存之。而必先知止至善之法，靜定有功，斯能操存。後人言操存，但愼其已發，未深明必有事焉。數句養氣之法，故不能至於充實化神之境。聖人清明在躬，志氣如神，豈第曰收心而已哉。故此章其詞淺而義深，其功近而效大。學者不可不察也。或疑養氣偏於主敬。不知靜者動之體，動者靜之用也。養氣者，靜而涵養，動而省察。窮理盡性，內外本末之功，無可偏廢。特傳者多謬，得明師爲難耳。

孟子曰：無或乎王之不智也。

或，與惑同。明於義理曰智。

雖有天下易生之物也，一日暴之，十日寒之，未有能生者也。吾見亦罕矣，吾退而寒之者至矣，吾如有萌焉何哉？

易，去聲。暴，步卜反。見，音現。暴，溫之也，君子陽明，小人陰濁。王因孟子而有萌焉。小人復損之矣。

今夫奕之爲數，小數也。不專心致志，則不得也。奕秋，通國之善奕者也。使奕秋誨二人奕，其一人專心致志，惟奕秋之爲聽。一人雖聽之，一心以爲以鴻鵠將至，思援弓繳而射之，雖與之俱學，弗若之矣。爲是其智弗若與？曰：非然也。

夫，音扶。繳，音灼。射，食亦反。爲是之爲，去聲。若與之與，平聲。奕，圍棋。秋，善奕者名。繳，生絲縷也，卽奕以喻王不專心致志，乃寒之之本，而非盡小人之咎也。

附　解

此章借齊王作指點，重在專心致志。果專心致志，則必親近賢人，而所以養其德者自日厚矣。然後世《大學》之道不明，人主生長阿保未聞，誠意正心之道臨馭以後，乃欲其親任賢良，不參雜念，勢必不能。唐虞三代之治，教諭世子之法，莫非格致、誠正、修齊、治平之道。其清明之氣，固已養於平時，而臨民之念，又實有其悱惻，是以君之於賢，如針芥相投，魚水相得，暴不覺而寒何有也？昔在文武，聰明齊聖，小大之臣，咸懷忠良，其侍御僕從罔非正人，故其治化獨盛。孟子之於齊王好貨、好色、好勇、好樂、納約自牖，格君事業，已見一班而無如之，何况後世之士，德不及孟子者乎？程子言人主接賢士大夫之時多，親宦官妾之時少，則可以涵養氣質而薰陶德性。范文正言人君之心惟在所養，君子養之以善則智，小人養之以惡則愚。皆足發明此章之義。但本原未清，亦難望其親賢也。孟子太息而言，顯然見王錮蔽已深。由未嘗學問之故，而非但恨其見罕。人主苟欲長治久安，則必力行九經之道諭教世子，重選大儒，克己虛心委任賢相，常使此心敬畏不忘，義理日生，庶不爲小人所亂。宋神宗之於王安石，曷嘗不欲效先主之於孔明？而其效天淵者，知人之明、否，異也。是故窮理盡性之學，人主不可一日而不講。或曰先主豈窮理盡性者乎？曰：先主不可謂上哲，然其有英明之質，而又從康成、陳元芳、盧植遊，亦頗聞聖賢之概。是以虛己任賢如此。况使得聖人以爲師，而又幸值高光之時，其功業亦安可量？符堅信任王猛，而不聽其垂死之言。唐太宗聽納魏徵，而終有仆碑之事。足見正心無本，不能常保其明也。况又不及二君者乎？子華子曰：奕秋，通國之善奕者。當奕之時，思有吹笙過者傾心聽之。將屬未屬之際問以奕道，則不知也。非奕道之深，情有暫暗，筀滑之也[1]。其言與孟子相近。

孟子曰：魚，我所欲也。熊掌，亦我所欲也。二者不可得兼，舍魚而取熊掌者也。生，亦我所欲也。義，亦我所欲也，二者不可得兼，舍生而取義者也。

舍，上聲。熊掌較魚尤美，大義較生尤重。嗜味之情同嗜義之情，何弗同？故舍彼而取此也。

生亦我所欲，所欲有甚於天[2]生者，故不爲苟得也。死亦我所惡，所惡有甚於死者，故患有所不辟也。

惡、辟，皆去聲。下同。得，得生也。欲生惡死者，人情也。而偷生免死，則隱微必多。內慙釋舍生取義之故，由所欲所惡有自然之天良，不能昧也。

如使人之所欲莫甚於生，則凡可以得生者，何不用也？使人之所惡莫甚於死者，則凡可以辟患者，何不爲也？

反言假使欲惡無本然之良，則凡可以偷生辟患者無不爲。而必不然也，何不云者，使人自思其嗜義之良也。

由是則生而有不用也，由是則可以辟患而有不爲也。

又正言以决之，是謂義也。

是故所欲有甚於生者，所惡有甚於死者，非獨賢者有是心也，人皆有之，賢者能勿喪耳。

喪，去聲。承上而言人皆有是良心，以起下文。

一簞食，一豆羹，得之則生，弗得則死。嘑爾而與之，行道之人弗受。蹴爾而與之，乞人不屑也。

嘑，大聲咄啐也。蹴，踐踏也。申言人皆有之之實，不爲苟得辟患，有明徵矣。

萬鍾則不辨[3]禮義而受之，萬鍾於我何加焉？爲宫室之美，妻妾之奉，所識窮乏者得我與？

萬鍾不辨禮義而受，蓋有所指之詞。得我，倚恃乎我。蓋市恩以爲豪，舉所施於窮乏，非合義者也。

鄉爲身死而不受，今爲宫室之美爲之；鄉爲身死而不受，今爲妻妾之奉爲之；鄉爲身死而不受，今爲所識窮乏者得我而爲之，是亦不可以已乎？此之

① 《劉子》《四庫全書》本：深作暴深，滑作猾。
② 天，阮刻本無。
③ 辨，阮刻本作辯。

謂失其本心。

身死重於勢利，而良心之有無殊焉。可已而不已，徒自失其良心。爲可哀也。

附解

此章爲當時饕緣驕寵之輩反復提撕，激發其愧耻之良。如生公說法，頑石亦應點頭。而千古以來，不爲萬鍾喪良者百無一、二，亦可慨也。所欲有甚於生，所惡有甚於死，卽本心也。孟子卻先從嗜味引喻而起，見舍生取義亦如舍魚取熊掌，一定之人情。次節申明舍生取義之故。三節設言人無天良。宜乎處處貪生辟患而不然者，由其嗜義之心不能自昧，故不爲也。四節止是承上折轉。五節乃指出心字，言人人皆有，以起下文。緣人人有此心而不自知，是以從淺近處反復提唱，使人自思而自得之，非故繁而不殺也。所識窮乏者得我，當善會施與窮乏，本盛德之事，何爲不可？得我者，挾富貴以驕，人人爲之奔走，且亦挾其勢以妄行。淺夫之流，頤指氣使，一呼而雷動，以爲我能養畜許多窮乏人，而究之宗族鄉黨，義當周恤者，或反未沾其惠，故與宮室妻妾之奉同一，利欲私情也。宮室妻妾，亦非可廢，但不專營。或因此而貪得耳，非故卻以鳴高。古人茅屋可安，杵臼可共，有人倫之樂，無凍餒之憂，何必忘廉喪耻，希取富貴以爲豐榮乎？若明良遇合，天下乂安，民登仁壽，則祿養之榮，受之無愧，亦復何傷？第君子本心，則非爲一家温飽計也。聖賢爲斯世斯民計，而不徒爲一家計，此意非流欲所知。庸庸之徒，長驕侈而肥身家，患得患失，無所不至，又安能舍生取義？孟子卽不受不屑之良心以警人，徇欲無耻，其言深切著明。而學者非有卓然之識，亦不易能自立也。

孟子曰：仁，人心也；義，人路也。

人得天理以爲人，是先天之心，卽性之實也。以其如木果之仁，故曰仁。義，則本仁而行之合宜者。人路，非是，無以行也。

舍其路而弗由，放其心而不知求，哀哉！

舍其路、放其心，則非人矣。豈不可哀？

人有雞犬放，則知求之，有放心，而不知求。

身外之物，人知求之。仁，乃人之所以爲人。而不知求，則惑矣。

學問之道無他，求其放心而已矣。

學問之道，《中庸》擇善固執之目是也。不知求放心，則學問亦非。此章蓋爲知學而不知學之本者言。

附解

此章孟子煞是說得精密。人之所以虛靈於物者，心。而心，在後天則囿於質，蔽於物，非先天之本然。仁卽天理，心之所以異於禽獸也。既生以後，雖氣質多駁，然天良卽在此身中。養其靜虛之體，制其私妄之情，此復性之學所以有許多功夫。求放心者，靜存動察，念念不離乎正，非偏枯寂守之謂也。學問之道多端，要無非去私存理以清其源，博覽旁參以究其變。世人或專守心，不使外馳，而私妄生於氣質，其源不清，卽終身防閑，不得爲仁也。或專務博洽以爲窮理，而萬理統於一原，心性未純，則淹貫古今，不能清義也。仁與義、禮、智、信，並言則爲一端，專言則仁卽性，性卽誠，全有之曰德。本仁而著於外，萬事萬物處之咸宜，卽是義。曰心曰路，分內外而言，實非有二也。無仁不能行義，非義何以爲仁。仁，既是人心。試問無心，尚可爲人否？義，既是人路。試思不由人路，亦尚可爲人否？而人乃舍之放之，則自棄其爲人之理，故曰可哀。然人孰無良，豈其甘爲禽獸而不願爲人？正以不知仁之爲貴耳。故以求雞犬喻之，愛物必求其放，豈愛已反不如愛雞犬。特謂心不必求，而學問別有在耳。不知聖人教人學問之道，至詳且密，不過欲人求其放心。所求之放心，卽上文仁字。而或第以凡爲心，當之則非此心，是先天渾然之良心。《書》言人心、道心，一心。而何以二名？人心，人身受氣不齊之心。道心，天命粹然之心也。惟後天與先天不同，故人心與道心混雜。此理愚屢言之，兹不贅。收已放之道心，清應變之人心，其功始於養氣，終於化神。究竟放心如何求法？孟子所謂必有事者也。求放心，位置何處？《詩》所謂宥密也。非明師授受不能臆揣。世儒以心爲性，使後天氣質之性與先天太極之性混，而不明已流於禪家卽心卽佛之說。羽流以呼吸爲氣，使後天凡濁之氣與先天浩然之氣淆而不清，何能知孟子養氣不動心之故哉？故此章之旨，當認定仁，人心也二句，則知通章言心皆指先天之心，渾然之性，非謂後天憧擾之心也。孟子因異端言心而外仁義，儒士言學而昧人心，故特爲指明。人以爲心卽是性，不知性無爲，心有覺，動而當理，由靜而無爲。無爲者，非無爲也，渾然粹然，未發之中，乃爲天命之全體耳。

孟子曰：今有無名之指屈而不信，非疾痛害事也。如有能信之者，則不遠秦[①]之路，爲指之不若人也。

信，與伸同。爲，去聲。指，甚微。而無名指，尤不甚切於用。必信之者，爲不若人也。

指不若人，則知惡之；心不若人，則不知惡，此之謂不知類也。

心不若人，屈於物欲而不能自伸其正氣也。心理屈，則非人倍於指之當惡。朱子曰：不知類，不知輕重之等。

附　解

此章以屈伸喻心，警發人羞惡之心。心何以屈？不審乎義理之正而屈於物欲。凡事苟且從人，久久正氣全無，所謂人生之直全無矣。然其清夜自思，必有抑鬱而不安者。行屈於勢，屈於境，不覺喪其本心之良。孟子以屈而不信，言其不知惡，則必常自警省。思人生幾何，失卻良心便非人類。一念克己，推而至於念念不苟，務使此心正大光明。久之而浩氣充實，與日月爭光，是爲神於萬物之上，非指之伸者可比矣。須切定屈信二字，言乃得孟子之意。五指：一巨指，二食指，三將指，四無名指，五小指。手以中指爲將指，足以大指爲將指。

孟子曰：拱把之桐梓，人苟欲生之，皆知所以養之者。至於身而不知所以養之者，豈愛身不若桐梓哉？弗思甚也。

拱，合兩手。把，一手握之也。養身者必養其心。心正理純，則性定而身亦安矣。人無不愛其身，故喻以欲生之情，而使其思所喻。

附　解

此章語簡而理至要。孟子未言所以養，遂使後世養心養身分爲兩途。而其中又生出許多門徑，並下兩章之義亦不明。今爲詳言之。人無不愛其身者，而身安可久？惟恃此心此理有不朽於天壤者，不必遠求，衹在人倫事物上念念循理，事事合宜，務使內省不疚。而閒暇之時，則求其放心，靜養元氣，以穆穆之意葆性命之源。久而神明內斂，天理渾然，則致中矣。一有所動，持以敬恕，惟恐意之不誠，道之不盡，此謂致和。動者，靜之用，靜

① 秦，阮刻本作秦楚。

者，動之本。内外一原，存發相貫，由養氣而充實光輝，大與化神；功非一端，效惟漸致養性也，而養身在其中矣。蓋人身所以生者氣血，而氣乃血之主，神又氣之主也。心者，人之神明。而氣質之欲累之，則神不明，氣不清，形質亦不能安。固養浩然之氣，所以返受中之本。然此氣乃先天虚無之氣，卽氣卽理，非後天口鼻知覺之氣可比，而實爲後天氣之根本。果能有諸己而充實，則精明强固，血氣亦豐，卻病延年，已可决矣。况養氣之功，全在集義。内無毫髮之私僞，外無怠肆之偶乘，心依於仁，動循乎理，而凡嗜欲戕賊之事，自斷斷不爲。仁者壽。大德必壽。職此其由也。後世不知聖人之學，養性卽可養身。而以後天呼吸爲氣，後天陰識爲性，是以養心而不能延齡，養氣而不能治世。孟子言知所養，此其大略也。若夫從欲悖理，全不知人身之貴者，孟子固不爲此輩饒舌。

孟子曰：人之於身也，兼所愛。兼所愛，則兼所養也。無尺寸之膚不愛焉，則無尺寸之膚不養也。所以考其善不善者，豈有他哉？於己取之而已矣。

身兼愛則當兼養，而有善不善焉。考，察也。於己，取之己。身有不朽之理，養之乃善也。

體有貴賤，有小大。無以小害大，無以賤害貴。養其小者爲小人，養其大者爲大人。

賤而小者，形氣之欲。貴而大者，天性之良。養賤小害貴大，縱嗜欲而忘義理也。

今有場師，舍其梧檟，養其樲棘，則爲賤場師焉。

舍，讀上聲。檟，音賈。樲，音貳。場師，卽場人。梧，梧桐也。檟，楸也。樲棘，棘之大者，亦名酸棗。言不知養物，且爲賤也。

養其一指而失其肩背，而不知也，則爲狼疾人也。

一指、肩背，小體、大體之喻。狼疾，猶狼藉，言其謬亂也。

飲食之人，則人賤之矣，爲其養小以失大也。

爲，去聲。此乃正言養小失大之人，是此章立言之故。

飲食之人無有失也，則口腹豈適爲尺寸之膚哉？

口腹非不可養也。第爲口腹縱欲害理，故爲心害。不然，飲食之於人亦在矣。豈必廢之以爲德哉？

附　解

上章言人愛身則當養身，而養身者必養心，非徒養形體。世人亦知愛養此身，而不思所以承天心立人紀。此身不朽者，如何則必以口腹之害爲心害？故孟子欲其養大體，而反復言養身之善、否。使人審乎義理之心，得其事天立命之道，則必不以嗜欲累其神明，而體亦未嘗不養也。後世聖人之學罕傳，則言養心者，枯槁窮餓以爲高，而僧道之流，所以老死山林而不悔。言愛身者，肥甘輕煖以爲快。而逐俗之士，至於蔑棄禮法而亦爲誠。玩索是章之義，亦可爽然失矣。樲棘，言者紛紛。《本草衍義》曰：小則爲棘，大則爲酸棗。棘久生不樵，則成幹，北方呼爲酸棗，更不言棘。其實一木也。狼疾，趙岐註狼藉。朱子亦云，疾、藉古字多通用，而《集註》又別解。然不若從趙《註》之直捷。

公都子問曰：鈞是人也，或爲大人，或爲小人，何也？孟子曰：從其大體爲大人，從其小體爲小人。

朱子曰：鈞，同也。從，隨也。大體，道心。小體，形質。

曰：鈞是人也，或從其大體，或從其小體，何也？曰：耳目之官不思，而蔽於物。物交物，則引之而已矣。心之官則思，思則得之，不思則不得也。此天之所與我者，先立乎其大者，則其小者不[1]能奪也。此爲大人而已矣。

耳目之官，所以主耳目之視聽者，謂氣質之心也。惟其但能視聽而不能當於理，故爲小體。不思，不能决乎理。心之官則思。先天善性爲心之宰，而能研究義理，立乎其大，心有主而純乎理。不動心之實，所以不爲情識所役。

附　解

此章剖別大體小體，乃令前後數章無不分明。人心主宰乎百骸，凡知覺運動，皆心之靈爲之。耳目之官，特其一端，未有視聽而不本於心者也。《大學》曰：心不在焉，視而不見，聽而不聞。是耳目之官，似卽是心，况乎觸於所聞見而思。因所思而貪於聞見，皆心也。而孟子何以云心之官則思，異於耳目之官哉？蓋此卽人心、道心兩分界處，但以有覺虛靈之用爲心，卽涉於後天形氣之私，而耳目之官所以蔽於物。惟以先天義理之性爲心，則是先天太極之本，而心之官所以能思而决於理。故小體者，形質之氣，亦有靈以馭之而爲耳目之官。大體者，純粹之性，浩氣通乎天地而爲心之官。聖人德造其極，則性盡而形自踐，百體莫非義理之精神矣。常人欲蔽

① 不，阮刻本作弗。

於心，則識擾而氣逾昏，智慧反爲府過之淵藪。《洪範·五事》言，思，作睿。睿，作聖。卽孟子此章思字所本。是大體之道心，所以研理而治私也，非後天思慮之心可比。范浚《心箴》未見全體，愚嘗擬之，附識於此。人爲最靈，得天之性，渾然粹然。生而虛靜，氣質梏理乃亡其正。靈光浮游，欲因以進。誠敬存存，知止則定；集義生氣，能不動心；克己復禮，盡性踐形。是萬爲一，一實萬分。惟心之官宰制羣紛，表裏精瑩；事天立命，從厥人心，人、禽斯混？

孟子曰：有天爵者，有人爵者。仁義忠信，樂善不倦，此天爵也。公卿大夫，此人爵也。

樂，音洛。天理畀於人，爲性之良，物莫貴焉，故曰天爵。仁義忠信二句，以可見者言之。

古之人修其天爵，而人爵從之。

言古人無求人爵之想，而天爵之尊自純。

今之人修其天爵，以要人爵，既得人爵，而棄其天爵，則惑之甚者也，終亦必亡而已矣。

要，音邀。要，求也。求人爵而後修天爵，得人爵而卽棄天爵。惑之甚，喪心蔑禮也，將必並人爵而亡之。蓋爲假行竊名者而言。

附解

此章爲僞君子而發。與前後章不同。戰國之時，朝秦暮楚之士，如下章所言，是矣。有一種潔己修身者，始亦欲置身賢聖，繼而富貴，逼人改弦易轍。如周彥倫，盧藏用之輩，喪其所守，前後如出兩人。孟子惜之，而爲是言。終亦必亡，惜其不能長享無益之榮，徒喪平生之業，爲堪悲也。蓋周家鄉舉里選，多重實行，雖至末世，猶修天爵以邀人爵。後世糊名易書，暗中摸索，天爵若不必修矣。而棄取得失之間，天或司之，故士亦猶重德行而恥浮華。自蔑視明神，不畏天命者出而逞其才華，倖弋功名，忘乎天親之所培植者厚，則天爵直可不修，而人爵遂可驕世矣。三復此章，能無猛省？

孟子曰：欲貴者，人之同心也。人人有貴於己者，弗思耳矣[1]。

勉欲貴者以思，而使其自貴己貴。

人之所貴者，非良貴也。趙孟之所貴，趙孟能賤之。

申言人之所貴，不若貴於己者可恃。良貴，本天自然之理。趙孟，晉卿，喻凡有勢力者。

《詩》云：既醉以酒，既飽以德。言飽乎仁義也，所以不願人之膏粱之味也。令聞廣譽施於身，所以不願人之文繡也。

聞，去聲。承言有良貴者，自不欲人之貴。膏，肥肉。粱，美穀。仁義足則世味自淡。令聞，善名。廣譽，德博而名久遠也。五色備曰繡。膏粱、文繡，世之欲貴者爲此耳，故以爲言。

附　解

此章爲纍緣奔走者發。而首以弗思警之，終以不願膏粱、文繡導之，蓋欲其實。全乎仁義之良，自然不爲世俗所誘。爲俗人言，故以膏粱、文繡明良貴勝於此等。然君子懷仁抱義，豈爲與世俗爭榮辱而然哉？聖賢遯世不見，知而不悔，何乃以令聞廣譽爲貴？此爲當世淺夫鍼砭也。欲貴者，苟且希榮，既欲遂其嗜欲，又欲倖邀令名。不知華茂未幾，枯槁旋至，僥倖一時，貽臭千載。蕩然斬然，有不可勝言者。故以美名歆動之。聖賢不求名而實至名歸，其生也榮，其死也哀。首陽之稱，甘棠之愛，俎豆馨香，令聞廣譽，安有窮時？故子曰：疾沒世而名不稱。若方爲仁義時，即有求名之念，則德必不純。或久而無名，且改弦易轍矣。若有意逃名，謂令聞廣譽必不可居，亦非中道。學者辨之。世人不知己之良貴，而終身爲趙孟所顛倒。試味此章，能無汗顔。晉世主夏盟自平公之世，權由執政趙武、趙鞅相繼爲政，至趙襄子滅中行氏，而與韓、魏滅晉。故以趙孟子喻執政，不言諸侯避尊也。

孟子曰：仁之勝不仁也，猶水勝火。今之爲仁者，猶以一杯水救一車薪之火也，不熄，則謂之水不勝火。此又與於不仁之甚者也。

爲仁不力而以爲難，使不仁者得藉口焉。孟子深慨其非也。與，助也。

亦終必亡而已矣。

---

① 矣，阮刻本無。

言必並其杯水之仁而亡之。既以誤也，亦自誤也。

附　解

仁，乃人之所以爲人。爲仁衹是全我本來天性。不仁，乃後起之私，外來之物，有何難勝？奈人知之不眞，故行之不力，偶有一、二事之仁，卽以爲是矣。而積習難反，謂天理難守，諉於不勝，此等人自誣其性，令天下皆以仁爲難爲，貽毒非淺。孟子特地指出，而斥其與於不仁決，其亦終必亡。惜之，亦惡之也。後世學者以聖人爲難爲，而狃於世俗，久且相沿成風，並言道、善二字亦以爲諱，此章可無三復哉？

孟子曰：五穀者，種之美者也。苟爲不熟，不如荑稗。夫仁，亦在乎熟之而已矣。

夫，音扶。申上章之意言爲仁必期於熟，勉人深造自得也。荑，稗草，似穀者。人必不以稗易穀，則必不以他道易仁。既知美種，則熟亦非難。蓋婉詞以導之。

附　解

上章惜之憎之。此章直與指出功夫實落處。熟之一言，非堅恒勤篤不可。曾子曰：仁以爲己任，死而後已[①]。卽是此意。末學或未得美種所在，熟則更難期矣。學術人心，何以如古哉？或問究竟如何熟法，曰：尊德性而道問學。內外交修，本末交養，自有諸己以至於化神，循序篤踐，無毫髮之不誠，則熟矣。荑，非稗，蓋稗之初生者也。

孟子曰：羿之教人射，必志於彀，學者亦必志於彀。

彀，古侯反。射之工拙，機在於彀。志者研精而適其宜也。

大匠誨人，必以規矩，學者亦必以規矩。

大匠，工師。此章言造道必有其法，而授受失實，則學亦多歧。記者以此終篇，蓋深慨之也。

附　解

上二章言中道而廢者，與於不仁，不如荑稗。至所以究其功而循其序

① 阮刻本作：仁以爲己任，不亦重乎；死而後已，不跡遠乎。

者，未嘗言也。此章特借羿、匠言之。射之有彀也，所以審其機括，和其心手，引滿平正則必中的。一切志正體直等法，皆爭此些子耳。大匠規矩亦然。聖人之道，所以納一世於中和而與天地合德者，非强以所無，乃使人復其性而成乎其爲人耳。然上無聖人之君相，下無聖人之師儒，則人多囿於世俗，喪其本來心性，事功駁而不純，雜而多僞。孟子此篇，歷歷辨論心性，而記者終之。以此有無窮屬望焉。夫無聖賢之師，安得有聖賢之徒？有聖賢之師，又或無聖賢之弟。故師友淵源，所以存天理於毫芒，留前聖之規矩者，與君相同功。苟仁道不明於天下，未易言俗美化淳也。

告子下凡十六章

任人有問屋廬子曰：禮與食孰重？曰：禮重。色與禮孰重？曰：禮重。

任，國名，太皞之後，風姓。任人欲窮禮，而先設爲問。屋廬子據常答之。屋廬子，名連，晉人，孟子弟子也。

曰：以禮食則飢而死，不以禮食則得食，必以禮乎？親迎則不得妻，不親迎則得妻，必親迎乎？

迎，去聲。禮所以經緯仁義。任人意欲蔑禮，蓋亦異端之流。其言特事之變者耳。

屋廬子不能對。明日之鄒，以告孟子。孟子曰：於答是也何有？

於，如字。鄒，今山東濟甯州，東去古鄒城百二三十里。蓋屋廬子在任而之鄒。何有，不難也。

不揣其本而齊其末，方寸之木可使高於岑樓。

本，下。末，上也。不由本以齊末，則食色反重於禮，如寸木可高於岑樓。朱子曰：岑樓，樓之高銳似山者。

金重於羽者，豈謂一鉤金與一輿羽之謂哉？

鉤，帶鉤也。言禮本重於食色，猶金本重於羽。而不當以一鉤論也。

取食之重者，與禮之輕者而比之，奚翅食重？取色之重者，與禮之輕者而比之，奚翅色重？

翅，與啻同，古字通，施智反。復卽其說而極言之，論利害而不論義理，則食色有時大重於禮。禮眞可廢矣？

往應之曰：紾兄之臂而奪之食，則得食，不紾，則不得食，則將紾之乎？踰東家牆而摟其處子，則得妻，不摟，則不得妻，則將摟之乎？

紾，音袗。摟，音婁。朱子曰：紾，戾也。摟，牽也。處子，處女也。卽食色之重以衡禮之尤重，而禮誠不可蔑矣。

附　解

義理權衡，細於毫髮，非窮理盡性之極，不能得其平也。任人以一偏之論蔑禮，而孟子反復明其非，所謂精義入神以致用也。學者當反諸吾身，而思其析理之原，毋徒羡其齒牙之慧。

曹交問曰：人皆可以爲堯舜，有諸？孟子曰：然。

曹交，蓋以國爲氏。人皆可以爲堯舜，蓋古語有諸。謂其事之信、否也。

交聞文王十尺，湯九尺，今交九尺四寸長，食粟而已，如何則可？

曹交自言形、體亦殊，而食粟無能，其詞甚卑。

曰：奚有於是？亦爲之而已矣。有人於此，力不能勝一匹雛，則爲無力人矣。今曰舉百鈞，則爲有力人矣。然則舉烏獲之任，是亦爲烏獲而已矣。夫人豈以不勝爲患哉？弗爲耳。

勝，平聲。是，謂形體也。匹，鶩也。烏獲，秦力士。言不必以食粟無能爲恥，堯舜爲之而卽勝任。說見下文。

徐行後長者謂之弟，疾行先長者謂之不弟。夫徐行者，豈人所不能哉？所不爲也。堯舜之道，孝弟而已矣。

後，去聲。長，上聲。先，去聲。夫，音扶。卽尋常之所謂孝弟，以證人皆可爲。而因言堯舜舍是無道也。

子服堯之服，誦堯之言，行堯之行，是堯而已矣。

之、行、之行，並去聲。承上而誘以堯舜之事。服與言行，兼乎動靜矣。

曰：交得見於鄒君，可以假館，原留而受業於門。

見，音現。交願受業於門，亦其向道之切。

曰：夫道，若大路然，豈難知哉？人病不求耳。子歸而求之，有餘師。

夫，音扶。曹交喜孟子之言，猶未能反求諸心，故告之如此。有餘師，言力行己言，無處非師。蓋上文服與言行已明，示以實踐之事，非絕之也。

附　解

時解太說壞曹交。非也。人皆可以爲堯舜，孟子所常稱述。交獨聞而問之，已非無知子弟可比。其言己虛有形骸，如何則可純，是謙下求教語，特恐堯舜難爲，故孟子詳悉導之。言堯舜不難爲，只恐不肯爲，因舉徐行後長事以實之。徐行後長，人人所知，人人所能，即是孝弟之事。堯舜亦不過盡其孝弟之事，有何不可爲？第堯舜之道，不外孝弟。而堯舜之孝弟，豈徐行後長可了？孟子即徐行一事以證堯舜可爲，即就孝、弟二字引入堯舜之道。而已矣者，言堯舜無奇功，所以破曹交之畏難也。下文乃正告以爲堯舜之事：服也、言也、行也，堯是如何？己是如何？此中便該許多知行實踐功夫，而聽來衹覺平易近人。孟子善誘之婆心，立言之精妙也。交於孟子只聽得一半，以爲堯易爲，願假館受業。不知孟子已詳告以爲堯舜之事，衹須實踐便了，何用更求教訓？故曰：夫道若大路然，豈難知哉？人病不求耳，子歸即吾言而求之。辨其何爲堯舜？何爲桀？一一身體而力行，則隨處皆師。己之所言已無遺義，不必更留受業，非拒其來學而別使求師也。若曹交果歸而力行，則孟子之言眞是一生爲之不盡。時解多未得本文語氣，又過詆曹交，抑思今之自愧粟者有幾人歟？服與言之間皆合堯舜，談何容易也。曹國哀公八年爲宋所滅，交蓋其餘裔。以國爲姓，故與鄒君亦有舊也。《帝王世紀》文王龍顔虎眉，身長十尺，有四乳。《孔叢子》言，孔子身長九尺六寸。成湯之容體，則交言亦非無據，但聖人所以爲聖人，不在是耳。

公孫丑問曰：高子曰：《小弁》，小人之詩也。孟子曰：何以言之？曰：怨。

弁，音盤。周幽王寵褒姒而黜申后，太子宜臼被廢，爲《小弁》之詩，冀以悟王。高子以《小弁》子之於親，非可怨也。

曰：固哉，高叟之爲詩也。有人於此，越人關弓而射之，則己談笑而道之，無他，疏之也。其兄關弓而射之，則己垂涕泣而道之，無他，戚之也。《小弁》之怨，親親也。親親，仁也。固矣夫，高叟之爲詩也。

關，與彎同。射，食亦反。夫，音扶。固，執固。爲，治也。道，解說。言《小弁》親愛情深，不覺其詞之怨。仁謂天性之良。

曰：《凱風》何以不怨？

《凱風》之詩，七子自責，以全其母之貞，故丑云然也。

曰：《凱風》，親之過小者也。《小弁》，親之過大者也。親之過大而不怨，是愈疏也。親之過小而怨，是不可磯也。愈疏，不孝也。不可磯，亦不孝也。

磯，音機。《凱風》之母，第有欲嫁之志，未嘗果適人也。《小弁》則君父已陷於危亡。磯，大石激水也。不可磯，言如石激水，而水遽怒也。

孔子曰：舜其至孝矣，五十而慕。

引舜之慕親，以明《小弁》之怨，亦有慕親之意。不可以其人而議其詩也。

附　解

《小弁》之詩，蓋幽王寵褒姒之時，宜臼憂怨而作此詩，以悟幽王。其憂周道而切瞻依，蓋皆人子之至性至情。若無此一怨，是直視親如路人矣。然司馬相如作《長門賦》，猶能成王皇后，而《小弁》不能悟幽王，亦大不幸也。孟子就《詩》論《詩》，未嘗一語涉平王。平王之不孝，在反國之後不明正申侯之罪而又戍之。至其遭讒被廢作此詩時，本無可議。孟子辨之，使後世臣子知天性之不能恝，而以至誠感動爲主。義至精，教致遠也。《凱風》之母未嘗嫁人，特有欲嫁之志。七子作詩，其母遂守貞以終，故孔子取之。若以適人，則非小過矣。《毛傳》《孔疏》皆如此說。磯，本訓石激水，朱子一時誤倒之。

宋牼將之楚，孟子遇於石邱。

牼，亦作鈃。宋牼，宋人見《莊子》。石邱，宋地。

曰：先生將何之？

趙氏曰：學士年長者曰先生。孟子素知宋牼尚可與言，故請其所之。

曰：吾聞秦楚搆兵，我將見楚王說而罷之；楚王不悅，我將見秦王說而罷之。二王我將有所遇焉。

說，音稅。牼蓋亦以安民爲心者，故欲說二國，但不知其本耳。

曰：軻也請無問其詳，願聞其指，說之將何如？曰：我將言其不利也。曰：先生之志則大矣，先生之號則不可。

志在息民而但以利爲詞，故孟子言其號不可。

先生以利說秦楚之王，秦楚之王悅於利，以罷三軍之師，是三軍之士樂罷而悅於利也。爲人臣者懷利以事其君，爲人子者懷利以事其父，爲人弟者懷利以事其兄，是君臣、父子、兄弟終去仁義，懷利以相接也[1]，然而不亡者，未之有也。

樂，音洛。下同。說於利而罷則必求所以利。而仁義所在無利，亦必不爲矣。

先生以仁義說秦楚之王，秦楚之王悅於仁義，而罷三軍之師，是三軍之士樂罷而悅於仁義也。爲人臣者懷仁義以事其君，爲人子者懷仁義以事其父，爲

① 也，阮刻本無。

人弟者懷仁義以事其兄。是君臣、父子、兄弟去利、懷仁義以相接也，然而不王者，未之有也。何必曰利。

息民爲仁，守制爲義。果能使之悦仁義，則凡事皆循理而行，可以王矣。

附　解

世人行事，衹檢有便益處做去，不顧義理之安否。雖使保家强國，衹是一團自利私意。不知我便於己，人亦效尤其弊。至君臣父子之際，皆擇利而爲，不顧良心天理所在。胡、越起於門庭，人道蔑矣。若專尚仁義，則愛敬惻怛之心無處不存忠恕，君仁臣忠父慈子孝，五倫莫不孚契。宇宙太和之氣，即此而釀。戰國時，利、害二字，策士恃以爲秘詮。《莊子》言，宋牼禁攻寢兵。救世之戰，上説下教，强聒不舍。是其心存息民，亦是好人。故孟子實爲指出仁義，俾入聖賢《大學》之道，愛宋牼愛當時，此念所以爲不朽業也。非技癢太甚，道途不擇人而語。又按：劉向云，宋鈃遊稷下。蓋在齊，孟子已識之。而年又長，故一見即稱之先生。而問所之也。至秦楚搆兵之事甚多，後人臆揣紛紜，俱不足據，不必鑿之可也。

孟子居鄒，季任爲任處守，以幣交，受之而不報。處於平陸，儲子爲相，以幣交，受之而不報。

任，平聲。相，去聲。下同。趙氏曰：季任，任君季弟。任君朝會於鄰國，季任爲之居守。記二人幣交之事，同一不報也。

他日，由鄒之任，見季子；由平陸之齊，不見儲子。屋廬子喜曰：連得間[①]矣。

間，隙也。報禮之異。屋廬子知其必有義也。

問曰：夫子之任見季子、之齊不見儲子，爲其爲相與？

爲其之爲，去聲。下同。與，平聲。知其必不爲此而疑問之。

曰：非也。《書》曰：享多儀，儀不及物曰不享，惟不役志於享。

《書·周書·洛誥》。儀，禮意也。物，幣也。役。用也。物重於志，享如無享，以其不用其志於享。孟子引以明交道。

爲其不成享也。

不成，徒名無實。釋《書》言以明儲子之不至，知其意非誠也。

---

① 間，阮刻本作閒。

屋廬子悦。或問之，屋廬子曰：季子不得之鄒，儲子得之平陸。

欲來而不得來，可來而不來，誠否立見矣。

附　解

聖人時中之詣，至無定而有一定，煞是活潑潑的。儲子方幣聘時，孟子未嘗遂料其不誠，而同受之。及後竟不來，則一報一不報，惟其宜而已。世俗因人轉移，不顧義之所安。又或先事逆料以爲前知，皆未聞聖賢《大學》之道也。或謂孟子既知儲子不誠，何不勿受其幣？曰：孟子在齊爲客，儲子齊相，幣交固宜受之。使以幣先而繼來見，則得矣。乃竟不來，則受幣而不報，亦孔子取瑟而歌之意也。

淳于髡曰：先名實者，爲人也。後名實者，自爲也。夫子在三卿之中，名實未加於上下而去之，仁者固如此乎？

名，聲譽。實，事功。爲人，謂濟世。自爲，謂潔身。先之後之，皆有意而爲之。孟子不然，髡以俗見測之，而責其無功去齊也。

孟子曰：居下位，不以賢事不肖者，伯夷也。五就湯，五就桀者，伊尹也。不惡污[1]君，不辭小官者，柳下惠也。三子者不同道，其趨一也。一者，何也？曰：仁也。君子亦仁而已矣，何必同？

惡、趨，並去聲。言去就不同，同歸於仁，己之去未爲不仁也。伯夷不忍見暴主之虐民，柳下惠同人，伊尹救世，故曰一也。五就湯，五就桀，湯以尹賢而薦之桀，朝聘往來，蓋凡五次。

曰：魯繆公之時，公儀子爲政，子柳、子思爲臣，魯之削也滋甚。若是乎賢者之無益於國也？

公儀子，名休。子柳，泄柳也。髡因孟子自言其仁，遂直譏。言其無益於齊，而引古以諷之。其言魯削，蓋誣之也。

曰：虞不用百里奚而亡，秦穆公用之而霸，不用賢則亡，削何可得與？

與，平聲。引奚以明己之無益於齊，乃齊之不用己也。

曰：昔者王豹處於淇，而河西善謳；綿駒處於高唐，而齊右善歌；華周、杞梁之妻善哭其夫而變國俗，有諸内必形諸外。爲其事而無其功者，髡未嘗覩之也。是故無賢者也，有則髡必識之。

---

① 污，阮刻本作汙。

華，去聲。王豹，衛人。淇，水名。綿駒，齊人。高唐，齊西邑。華周、杞梁皆齊大夫，戰死於莒。其妻哭之哀。事見《春秋傳》及《列女傳》。髠直斥孟子無功，不得爲賢也。

曰：孔子爲魯司寇，不用，從而祭，燔肉不至，不稅冕而行。不知者以爲爲肉也，其知者以爲爲無禮也。乃孔子則欲以微罪行，不欲爲苟去。君子之所爲，衆人固不識也。

稅，輸芮切。爲肉、爲無禮之爲，去聲。燔肉，祭之熟肉。程友菊曰：稅，收也。冕，非常冠。不稅冕，極言其去之速。蓋去冕即行，不遑細檢行裝，故言不稅冕行耳。孔子因魯君怠政，藉燔肉以行，使人咎己褊心，故曰微罪。苟去，無故而去。孟子去齊亦必有故。孟子引孔子以曉髠，髠或已明，故不復辨。而孟子之用意，忠厚亦孔子也。

附　解

孟子得孔時中之學，行道情殷，守己義嚴。其在齊也，王以客禮相待，自可暫留。先名實功名之士，後名實枯槁之流，皆非孟子所爲，髠不知也。渠祇見孟子無功於齊，不知齊王並未見用，功從何來？其言名實未加而去，不得爲賢曰仁者。固如此乎？婉詞也。及孟子言仁者不必一轍，則遂直言其無益於齊。孟子又以百里奚自解，彼遂直言其無益於齊。孟子又以百里奚自解，彼遂直斥其無功。無功即名實未加，始終只是一意。如時解一步追進一步之說也。蓋髠言孟子無功，如何便去。孟子言有不得不去者，其故則不便明言，引孔子之事而髠亦了然，故不復問也，非髠含糊而退。孟子强詞拒人，伯夷、伊尹、柳下三聖，此章更爲斷得分明。愚於前集《大成》章力辨時說之非，正爲此耳。伯夷不以賢事不肖，非高自期待。彼既不肖，安能用我？而此心惓惓，又不忍斯民之虐於不肖，故去之北海之濱。實未嘗忘天下也。外面做得十分决絕，心中實是十分不忍，故曰仁也。柳下惠不惡汙君，不辭小官。彼方欲挽汙君而偕之大道，卽小官亦謂可以布其膏澤。故其爲仁同。伊尹受湯之聘。卽以湯之心爲心，湯進伊尹於桀，桀想亦受之，只是不能大用，尹復歸於湯，湯又時時遣赴桀處。蓋諸侯使大夫於天子之常，在湯則欲借尹以引君於道，尹亦以爲義而安之。迨後桀無可挽回，尹遂安於湯矣。此尤見得湯與伊尹至公至仁之心。湯固欲桀改行，尹亦不憚煩勞，皆致主救民之苦衷也。後世不詳孟子各章立言之意，反過貶三子，豈非孟浪？吳蓀右言，公儀子、泄柳、子思，大有功於魯。淳于髠誣之。良是。柳子厚

《五就桀贊》，似是而非，不得當日情事。張甄陶竟謂無其事，則非矣。齊王得罪孟子之故，今已無考。孟子以孔子自居，雖淳于髡當面搶白，並不言齊王之非，忠厚之至也。華周，蓋即華還。杞梁妻哭其夫，見《檀弓》。華周妻，未聞。髡蓋連而及之耳。冕，祭冠。不可常戴以行，故從程氏。

孟子曰：五霸者，三王之罪人也。今之諸侯，五霸之罪人也。今之大夫，今之諸侯之罪人也。

溯世運陵替之故，而斷之如此。五霸之說不一，當闕疑。

天子適諸侯曰巡狩，諸侯朝於天子曰述職。春省耕而補不足，秋省斂而助不給，入其疆，土地辟，田野治，養老尊賢，俊傑在位，則有慶，慶以地。入其疆，土地荒蕪，遺老失賢，掊克在位，則有讓。一不朝，則貶其爵，再不朝，則削其地，三不朝，則六師移之。是故天子討而不伐，諸侯伐而不討。五霸者，摟諸侯以伐諸侯者也。故曰：五霸者，三王之罪人也。

朝，音潮。辟，與闢同。治，去聲。慶，賞也。掊克，聚斂。讓，責也。移，罪而變置之。討，治其罪而正之。伐，諸侯奉天子命伐之。摟，牽也。不用天子命而牽諸侯以伐之。述三王之制而言五霸擅征伐，爲無君也。

五霸，桓公爲盛。葵丘之會諸侯，束牲載書而不歃血。初命曰：誅不孝，無易樹子，無以妾爲妻。再命曰：尊賢育才，以彰有德。三命曰：敬老慈幼，無忘賓旅。四命曰：士無世官，官事無攝；取士必得，無專殺大夫。五命曰：無曲防，無遏糴，無有封而不告。曰：凡我同盟之人，即盟之後，言歸于好。今之諸侯，皆犯此五禁，故曰：今之諸侯，五霸之罪人也。

歃，所洽反。糴，音狄。好，去聲。束牲而不殺，但載盟書于上。樹子，已立之世子也。賓，賓客。旅，行旅。士世祿而不世官，以不盡賢也。無攝，各以賢者任之。必得，必得賢者也。曲防，曲爲隄防，以自固遏。糴，閉糴而不恤鄰。封而不告，專封而不告天子。述葵邱之事，以見五霸猶假王命以服人，而當時學五霸者之謬。

長君之惡其罪小，逢君之惡其罪大。今之大夫皆逢君之惡，故曰今之大夫，今之諸侯之罪人也。

長，上聲。當時諸侯不行仁義，而其臣復導之。是以欲霸不能，反速其敗也。君有過而順之曰長，過未萌而先意道之曰逢。

附解

此章上下古今。其見卓，其憂深，而其詞微。講家多不能達。蓋周家封建之治，使諸侯各君其國，各子其民，原有易於離散之勢。所恃以維持臨馭，上下一德者，禮樂教化，本仁本義足以固其忠孝之天良也。第專尚禮教而法失於疎，亦難保無尾大之事。尤要者，巡狩、述職之典，使天下政俗瞭然於耳目之前，而慶讓時行，有以警動。其靖共之志傳世既久，天子不復巡狩，諸侯亦不述職。而互相侵陵如鄭莊、齊僖之流，其敗壞王略，蓋在五霸之前矣。孟子獨罪五霸者，以其有禁暴止亂之權，而不能率朝聘述職之典，陽以尊主爲名，實以摟伐爲私，致先王命討之大權不能復收。鄭莊、齊僖之徒，顯悖王綱，其罪明；五霸陰盜大柄，其罪隱。若使五霸當時凡事請命天子而行，修明王制，虞思共和，亦何以過？夫子之作《春秋》也，憫王室之凌夷，惡五霸之專伐。卽召陵之師，書曰：侵蔡，遂伐楚。未嘗深予之也，間有節取之者。孟子所謂彼善，於此非如邵堯夫功首罪魁之說。孟子慨世運凌夷，特推其故於五霸。五霸者，當時之所謂盛烈也。倡言其罪自孟子始。及其敘五霸之罪以摟伐爲斷，蓋天子之號令諸侯者，恃巡狩述職之典耳。五霸若果存心王室，何不請於王朝，修明此制？文、武之政，布在方策，旦夕可舉耳。惟其意主自强，特借尊王爲名，遂其侵伐天下。人見其翼戴之迹，而不知其暗地敗壞王制，揭其爲三王之罪人，而後世之藉口桓、文，遂其强暴者，可以氣阻矣。至於當時諸侯豔羡五霸，不過慕摟伐以自强。孟子曰五霸之罪，卽在摟伐。而五霸猶得以自强於一時者，以其尚能假名王制。今之諸侯既多犯此五禁，則並五霸所假以欺人者亦不能爲，故曰五霸之罪人。而其於三王可知矣。言及此，覺貶斥當時，未免過甚。乃歸咎於大夫之逢、惡，意以爲諂臣媚子置其君於不肖。而時君方以爲良也。三王之化不興，生民之禍不息。職此之由，豈不哀哉？厥後，秦能以力削平六國，再世而亡；項氏力征天下，及身而敗，皆跡五霸之前塵者也。徒知五霸之盛，而不知五霸之猶盛者乃在尊王。果能以王道爲心，三王且將把臂，五霸何足道哉？不此之務，並五霸亦不能作，而徒取罪於三王，爲逢君、長君所陷害，孟子誠悲之矣。五霸之說有三：《孔疏》以爲昆吾、豕韋、大彭、齊桓、晉文，其說或有所受。因《史記·諸侯王表》及《地理志》，後儒皆以五霸屬周。然《春秋傳·成公二年》齊國佐，已云五霸之霸也。故顧炎武謂有三代之五霸，有春秋之五霸，其說亦是。顏師古以爲齊桓、晉文、宋襄、秦穆、夫差。宋、吳皆無盛烈，趙臺卿以楚莊代夫差，世多從之。然宋襄闇懦，秦穆超乘，楚莊問鼎，皆無功王室。句踐平吳霸越，歸其職貢於王，孟子稱其畏天，可列名五霸。晉襄能繼父業，聖人特敘其殽之師。晉悼中興服楚，亦可云霸，然特後人擬議之詞。齊國佐已稱五霸，孟子亦言五霸桓公爲盛。則五霸皆屬周可知。孟子本不屑稱五霸，因當時宗五霸，故言其假之三王罪人，使勿效法，非有取五霸與三王並稱也。謂齊桓爲盛，亦以其申明五儆，尚知三王載書，不歃血亦頗有三王遺意，非以五霸爲是。因仲尼之徒無道五霸者，故後世不得其人。闕疑可也。

魯欲使愼子爲將軍。

蓋愼子自負其能，而魯信之。

孟子曰：不教民而用之，謂之殃民。殃民者，不容於堯舜之世。

殃，禍也。言魯民素無教化，不當棄之於敵。

一戰勝齊，遂有南陽，然且不可。

南陽，齊下邑。承上言即僥倖而勝，亦不可也。

愼子勃然不悅曰：此則滑釐所不識也。

滑釐，愼子名。此別一愼子，非愼到，亦非禽滑釐也。愼子蓋决其必勝，而無解於孟子之言。

曰：吾明告子：天子之地方千里，不千里，不足以待諸侯。諸侯之地方百里，不百里，不足以守宗廟之典籍。

待諸侯，所以禮遇寵賚之事。典籍，典禮所在之事。言先王封國，必不留其有餘，以生侈心。

周公之封於魯，爲方百里也，地非不足，而儉於百里。太公之封於齊也，亦爲方百里也，地非不足也，而儉於百里。

朱子曰：儉，止而不過意。證之以齊魯分封，見王制不可違。

今魯方百里者五，子以爲有王者作，則魯在所損乎，在所益乎？

言魯非不足於地，何必殃民以逞？

徒取諸彼以與此，然且仁者不爲，况於殺人以求之乎？

徒，空也。言徒取猶且不可，况殃民乎？

君子之事君也，務引其君以當道，志於仁而已。

此乃正曉愼子事君之道，當道則不貪利，志仁則不殃民。仁在心而著於事，則道也。

附解

此章重責愼子道君以殃民之事違制，意亦爲殃民作引。蓋魯是時五百里，非不足於地，所少者志仁而已。慎子自詡其能，魯爲歆動，欲使爲將以取南陽，想亦如趙括之類。孟子以殃民責之，斥其不可。慎子不悟，乃爲陳說先王之制，言封國之意主於甯民，非欲其富强。自擅魯地已爲太廣，況又殺人求益，直是以殃民爲樂耳。末乃正曉以事君之道，不宜導以貪兵。慎子想亦天良發見，伐齊之事遂中止，故無考焉。明人曹石霞謂，是時樂毅破齊，魯欲乘釁以取南陽。然果如此，則孟子口中何無一語提及？燕齊之事，則不必鑿之矣玩。開首特書，魯欲使慎子爲將軍，及我明告子，君子之事君云云，其爲慎子技癢無疑。南陽，閻百詩謂，魯在泰山之陽，南陽必齊地插入魯境者，亦有見。然《公羊傳》，齊桓公使子高將南陽之甲，立僖公而城。魯則爲齊邑無疑。周公封止百里，自當以孟子爲正。《明堂位》云七百里，蓋以山川附庸通計之。魯方百里者五，皆并吞所得。以《春秋》考之：滅鄟、項、邿、鄫、須句、根牟，又取郜、防，取莒、向鄆，取邾，取訾婁、繹、漷東田及沂西田，又分曹地。自洮以南東傳於濟，分邾田、漷水、越與哀公泗東地，又邾庶其以漆、閭邱來，黑肱以濫，莒、牟夷以牟婁、防兹，小邾射以句、繹來，皆足證也。

孟子曰：今之事君者，皆曰[1]我能爲君辟土地，充府庫。今之所謂良臣，古之所謂民賊也。君不鄉道，不志於仁，而求富之，是富桀也。

爲，去聲。辟，與闢同。鄉、向，同。下同。辟與充，蓋皆不以其道而取之人也。富桀，益其暴。

我能爲君約與國，戰必克。今之所謂良臣，古之所謂民賊也。君不鄉道，不志於仁，而求爲之强戰，是輔桀也。

朱子曰：約，要結。與國，相與和好之國。强戰，必殃民。

由今之道，無變今之俗，雖與之天下，不能一朝居也。

言必有危亡之禍，不如志仁之可恃也。

附解

宇宙祗有理、欲兩途。仁民者以安人爲心，不求自利，而天下自從之；虐民者以富强爲志，不顧損人而天下必亡之。一念之公私，而禍福昭然。《孟子》此章，大聲疾呼。當時君臣若罔聞也。嗣是數千年來，有國有家，

① 皆曰，阮刻本作曰。

知志仁而不計富强者，幾人哉？是以聖賢之言，至淺而難行也。

白圭曰：吾欲二十而取一，何如？

白圭，周人，見《史記》。善於治生，欲以其術施之治國。

孟子曰：子之道，貉道也。

貉，音貊。貉，北狄。

萬室之國一人陶，則可乎？曰：不可，器不足用也。

朱子曰：孟子設喻以詰圭，而圭亦知其不可。

曰：夫貉，五穀不生，惟黍生之。無城郭、宫室、宗廟、祭祀之禮，無諸侯幣帛饔飧，無百官有司，故二十取一而足也。

夫，音扶。申言貉道之實。黍，亦五穀之一，言惟此生耳。幣，有錢、帛之分，此則言幣帛。饔飧，諸侯聘禮所致之饔飧，謂肉食生熟之物。言有不得不儉，取之勢也。

今居中國，去人倫，無君子，如之何其可也？

人倫、君子，中國之所以爲中國，皆有經費。

陶以寡，且不可以爲國，况無君子乎？

無君子，不但如器，不足用也。

欲輕之於堯舜之道者，大貉小貉也。欲重之於堯舜之道者，大桀小桀也。

什一，堯舜之道，斟酌時宜而取也。多則桀，寡則貉。大小，言其失中。或有大小皆非也。

附　解

白圭善治生，非漫無道理之人。但欲施之國家則不可，何者？一人一家之計，劑其盈虚而操其贏餘，不悖於義，如陶朱之流猶可言也。爲民上者，至同商賈榷利，何以爲國？什一之制，先王斟酌中正，期於足以備凶荒，足國用，非徒自給而已。白圭以賈豎之才，欲亂王制。苟其行之，後世無圭之才，欲充國用，不但如桑宏羊之平準，王安石之青苗法已也。故孟子極斥之，而至以貉道相比。當時貉道去人倫、無君子，一切禮樂教化皆無，故上之所需者少。圭之見識，與許行並耕，陳仲矯廉，俱似是而非，易以惑人也。非孟子，其誰能辨之也？然六合至廣，民俗不齊，世教益興，風尚益變，有非可以一概量者。如晉代中原爲劉淵等所據，而稱褥檀者曰：奇才異[①]器，不必華夏；明智敏識，不必讀書。往往殊方異俗，多有奇才。中國人民忘其廉恥，又何得謂其皆去人倫、無君子也？孟子時，之貉道則如此耳。五穀不生，惟黍生之二句成文。言貉地瘠薄，有不得不儉取之勢。張甄陶未識其解。

白圭曰：丹之治水也，愈於禹。

趙氏曰：當時諸侯有小水，圭爲築隄，壅而注之他國。

孟子曰：子過矣。禹之治水，水之道也。

過，言之過也。禹治水，順水道之自然。

是故禹以四海爲壑，今吾子以鄰國爲壑。

壑，聚水處。壅此注彼，戕鄰國矣。

水逆行謂之洚水。洚水者，洪水也。仁人之所惡也，吾子過矣。

惡，去聲。水下壅則逆行，引堯時之洚水以見壅水之不仁。過，行之過也。

附　解

齊桓公申王命曰：無曲防。而白圭損人利己，自以爲能，眞妄人矣。故以洚水斥其不仁。據《史記》：圭，魏文侯時人。去孟子年代頗遠。故閻百詩以朱《註》引林氏之說爲非。而張甄陶又謂有兩白圭，太史公誤合爲一。愚謂長年是古人常事，歷考諸書，無二白圭。則此章所引，即《貨殖傳》所言。其或先爲魏將，繼爲居奇，如范少伯之類，不必執年代以相疑也。況《史》《傳》所述人與年代，往往多誤。

孟子曰：君子不亮，惡乎執？

惡，平聲。亮，公平正直之意。執，謂持以應事。

附　解

朱子謂考之《說文》，古無亮字，故以爲與諒通。然夫子言貞而不諒，匹夫匹婦之爲諒。是諒，非美名。又言友諒，則諒爲好字。一字數義，固所常有，無足怪焉。獨是本文已明是亮字，而因《說文》無有，並疑本文，安

① 異，《資治通鑑》（《四庫全書》本），卷一百十四作英。

知非《說文》之漏耶？《書》曰，亮天工。寅亮天地，弼亮四世。漢諸葛亮，字孔明。未嘗專作信字解也。此章亮字，當以《書》意通之，猶云貞明之意，而誠信在其中矣。若不如此，是一糊塗苟且人，尚何以爲應事之本？

魯欲使樂正子爲政。孟子曰：吾聞之，喜而不寐。

喜於行道濟民，非師弟之私也。

公孫丑曰：樂正子强乎？曰：否。有知慮乎？曰：否。多聞識乎？曰：否。

知，去聲。强，任重。知慮，周知物理，多聞博通典故。識，明辨之也。三者非不可取，但止於一人之能耳，故皆非樂正子所尚。

然則奚爲喜而不寐？

丑意三者之外，無以爲政也。

曰：其爲人也好善。

好，去聲。惟善人能好善。

好善足乎？

足，優於政也。

曰：好善優於天下，而况魯國乎？

善者，天下之公理。好善則得天下之心。

夫苟好善，則四海之内，皆將輕千里而來告之以善。

善與善相召，而天下之才智皆集。

夫苟不好善，則人皆曰：訑訑，予既已知之矣。訑訑之聲音顔色，距人於千里之外。士止於千里之外，則讒諂面諛之人至矣。與讒諂面諛之人居，國欲治，可得乎？

訑訑，自足而不嗜善之貌。一不好善，則人早已窺其心。訑訑，予既已知之，人述其拒善之詞也。下乃孟子推其弊而决其非。

附　解

孟子道不行於當時，聞樂正子將爲政而喜。喜生民之得所也，豈爲已衣缽有託乎？好善二字，須見樂正子全副精神。蓋其克己甚力，胸中義理已是幾於純熟。惟恐世之不治，民之不安，而不復知有人我畛域，推之以至乎其極。舜之若决江河，周公之吐握，皆是道也。於此章見樂正子善、信之實。善則天理已復，信則誠篤矣。美大聖神，不過就此而涵養純熟，變化不窮耳。後世聰明才智，百倍前人，而每不克媲德於樂正子者，由自心之善未實。故見人之善，終成隔膜耳。惟己胸中實有是善，乃能好善之至殷。非此而尚可爲政乎？

陳子曰：古之君子，何如則仕？孟子曰：所就三，所去三。

陳子，蓋陳臻也。因孟子難仕，而問古以質之。就三去三，君子惟以義爲權衡而已。

迎之致敬以有禮，言將行其言也，則就之。禮貌未衰，言弗行也，則去之。

本將行其道而忽違其言，則志疎矣。故去之。

其次，雖未行其言也，迎之致敬以有禮，則就之。禮貌衰，則去之。

雖無信任之誠，尚有尊賢之雅，則可就也。

其下，朝不食，夕不食，饑餓不能出門戶。君聞之曰：吾大者不能行其道，又不能從其言也，使饑餓於我土地，吾恥之。周之。亦可受也，免死而已矣。

道窮於遇，受其周以免死，君子之至不幸也。而已矣者，不苟取，不多取也。

附　解

君子修德於身，非欲人世之知己也。特以生民塗炭，不忍其危而思以道濟之。世主不察，以爲高自位置。及其不屑俯就，則置之而已。在君子亦何所損？而國危民困，爲深可惜也。此章歷敘去就之三，極於饑餓，不能出門戶。自古安有賢人饑餓，尚可爲國者乎？乃或以苟祿爲榮，謂士品不過如是，抑又何也？

孟子曰：舜發於畎畝之中，傅說舉於版築之閒，膠鬲舉於魚鹽之中，管夷吾舉於士，孫叔敖舉於海，百里奚舉於市。

說，音悦。敘諸人所由興，以起下文。傅巖，今平陸縣東，卽顛軨也。膠鬲避紂，隱於魚鹽，文王舉之，以薦於殷。士，獄官。管仲自請囚於士官，桓公舉之。孫叔敖式微，遷於海，莊王舉之。百里奚貧困，爲人飯牛，而秦穆公舉之於市。

故天將降大任於是人也，必先苦其心志，勞其筋骨，餓其體膚，空乏其身，行拂亂其所爲，所以動心忍性，曾益其所不能。

曾，與增同。朱子曰：空，窮也。乏，絶也。拂，戾也，言所爲不遂也。承上文而推言之。大任，名教之任。心，知覺之靈性，義理之質動，悚惕而操存。忍，堅定而純一。能，則才識之也。

人恒過，然後能改；困於心，衡於慮，而後作；徵於色，發於聲，而後喻。

衡，與横同。朱子曰：恒，常也，猶言大率也。衡，不順也。作，奮起也。徵，驗也。喻，曉也。又即中人以證之。過，謂事後。困心衡慮，已窮蹙而後轉，徵色發聲，人警告而後悟，蓋氣質之困人，而義理之難通也如此。故欲降大任者，必自窮困也。

入則無法家拂士、出則無敵國外患者，國恒亡。

拂，與弼同。法家，守法度之世家。拂士，諫諍之賢士，推之於國亦然也。

然後知生於憂患，而死於安樂也。

樂，音洛。結明上文之意，欲人以戒慎，永其德也。性盡身修，爲生，否爲死。

附解

身自當修，德自當立，何論舉與不舉？亨與不亨？此爲俗流不安貧困、易行敗德者，効婆心苦口也。人生幾何？幸而爲人，所得於天地父母者，至大至貴。全而受者全而歸。聖賢忠孝所以不朽於天壤也。世俗以豢養爲務，榮利爲急，舍其良貴，逐於物欲，生爲徒生，死亦愧死。孔子言朝聞道，可以夕死者。爲何？生求有益於人，死不負其所生，此意難與俗人細説，以降大任歆動之。先敘聖賢之由困而亨，言困阨不足爲憂，心性頑冥可恥；次以困心衡慮，勉其艱貞自失，證以國家之事。結明生於憂患，死於安樂。憂患安樂者，境而生死者，此心。心生而身死，雖死，不死；心死而身生，雖生非生。所謂生死者，固以天理之存亡而言。豈以形骸論哉？自古聖人教人修德立命以事天，全其爲人之理。而無愧於生，成其得志，而安樂如堯舜、禹湯、文武、周公之爲君相。以一己之樂爲天下之樂，而生則爲不可少之人；其不得志而憂患如孔、孟、顔、曾之爲布衣，以天下人之憂爲一己憂，而亦爲人中不可朽之人。處憂患而戚戚者，其處安樂必驕；處安樂而欣欣者，其處憂患必濫。其貿貿於天地之間，豈知天之所以與人，人之所以承天哉？孟子爲淺人説法，使其能處困厄，則必有戰兢惕厲、反身修德之事。一旦而亨，亦免於驕奢淫佚之習。所謂委曲誘之於善也，而豈謂困者必亨，亨者必困哉？夫武、周未嘗處困，孔孟何嘗竟亨？特處困者多，求亨者尤多。知天之困我者，爲玉成亨我者，有奢望，則無論窮達，皆能以盡職盡道爲安樂，而生不虚生，死不徒死。孟子之言，正有無窮屬望也。勿但泥視本文，入修天爵以要人爵之説。心性言動言忍，義至精微。心與性是一是二？動、忍有實際。若以心爲性，則性屬氣質，動忍之義不明。蓋心爲氣質之靈，而性乃天命之理。心隨物而遷，則理因欲而晦。遭困厄而悚，動其心不敢縱欲，堅忍其性不敢失移，故義理日生，才智日發。增益其所不能，卽心性中天理之所散見，非謂無義理之才能也。惟盡其心而知其性者，乃能析之。詳見《盡心》章。傅巖，孔《疏》云：傅氏之巖，傍有傅氏之民。是巖以傅名，非因巖名是也。而《路史》謂傳說姓狸氏，不可從。膠鬲，趙《註》謂殷賢臣。孟子與箕子並舉，則非周臣。謂文王舉而薦之於殷者，較是也。孫叔敖，據《左傳》卽蔿艾獵，蔿賈之子。或疑本楚公族，何至僻處海濱？《春秋·宣公四年》，越椒殺蔿賈。或因避難至海濱耳。當以孟子爲正，他書不必信也。

孟子曰：教亦多術矣。予不屑之教誨也者，是亦教誨之而已矣。

朱子曰：多術，言非一端。屑，潔也。不以其人爲不潔而拒絕之，時必有被斥責而自棄者，故孟子婉詞以誘之，非徒自白也。

附解

聖賢之心，欲人同歸於善，而非實有受教之心，亦無由强之使就道也。奈世俗衰薄，上智之姿，以道爲庸淺；下愚之人，以道爲畏途。其有稍知自好向道而趨者，又不恒其德。至於師長之前，亦以服勞受命爲恥。卽有明師，不能挽勢利紛華之子弟，而使之就範。然聖賢之心，仍不忍也。故此章孟子之言如此。而周濂溪謂師道立，則善人多，良有以也。

孟子恒解卷七晚年定本

盡心上凡四十六章

孟子曰：盡其心者，知其性也。知其性，則知天矣。

心者，理氣之靈，受中之始，有善無惡。後天氣質拘而七情擾，克己復禮，盡乎先天本然之體，則知心原是性，性卽天理，故知天。此就成德者言，而指明心性與天之一貫。

存其心，養其性，所以事天也。

承上而指其用功之實，存有覺之心，養虛無之性，則後天之神體，而天不外是矣。

殀壽不貳，修身以俟之，所以立命也。

或殀或壽，氣數不齊也。不以殀壽爲命，而存養修身以事天，則理純而氣亦固。殀壽之數，不能拘此爲自立其命。貳，謂惑於數也。

附解

此章爲當時言心性者直揭其表裏，語簡而義該。全部《大學》《中庸》，歷代聖人心法，皆具於此，直是渾成雪亮。而猶有謂孟子之文不簡密者，何哉？通章皆指點之詞，人皆知心爲一身之主，而不知心有先天後天之分。未生以前，秉天地理氣之正，而後爲人物則偏駁矣。故人心之量，原是粹然。在先天則渾然無名象，如天地太極之渾含。此時心卽是性。迨既生以後，則氣質之心足以梏其浩然之氣，而心之本體非舊矣。故孟子言人知心爲身主，不知自來。盡其心之量而無所不通者，皆由知其性也。性卽天理，而人得之以爲心。心蔽於欲則先天渾然之性不全，人遂日與天遠。能知其性，則天之理體備無遺，而洞然於人之所以爲人，卽天之所以爲天，則知天矣。舍性言心，而以爲天命之本然，可乎？惟性爲心之質，而後天之心常足以擾其先天之性，故聖人教人存其知覺之靈，不使逐物而紛。養其本然之性，不使爲心所役，久久則後天有覺之心，皆純乎義理而爲先天渾然之性。天之所以與我者始全。所以事天也，舍存心養性而別求事天，可乎？夫天者，理氣之宰也。人生受氣於天，秉理爲性，天原以可大可久者付之於我而不能存養，於是神爲欲錯，氣爲欲耗。見殀壽之不齊而疑天之不可恃矣，念吾身之不久，而或懈其修存矣。我之得於天而主宰乎吾身者，尚能立乎？惟一心存養，確然有見，卓然有主，知吾身有與天地並壽者，而死殀壽不齊，不足惑之。兢兢焉，惟恐吾性有未純，心有未安，一息尚存不敢怠其修身之學，以此俟天命。而自樂其性分，則心通乎造物之始而識超乎天下之先，不似他人囿於氣化，虛生徒死。所以立命也，自古聖人盡性之功可以參贊，由此其選。獨奈何舍心性而不務，自外於天也哉？語意如此，心、性、命三字道得十分了然。而人無實功，徒以臆測。分首節爲知，次節爲行，至末節疑爲另是一意，煞是謬妄。明者當必知之。或曰：先儒皆言心爲身主，性卽心之理。虞廷亦但言心。子何云先天之心爲性，後天之心不足爲性也？曰：虞廷言心，而分人心、道心，是明明有二心也。性本純一不雜，安得有二人心之發？氣質之累爲之，而非天之本然也。五官百骸，必待血氣而存，而血氣之靈，多於天命之性。故非養浩然之氣至於不動心，則先天純一之性不敵情識之擾。所以存養之功必造其極，始爲事天立命。而爲仁不熟，亦不如荑稗也。況縱其有覺之心，有不喪其粹然之性者乎？儒者知人心之危，防閑之靜，存之而不得養浩然之學，則血氣之靈如樹心蛸蠐，終無術以去之。而文王之德之純，孔子江漢、秋陽之喻，皆莫得其所以然。故愚嘗反復而明辨之也。究竟心性之實如何？姑卽易見者以譬之。天與人以理氣之全，此渾然粹然之在吾身者，如金在沙中，心固未嘗無性，而亦甚僅矣。上智之聖，心無私欲則猶是先天之本來，然此曠世一逢矣。其次則心皆溷於氣質，而非性之本體，故聖人教人復性之功，而夫子則曰克己復禮爲仁，孟子則曰存心養性所以事天。若心卽性矣，而又何復之有乎？卽心卽性矣，而又何存與養乎？惟先天之心卽性，而後天之心多欲，故存其義理之心，乃以養其本然之性。而人心悉聽命於道心，則純一矣。道言存神養氣，卽是存心養氣，不曰心而曰神，以心之靈妙言之也。佛言元神、識神。元神卽道心，性之本體，故曰元。識神卽人心，知覺之靈，故曰識。而僧羽之徒，言存神養氣者僅保其有覺之神、呼吸之氣固宜。儒者斥之，然亦以有覺之心爲性，猶是彼家說也。至命之一字，尤難辨識。以此生之修短爲命，而不知天理之主宰爲命。愚嘗有說論之。而《論語》《言命》諸章亦詳。茲不贅矣。殀壽不貳，修身以俟二句，緊承說下，其義始全。程、張、朱三子，言心、性、天命，惟張子較純。然言由太虛有天之名，亦非也。天，卽理也。不虛而亦不實，以形言之曰天，以理言之曰道，以主宰言之曰命，至眞無二曰誠，賦於人曰性，其靈變曰心。分而觀之，合而一之，非盡心、知性、立命事天者，不能表裏洞然。姑卽二字形義言之。性字，從生，從立心。蓋人所得於天之正理，以爲心者也。心字從三點，從斜鉤。蓋人旣生以後，囿於質、蔽於欲，而不能豎立之心也。昔人有言三點如星布，橫鉤似月斜披毛，從此起作聖也由他。蓋後天之心不同於先天如此。故知覺運動之心，人所不能無，而必復性之後。然後心無非性誠，卽此章實踐而詣乎其極，則一切議論是非，無難以一言决矣。存養之功，兼內外動靜，須一一循序漸進，乃知孟子未言，以非可言盡也。

孟子曰：莫非命也，順受其正。

申上章立命之意，言命無所不在，惟修身順受，乃爲承天立命之學。

是故知命者，不立乎巖牆之下。

巖牆之下，喻非理之途。命者，理之主宰。知之則必念念循理，不冒危險。

盡其道而死者，正命也。

盡道，謂修德俟命之事兼常變。言正命，全其天之正理而死也。

桎梏死者，非正命也。

桎梏死，謂非禮而陷於刑者。

附　解

孟子因命字不易曉，又復言此。講家多未瞭如甚矣，知命之難也。其意言盡性立命，乃爲事天，而命非易言也。常人委於氣數，凡事謂有定命，是聖學之功亦無如氣化，何不知其大悖乎天矣？夫天以理宰制萬物，卽一膚髮之微，皆有其自然、當然之理以宰之。莫非命也。惟順理而行事，事求無愧於天地，則天命在焉。斯順受其正命，而不違天者也。是故知命者，知命卽天理。無違理而可爲安命之事，如巖牆之下必不立焉。蓋順理卽爲安命，知命必先守身。豈肯以僥倖嘗試之？私悖戒愼，恐懼之道。然則人苟能順天之理，盡人之道，無論或窮或達，或常或變，必能修身俟命，其死皆正命也。若不能盡道而逆天悖理，如桎梏而死者，非大義所關，綱常名節所繫，不當死而死，則非正命也。欲立命者，其知之章旨只是如此。先儒命之一字，不免流入時俗窠臼。其所謂氣數之命者，蓋不足言。而所謂義理之命者，亦未有以鄹其果符於孔孟也。今就本文語氣直解之。若時解謂上章專言理，此章兼言氣，眞隔壁語耳。

孟子曰：求則得之，舍則失之，是求有益於得也，求在我者也。

舍，上聲。此亦申明上章之意。求得舍失，言循理則安，從欲則危。在我者，深足據也。

求之有道，得之有命，是求無益於得也，求在外者也。

道，人之所以自範命，天之所以範人。言富貴利達，非吾分之固有，不可舍己而求也。

附　解

上章言命字已盡。奈世欲求名求利，期其必得，甯舍心性之良以希浮雲之美。故孟子復言此意。曰吾言順受之道如此，而世人往往舍己而營，非分不知順理安命，蓋謂可以僥倖必得耳。不知心性之理，求則得之，舍則失之，特患不求。如果求之，道盡而心亦安，理得而命斯立，不怍於人，不愧於天，是求有益於得也。爲其求之在我，不假外索故也。若富貴利達，求之必準於道，其得之也必其有爲，天所眷者而後得之，不惟不必求，卽外理求之而亦莫能必也。是求無益於得也。爲其求者在外於我，無權故也。然則人但求其在我，卽爲順命之學，而天之與我者亦必厚矣。幾見有立命之君子，必饑寒飢餒於天壤者哉？語意是教人立命承天，天自佑之，非但教人不必妄求也。孔子進以禮，退以義，得之不得曰有命。無入而不自得，所以爲居易俟命也。若謂立命事天反至凍饑，是天不由理而行。天亦不成其爲天矣，天命又何以貴耶？後世不知命者妄爲言，安命者又委於數，皆由誤解命字之故。孟子故再三言之。

孟子曰：萬物皆備於我矣。

天地止一太極，而萬物生成，人得之以爲性，故皆備也。

反身而誠，樂莫大焉。

樂，音洛。有生以後，非復性之本然。反諸身而盡性，則皆備之。理實有於己而樂無窮。

彊恕而行，求仁莫近焉。

彊，上聲。承上言欲誠身，必由彊恕。彊恕，勉强力行恕道。仁，即皆備之理，含於生初者。

附　解

萬物皆天地所生，而人獨靈，以其得天地理氣之全。理氣之全者，何太極也？人生而靜，天之性也。既生以後，則氣拘物誘，太極之本體不全，此身虛有形骸。誠者，實有此理於身也。反身而誠，此中有許多功夫，在孟子則就現成者言。樂莫大焉，即聖人樂天之事，日用動靜，無非天命矣。三節乃言其入手之功，言誠身之事，必勉强行恕，事事求其當理，念念求其無私，以此求仁，甚爲捷便。蓋該本末始終而言之。

孟子曰：行之而不著焉，習矣而不察焉，終身由之而不知其道者，衆也。

著，明也。察，精悉也。天、地、人止此一理，如大路然。故曰道行之而不明其理，久習而不究其精，故曰在道中而不知其所以爲道也。《中庸》鮮能知味，亦此意。

附　解

此行字習字勿深看。道者，天地萬物所從出而人得其精。同在天地中，即同在道中。無人不有天命之性，即無人不可與天地通。有一行即有一行之理，有一人即有一人之職。其大者在五倫，其小者在事物，人人不能外。人倫日用，即人人不能外天理而行之。不明其理，習焉不詳其義，則終身在道中，實終身在道外。外道，猶可爲人乎？習，祇是行之久耳。不著者不明其理，任心而行，不察者略知大意而已。如臣當忠，子當孝，人人知之。然境遇不同，常變異用，各有所以盡忠盡孝之理，須詳察始免遺憾。而不然也，終身由之而不知其道。一也字，無限太息，非君相持而綱，師儒廣其教，崟崟者安知所以著，所以察哉？莊子曰鳥日在風中而不知其爲風，魚日在水中而不知其爲水，人日在道中而不知其爲道。譬喻親切，可與孟子相發明。孔子言鮮能知味，亦此意也。

孟子曰：人不可以無恥，無恥之恥，無恥矣。

恥，不善。而進於善，乃可免恥。

孟子曰：恥之於人大矣。

恥，爲不善之心。可以作聖，乃人之良也。

爲機變之巧者，無所用恥焉。

以機械變詐爲巧，非禮之私智。蓋指朝秦暮楚之流，無所用恥，亡其恥之良矣。

不恥不若人，何若人有？

又言此以奪其所恃，言無恥則更無所如人也。

附　解

此二章有爲而言。世人以聖賢爲難學，猶知有聖賢也。以聖賢爲不必學，則將蔑仁義而非堯舜。至於喪心滅理，苟務目前。戰國時紛紛角逐，皆是如此。孟子斷以無所用恥。恥者，天理良心不能昧也。至於無所用恥，則天良澌滅，已不得爲人，而反以機械變詐爲能，不知其非人矣。云不若人，猶是婉詞。上章勉以改過，故言能恥，無恥卽爲有恥。下章乃斥言無恥之流，習爲可恥之事，竟以恥爲無用。方謂己之才智過人，不知己不若人矣。凡世俗之恥不若人者，不過衣食、嗜好、榮利，而己之天理置之弗問，靦然人羣。孟子蓋憫之而又深疾之矣。

孟子曰：古之賢王，好善而忘勢。古之賢士，何獨不然？樂其道而忘人之勢。故王公不致敬盡禮，則不得亟見之。見且猶不得亟，而況得而臣之乎？

好，去聲。樂，音洛。亟，去吏反。言古以愧當時，亦以明己難仕之意也。古賢王莫不忘勢，而古賢士亦然。苟以古賢王自待，則必以古賢士待人矣。

附　解

此章對鍼當時立言，側重賢士一邊。言古賢王好善忘勢，豈賢士不然？故樂道忘勢，非王公致敬盡禮則見且不可。今之諸侯，不以古賢王自待，無怪其不以賢士待人。而奔走夤緣之從，見重於當時，究亦同歸於敗亡耳。張甄陶牽連下章，非是。

孟子謂宋句踐曰：子好遊乎？吾語子遊。

句，音鉤。好、語，皆去聲。遊歷者，士之常好。遊則有干世之心，故語以君子之正。

人知之亦囂囂，人不知亦囂囂。

囂囂，閒適之貌。自得而無求於世，則囂囂者。知、不知，一也。

曰：何如斯可以囂囂矣？曰：尊德樂義，則可以囂囂矣。

樂，音洛。德，性分之榮。義，取舍之正。尊，物無以加樂，心無所慽，兼内外而言矣。

故士窮不失義，達不離道。

離，力智反。承上而言。窮、達皆以德義，變文言義、道者。義，主裁制操持之意。道，主經濟含宏之意也。

窮不失義，故士得己焉；達不離道，故民不失望焉。

推言窮、達之效。得己、不失望，成己、成人各得其囂囂也。

古之人，得志，澤加於民；不得志，修身見於世。窮則獨善其身，達則兼善天下。

見，音現。又即古人以證其言。澤加於民，則不失望，非要譽。修身見世，則得己非徒自保。末二句申言古人窮、達無成心，一以善爲本也。

附解

周家世官世禄之典，久而生弊。公族、世臣豪强侵并，士每無田，春秋已然，至戰國而益甚。四公子之徒，招致天下奇士以數千，而諸侯亦以士相高，所至皆有禄養士，亦藉以容身。雖其中不無良楛錯出，而世運所趨，單寒幸有棲託，亦事之不必苛論者也。以孟子大賢傳食諸侯，而不以爲泰。世運所趨，猶知重士。君子不幸而生季世，在彼爲禄養之常，在我有抱道之實，則受其公養自可無妨。故遊之一字，孟子不以爲宋句踐輩罪。第遊歷，固士風之常，而枉道徇人，則必不可。如孟子受齊、滕、宋、薛許多斟酌，既非同苟取，而談仁講義，必不稍變。此時中之道也。遊士則不然。句踐好遊，則恐其但求人知而無操守，可達不可窮，故告之以尊德樂義。德義之本，義德之用也。以其存主處言曰德，以其施用處言曰義。本天故尊，成己故樂，申之曰窮不失義，達不離道。言必如此，乃爲能尊、能樂。只此德義，窮時以操守爲重，故言義；達時以經濟爲先，故言道。實非有二也。惟其窮不失義，故雖困厄，而士無不自得。惟其達不離道，故一見用而民無不悅服。引古人以實之，得志澤加於民，所以民不失望也；不得志修身見於世，所以士不失己也。不得志爲窮，得志爲達，所以不失己，不失望者，爲其善在吾身，窮達特身外之遇。窮則獨善，舍之則藏，善非有損；達則兼善，用之則行，善非有加。孟子道足於身，故不覺言之，津津露出，用行舍藏，無入不自得底裏。果能如此，可以遊，亦可以不遊。又何必以知不知爲欣戚而失其囂囂哉？句踐，或亦尚可與言者，故爲之諄諄若是。第語意相承，稍有未融。即重複不清，讀者玩之。至遊字，但指遊歷言，非謂遊說。孟子口中何嘗及說之事？說之一字，孟子所耻也。

孟子曰：**待文王而後興者，凡民也。若夫豪傑之士，雖無文王猶興。**

夫，音扶。興，奮發爲善也。世教既衰，人皆以聖人爲難能，故孟子言此以激之。智過百人者曰豪，過千人者曰傑。

附　解

人爲三才之主，天地功用全賴人而成。聖人者，全乎人之量者耳。奈世教日衰，凡民習於俗尚。遂以聖人爲不可能，甘心自棄，悠悠而生，貿貿而死。天地父母之與我者，蕩然無存。是爲辜負天地，不得爲人；辜負父母，又何得爲子？孟子憫之，特以凡民二字愧之，以興字勗之。不安凡民，則必爲豪傑。豪傑、凡民，止在興與不興。若必待文王而後興，終身何有成人之一日？然興者，必兼知、仁、勇三字而後能知之眞，行之力。至死不變，庶成其爲豪傑矣。學聖而外，無所謂豪傑，讀者宜知之。

孟子曰：**附之以韓魏之家，如其自視欿然，則過人遠矣。**

當時勢利成風，言此以激修士之志。朱子曰：附，益也。韓、魏，晉卿富家。欿然，不自滿足之意。

附　解

孔子論仁，從源富貴、貧賤、不處、不去入手。又曰：不忮不求，何用不臧[①]。如勢利之見未忘，更何自言希賢希聖？附以韓魏之家，自視欿然有二：修身勵行，有自足於己而無待外求者，上也；淡泊性成，不慕榮利者次

① 按：此語出自《詩經·邶風·雄雉》。

之。此蓋指志趣高明，不屑屑於勢利者。故曰過人遠。後世聖人之學，空有人行，只爲少此一輩過人之人故。

孟子曰：以佚道使民，雖勞不怨。以生道殺民，雖死不怨殺者。

爲當時虐民者言，以至仁之心行至公之道。佚道、生道，民皆諒之矣。程子曰：以佚道謂本欲佚之，以生道謂本欲生之。

附　解

果能不使一民，不殺一民，仁者之大願也。然豈能哉？但使有仁民之心，而又曲盡其養教之道，則佚道生道自然皆全。戰國時，民勞甚矣，而上又草菅視之。孟子痛之，特爲婉言導之。不謂其不可勞，不可殺，而但欲其以佚道、生道行之。猶孔子聞康子殺無道就有道之言，而即婉告，曰：子爲政，焉用殺？聖賢之仁民若是也。佚道、生道如何？四句中該括全部《周官》。聖王許多心事，孟子未言，以無人請益耳。

孟子曰：霸者之民，驩虞如也；王者之民，皞皞如也。

皞，胡老反。驩虞，與歡娱同，喜一時之功利也。皞皞，歡樂而渾噩也。

殺之而不怨，利之而不庸，民日遷善而不知爲之者。

承上而推原其故。仁民心切，當死者無所怨；濟民功溥，利之者不居功。所以化民而民不知其所爲也。

夫君子所過者化，所存者神，上下與天地同流，豈曰小補之哉？

夫，音扶。此又推其化民之本。過、化，德之所及，無不化。存、神，德之所涵，不可測。上下同流，如覆載之生成萬物而無迹也。

附　解

孟子不遇於時，道不可展。當時諸侯只知霸功而迂闊仁義。故此章慨然想王功之盛，胸中具無限懷抱，與他處較量王霸者不同。首節從王民氣象説入。霸者之民，止一句便了。次節承出所以皞皞之故，以其有如是之經濟實惠。末節又推其所以有如是經濟之故。通章皆想像形容，躊躇滿志語。若非孟子心中實有全副經綸，亦無縱言之津津如此。次節舊説即皞皞之實，雖亦可通，但皞皞二字，已是形容得盡。此節仍就民説利之句，横亘難通，且似好處全説在民身上去了。而所以致皞皞之實，未經拈出。下文又用虚寫立言，不幾於蹈空乎？故須節節相承説下，語意方完。驩虞者，人無不喜功利，霸者卽以此誘之。不論義利是非，上之所好，能趨承則優嘗之，所惡者阿意亦嘉之。故喜而從令，如燕雀處堂，母子相樂。皞皞者，聖王所以養教者，不過日用飲食之事，子臣弟友之道。民服習之久，安爲固然，忘帝力於何有？故其象渾噩如此。所過者化，兼身之所接與教之所施而言。化，謂被其光者，爲所變化而不覺。如夫子在下，則温、良、恭、儉、讓，隨處人皆飲和；在上，則立道綏動，民自潛移默化。存者神，則德極其神明，令人不可測度。上下與天地同流，如天之無不覆，地之無不載。而生成萬有，直付以無心也。末節語最易説得恍惚，令人無可捉摸，轉使聖人分量不出。談理家大概如此。其實，道理至平常也。譬如有人在此，素本桀驁，見聖人和氣謙德，便生謙和，覺平素惡習渾化無有。此卽所過者化矣。所存者神，如一般政教。他人爲之而不感，感矣而不深。聖人做出，便十分恰好，人皆安樂之，鼓舞之，覺歸於陶淑其中，若别有一番神妙之用。正如天地生養，萬物皆生皆養，物惟自樂其生。而其所以生養者，則不可測也。聖人而在上位，至德薰蒸，莫可言喻。如此，卽尋常修身齊家之人，同此日用倫常。父父、子子、兄兄、弟弟、夫夫、婦婦各得其宜，旁觀視之，莫知其所以能然之故，便覺所存者神耳。

孟子曰：仁言，不如仁聲之入人深也。

仁言，仁厚之言，人亦感之。仁聲，則實有是仁而衆稱道之也。

善政，不如善教之得民也。

朱子曰：善政，法度禁令所以制其外。善教，道德齊禮所以格其心。善政足以齊民，然不如善教化民於微，感被者切。

善政民畏之，善教民愛之；善政得民財，善教得民心。

畏，畏其法。愛，愛其仁。法度修而生利自溥，教化洽而民心尊親。

附解

此章爲有心爲治而不求其至者發。仁言，亦何可少？但被諸空言，不如見諸實事。仁聲，則有仁民之實，而始播爲聲聞也。善政仁民者所必需。然必本身率下，禮陶樂淑，阜民化民，始爲全善。若單有善政而無其本，則不過民畏、得財而已。善教者誠正修齊，以身作則，而禮樂法度，無不詳盡也。自三王而後，唐、宋、漢祖之賢者，皆善政耳。孟子胸中有無限經濟，只閒閒别白，令人自知而自勉之。然踐之者罕矣。

孟子曰：人之所不學而能者，其良能也。所不慮而知者，其良知也。

將言受敬之眞，而先揭知、能之良以起下文。良，謂性之本然也。

孩提之童，無不知愛其親也①；及其長也，無不知敬其兄也。

長，上聲。下同。承上而實之。孩提知愛，稍長知敬，惟此乃爲天性之良。而外是以言良知良能，則謬矣。

親親，仁也。敬長，義也。無他，達之天下也。

承上而言，此乃仁義之本，可以達諸天下。

附 解

孟子因當時多外視仁義，如告子之流，以仁義爲後起，不知仁義乃自然之天性，非由矯揉而爲。故言不學不慮而知、能，乃天性中自然之發見也。如孩提知愛，稍長知敬，此豈待學慮而知、能者？然愛親卽仁，敬長卽義，卽此愛、敬之良達之天下，無施而不可，則知此理本乎天良，非難知難能者，是爲不知性者。指出愛、敬、知、能，以明仁義之出於天性，非謂愛、敬之外，凡生而卽知，如飲食、嗜慾等，皆天性之良也。明王陽明首倡良知之説，其意以爲心之自然好善惡惡者，便是良知。特蔽於欲，則昧其本然之良，故教人静坐省克。果然去得私欲淨盡，心之本體明澈，卽是良知。天下事物，亦遂可一心而理其義，未爲大非也。但以昭昭靈靈之識神爲先天之元性，不知良知良能除卻仁義之事卽爲私欲。故愚於不失赤子之心，以人生而静之性言，不以後天人心道心雜居而言焉。第性不外心，而後天心不盡性，知愛知敬卽所謂道心，然衹在孩提稍長之時。能保此心者，上智也。中人以下，不免逐物而移。聖人以復性教人，由養浩然之氣至於不動心，則心之本體旣全，卽凡天理無不本致中以致和。固非謂良知良能者無天理，亦不謂良知良能者皆天理也。自宋以來，朱、陸分門，以陽明爲陸派。其實朱、陸皆以心爲性者也。特象山教人先静心而後學問，朱子教人先窮理而後静心。門人各執師説，遂分黨類，繼而竟如讎敵，大可慨也。夫萬事本於一心，而事必有理；萬理統於一性，性不盡而能該天下之理者，無有也。孔門以爲仁爲教，所以復性以禮爲教，所以精義内而顛沛不違仁外，而無可、無不可爲。

① 也，阮刻本作者。

其存諸中者既熟，故發於外者皆宜。孟子以仁義並言，固撮孔子之要指而言之也。此章以愛敬言仁義，而明其爲天性之良，非謂甘食悦色，凡良知良能者皆天性。雖食色之中亦具有陰陽之義，而其必以禮防之者，卽義也，而仁在其中矣。朱子學沿程子，程子近宗周子。周子主靜之說，亦祇謂存養本然之心而已。故其言敬靜，言擴充，雖欲力反於禪家了性之爲，然其所謂不動心者，亦但養得此心虛明正定而已。而孔子上律下襲，江漢秋陽，孟子有諸己以至化神，皆不能深知其奥，其優於禪家者，禪家祇養其空空之心，並不研究物理，而程朱則必事事敬謹，物物研究，所以切實而不至蹈虛。然《大學》言明善復初，因其所發而遂明之，皆以知爲先，而所詁明德之功，僅孟子擴充之一義。《中庸》言尊德性，止以存心爲主，而忘卻孟子存心養性兼全，乃可以事天立命。不知聖人云知我其天、天生德、天未喪斯文，在在以天自信，緣性卽天理性盡，則天之爲天者，卽我之所以爲我，非謂心之靈變不測便可了天下事也。性無爲，心有覺。寂然不動者，性也，亦心也。感而遂通者，心也，亦未嘗不是性。惟聖人心皆是性，其餘性梏於心。從愛敬之良擴而充之，善則拳拳服膺，惡則細細剔除，亦可謂美矣。然止動察之功，若清其源而使天理渾然，文王之德之純，如天之於穆不已，則仁熟而義精，愛敬皆自然而然，豈待斤斤求合哉？此非可望於常人。《孟子》此章，此是指點人知愛敬本性中所有，欲其由此體察力行，未與言深妙之理。愚因良知與格物各相是非，故詳言之。《大學》之道，知行並進，學問思辨以致其知，篤行以踐其實。明明德時，內外本末之功，一齊俱到。愚屢言之，兹不贅矣。陽明良知及紫陽格物，雖各張一幟，而以心爲性實同，則以先天後天之義不明也。先天後天之義，在人爲性命分合之原，在天則爲太極兩儀生化不窮之故。其理闡於羲文，其原本於圖書。後世言圖書者，止謂爲祥瑞，是故天地有自然之理。聖人至精之訓，皆不分明，不知天、地、人一理也。心也，性也，命也。分之合之，體諸身而自得之。然後知孔孟之言皆人人所有之理。卽凡聖人所以合一之理，豈可以文字口舌爭哉？

孟子曰：舜之居深山之中，與木石居，與鹿豕遊，其所以異於深山之野人者幾希。及其聞一善言，見一善行，若決江河，沛然莫之能禦也。

行，去聲。聖人不絶物以爲高，而好善之誠，隨處發見。常人以異求聖人，而不知其聞見所及以善爲歸。故孟子狀之如此。

附　解

朱子解若決江河之故至明。而張甄陶又闢常解，引徐光啟、韓慕廬之文以爲定，其説雖亦可以取，然非孟子立言意也。蓋常人高視聖人，謂必有表奇負異之處，則往往求之。居處形迹，間至日用倫常，隨處皆天理，所發見則忽不加察，故孟子言此，以見聖人日用起居與人無殊。獨其天理之渾涵者至深，隨機之感應者甚速。故非尋常所得而及，世人於其不必異者而異之，於其聞見之善而置之。此學聖人者求深反淺，流於怪異而令天下人莫由學聖人也。孟子言君子之所以異於人者，以其存心。堯舜與人同耳，皆是此意。而此則極力形容異與不異之狀，其所以然者，尤不可不深思耳。

孟子曰：無爲其所不爲，無欲其所不欲。如此而已矣。

當時有知善惡之分，而不能誠意者，故孟子云然。不爲，不欲，本心之良。而已矣者，誠善則可修身也。

附　解

此章有爲而言，非泛講心體。心體，至虚至靈，然非素有明善之功，則所爲虚靈者，用之或不得其正，而所不爲不欲者，又何能皆當於理？惟明善而誠身，則善惡瞭。如知所不爲不欲者，皆吾心本然之天理，然此非可望於常人也。特人雖至愚，必有天良發見之一候，如乍見孺子之不忍，蹴爾與之之不受。苟能即此天良擴而充之，即可以漸幾於善。當時有頗知義理而不知克己擴充者，故曉之如此。若明知其非而又爲之欲之，則輾轉陷溺，並此不爲不欲之良皆必消亡，斯無及矣。此孟子救人婆心，勿草草讀過。

孟子曰：人之有德慧術知者，恒存乎疢疾。

知，去聲。疢，丑刃反。德慧，德性自然之明。術知，術，才技。知，智巧。疢疾，猶災患也。

獨孤臣孽子，其操心也危，其慮患也深，故達。

獨，猶惟也。孤孽，疢疾之尤者，故曰獨也。操心危，内省而常不安。慮患深，審慎而懼罪譴。達，謂周於事理。

附　解

此章勉臣子苦心盡道，而言臣子之不盡道者，無論矣。幸有忠孝之人，遭逢不幸，君父一時未能挽回，而不艱貞其操，遂至中變。故孟子言凡有德慧術知，皆生於疢疾。世之人安常處順，往往無以磨厲其德。獨孤臣孽子所遇非常，其操心也危，其慮患也深，故達。然則人不幸而爲孤孽，正當澡雪精神，審慎事理。天下無不可挽回之君父，卽我身無不可全之忠孝。德慧術知由此而生，豈容執德不固，自生怨悔哉？語意全是激發忠臣孝子，舉《降大任》章微別。常解抛卻獨字之意，令上下文神氣皆晦。

孟子曰：有事君人者，事是君則爲容悅者也。

容悅，恭順以博君歡、非臣道之正也。

有安社稷臣者，以安社稷爲悅者也。

不計身家，惟以安社稷爲悅，忠矣。而所以安之之實，或未可必。

有天民者，達可行於天下而後行之者也。

天民，卽大人之隱於下者，全天之理，故曰天民。道可以濟天下而不遽行，與石隱者異也。

有大人者，正己而物正者也。

大人，有德而有位卽天民之達於上者。正己而物正，德全乎己。本身立教而民自化也。

附　解

此章雖論臣品，實因當時賢者甚希，孟子抱道不仕，當時以爲迂闊，而特言之以曉門人也。君子抱道在身，不肯枉尺直尋，而濟世安民之念未嘗一息忘。此非庸衆所能知也。故爲一一指明。言有一等事君人者，以承順爲恭敬，此外不知有他；有安社稷之臣者，雖才德或未必全，而念念以安社稷爲悅，亦可謂蹇蹇匪躬，不負臣職者。然皆非臣品之極也。惟有天民者，獨全乎天之正理，天下常在懷抱，而不稍屈己徇人。世或以其難仕爲疑，不知彼非無心天下，但守道甚嚴，觀變甚深，必達可行於天下而後行之者也。此人雖未嘗有位於朝，而既爲天民，卽爲臣品之至高。又有大人者，卽天民之達而在上者也。其德全於己，遭遇賢君，上致君於堯舜，下致民於雍熙，皆本正己者以正人。而禮樂法度純備，物自變化鼓舞，同歸於善，正己而物正者也。如此之人，安社稷臣尚不能及其萬一，而欲以容悅者相待，可乎？天民、大人，只是一人。以其未仕則曰民，已仕則曰大人。達可行於天下，蓋實有乂安天下之具，非徒隱逸高尚之流。先儒以伊尹大舜爲比，而曰此等地位難以遥度，遂致講家模糊莫辨。夫子言用之則行，舍之則藏，千古聖人只此二句。舜之相堯，非度其達可行於天下，豈肯苟就？伊、吕亦然。伊尹以天下爲己任，處割正之時，不得不然。舜恭己無爲，祇是際會。紹堯之後，所遇有殊，豈德分低昂？誤由泥視。《集大成》章不得孟子立言之意耳。如孔孟便是天民，敬其得志即是大人，何乃歧視哉？或曰如是，孟子何不一串説下而分爲二等。曰大人無枉道以求正人者，如伊尹處畎畝之中，樂堯舜之道不以湯聘爲榮。及三聘之後，知湯果屬知己必能行吾之道，乃慨然欲覺斯民。卒能割正，天下易世，猶惠嗣王，此而不謂之正己而物正乎？惟天民之人，儕於庸衆之中，高尚其志，人多輕之。不知其天地民物在抱，必達可行於天下，而後行之，如孟子者，是其人也。故孟子特鄭重言之。而下文又以既達之大人言之正己而物正，對鋮社稷臣以見品之至高，非謂天民之外另有一種大人也。如另是一種，試思大人未得志時，又是如何？難道不是達可行於天下而後行之？事理深思自明，豈愚妄爲異説哉？或曰朱子以舜之恭己無爲爲大人，伊尹爲天民，其説甚美。子胡以不然。曰舜居深山，見善聞善若決江河，其相堯而明目達聰，猶是此志也。伊尹非道非義，一介不取。其相湯而不以寵利居成功，亦猶其初也。聖人無兩副學問，獨善兼善，一以貫之，正己而物正。此中有許多經濟施爲，非特恭默思道，物便能正也。觀舜與文王、周公，禮樂爛然，即此是正物作用。恭己純一是正己根本，若謂天民非大人，則隱居求志，行義達道，便説不去。以顯晦之跡言，故曰民曰大人耳。豈可不知其造詣之實，而徒以臆説求之？

孟子曰：君子有三樂，而王天下不與存焉。

樂，音洛。王、與，皆去聲。下同。得性分之樂而勢分不足爲榮也。

父母俱存，兄弟無故，一樂也。

無故，無憂患。不協倫常者，性分之原也。

仰不愧於天，俯不怍於人，二樂也。

誠身而無愧於天，人盛德之事也。

得天下英才而教育之，三樂也。

天下英才，超乎一世之英才。以道成人，無忝覆載生成之量，故樂。

君子有三樂，而王天下不與存焉。

三者誠能兼全，其樂何如？重言以歎美之。

附　解

道不外於心、性、倫常。而境遇不齊，雖聖人不免遺憾。孟子慨然想三者之樂，欲人修德宏道，以性分之樂爲樂，勿外求嗜好也。父母俱存，兄弟無故，周公孔子之聖尚不能得。幸而得之，其樂何如？則所以盡其道而全其樂者，不可不自勉也。不愧不怍，全吾性分之眞，而帝謂相通萬物，同仁盛德，大業卽在其中。得天下英才，不必盡九州之才而教育之。但朋來自遠，有數人焉，皆任道之才，則道有傳人。可以存聖法而扶世教，不負天地父母生成之恩，如孔門有顔、曾，子思得孟子。天綱人紀，往聖遺留賴以昭宣卽是。末節重言曰歎慕無已，不特自以爲歉，其望天下後世至深也。王天下只言勢分之極，不必說到垂拱無爲去。果爾，則三者之樂，皆在其中矣。

孟子曰：廣土衆民，君子欲之，所樂不存焉。

樂，音洛。下同。廣土衆民，可以行道，然不可，必故欲之而未嘗必以爲樂。

中天下而立，定四海之民，君子樂之，所性不存焉。

承上言果得行道於時，則可樂矣。然功業者外見之華，所性自有在也。

君子所性，雖大行不加焉，雖窮居不損焉，分定故也。

朱子曰：分者，所得於天之全體。無關窮達，是也。

君子所性，仁義禮智根於心。其生色也，睟然見於面，盎於背，施於四體，四體不言而喻。

睟，音粹。見，音現。盎，烏浪反。申言所性之實。性，一也，著而爲仁義禮智。朱子曰：根，本也。生，發見也。睟然，清和潤澤之貌。盎，豐厚盈溢，施於四體，見於動作，威儀之間。愚按：性者，理氣之粹，全乎性而中和之至，故形神色澤由微至著，充實光輝，其狀如此。蓋難以言語形容，而姑以此言其梘紙也。不言而喻，自樂而自知之。

附　解

此章爲學道者揭言神化之詣。當是對樂正子一輩人言也。蓋常人祇知勢利紛華，並安民濟世四字毫不關心，則卑卑不足論矣。其有學業粗就，志在安民，可謂不儕世俗。然廣土衆民，得行吾道，乃不可必之遭逢。若欲之而必以得爲樂，則失己矣，故曰：所樂不存。其有幸而遇合如伊尹、太公之流，已展濟世之經綸，不負平生之志。然勳業爛如，不過盡其分所當然，而成功寵利不居，淡泊甯靜自若。所性之實，初不因此而始貴，故樂天下之安全，而性分之樂只如窮居之常。此爲所性不存。性者，天理，天之所以爲天，卽人之所以爲人。君子全之則人也。而天矣，孟子層遞說來，鄭重言之，最人全其所性。性無名象，著而爲仁義禮智信。五性仍是一性，只言仁義禮智者，卽此以明性。而性之全體渾然粹然者，可想而知，故不必盡舉五性。而信字，亦本貫乎四者之中，不必更言，非漏也。仁義禮智，何以根於心？心純乎天理，則四者渾然在其中矣。心之所存者，不可見於其生色及面、背、四體。見之人之精神，全在於面。涵養沖和，光輝發越，温如靄如，玉質金相，故睟然也。睟，目之清明。目，尤精神之萃者。盎背，則其形神精氣充溢於中，而清明剛大所以塞乎天地者。蓋人身一小天地，一元之理氣六合彌綸，而其靜而專翕，動而直闢，陰陽升降，天地和同有樞機焉。日月皆行黄道，而斗極運於中央。靜而無靜，動而無動者，太極渾然之體；靜中有動，動中有靜者，太極自然之用。人身全其所性，理氣亦然。盎，充盛意。施於四體，無尺寸之膚非至理所貫注，卽無毫髮非元氣所彌綸。孔子所以江漢秋陽，上律下襲，皆在其中。後人罕得聖學之全，故於此等書不能深晰。而異端又亂之，是以養氣、不動心之實弗明，而純與於穆一者惘然矣。

孟子曰：伯夷辟紂，居北海之濱，聞文王作興，曰：盍歸乎來。吾聞西伯善養老者。太公辟紂，居東海之濱，聞文王作興，曰：盍歸乎來，吾聞西伯善養老者。天下有善養老，則仁人以爲己歸矣。

辟、養，並去聲。朱子曰：己歸，謂己之所歸。餘見前篇。戰國民困於虐政，老者尤多失所。孟子引文王之事以發之。

五畝之宅，樹牆下以桑，匹婦蠶之，則老者足以衣帛矣。五母雞，二母彘，無失其時，則老者足以無失肉矣。百畝之田，匹夫耕之，八口之家可①以無饑矣。

衣，去聲。申言養老之政，蓋當時所不講也。說見前篇。

所謂西伯善養老者，制其田里，教之樹畜，導其妻子，使養其老。五十非帛不煖，七十非肉不飽。不煖不飽，謂之凍餒。文王之民無凍餒之老者，此之謂也。

---

① 可，《四書章句集注》作足。

承上而言，文王善養老，惟在使之飽煖，非有甚難。而諸侯疲民鋒鏑，俾棄其親，爲可傷也。朱子曰：田，百畝之田。里，五畝之宅。樹，謂耕桑。畜，雞彘也。趙氏曰：善養老者，教導之使可以養其老耳，非家賜而人益之也。

附 解

戰國攻戰爲事，丁壯疲於奔命，老者聽其凍餒。不知殘其父母，而使之效命疆場。誰無天良，其忍之也？聖王以孝治天下，安其室家而厚其生，則老者可無凍餒，民心固矣。戰國諸侯，不仁不義，即此一端。其塗炭生民，可想而知。孟子惻然傷之，特爲此切近指點之詞。人心愛敬之良，始於事親。聖王仁民，尤以養老爲重。使之愛敬父母，天良淳厚，然後禮樂易行。雖非欲其移孝作忠，以便易使，而民心愛敬之誠相爲固結，尊君親上固其必然之效，自古已然。養老之政，周人修而兼用之。《禮經》所載，羅氏獻鳩以養國老，司徒保息以養庶老，司門以其財養死政者之老。《月令》：仲秋，養衰老，授几杖。《文王世子》：大合樂，必遂養老。《王制》：凡養老，有虞氏以燕禮云云。《王制·釋奠》，於先師，遂設三老、五更、羣老之席位云云。《內則》：凡養老，五帝憲，三王有乞言云云。其制甚繁。孔子言志，老者安之爲先。想孟子時，其制猶有存者。故《天下大老》章及此章，即此以曉諸侯，而使之制田里、教樹畜、使養民事親以敦仁。民孰無良？其父母安樂皆由君上，豈不感恩戴德？況又民無凍餒，尚何憂乎離畔？此救時之良藥，納約之妙方也。觀秦火之後，漢興猶重三老五更，則周家養民善政之留遺，至戰國未盡湮沒。孟子固非强時君以難能也。

孟子曰：易其田疇，薄其稅斂，民可使富也。

易、斂，皆去聲。忽農功而厚其稅斂，皆務攻戰之故。而不知富民必先務本，民貧則國敝也。易，治也。井畔曰疇。

食之以時，用之以禮，財不可勝用也。

勝，音升。人主務清心而謹食用，因以爲制，於民財始足也。

民非水火不生活，昏暮叩人之門戶求水火，無弗與者，至足矣。聖人治天下，使有菽粟如水火。菽粟如水火，而民焉有不仁者乎？

焉，於虔反。推言仁民，必本於養民。而以水火之足喻其極富。

附 解

此章道理至庸，經濟至大。三代後，能富民者蓋無一、二。非其心計之臣不多，節儉之事不講，由所以相時宜經制者不合於至善之則故也。夫子言保庶不過富教，教必先富。富之一字，煞是至難。自商鞅廢井田，富者連阡陌，貧者無立錐。任大有爲之君，不能使家給人足，禮樂教化更何自而興？夫古今事勢不同，井田不可復興，而因時立法以維民生，要必有至中至善之道。惟聖人之舉罕傳，在位者大都無盡性之德，即或有志斯民，才智出衆，而《大學》之道未全，則無以酌天地之宜，立久大之法。即如孟子此章，言開財源，節財流，義簡而盡矣。然在戰國兵爭之時，田疇不治，稅歛不節，故易之薄之，而民即可富。若後世有時地無不闢，田無不治，而民仍多瘠貧，其故又何耶？善乎，程子之言，曰：有《關雎》麟趾之意，然後可行《周官》《周禮》之法。先王之制，有不可行於今日者矣。而得聖人之義者，因時立法，富民仁民，一本盡善盡美之規，是豈空言可以從事？董子有均田之議，横渠張子亦言經界不正，王政必不可行。蓋三代盛時，無不田之夫。而田皆有制，不能多有。又禮樂法度至詳且備，其取人以六德、六行、六藝，人人皆爭奪於士君子之途。貴者乃富，凡民不過足衣食而已，不能逾制以僭。衣食宫室雖多，財無所用之。後世因王莽限民田，而天下大亂，遂謂均田之法不可行。然莽乃篡賊，豈能行王政？正如王安石變法而宋亂，遂以爲祖宗之弊政亦不可改。則所謂因時制宜，合乎至中者，又何以通？孟子與當時言，未嘗舉官禮隻字，而實無所不該。若使其果得行之，所因所革，蓋可想見。所謂不悖古而亦不泥古者，固必有聖人之德乃能本身出治，協於時中也。後世言制法者，或拘守《禮經》，牽於《傳註》。信古者如王荆公，蔑古者如秦始皇，皆爲謬戾，遂使生民輾轉於利祿之途。富者長其驕淫，貧者喪其廉恥，而教化亦無由施，可慨也已。故凡此等處，當設身處地，返之吾身而確有作爲。如《中庸》本諸身一節，方爲實學，毋徒作矮人觀場，優孟衣冠已也。

孟子曰：孔子登東山而小魯，登泰山而小天下。故觀於海者難爲水，遊於聖人之門者難爲言。

言孔子之道至高，希聖者幾無由入。登東山而小魯二句，喻在賢則高於賢，在聖則高於聖。海爲衆水之匯，聖爲羣言之宗。

觀水有術，必觀其瀾。日月有明，容光必照焉。

承上言聖道雖大，然學之有方。譬諸觀水者，必於瀾觀。日月者，於容光之照。蓋即流可以悟源，由用可以識體。欲人由下學而企也。瀾，大波也。容光必照，可知其明之溥。

流水之爲物也，不盈科不行；君子之志於道也，不成章不達。

承上言下學之功必積累，以至於成而後可也。水非盈科不行，道非成章豈達？成章，積學久而有文章可見，若夫子斐然之謂也。

附解

此章爲學聖者言。從入之方而其無廢半途也。歷來講家牽於舊說，舍本文語氣而從《傳》《註》，遂使康莊化爲荊棘矣。孟子曰：聖人非不可幾，而學聖人者罕成就。則以識昧於趨向，而功荒於半途也。即如孔子，其道之至高至大，無處不異於人。譬若登東山則小魯，登泰山則小天下，隨其身之所處，而皆莫能與。人之視之如觀於海，難以爲水，故遊於聖人之門者，亦難以爲言也。然聖人雖不易及，而亦何不可及？聖人之道固高，而其與人以幾及者正非無途也。彼江河行地，浩浩者莫測其源，而觀之實有術焉。觀於涌流之瀾，則知其動宕不息之機。即水之性，所以滙源而注委也。日月經天昭回者，孰窮其妙？而光明實可驗焉。觀於其容光之必照，則知纖悉不遺之用，即明之端所以覆照而無外也。聖人之盛德，積中者不易窺，而動作威儀、言行勳業昭然在耳目間者，皆有成法之可循，義理之可守。學之者弟於是求之，而聖人固可識矣。所慮者行之不恒，積之不厚，欲以一蹴而幾，鹵莽而就，則聖人終遠耳。彼流水之爲物也，不盈科則不行，君子之志於道也，不成章豈達哉？古之學者積小以高大，多識以蓄德，必眞積之久，馴至乎篤實，輝光日新富有，是以能由賢希聖，由聖希天也。求道者何不勉之？通章俱是比體，說者因而茫然。或泥視登山二句，又解瀾爲湍急之水。以第二節爲言，有本之意，遂使次第不明，豈知孟子文章之妙，取喻錯雜，若不相屬而實相承乎？成章未遽，說到德盛化神，蓋由下學之功積累而盛。孔子所謂斐然也，才德可觀，則涵養擴充可期。上達，非如後世詞章之說。

孟子曰：雞鳴而起，孳孳爲善者，舜之徒也。

雞鳴而起，不遑暇息意。孳孳，志篤且勤也。

雞鳴而起，孳孳爲利者，蹠之徒之。

凶人爲不善，亦惟日不足也。

欲知舜與蹠之分，無他，利與善之間也。

舜、蹠相去甚遠，而判於利、善之間。審其幾而爲之，乃可保其本心也。

附　解

《書》曰：惟聖罔念作狂，惟狂克念作聖。其義備矣。孟子此章，特地指出利善之間，明舜蹠所由分。欲人謹於幾微，力剖其界，嚴持其隙。首二節以雞鳴而起，孳孳爲七字，喻其誠切。爲善之勇者，其嗜善也必眞；爲利之勤者，其喻利也亦至。子路有聞未之有行，惟恐有聞積之熟且仁，而舜之若决江河，卽是道也。世俗以善爲迂，以利爲榮，則雞鳴而起者，甘爲蹠而不辭。夫養生亦人人所重，豈必貧賤始？爲聖賢第以其道，得不以其道，必審愼之。立志在人，有主持風化之權者，尤當正己而善化也。

孟子曰：楊子取爲我，拔一毛而利天下，不爲也。

爲我之爲，去聲。楊子名朱，以全其一身爲貴，取人亦然，因極形其狀。後世僧道之徒，避世借身，近之。

墨子兼愛，摩頂放踵利天下，爲之。

放，上聲。墨子名翟，以愛人爲德，遂無所不愛。摩頂，摩突基頂。放，至也。後世僧流，捨身濟度之說，似之。

子莫執中，執中爲近之。執中無權，猶執一也。

於爲我、兼愛之間而執其中，似近是矣。我中本無定，而固執之與偏於一者，同也。

所惡執一者，爲其賊道也，舉一而廢百也。

申明執一之害道者，中而已。非權無以行中，不知權則仍歸於偏，而百爲皆謬。

附　解

孟子固當時三等學術辨別之，以歸於大中之道，其詞約而其義精矣。楊氏爲我，彼惟見天下之事皆於我，無與不宜役其身以應之，是誤解聖人爲己之義而偏於自全者也。不知出位之思，非分之榮，則當身外置之。若夫人倫日用、忠孝節義所在，有時亦當忘身以徇。墨子兼愛，彼惟見天下之人皆與我同氣，不妨捐其生以濟之，是誤解聖人中國一人之義，而偏於徇人者也。不知欲立欲達，己溺己饑，固宜忠恕行之。然親親仁民，仁民愛物，必當審愼以適其宜。子莫知二者之偏矣，而因處於爲我、兼愛之間。執此二者之中，非《中庸》之中也。惟其執此居中之一見，凡事亦不十分爲我，亦不十分兼愛，故猶執一。不知聖人權以適中之道，有時獨善其身，似爲我而非爲我，舍之則藏也；有時兼善天下，似兼愛而非兼愛，用之則行也。若執二者之中以爲是，有當類爲我之時，而參一兼愛之見，必失己矣；有當類兼愛之時，而猶參爲我之説，必曠官矣。故曰：惡其賊道，舉一廢百。第知執二者之中，而不知中無定體。執一，則百事皆非。唐虞執中，乃以一心權萬理之中，仁熟而義精，即夫子所謂一貫也。子莫執中，祇是執於楊墨二者之中，如執物然。二子各執一頭，子莫一定執定中間，均不問輕重、長短、適宜否也。舊解多不分明，爲我、兼愛，後世僧道之徒各有之，而佛老不然。以其流而咎其源，不可也。老子之告夫子曰：君子得時則駕，不得時則蓬虆而行。良賈深藏若虚，君子盛德容貌若愚。此非用舍行藏之義乎？而豈爲我者乎？又言知其雄，守其雌，知其白，守其黑。雄雌喻陰陽也。先天得乾性以爲心，雄也；後天陷於坎宫爲陰，雌也。知陰中之陽本先天之性，而退藏於密，定静不遷，爲知雄守雌。白者金，黑者水。乾金入於坎宫，故習坎而心始亨。知乾爲天命之性，而於坎宫求之，知白守黑也。程伊川解先天後天之理，而以老子爲姦詐。孔子稱爲猶龍，而程子稱爲姦詐，豈非大謬？至佛言虚無寂滅，謂存養之時，一私不雜耳；慈悲方便，仁恕之義耳。《道德經》、佛書，人多誤解而臆説。異端又妄附益之，儒者概以爲誣。我朝聖治光明，並生並育。二氏之賢者不乏，幸得周知天下民風俗尚，及彼此異同，故屢辨其是非，使人知天無二道，人無二性。其是者不以爲非，然後非者不以爲是。爲世道計，豈直爲佛才辨冤哉？

孟子曰：飢者甘食，渴者甘飲，是未得飲食之正也，飢渴害之也。豈惟口腹有飢渴之害？人心亦皆有害。

人資飲食以生。飢渴則易變其操，故不特口腹失其正味，而心亦因之失其正理矣。

人能無以飢渴之害爲心害，則不及人不爲憂矣。

雖飢渴而必全義理之心，非有學者不能。

附　解

此章爲貧賤者言，着眼在飢渴二字。世不乏知道之士。因貧窘無聊，飢渴難耐，百鍊鋼遂化爲繞指柔。故孟子曉之飢渴之甚。甘苦有不暇擇，是失口腹之正矣。然豈惟口腹爲飢渴所害？即人心亦因飢渴而失其良。苟能以義理之心貞於窮迫之際，無以飢渴之害爲心害，則何憂不及人哉？語意甚明，講家因《朱子或問》有兩説，遂爾拘疑。王罕皆所引殊迂窒矣。抑人生衣食之計，在後世尤難。不田者衆，祿養恒由科名。糊名、易書取士之制，公矣，而衡文者無巨眼，則宿儒未必皆遇。其他謀生之術，操奇赢、工心巧，更難保事事不昧天良。士人欲以聖賢自勵，非卓立後不能。是以飢渴爲心害者，比比也。然天理、福善、禍淫，萬古無二。《王制》所在，天心賞罰隨之。果能執一藝以成名，念念勿欺，事事循理，固未有圭璧，其身餓莩而沒者，是在有志之自立而已。

孟子曰：柳下惠不以三公易其介。

剛正守理曰介。柳下惠以和著，特表其介以杜託於和者。

孟子曰：有爲者辟若掘井，掘井九仞[1]而不及泉，猶爲棄井也。

辟、譬，同。仞、軔，同。有爲，立德立功不悖於天理之事。呂氏希哲曰：仁不如堯，孝不如舜，學不如孔子，皆半途而廢也。可類推矣。

附　解

此與孔子苗而不秀，譬如《爲山》章，孟子《苟爲不熟》章同。意皆戒爲善者勿半途而廢也。

孟子曰：堯舜，性之也；湯武，身之也；五霸，假之也。

性，即天理。性之，自然由天理而行。身之，身履而全其性，其爲聖一也。假之，則第假其似以欺世。

久假而不歸，惡知其非有也。

惡，平聲。歎五霸居之不疑，而自失其性，以戒重霸功者。朱子曰：歸，還也。有，實有也。

附　解

道者，一性而已。堯舜自然全性，湯武復性，五霸本無性而假之以爲名，非無性也。一言一行，日用間未嘗不有天良發動處。第大本大原，所在多任意施爲，而凡美言善行，多爲求知利己而然。久久緣飾，日多至誠益少，遂以其矯飾欺人之具爲日用之常。所謂久假而不歸，惡知其非有也？大

① 仞，阮刻本作軔。

抵世間此等甚多。其弊由於誠正之功不講，剽竊義理自便其私，以爲可以獲功利、欺世人，實良心愈喪矣。孟子傷之，故即五霸以言，非專論王霸之分也。假者誠之反，不誠則假，不假則誠。假而自知，猶有愧悔之望。不自知其非，則安於假而昧天性矣。故末二句深慨歎之。

公孫丑曰：伊尹曰：予不狎于不順。放太甲於桐，民大悅。太甲賢，又反之，民大悅。

朱子曰：狎，習見也。不順，太甲所爲不順義理。餘見前篇。言尹所爲非常，而民皆悅之如是。

賢者之爲人臣也，其君不賢，則固可放與？

與，平聲。疑賢臣皆可踵尹事而行之。

孟子曰：有伊尹之志，則可；無伊尹之志，則篡也。

伊尹以愛君爲心，而使太甲居憂以永德。其忠愛至誠，足以感動太甲。而尹又先王之重臣，立身正大，上下共知，故能權而適中。無尹之忠誠愛敬，安得藉口哉？

附解

太甲居仲壬之喪，值百官總己以聽冢宰之時。伊尹以其不義，營桐宮使密邇先王，爲之賢士以誘導之，故曰其訓。非第使自思己過，冀成湯有靈暗中啟佑之也。太甲非大不肖，不過年少放縱。居憂於桐，既無女子小人，又有賢士大夫朝夕漸摩，故遂處仁遷義。謂之放者，以其不得在國主政而言。其實，尹未嘗廢之，特諒闇之禮，總己以聽之時，營於桐宮，密邇先王，使念烈祖而生悔悟，置賢師保以訓之，其多方啟告，潛移默化，固非一端可盡也。太甲習聞賢者之教，感尹忠敬之忱，故遂翻然改行。《書》言簡要，後人未深思其情事，故生異說。其曰，伊尹以冕服奉嗣王，歸于亳者，三年喪畢，尹奉冕服迎之，非居桐之時，褫其冕服而後乃歸之也。先儒以居桐爲諒闇，三年甚是。而閻百詩謂，太甲居桐六年，非諒闇。據他書之臆說，誣聖人之志行，豈非大謬？後世僭亂之徒，藉口放廢，必言伊尹。公孫丑之問，自不可少。孟子以一志字該括伊尹一生。當時，未經秦火，伊尹之事蓋昭昭在人耳目，故不詳言。後世典籍多湮，僅存《尚書》數篇。而好事者又以爲僞，雖經孟子發明，不免猶滋疑議，可歎也。尹受湯特達之恩，又受顧命之重，適值總己以聽之時。而其平日德望之隆，忠謹之志，度可以見諒於太甲，故能成格君之功。諸葛孔明受三顧之勤，託孤之重，始終謹慎。雖後主昏愚，亦尊倚不替，誠足與伊尹先後比美。若霍光廢昌邑王，是本無伊尹知人之明，亦無尹格心之功，特其實以宗社爲重，無私己計利之心，是亦無愧於伊尹者。惜因夫綱不正，曲護其妻之惡，遂膺大罪，而其子等則非實有反謀。《漢書》所載事蹟，讀者未經詳考。愚作《史存》已詳辨之。宣帝忌刻，誅戮無遺，夫太甲之明，又豈宣帝所及哉？太甲不惠阿衡，孟子釋之曰顛覆湯之典型，非謂君必順乎臣也。太甲天性甚優，特少年心性一時未能承湯之法。及尹格心諭教，誠至義周，遂翻然遷善。如此之速，則太甲自是美材，尹非不明，可知。故放字祇是安置之意，非後世流徙之說。每有古人字義輕重，後人用之相反者。如四凶之罪，止於投竄，而殛誅等字亦甚重。放字在他處自重，惟此處當輕看，所謂不以文害詞也。孟子祇就相傳口頭語，道放之於桐三年，而下文云處仁遷義三句，則義固已周，安得草率讀之？

公孫丑曰：《詩》曰：不素餐兮。君子之不耕而食，何也？孟子曰：君子居是國也，其君用之，則安富尊榮；其子弟從之，則孝弟忠信。不素餐兮，孰大於是？

餐，七丹反。君子以世道人心爲憂，欲存天紀而葆民彝。用之從之，則功效卽著；不用不從，亦抱負自深。戰國以養士相高，而丑獨疑孟子素餐，未知君子係人心風俗之重也。

附解

《伐檀》之詩，因魏政衰殘，賢者自食其力，不爲苟禄，故詩人美之。孟子處縱横之世，蒿目時艱，以仁義爲己任，所至諸侯賓禮，乃當時列國養士常規。孟子自揣道在於己，公養之仕，受此不爲非禮。且當異學爭鳴，遊士縱横之日，但能力持大道，砥柱中流，所至爲人尊仰，亦有裨於名教。不耕而食，良亦非過，非果腹無資，藉口於諸侯之禄養也。此章語義似迂而實有至理，讀者宜知當時之弊，則知孟子之苦心，勿疑其迂闊且類於矜夸也。當時客館待士，人皆習以爲常，而公孫丑獨以素餐爲疑，其平日志行可想，卽孟子之教亦可知。此等處足見聖賢家風，勿草視也。

王子墊問曰：士何事？

墊，丁念反。王子因孟子傳食不仕，輕而問其事也。

孟子曰：尙志。

志者，事之本，尚，重且大之意。

曰：何謂尚志？曰：仁義而已矣。殺一無罪非仁也，非其有而取之非義也。居惡在？仁是也。路惡在？義是也。居仁由義，大人之事備矣。

惡，平聲。大人，有德而有位者也。以仁義爲志，所以全大人之事，而非凡人之事可同。况謂爲無事耶？殺無罪，取非有，蓋因王子所易有者以明之。

附　解

天下安有無事之人？抑有幾人能事其所事之人？聖賢之事與人同，而聖賢處事之心理不同，故無事非天理，實無事外人情。世俗以小人之心行君子之事，事事若關切要，而實無一事爲要也。孟子以仁義爲士之志，卽以仁義爲大人之事。苟非實踐於其中，有不河漢其言者哉。

孟子曰：仲子，不義與之齊國而弗受，人皆信之，是舍簞食豆羹之義也。人莫大焉亡親戚、君臣、上下。以其小者，信其大者，奚可哉？

舍，上聲。食，音嗣。廉，美德也。至廢人倫而務矯廉，則似是而非，故特辨之。推其矯廉之意，卽國亦可讓，但不衷諸人倫之正，而第以讓爲高，則讓大亦爲小節，不得以其小節，而信其無傷大義也。

附　解

讓本美德，第辭受取與，有中道焉，非精義者不能。况人倫爲大義所在，廢大倫而務矯廉以求名，則亂德。戰國時，有志之士知廉讓自持者多，而人倫大節不免遺憾，故卽仲子以曉當時。勿務小節而廢大倫，非謂廉之不足重，亦非故暴人短也。《匡章問》章，衹辨其廉之必窮，與此章義別勿混看。

桃應問曰：舜爲天子，皋陶爲士，瞽瞍殺人，則如之何？

桃應，孟子弟子。時蓋有以勢骫法者，故應設爲此問，以考聖賢之用心，非誠有是事也。

孟子曰：執之而已矣。

執，執法也。

然則舜不禁與？曰：夫舜惡得而禁之？夫有所受之也。

與，平聲。夫，音扶。惡，平聲。以子愛父之心則宜禁，以臣守法之心則舜不能禁。蓋君相特奉天道以治民者也。

然則舜如之何?

情與法相妨，不可兩全。舜幾無以爲子矣。

曰：舜視棄天下，猶敝蹝也。竊負而逃，遵海濱而處，終身訢然，樂而忘天下。

蹝，音從。訢，與欣同。樂，音洛。表舜輕天下而愛父母之誠，以爲天下後世法。

附　解

此章立論至奇，實乃至常之理也。人視天下許多窒礙難行之事，祇爲計較利害得失，不顧天理安否?是以人倫之正，天命之常，悉顛倒而不得其理矣。桃應特設此問，而孟子惟以爲臣子常理答之。及應究及於事勢之窮，乃揭出舜輕視天下、至孝無他之心，則可知聖人之道，惟盡其至中至正以無忝於性分。而一切趨避智術之爲，皆無當於天理矣。或曰：此章固屬設言。凡一切議貴、議親、疑難諸說，前賢固已詳論矣。第如此兩難之事，世未嘗無設?果有此事，舜果如此行，而皋陶終執法究極於海濱之地，不使舜果訢然，將奈何?曰：聖賢之事，惟其天理人倫之至當，無愧此心而已。常人惟視天子爲至尊，則其父犯法必可刑。而凡貴勢者，皆可無辜殺人矣，况天子乎?而天下尚得聊生也乎?且常人惟視天下爲至重，則雖父母危亡，不捨富貴，而甯捐父母，不肯失此顯榮矣。况非關父母者乎?而天下有不爭趨勢利者乎?不知天子者，天所設以治世，代天之位，承天之法，兢兢焉以祇奉昊天爲務，非以爲一己之榮也。使天子而自恣，是先獲罪於天，天棄之，人且叛之，而安能尚理天下?聖人之爲天子也，其臨保帝，謂顧畏民碞斤斤焉。惟恐一念不純，一民失所，有愧蒼之父母，則其視天下至重。若勢位之尊，自奉之際，固漠然無所動於其中也，是其視天下又至輕。其爲人臣也，亦以事天如事親者，望其君而一毫不敢違乎道。明乎此，則皋陶之執，舜所以不能禁陶之執，皆秉天理以行，可知矣。若夫竊逃之後，陶又窮之於所往，此在事爲無稽，而於理亦可究言之也。夫聖人之事其親也，必諭之於道，故善則順從，過則幾諫，必致其親於聖賢而後即安。故成親之美爲大孝，而底豫所以爲舜之感神也。如其親或終不見諒，而一旦罹於凶禍，孝子亦惟委曲保全。萬無奈何，惟親存與存，親亡與亡而已。舜能棄天下以全親，曷難捐性命以從親哉?雖然此就舜所當爲言之也，皋陶必執法，亦祇在己。當然，至於天下如何全舜，如何全法，果有其事至乎其境，斟酌咸宜，臨時自有至當之理。豈空言所可盡哉？惟各盡其道，咸適於中，不可互相責望，亦人可預存趨舍，非精義入神，固未易言之也。明善誠身之學，積久而能精義。此等事，又何患難處？

孟子自范之齊，望見齊王之子，喟然歎曰：居移氣，養移體，大哉居乎！夫非盡人之子與？

夫，音扶。與，平聲。范，齊邑。居，居處。養，奉養。卽二者以該凡服習之事大哉。居乎之居，則兼居養而言，謂父兄師友所習染也。見王子而有感。

孟子曰：王子宮室、車馬、衣服多與人同，而王子若彼者，其居使之然也。況天下之廣居者乎？

稍間又言，故記孟子曰宮室等事亦同。而習染移其氣體，况德充道腴者乎？

魯君之宋，呼於垤澤之門。守者曰：此非吾君也，何其聲之似我君也？此無他，居相似也。

呼，去聲。又引此事以明居之不可不愼。呼，條狼候人，傳呼之謂。

附　解

此章重一居字。蓋孟子欲人愼所習也。孔子言性相近，習相遠。居字，卽習字意。借王子引起以明人生、日用、飲食所習不同，卽氣體頓異。況居廣居者乎？既言居移氣，養移體，又言王子宮室、車馬，衣服多與人同，離郤宮室等項，居又何屬？蓋言目見耳聞，習染漸摩之事。王子居富貴之地，所習不同，故猶是起居飲食而氣體迥異。居廣居者，心與天通，道與天合。其存諸內者，江漢、秋陽濯暴之；其發於外者，容貌、詞氣赫喧之。何止如豢養形骸者，徒有富厚之澤而已。孟子祇閒閒感歎所以然之故，並未說明。而後人不踐居廣居之學則，且以無德而富貴者爲居養之則矣。噫，魯君之呼，如後世儀導傳呼守者。其君在國，而忽有是聲，故訝之。孟子引以證國君貴胄其見聞所習相似，則居廣居者其氣體亦相似。特俗人眼光如豆，卽日與居廣居者相處而不知。故孟子此章，祇是就王子咏歎，弦外餘意，感慨爲不少矣。

孟子曰：食而弗愛，豕交之也；愛而不敬，獸畜之也。

食，音嗣。畜，許六反。朱子曰：交，接。畜，養也。獸，犬馬之屬。當時以養士相高，而誠或不足，故言愛弗如敬，以起下文也。

恭敬者，幣之未將者也。

將，奉也。承上言必先有恭敬，而後爲愛敬。

恭敬而無實，君子不可虛拘。

拘，留也。又言恭敬不徒文貌，必有其實。君子必不虛拘，尚何以致君子也？

附　解

此章有激之談。蓋爲當時士品不立，徒以品腹身家之故爲人豢養，而時君亦遂侈然自負。不知眞正賢士，以蒼生爲憂，不以温飽爲志；以抱道爲樂，不以爵禄爲榮。如當時諸侯之所以待士，君子必不爲所籠絡，亦斷不能留君子。蓋當時君與士交，失之矣。明良奚以相値？斯世何以乂安？孟子胷中煞有無限感慨，非徒誚詈當世也。講家以君子貼孟子，則易流爲謾駡語氣。

孟子曰：形色，天性也。惟聖人，然後可以踐形。

形色，該一身容貌氣質而言。天性寓於形色之中，而宰乎形色之始。聖人盡性，則理實，而氣充。形色無非天則，故踐形必先盡性也。

附　解

此章示人學聖之功。切實下手處是從形色易見者指其爲天性所在。形，形質。色，即形之發見者。欲踐此形，而無理之不精，必盡其性，而無毫髮之不純。如耳目，非禮勿視聽，極於至聰至明，乃爲踐此耳目之形。温而厲，威而不猛，恭而安，乃爲踐此色。然非盡其性而美大聖神。天命之在我者，極乎純一，安能使形色之外見者極其高明？故曰，惟聖人，然後可也。異端之學，不知形色即天性所在，冥求天性而忽於形色。詞華之學，不知形色由天性而有，恣其形色而忘乎天性，蓋兩失之。性者，形之主；形者，性之充。盡性踐形，内外始終，功效一齊俱到，非有二理。若不深造自得，惡能知之？

齊宣王欲短喪，公孫丑曰：爲期之喪，猶愈於已乎？

已，也。當時喪禮衰廢，王蓋苦其久而欲短之。丑故私問以爲期，或愈於不踐禮者也。

孟子曰：是猶或紾其兄之臂，子謂之姑徐徐云爾。亦教之孝第而已矣。

紾，之忍反。禮本於天性，動之以天良則知禮，非所以苦人。如其私意以爲通達，則非矣。

王子有其母死者，其傅爲之請數月之喪。公孫丑曰：若此者，何如也？

爲，去聲。王子，庶子也。其母死，王以尊厭之，禁其不得終喪。其傅爲請數月。丑言若是，亦短喪之類也。

曰：是欲終之而不可得也。雖加一日愈於已，謂夫莫之禁而弗爲者也。

夫，音扶。王子母，禮，應終喪。而王以尊禁之，不得行。故雖加數月，猶愈於已。若莫之禁而短之，則非也。

附　解

齊王欲短喪，蓋子貢欲去餼羊之意。當時三年之喪，虛有其名，人罕行之。王以爲短之，簡而易行，故公孫丑私問之，亦以爲猶愈於已也。孟子言三年之喪，本乎天性，乃人心之良，不如是不安，而非故爲苦人。未可因末俗之頹而發中正之則，據前人之説，援《禮經》，庶子於所生之母服大功，謂天子諸侯爲宗廟社稷主，故公子父在，厭於所尊，爲其母練麻，既葬除之。父沒，而餘尊猶在，惟服大功。此王子母死，乃既葬而猶欲終大功之喪，以盡哀情，然其實非也。聖人制禮，本乎人情天理。孔子曰：父母之喪，無貴賤，一也。父在，爲母齊衰期年，以事父之故，不便常以衰服服勤也。而服制雖殺，所以盡三年之哀者不殺，王子之母蓋庶子母也，然其母死，自當盡禮致哀。當時喪禮衰廢，王以爲己在，子不得顧其私親，禁之使勿終喪，故其傅爲請。若如《儀禮》，本當既葬而除，其傅乃爲請數月之喪，豈非本外乎禮耶？孟子何以云欲終之而不可得，姑既服大功之説言之。夫禮有嫡、庶，所以正名分而別尊卑，杜孽寵亂國家之漸也。然禮，殺於夫與嫡，而不殺於其子，何者？母之卑，因夫與嫡而卑，子無卑其母之禮。尊嫡母，正也；尊其母，亦正也。事父及嫡母，愛敬必周，事生母亦必然，非私也。天理至情，民彝之恒耳。父與嫡母俱在，己母死，罔極之悲，甯有已時。其節哀而除服者，恐衰麻傷父母之心，不但以其爲凶服也。服雖殺，而三年之禮必終，乃爲人子之道，豈有僅服大功又不得終其服者乎？《儀禮》爲後人所作，《小戴》亦多不合。愚已爲《恒解》辨論之。玆不贅。今制，庶子爲其母服三年，當乎天理矣。

孟子曰：君子之所以教者五。

君子成就人材之心無窮，因有五者之教。

有如時雨化之者，

學已積而迎機導之，如物逢春而時雨滋之。

有成德者，有達財者，

財、材同。德，德性。財，才能。因其德之所近而成就之，隨其材之所能而宣達之。各有所成也。

有答問者，

隨所疑而釋之，非聲入心通不能。

有私淑艾者。

艾，音乂。艾，治也。私學，君子之善，以自治與及門無殊。

此五者，君子之所以教也。

欲學者體其裁成之苦心。

附　解

五者，惟時雨化之，是德已大成，迎機而示，若曾子之一貫，是也。其下四者，皆不分高下。成德、達財，性各有所近，剛克柔克，教之使成一器；才力聰明，各有所長，達之使爲有用。至於隨問、隨答，各如其意以去，雖顔、曾亦然。私淑艾，則聞知者是也。講家多謬。

公孫丑曰：道則高矣美矣，宜若登天然，似不可及也。何不使彼爲可幾及而日孳孳也？

幾，音機。丑蓋嘗志於道，而苦其難，故欲孟子貶道以相就。

孟子曰：大匠不爲拙工改廢繩墨，羿不爲拙射變其彀率。

爲，去聲。彀，古候反。率，音律。彀者，弓弩持滿也。率，法也。繩墨、彀率，喻修道之方。承上幾及意而言。拙者不能幾及道之與人。以可循者，則惟此也。

君子引而不發，躍如也。中道而立，能者從之。

引，引其端。發，發其微。躍如，理緒昭然可尋也。中道而立，申明引字之意。不從而欲貶道，則非也。

附　解

率性之謂道。性外無道，道外無人。道，固人人所具也，何云高矣、美矣，如登天然乎？且道，不過日用倫常，何云引而不發、中道而立，能者始從之乎？嘗歎此等處不說明，令人有禪機之憾，是亦講學者之過也。蓋人自有生以後，氣質心情之偏，習染深錮。一旦學於君子，令其治心養氣，踐禮敦仁，如桎梏之忽加，如奔馬之忽縶，治心而心愈紛，養氣而氣愈浮。至於禮法在身，則每每不便於己之私，不儕於俗之好。是以仰彌高，鑽彌堅，在前在後，無處捉摸。公孫丑蓋嘗從事焉，而見其難，故有此問。非望塵自阻也。王罕皆乃謂其並不知道之高，毋乃繆乎其意。求一切要之方，以爲日孳孳之地，亦不可厚非。特不知孟子平日之教，已是《中庸》之道，如繩墨彀率，學工學射者，必當由此入手。第以躁心相嘗，欲速求效，則難有得耳。故下文又言：凡君子教人，皆明引其端，而不遽發其蘊。非不欲發也，引之之端，循而造焉。卽發之之妙，當其下學之初，卽盡發其蘊，彼亦不能知也。是以君子中道而立，未嘗阻人以難能。有志之士，第卽君子引我之事。勉力從事，則恪守繩墨彀率，久久神明變化自生，不可以始基用力之難，廢規矩而他求捷獲。語語誘丑，自勉爲能者，非謂不能貶道相從，任汝爲之與否，作棄絶語也。講家解引與躍如，類禪學機鋒，使人無可從事。旣不發矣，何以躍如？蓋天命之理，流行於事物；而誠身之至，卽通於神明。止此日用倫常，誠意正心、篤踐深造，至平至常之中，卽有至神至奇之妙，所以爲中庸。引字、發字、躍如字，時解蒙上文射字說，尤爲拘泥。次節譬教者必有成法。末節申言正意，以明繩墨彀率之中，卽具有神明變化之用。此外無入道之方。若以射言，引必當發。發之中，由於引之時。引而不發，豈非有意藏頭露尾哉？此語誤解，故近代談理學者多作禪和子，棒喝皆套孔孟之言。無是也。

孟子曰：天下有道，以道徇身，天下無道，以身徇道。

朱子曰：徇，以死隨物之名。道，卽身之理，而分言之者。世治身易顯，而道或難。世亂，難行，而身何顯？爲昧出處者言，以起下文也。

未聞以道徇乎人者也。

以道徇人，則所以爲道者亦非也。枉己無以正人，孟子蓋屢言之。

附解

此亦孟子自明不見諸侯之意。以爲諷徇人者，亦可。末句言以道徇人，吾不知所謂道者，何也？新安陳氏言，妾婦以順從爲道，故亦曰道，大謬。

《孟子》此章口中三道字，皆言大道。妾婦之道，道字，猶事也，不得以朱子信筆借用之詞，附會解之。

公都子曰：滕更之門也，若在所禮。而不答，何也？

更，平聲。趙氏曰：滕更，滕君之弟，來學者也。

孟子曰：挾貴而問，挾賢而問，挾長而問，挾有勳勞而問，挾故而問，皆所不答也。滕更有二焉。

長，上聲。求道以虛心爲本。有所挾，則不能至誠受教，故不答。趙氏曰：二，謂挾賢、挾貴也。

附　解

道自在天壤，人人所有，人人所能。不知而問，禮也。特有所挾，則問亦不誠。君子豈輕道而妄答？世不少才智之人，祇因一挾字，自恃而不受益。遂使天下之大，古今之遥，賢聖落落相望。可慨也哉。

孟子曰：於不可已而已者，無所不已；於所厚者薄，無所不薄也。進[①]鋭者其退速。

此言觀人之法。義，所必爲而不爲；情，所必厚而弗厚，志錯而行，妄矣。或矯之而鋭進，無恒，亦歸於敗。是以君子循理而盡倫，健行而不息。

附　解

理之所當爲，分之所繫屬。盡其道，篤其誼，終身無已，時也。見理不明，則聞義不勇；天良既少，則倫紀盡乖。有志爲善矣，而又無恒，必毁行自賊。以是觀人，人焉廋哉？

孟子曰：君子之於物也，愛之而弗仁；於民也，仁之而弗親。親親而仁民，仁民而愛物。

此爲兼愛者言，而明君子施恩之有序也。親者，人倫之本，天性之良，篤於親而推有恩以恤。民物生成，各有其道，經制各有其宜，非可一概而施也。朱子曰：物，謂禽獸草木。愛，謂取之有時，用之有節。

---

① 進，《四書章句集注》作其進。

附解

天地生生之理，賦於人爲性。性之理本於天，而成於父母。愛吾親，則必推吾親之心以愛民、物。民物者，與吾同大父母，而民又同此心。理者也，天良之發，於親爲眞。愛親之眞者，則無在不著其慈祥。故於民之同形同氣者，則生養教化之不容已也；於物之異形同氣者，則撙節愛養之不忍殘也。《詩》曰：孝子不匱，永錫爾類。子曰：伐一樹，殺一獸，不以其時，非孝。仁民愛物者親之，推而心理之，自然而不容已者。若其人薄於生我，則天性之眞早已淪亡，而方且泛愛民物，是爲倒行逆施。究其所以愛民物者，亦必非眞，爲其本之先撥也。夫子曰：不愛其親而愛他人者，謂之悖德；不敬其親而敬他人者，謂之悖禮。故良心之發，必以愛親爲先，而非明善誠身。則所謂愛親者，或反非愛，而施之民物，未有不顛倒失宜者也。孟子爲兼愛者言，特舉君子爲法，明其輕重如此，而復推其次第。萬物皆天地所生，體天地生生之理，意恐傷其生，安得不愛？而肫肫鞠養，則不必如是其誠且久也。凡人之得天理具五倫，皆與我無二。廣天地生成之恩，安得不仁？而在在曲全，則不能若此。其周且至也，惟親爲生我之本。昊天罔極，卽孝養之極，誠致其親於聖人，亦不足以盡其子職之萬一。此民物與親厚、薄之大略也。而《孟子》此章，爲兼愛者言，則意重親親。父母身命之本，於此不用，吾情惡乎用？吾情親親者，至孝至誠之心，惓惓懇懇，一片綿纏悱惻。所以致其愛敬者，無不盡。仁也、義也，皆在其中矣。而由是見聞所及，民則殷殷，欲成全之，物則惻然弗戕賊之。故聖人盡性，卽能盡人物之性。性卽天理。天理之誠，無過於孝。不親其親，不得爲人，又何問仁民愛物？《孟子》此章，煞是説得周密，而晚近猶罕。人知有明智者，亦止知養心以靜，治世以仁。而其實所以親親者，未必能如虞舜。則其所以仁民愛物者，亦不能如聖人，而徒斤斤與佛家争辨。不知佛言慈悲，仁也；廣大，讓也；方便布施，仁民也；戒殺放生，愛物也。而歸本於一切，佛田不離方寸。謂堂上兩尊大佛，父母卽是，曷嘗外人倫哉？僧流出家，乃外裔舊俗。中華寺宇，以鰥寡孤獨，不得不然。然嘗考歷代高僧、高道，多父母皆故，始出家養靜。鮮有幼而出家者，旣壯無不設法養親。蓋天無二道，人無二理。若大倫有虧，决不能成眞得道。其邪淫怪妄之徒，乃佛之罪人，亦猶名教中之匪僻。或出於《詩》《書》中，豈孔孟之咎乎？張惕庵云：佛言戒殺，我偏要殺生，佛言慈悲，我偏不慈悲。乃爲眞儒乎？可謂快論。此非《書》

義正解。而近世三教分門，騖名利者惡清淨，恣嗜慾者斥慈悲。聊附論之。

孟子曰：知者无不知也，當務之爲急；仁者无不愛也，急親賢之为務。堯舜之知，而不徧物，急先務也；堯舜之仁，不徧愛人，急親賢也。

知者之知，並去聲。言知仁本無不善而昧所先後，则反窮於用。當務時勢，所最急者，賢仁之歸也。堯舜以平成爲先務，故庶績熙，以親賢爲急務故仁恩溥。

不能三年之喪，而緦小功之察；放飯流歠，而問無齒決，是之谓不知務。

飯，扶晚反。歠，昌悦反。舉以明當務之意。蓋禮有輕重，事有缓急，昧之則失宜，而知仁所以必審所先也。三年之喪，服至重。緦麻三月，小功五月，服較輕。察，详求其礼。放飯，以手取飯於器。流歠，飲而泛流，其失禮大。齒决，齧斷乾肉，其失禮小。

附解

此章爲有志於知仁，而不知務者言。以徧物徧愛爲心，亦志之美也。第物必不能徧知，人必不能徧愛。爲審其時勢之所最急而先務之，如夏之需涼，冬之需煖。不至後時，不留遺憾，則得其要領，而事自次第理矣。堯舜急治水、教稼、明倫諸大務，而求人治之。是以地平天成，物不期徧而自徧。知賢，爲仁人之望。而親之，如耳目之需聰明，手足之需運動，惟恐相失，惟恐不盡其才。則政通人和，而仁自及宇内矣。堯、舜急於得舜、禹、稷、契諸人，而俾爲宣化，是以德洋恩溥，愛不期徧而自徧。後人或慕知仁之名，而輕重倒置，去知仁愈遠。孟子特爲反復言之。開端揭明知者仁者，是卽現成榜樣示之。若非學已臻於知仁，又安知所急而圖之哉？是以君子務窮理而盡性，理明性定，則隨其事之所値而因應咸宜，知與仁亦不得而强分矣。此義若常，而實至精。次節就易見者明之。而凡天下國家，及一動一靜之微，胥有所宜急矣。緦，古與孫通。以如絲之麻布爲衰裳，而以澡治莩垢之麻爲絰帶。小功，以細小精密之布爲衰裳，以澡治之麻爲帶。絰緦、小功，亦有當者。然乃由三年之恩誼而漸推，必於三年喪能盡禮，乃爲根本。《曲禮》：濡肉齒决，干肉不齒决。干肉堅，宜以手劈之，乃不失容。此亦禮所在。第較放飯流歠，則爲失禮之小者。凡事卽此類以推得，其至當，辨析正未易易也。

盡心下凡三十八章

孟子曰：不仁哉，梁惠王也。仁者以其所愛，及其所不愛；不仁者以其所不愛，及其所愛。

由親親而仁民而愛物，以所愛及所不愛也。卽惠王以警當時。

公孫丑曰：何謂也？梁惠王以土地之故，糜爛其民而戰之，大敗，將復之，恐不能勝，故驅其所愛子弟以殉之，是之謂以其所不愛及其所愛也。

梁王非忍於其子弟，而以貪忿之故。及此詳述，以爲天下戒也。

附　解

周顯王二十八年，魏伐韓，齊伐魏以救韓，虜太子申。二十九年，秦伐魏，執公子卬。戰國時，諸侯之爲梁惠王者不少，故卽惠王以警之，匪特當時也。世人不明乎修身蓄德之義，貪妄心萌，其始斤斤爲子弟計，不知行險之僥倖，造物不能如其心；而非道之機謀，禍患無不隨於後。迨至不保所愛，而後歎初心之謬也。其不爲梁惠王者，或反以迂腐，斥之奈之何哉？

孟子曰：春秋無義戰，彼善於此，則有之矣。

當時以善戰爲雄，孟子舉春秋之法以正之。無義，孔子不義之也。彼善於此，較有可原，其爲不義，則同說在下文。

征者，上伐下也。敵國不相征也。

申期上文之意，無上下君臣之義。春秋所以必誅之也。

孟子曰：盡信《書》，則不如無《書》。

惟聖人之言，百世不易。其他載籍，或有虛詞，後人因而藉口，則禍烈矣，孟子欲辨《武成》之言，而先言此以引之。

吾於《武成》，取二三策而已矣。

取其發政施仁之事，不失聖人之心者。

仁人無敵於天下，以至仁伐至不仁，而何其血之流杵也？

當時，蓋有藉口漂杵之言。謂聖人亦尚武者，故孟子辨之。言卽倒戈流杵，亦史臣誇尚之詞，不足爲信也。杵，《漢書》作鹵，楯也。

附　解

首二句懸空而言，書字自不必定指《書經》。蓋其意雖爲下文作引，然乃大概而言。凡記載之文，未必盡出聖人之手，則其言卽不可盡信。卽如《武成》一書，記武王應天順人之事，非不可信者也。然善讀者觀其文義，第信其不失聖人仁心之本者。若流杵之言，《書》雖謂紂徒倒戈自相攻殺，然以仁人無敵之理推之，紂衆之歸向武王久矣。使猶相攻擊，則不服者尚多，非以至仁服至不仁之常在。史臣誇耀，聖人欲見其取殘之易，而不覺已有語疵。此《書》固非聖人所親訂，抑或傳受之譌文。孟子以聖人之心理斷之，而知其不足信。乃近世人猶藉口是言，以爲仁人尚爾，豈非信《書》之過，大失聖人之意哉？程子明孟子之心極妙，但謂設爲是言，亦非當就《書》本意述而辨之。乃知孟子之言，自有不誤，無容迴護。至吳偉業、秦松齡、張甄陶以《書》爲兵書，則太支離矣。或曰：如子之說，《書》非經孔子删定者乎？倒戈攻殺，皆非仁人之師，毋乃太迂滯乎。且武王亦戒止齊鼂，夫子憂紂克予矣。曰：孔子之删《書》也，删其太不近理，如蒼兕誓師，頭懸太白之類。倒戈之事，本爲實錄，流杵之言，雖略有語病，亦可不妨，而未料及後人之藉口也。八百諸侯推戴武王爲主，兵將甚多，武王恐其暴掠，故約束之而有《牧誓》。篇中雖止戒西土之人，然勑已所領之人，而衆人自從命知戒。聖人之謙讓威嚴，兼至如此也。前人誤解尚桓，桓似武王，惟恐不克紂者，大謬。愚另有《書經註》。兹不贅。紂衆離心，早願歸周。孟子直斷以至仁無敵之理决其爲誣，蓋信其以聖人之德而不信載籍浮詞。爲戰國而言，然其論右之識爲已精矣。若謂爲設言，顯與《書》文相戾，反覺孟子不顧文義之安而竟昧本旨，卽聽者亦不服也。故宜就《書》本文而言，其不足信，乃兩得之。

孟子曰：有人曰：我善爲陳，我善爲戰，大罪也。

陳，去聲。爲時君言强兵之罪，說在下文。朱子曰：制行伍曰陳，交兵曰戰。

國君好仁，天下無敵焉。

好，去聲。仁人則天下愛而歸之。戰陳無所用。

南面而征北狄怨，東面而征西夷怨，曰：奚爲後我？

述湯之無敵如此，說見前篇。

武王之伐殷也，革車三百兩，虎賁三千人。

兩，去聲。賁，音奔。又言武王之事，而極形其無善陳善戰。一車兩輪，故一乘曰一兩。虎賁，勇士。後周公制禮，因以爲侍衛、親兵之名。

王曰：無畏，甯爾也，非敵百姓也。若崩厥角、稽首。

述武王之言，而約舉其事。言百姓無畏，我本欲安甯爾，非與百姓爲敵。於是商人悦服，稽首如角之崩。武王無敵天下之心，而天下自無與敵，又如此。

征之爲言正也，各欲正己也，焉用戰？

申言天下無敵之故，慕其仁而思其正，己果能正己何用陳戰？

附　解

戰國言陳戰之善者，何啻千百人？諸侯喜其攻城略地，取勝目前，重之反以孟子仁義之言爲迂誕。不知此輩殘民，鋒刃以售其術，民怨於下，天怒於上。譬如酖酒止渴，漏脯止饑，非不暫飽，死亦及之，故孟子揭其大罪而證以湯武無敵之事。結言各欲正己，則好仁者其爲民心愛敬，已匪朝夕。若己有一毫不正，而民安能欲其正己哉？無畏甯爾數言，或本《古泰誓》文，或孟子别有所聞而述之。至《今泰誓》三篇，必非古文，閻百詩等謂《書》古文俱不足信，未免太過。而此三篇則斷非原本，愚另有《書註》，玆不贅。

孟子曰：梓匠輪輿，能與人規矩，不能使人巧。

規矩，該内外而言。由規矩而修之，臻於熟則巧矣。時人求巧於規矩之外，而不知深造自得，故孟子云然。蓋爲躐等無恒者言也。梓匠、輪輿，備見《周禮》。

附　解

人性本善，因後天氣質之私汩沒天良，是以聖人設爲學問之功，由修己以及人，莫不有當然之法，猶規矩也。循循於規矩，内外皆有實功，非但如禪子寂守空空，不踐倫常；亦不但講禮談經，而無實德。知行並進，本末交修，必由師授。授者爲哲匠，亦必學者之遵行。梓匠、輪輿，喻明師也。規矩，喻禮法也。規矩以有定平，無定而神明變化出焉。巧，卽神明變化之喻也。巧不離規矩，而實不僅專恃規矩。學者由下學而上達，其事不過日用倫常，其功不過靜存動察。然循序而進，恒篤而行，則非師友可助。孟子爲門人言，使篤實深造，非令人求巧於規矩之外，亦非作教者技窮之語，須善審之。

孟子曰：舜之飯糗茹草也，若將終身焉。及其爲天子也，被袗衣，鼓琴，二女果，若固有之。

飯，上聲。糗，去久反。茹，音汝。袗，之忍反。果，《説文》作婐，烏果反。

形容聖人之心以爲世法，欲人盡性而忘其境也。飯，食也。糗，乾糧。茹，亦食也。袗，畫衣。果，女侍。若固有之，不以爲念也。

附　解

衣食，人所以生養，亦安可輕？但人之所以異禽獸者，惟此天理良心。若無天良，卽是禽獸。卽富貴，何榮？全此天理，卽爲完人，貧賤何損？奈人止知衣食爲重，一切蔑理喪心之事無不爲。而學道之士，亦不能安貧守道。孟子故以舜之衣食奉養，形容聖人天理渾全，視富貴貧賤如無有。夫富貴貧賤，王者以此賞罰人，天心亦卽於此寓激勸，豈得謂無關義理？但富貴而爲蒼生造福，貧賤而爲名教干城，乃不愧富貴，無妨貧賤。故夫子言不處不去，原非惡富貴而喜貧賤。後世往往失之於偏，則非中正之論矣。人生以執業爲重，士、農、工、商四民，皆爲正業。擇其不悖理者爲之，念念存仁，事事合義，天未必不加眷顧。而仰事俯畜，飢寒可免矣。免於飢寒，外此何求？在在以忠孝存心，仁義自樂，處困如無，亦處亨如。故舜耕、稼、陶、漁，非無執業也。玄德升聞，乃意外事，其心何與焉？然天止此理，理至而天應之，安有餓莩之？聖賢世儒，止言理而諱言功效，令天下人以聖人爲不免窮餓，視若畏途，不知易以吉凶教人。孔子亦言餘慶餘殃，吉凶生於善惡。有善無惡者，天理；罰惡賞善者，天心。必饑寒困苦而後爲聖賢，人孰甘心窮餓？故說理不可太高，反阻人以疑畏。孟子爲學道而以窮達。繫念者言，非謂人必凍餒而後爲高，亦非謂士人希聖先期富貴。孔子云寡尤寡悔，祿在其中。耕也餒，學也祿，而又疏食飲水，浮雲富貴，職業修而天理全，可以無飢，道亦何損也？

孟子曰：吾今而後知殺人親之重也。殺人之父，人亦殺其父；殺人之兄，人亦殺其兄。然則非自殺之也，一閒[1]耳。

閒，去聲。恕道不明，人每縱欲。凌人而不知出爾反爾之不爽。此章爲下愚言之。夫君子無所不敬，以全其所生，何待言及感應哉？

附　解

此章自是有爲之言。殺人二字，不特不可有其事，亦不可稍存是心。奈

① 閒，阮刻本作間。

仁義不明，人往往爭便己之利。其端起於一念，而不加察識，則馴至於日肆一日，殺人之事，爲之而不及覺。孟子因當時適有殺人自殺者，特爲喝破，夫亦甚不得已耳。君子修身寡過，息息求其無忝所生，豈待一毫毀辱加於吾親也哉？

孟子曰：古之爲關也，將以禦暴；

防暴客之擾民，而譏之。

今之爲關也，將以爲暴。

利民之利，而誅求之。

附　解

《孟子》此章，爲當時重稅病民者發，而深歎藉古法以爲姦者也。《周官·大司徒》有關市之賦。司關掌國貨之節以聯門市。凡貨不出於關者，舉其貨，罰其人。而孟子言文王關市無征，此章云將以禦暴，人遂疑《周官》爲僞。不知《周官》非僞，人自僞解耳。天下惟利之所在，人易爲奸。奸商居奇病民，不有以禁之，則利不能公，而民生日用且有不給者矣。況先王之世，民多務農，農民衆於商賈。商賈擁貨囤貨，農民必困，故爲司關之政，掌國貨之節以聯門市。謂關驗其貨，給之節以達於市，使速售且給民用也。司貨賄之出入者，掌其治禁與其征廛。言治其僞亂、壟斷等弊，而平其廛稅，毋令病商也。凡貨有不出於關者，舉其貨，罰其人。貨不出於關，則恐其別爲淫巧、蠹民之物，且得私積居奇，致礙流通，故嚴爲之禁。凡所得貨賄者，則以節傳出之，不令商賈稽滯也。若國凶荒，則並無關門之征。是先王既恐商賈專利病民，又慮農民勒揹病商，不得已而立法以劑之。鄭康成誤解聯門市及征廛等語，後儒襲之，《周官》遂成僞書。曰，然則征廛與關門之征者，何指？曰，征廛，猶今地租。蓋商之來者居之，若並無征稅，則本處之民皆可居之，而奸商僞賈亦得久居。有征而不過求，民既不貪其地，商亦樂得其便，期於速售。關門之征，亦慮其逐末擁貲，效尤將衆，酌征之以調其平也。文王治岐，乃荒山招輯之時，故關市無征。《孟子》此章，及關譏而不征之言，乃因當時諸侯征稅無厭，言各有當，非可執此而詬彼也。要而言之，聖人之法，不得人隨時折衷，安有久而不弊之法？但有時中之道者不易，須在上有以儲才耳。

孟子曰：身不行道，不行於妻子。使人不以道，不能行於妻子。

此爲違道而强人者言。妻子，至親邇而卑於我者，非道無以相服，况其下乎？

附　解

道者，天理良心。人孰不有天良？但己身不以道自責，則微論遠者不敬信，即妻子亦不悦服。故君子責臣子以忠孝，而君父亦必先自修。孟子蓋有爲而言，其慨世深而望人亦綦切矣。世人忽之，此三綱所以不正，五倫所以不明，爲人上者其思之。

孟子曰：周於利者，凶年不能殺；周於德者，邪世不能亂。

周，全備而無虧缺也。德乃天理，故有德者克享天心。世雖邪而天自正，不能亂己之德。德有定而天之心亦庇之矣。

附　解

世不乏修德之士。而立志不堅，隨境而移，或遭遇坎坷，反以爲修德無益。不知德乃天之理，而心之良果周於德，自能隱顯隨時，明哲保身，即舉世皆濁，無累於己。如孔孟值兵爭之世，無入不得。秦皇禁《詩》《書》，罪偶語，而鄒魯不廢弦歌，正如周於利者不憂凶年。孟子言此，欲人自修其德，毋爲物邪所亂。邪世，亦非必大昏亂無道。凡好名好利，世俗紛靡之事，不合聖賢之道者，皆是。不能亂者，我得其爲我而已，豈故與世相違乎？

孟子曰：好名之人，能讓千乘之國；苟非其人，簞食豆羹見於色。

好、乘、食，皆去聲。見，音現。苟，誠也，言非誠能讓國之人，則小事已不能讓。蓋欲觀人者，不爲所欺，修己者，尤當立其誠也。

附　解

世亦安有能讓千乘之國而不能讓簞食豆羹者？衹爲有一種人，沽名掠譽，不問義理之是非。第取豪俠之意氣，當其慷慨激烈，似千乘之國亦可讓者。然而嗜欲本未淡然，往往纖微之事，不覺露出慳吝神色，故孟子言此以警之。若聖賢之學，非其義也，非其道也，一介不以與人，一介不以取諸人；非其義也，非其道也，繫馬千駟弗視；如其道，舜受堯之天下不以爲泰。學者不察乎理欲毫芒之分，則必有務博施而反遺親親，好推解而反爲黨惡者。孟子言此，立萬世之防，須細細返己而求，精義而思，乃不至誤。毋忽視也。

孟子曰：不信仁賢，則國空虛。

仁賢，仁而賢者也。賢者必以仁爲心，故能輔君德而庇民生。空虛，若無人也。

無禮義，則上下亂。

禮，法度。行禮而得其經權至當曰義。

無政事，則財用不足。

政事，非第爲財用。而綱維經紀，財之所以生聚。不足，朱子曰：生之無道，取之無度，用之無節也。

附　解

仁賢作一人說，未有賢而不仁者也。仁人以愛民爲心，輔君成德爲務，若不信之，則所用皆殘刻寡恩之人，國之元氣索矣，故曰空虛。禮，天理之節文，行之得宜爲義，相需而相成，不可歧視。政事不外禮義，第或虛言其理而無政事，則不足以正己正人，政事豈專爲足財用？而民安物阜，財用自足，《大學》生財有道，《周官》一部皆在其中。孟子就反面勘破，以警當時。

孟子曰：不仁而得國者，有之矣；不仁而得天下①，未之有也。

天生民而立之君長，有國有天下，皆當體天心以仁民。但當時三晉、田齊皆倖竊國者，不便斥其不久，第抑揚其詞以警其奢望，使務仁民，庶息民生之困苦耳。

附　解

仁衹是天理，不仁則無天理，尚何事可爲？況得國乎？然自春秋以降，權力相高，有僥倖得國者，至孟子時已爲强秦所苦，其國岌岌乎矣。而方且殘虐其民，欲得天下服從，故孟子以不仁喝破之。言得國或尚可僥倖，得天下必不能。使汲汲行仁，庶民生稍免干戈之苦，乃仁民之苦心。非謂國與天下一可仁，一不必仁也。不仁，何以可得國？權臣竊國之柄，假君之爵賞以

① 天下，阮刻本作天下者。

牢籠智士，市恩於民。若陳氏厚施，莽、操之輩，愚民不知其術，竟以爲有恩於己。僥倖得國，然久之未有不覺其奸者，故不旋踵而消亡。孟子深惡之，故言僥倖得國，一時人爲所欺，或有之矣。恃此便欲得天下，人卽不察，天怒必及，未有之也。若不得此章立言之義，將以爲不仁果可得國。國與天下固殊廣狹，不殊心理也。孟子之言，毋乃不檢，故讀書須識得立言之意。秦、項踵不仁之行，終於敗亡。孟子之言，豈虛謬哉？

孟子曰：民爲貴，社稷次之，君爲輕。

時君自尊而虐民，故言。民爲至貴，卽社稷亦次之，君則至輕矣。社，土神。稷，穀神。

是故得乎邱[1]民而爲天子，得乎天子爲諸侯，得乎諸侯爲大夫。

天之所愛者，民也。故民心所歸，天心應之。天子諸侯，不過以爵祿與人，豈能强民心哉？

諸侯危社稷，則變置。

諸侯虐民，則社稷危。變置，天子黜之也。

犧牲既成，粢盛既潔[2]，祭祀以時，然而旱乾水溢，則變置社稷。

成，純好也。社稷所以庇民，民薦馨香，而神不能禦患，則變置，或易其地，或毁其壇壝。言社稷亦有時而廢置耳。

附　解

此爲當時虐民者言。明其輕重，語似迂而實至理也。天生民而立之君，使司牧之，勿使失性。則設君本以安民，若不恤民，安用君耶？爲養民而立之社稷，使無災患，不能庇民，安用社稷耶？諸侯危社稷則失職，天子廢之而另立賢君；社稷不庇民則無靈，在位罰之而易其主與地。要無非爲民而然也。古社稷有專名，若勾農、后稷之類。今不然，以虛位奏之，至爲合禮。蓋幽之有神，猶世之有官。官以賢能任，神以道德任，功德不無崇卑，則神不無小大。而要自上帝命之，其升降不一，亦猶乎世之命官也。社稷之神，不能爲民禦災捍患，則其氣已盡，故別爲壇壝，以示更新之意。其實，社稷無不靈，視乎人德之盛衰，德至民歸，而神享之；否則去之。犧牲既成，粢盛既潔，祭祀以時，是本無失德之君上。然而旱乾水溢，則恐其神之靈已

① 邱，阮刻本作丘。
② 潔，阮刻本作絜。

微，故更新之，非示罰也。孟子特藉以明社稷之次於民，非謂不自修而徒責望於神靈也，不可誤看。

孟子曰：聖人，百世之師也，伯夷、柳下惠是也。故聞伯夷之風者，頑夫廉，懦夫有立志。聞柳下惠之風者，薄夫敦，鄙夫寬。奮乎百世之上，百世之下，聞者莫不興起也。非聖人而能若是乎？而況於親炙之者乎？

當時習尚卑靡，而一、二有志之士，猶能以清節自持。孟子感而歸功夷、惠，欲人皆師之以維世俗也。朱子曰：興起，感動奮發也。親炙，親而薰炙之。餘見前篇。

附　解

孟子願學孔子而不學夷、惠。又嘗議其隘與不恭，此章極贊其聖，人多疑之。不知孟子學企大成，願學孔子，乃其自喻之微意。隘與不恭，防人誤學之流弊。其實，夷、惠之聖，實不可訾，故孔子、孟子皆嘗稱之。而此章尤極贊歎。戰國之時，禮教不明，脅肩諂笑之徒，病于夏畦，安得一伯夷正之？而仲連、段干之輩，矯矯獨立，是聞伯夷之風而興者也；刻薄殘忍，相習成風，而信陵之流大度容人，是聞柳下之風而興者也。人生氣節不立，度量不宏，更從何處入德？使人知夷、惠之美，則卑汙狹隘之習可以轉移，故孟子流連於夷、惠，使人則效以挽頽風。而夷、惠之爲聖人，其非易及亦可知矣。後世多誤解，拾餘唾而薄夷、惠，不知夷、惠尚不能學，況學孔子哉？

孟子曰：仁也者，人也。合而言之，道也。

人之所以爲人，卽天之所以爲天。天理具於人身，全此天理而措於萬事萬物，則曰道。合者踐形盡性，無非天理。道，猶路也。言天人萬物，必由乎此也。

附　解

道，祇是一箇理之總名；仁，則指其天理發生之意而言。求道者不本於仁，則將謂仁之外別有道。爲仁者又苦其難，則天理已亡，尚何能事事合道？故孟子特地指出。言仁也者，卽人之所以爲人者也。人理卽是天理，果能內外交修，本末交養，使天理渾全，則根心生色；誠中形外，無念非仁，卽無事非道合者。形神精氣、日用事爲，悉如天之渾淪，元氣著，則爲時行物生。孔子上律下襲，如天地之覆載，如四時日月，卽此義也。故盡道祇是全乎爲人之理數。虛字殷勤指點，煞是説得斬截。講章隔壁猜聲，愈説愈晦，蓋由道之實多未盡，其在己耳。

孟子曰：孔子之去魯，曰：遲遲吾行也，去父母國之道也。去齊，接淅而行，去他國之道也。

釋孔子去國之不同，以爲世法。

附　解

戰國時風氣日下，遊士依棲人國，往往遭逢不遂，苟且遲回。雖時勢所趨，亦貧士不得已之爲。然去就不審，將並其所守而喪之。故孟子言此，以明君子去國自有時中之道，不可苟而已也。與前《伯夷》章不同。

孟子曰：君子之戹於陳、蔡之間，無上下之交也。

時有藉口於陳蔡之戹，以爲修德無益者，故孟子解之。無上下之交。上下，皆無知道之人也。戹陳蔡，詳見《論語》。

附　解

孔子戹於陳蔡，曰：《詩》云匪兕匪虎，率彼曠野。吾道非耶？夫何爲於此？顔淵曰：夫子之道大，故天下莫能容。雖然不容，何病不容然後見君子？夫道大，宜無所不合，何以不容哉？蓋世俗之是非，多與道違，而反厭棄修德砥行之士，莊子所謂以不狂爲狂也。學者若無特見定守，必因世俗之毁譽喪其平生所學，故孟子借孔子爲俗人指點。言君子所以不遇，由上下皆無知道之人，非其道猶有未至也。觀人者不得以君子戹窮，謂其不足師法；修己者不可以俗之毁訕，謂修道之無裨。

貉稽曰：稽大不理於口。

貉，音陌。貉，姓。稽，名。理，分析意。言自不解於衆口。

孟子曰：無傷也，士憎兹多口。

憎，惡也。憎兹多口，倒裝文法。言士本易爲衆口所憎。

《詩》云：憂心悄悄，愠于羣小，孔子也。肆不殄厥愠，亦不隕厥問，文王也。

引《詩》斷章取義，以明聖人憂己德之不修，不以羣小之憎爲傷。雖不能殄人之愠，未嘗因慍而遂隕其問，蓋求其自信者而已。朱子曰：《詩·邶風·柏舟》及《大雅·綿》之篇。悄悄，憂貌。愠，怒也。肆，發語辭。隕，墜也。問，聲聞也。

附 解

貉稽，蓋亦能用力於修己者，故孟子解之。理字，舊訓賴字，不如作條理分析意爲直捷。憎兹多口，趙伯循作增字解，朱子從之，疑傳寫之誤。愚謂趙氏亦一時鈍解耳。非必文字之譌，蓋言人而爲士，則必不苟且隨俗，原易取憎於悠悠之口，乃倒裝語耳。下文引《詩》以明孔子文王，不但解愠之無傷正教，稽以反己日新之學。憂心悄悄，非憂人之愠，憂己之道或有未盡，是因羣小之憎而益以自惕。羣小無傷於我，而有益於我矣。肆不殄厥愠，亦不隕厥問。蓋實德無虧，羣小人憎之，而一二君子好之，猶爲賞心也。况數小人憎之，而衆君子好之。問何隕焉？憂也，不隕也。有惟日孜孜反己自修之實功，而非第以見憎爲無傷，亦非必自求聲聞也。孟子立言精密，令憎者與受憎者俱無從藉口。

孟子曰：賢者以其昭昭，使人昭昭；今以其昏昏，使人昭昭。

歎人不明其德，而强人以相從，亂是非之正也。朱子曰：昭昭，明也。昏昏，闇也。

附 解

天下極聰明人往往爲極不明白人，非聰明之無用也，内而天性未堅，理欲雜而意見昏；外而倫常未飭，好惡乖而恩義舛。此孟子所謂昏昏者也。然彼方肆其私意，逞其囂凌，或恃父兄之尊，或恃威權之勢，使人從己，此龍逢、比干所以死於讒，伯奇、申生所以困於孝也。又况推之家、國、天下，安往而不昏昏哉？賢者恐己之毫髮未明，違人心而背天理；愚者惟其言而莫予違。昭昭者爲所屈抑，昏昏者爲所信任，何施而弗躓耶？

孟子謂高子曰：山徑之蹊間，介然用之而成路。爲間不用，則茅塞之矣。今茅塞子之心矣。

介，音戛。朱子曰：徑，小路。蹊，人行處。介然，倏然。用，由也。路，大路也。間，少頃也。茅塞，茅草生而塞之。學貴有恒，一念之作輟，而聖、狂判焉。用、不用，在介然爲間，至當審幾自奮。

附　解

道卽天理。體道者，終吾身而不息，以一刻畔道卽非人耳。第人心易肆，天理難純，危微之介，其間不能容髮。非存養深造至於不動心，必不能念念天理，衆邪自息。高子初用力於養心之學，未久而懈，故孟子卽山徑以喻之，發其愧憤。山徑僅有蹊間，原非大徑，因其介然之用，卽可成路。爲間不用，遂致茅塞，是以靜而涵養，動而省察，不可一息稍離。堯、舜、禹以聖人而傳心，猶必致戒於危微，誠以有覺之心易牽引其虛明之性，而不自以爲已聖也。末俗安於茅塞，方以聖人爲不可學，自賊其心，又安望其知人、禽之分哉？

高子曰：禹之聲，尚文王之聲。

朱子曰：尚，加尚也。

孟子曰：何以言之？曰：以追蠡。

追，音堆。蠡，音禮。追，猶搥意。蠡，齧木蟲。樂器凡搥擊處，皆殘剝如蠡，而謂其優於文王也。

曰：是奚足哉？城門之軌，兩馬之力與？

與，平聲。是搥蠡也，言是不足以定優劣。凡物久而必敝。城門之軌，車馬多而自深，禹之樂，年久而器偶先敝，不得以此論樂。

附　解

樂之美惡，在乎聲容。高子乃以器之缺裂，謂禹聲尚文王。此俗人隔壁障語。孟子卽易見以曉之。禹、文皆聖人，則樂皆美。特樂器之堅脆，製者或異；人之考擊，其多寡亦殊。以追蠡偶然之形，遂定優劣，眞是愚極。孟子祇言追蠡，不足定樂。凡物久而必敝，禹、文之樂皆年久，其追蠡偶然而有，亦常事。至樂如何，未與言也。追蠡，趙氏以爲旋蟲，而農氏以旋蟲當《周禮》之旋蟲，實未免於穿鑿。歷來字書，未有以追爲鍾紐者。至蠡字，有四義：一音黎，以蠡測海者是也；一音騾，海中大螺；一音裸，卽疥病，左氏謂其不疾瘯蠡是；一音禮，木中之蟲。此章義當從此言。其搥擊處如蠡形也。又《洞天清錄》云畫家滴粉，令隆起謂之追粉。蓋古銅器欵及追起者漫滅也。蠡，剝蝕也。今人亦以器物用久而剝落者爲蠡。此說亦近是。追，本有堆義。第與下文兩馬之力意不相貫注，不如從焦竑筆乘之說爲妙。雖追字古無通搥之處，然《詩》曰追琢，其章未嘗非攻治意也。張氏椿又謂搥擊處，《周禮》謂之隧。造鐘時，擊處已深窪，有擁弊之形，何得云用多所致？不知此但言其缺裂處如蟲齧然，非謂欲絶也。

齊饑，陳臻曰：國人皆以夫子將復爲發棠，殆不可復。

復，扶又反。棠，齊邑。孟子嘗勸王發棠邑之粟賑饑。及將去齊，而齊又饑。國人冀孟子再爲請發粟。陳臻以爲不可。

孟子曰：是爲馮婦也。晉人有馮婦者，善搏虎，卒爲善士。則之野，有衆逐虎，虎負嵎，莫之敢攖。望見，馮婦趨而迎之。馮婦攘臂下車，衆皆悦之，其爲士者笑之。

孟子前請發粟，王蓋不得已而從之。今則道既不行，度王不用己言。使其果志於民，前事何遽忘之？搏虎之喻，言昔日犯王之意，幸而聽從。今義不可再請也。朱子曰：手執曰搏。爲善士，改行爲善之適也。負，依也。山曲曰嵎。攖，觸也。笑之，笑其不知止。張氏曰：攘臂，忿怒驕矜意。

附解

發粟賑民，雖非先事綢繆，亦救災之美政也。豈有因王不行其道，謂區區博民之歡，避嫌不爲，而坐視民之流離耶？范文正公度其不可言一語，已爲簡盡，而朱述求深反淺。王罕皆取之，實不如范説爲妙。蓋孟子初爲饑民請王，已是勉强聽從，及後孟子之言，王多不用。此時將去齊矣，知雖請王，必不從，故不復請。若王尚能聽己，雖將去，亦必爲民復請。蓋避小嫌而坐視飢，孟子必不忍也。然則知幾守義，舊説自不可易。或以卒爲善士，則作一句。張氏謂馮婦卽改行未必遂爲善士，於理是矣。然則字屬下句，乃見其見獵心喜之概。至棠有三：魯也、楚也、齊也。齊棠，萊邑，卽墨縣有棠鄉。

孟子曰：口之於味也，目之於色也，耳之於聲也，鼻之於臭也，四肢之於安佚也，性也，有命焉，君子不謂性也。

命，謂氣質所稟也。人生而有氣質，卽有此嗜欲。似性生，而實後天之氣所使。君子之所謂性者，不在是也。

仁之於父子也，義之於君臣也，禮之於賓主也，智之於賢者也，聖人之於天道也，命也，有性焉，君子不謂命也。

常人以氣質不齊，謂足限人；而不知吾性中自然之理，人人可能君子。不以爲命也，仁、義、禮、智、天道，皆人生而靜之性。

附　解

此章述當時言性命之說而力折之，非孟子自言性命之理也。言口之於味五者，今人以爲性生自然，不可得而輕也。不知氣質之欲，由形骸既具，乃有七情，是後天血氣之靈附於心而爲用。雖亦生而已然，似可爲性，其實非先天渾然之本體，乃氣質之命，君子不謂爲性也。若仁之於父子五者，時人不能實心踐形，以資稟不足自諉，謂爲命也。不知仁義五者，乃人所得於天，所以異於禽獸。性也，何得以爲命不如人乎？知其爲氣質之命，則當以理節情，不可縱欲；知其爲天命之性，則以理承天，不可自諉。此孟子特地教人處。若夫性命之實，則未詳言也。今略言之，性衹是一箇天理。若命之一字，則有數端。《易》曰：窮理盡性，以至於命。維天之命於穆。劉子言，人受天地之中以生。所謂命也，此命字，實際若上天之載，無聲無臭，則命之元也。天地既分，則乾性坤命分峙；陰陽既交，則受氣成形互宅。氣質之清濁也，氣數之不齊也。人物之命，紛然雜出，皆由後天氣化而來。在天地，則渾然合者性命純全，變化妙者性命各正，本無偏駁。人則受氣不齊，必由克己復禮，内外本末有許多功夫，久久然後窮理盡性，以至於命。非有聖師指授，深造自得，又安能知之？

浩生不害問曰：樂正子，何人也？孟子曰：善人也，信人也。

趙氏曰：浩生，姓；不害，名。齊人也。善人，無惡之名。信人，誠身之意。

何謂善？何謂信？

不害未從事於善信，故問。

曰：可欲之謂善，

善念篤而形於外者，皆可親愛。

有諸己之謂信，

凡善之事，皆實體於身。

充實之謂美，

充其所有之善，至於動、靜、語、默無不然。《易》所謂美在其中者也。

充實而有光輝之謂大，

理氣充實，而表裏瑩然，神明煥發，德業彪炳，非形氣所能拘矣，故曰大。

大而化之之謂聖，

化，變化。聖，通明也。形神並妙，與道爲一，而無復規矩之可尋，謂性體也。

聖而不可知之之謂神。

不可知性與天通，而莫測其運量之奇。誠與物貫，而莫名其顯晦之用，入乎世俗之中，超乎萬物之上，故曰神也。

樂正子二之中，四之下也。

善信之間，蓋誠意而未正心者也。

附　解

此章孟子發前聖所未發，惜乎後儒莫得其解，致學者無從下手。夫人之所以生者，理與氣而已。理寓於氣之中，而實超乎氣之上。先天之理氣，本諸父母者雜於欲，本諸天地者極其純。故人生而静之性，乃指其純乎天命者言之也。若夫後天之氣，溷於質而遠於天者，須賴存養。先克治擴充，以義理之心養浩然之氣，而動静交飭、博約並行，久久乃能去人心而存天心。蓋理宰乎氣，氣以載理，不可强分。先天乾元一氣，流行於品物，而人得之以爲性者不貳不雜，渾然太和。人生之始，得此而異於物，本人人皆然。既生以後，形質拘而物欲誘，則先天之理氣存乎身者寡矣。聖人教人，令其以先天虛静之神，養其先天浩然之氣，陰陽闔闢，保合太和，先天一元之氣漸有其基，所謂有諸己也。由是静存動察，涵養深造，馴致乎五官百體，莫非乾元眞氣所周浹，則充實之謂美也。《易》曰：君子黄中通理，正位居體，美在其中，而暢於四支，發於事業，美之至也，即是此義。功夫至此，言行動静蓋已合於天理，而無人欲之私。第其充實者，猶未必粹然光華，苟一息稍間，而性體即黯，故必刻刻兢業，無貳無雜，恒久而不已焉，則至德日新；其在於身，則赫兮諠兮，睟面盎背，四體不言而喻；其見於行，則正大光明，神采焕發，儼然藹然而可親可敬，故曰大也。學至於大，已是四十不惑之候，體用大段已全。第神明之中，空明一片，觸處洞然，則猶或未也。迨養之之久而至於化，則向之規矩法度，森然凛然者，今則從心而不踰形體，志慮以清以甯者，今更泊然而無爲。其存於心，則物來畢照，而無一毫之障礙；其見於行，則因物付物，而無一毫之勉强。學至於此，人道已全，更無纖毫渣滓，故曰聖人。人者，天地之心。理氣本與天，一者也。人道盡而天猶與我不相通，則終有形骸之累，其身心之清明廣大，未能與天似也。由其化者而熟之，其道不外乎致中和，但不似前此之有意着力。內而渾然粹然，性體之無聲無臭者，文王之純，一天之於穆也；外而肫然秩然，功用之時中周徧者，精義入神，一天之生成也。同一理也，而神人之理獨析於至精；同一事，而神人之事獨極於至遠以言乎？彰往察來，則千古而上、千古而下，無不悉知其始終也。以言乎應酬萬端，則智慮所窮，見聞所阻，無不處置之咸宜也。日月起居，無異常人，而光明洞照之體，無一息不與造化同遊；粹然無我之懷，無一時不以生民爲念。《易》稱：天地合德，日月合明，鬼神合其吉凶。先天弗違，後天奉時者，其斯人歟？其斯人歟？夫其形神精氣，備極於虚靈洞察，天心卽已心也，天氣卽我氣也。造化無窮，己之性量亦與爲無窮。由聖人而爲神人，固亦非難，而功用所極，實未易臻。程子因莊子之語，謂非聖人之外，復有一等神人。不知神人與聖人，其精微之界，實自有分。德造其極之謂聖，聖極其妙之謂神。夫神人之量非聖人，亦孰能知哉？觀《孟子》此章之言，其學造於聖，蓋不待辨而知。後世道家有鍊精化氣，鍊氣化神，鍊神還虚，鍊虚合道之語。人多斥之，不知其言學聖之功，始終本末，確有至理也。精氣神之得於天者，謂之三元。其凡精、凡氣、凡神，如沙石之於金玉。金生於沙，而沙本非金；玉生於石，而石豈是玉？然金非沙不生，玉非石不養，故養其元精、元氣、元神，使復還受中之本，然則後天悉爲先天，所謂太極含三者也。世人以後天之精氣神爲先天，故儒者不知養氣何以不動心？而僧羽異端，益以離奇怪誕之說，則道益不明。如鍊字生出許多邪妄，今略言之。鍊者，以火燒金之名。神卽先天眞火，氣爲先天大藥，以先天眞神養先天眞氣，如以火鍊藥也。精乃二五之精，卽乾元之氣寄於人身者。有生以後，其機在坎，鍊二五之精以生乾元之氣，卽有諸己之意也。由是涵養擴充，至於美也、大也。是從先天眞氣中化出先天元神。不言性而言神，以其虚靈之妙用言之。性體已全，卽所謂乾元面目已得。由是以虚無渾穆之意，安其空明朗照之神，養之之久，而心無所爲，氣無所動依然。乾之靜專，坤之靜翕，而動直動闢，殊非有心。此則還虎之說，聖人之稱也。德至於虚，則心無一毫私我，氣無一毫垢濁。雖猶是日用，而神明意量，蓋包羅萬物而有餘矣。然且不離飲食，依然酬應，恐形氣嗜好不免滯於迹，而難與天合，故又有鍊虚之名。虚本無形，尙從何鍊？因不外乎神氣，故仍以鍊名，非眞有鍊也。其意極於至虚、至靈，其功惟在不息、不貳。純一之至，而神明志慮若太空之無爲，血氣之累有若亡焉。時中之極，而言動事爲，有精微之妙用，自然之應常，亦妙焉。《詩》曰帝謂文王，夫子曰知我其天。天地與我是二是一，而著爲事業，發爲文章。至平、至常、至奇，不離乎形骸而超乎形骸，不遺乎日用而妙於日用。道包天地而無終始，神貫古今而無消息，故曰鍊虛合道。而此章所謂，不可知之謂神也，愚嘗曰聖人即神仙，而或不相信，反惑於奇幻之法、前知之數。謂聖賢之外，別有神仙，是益使人務神仙而不務聖賢也。何去何從，孰得孰失，必有能辨之者。或曰化氣、化神等說，人以爲異端，子乃援以立論。不誕而駭聽乎？曰天地人祗此一理。理氣之散著者不一，其原則一。今聖學言心、言性、言命，總不外理、氣二字。而理、氣之具於人者，原與天似。則學爲聖人，祗是全乎受天之本來。聖人人倫之至，其動而天則咸協者，由其靜而天理純全耳。從名物、象數博其識，必先志氣清明植其基。聖人清明在躬，志氣如神，以其心即天心，氣即天氣，所以盡性而即可參贊。人生一神氣，天亦一神氣，但形形色色之神氣外著者也。上天之載，是氣即是理，理、氣渾於無象，是爲太極。太極未分，一神氣之渾然也，太極既分，稟受殊而人之性不全。復性者，匯三於一，全乎太極之本體，故曰復性。神氣之凝結者曰精，精、氣、神，人所共知也。以此言復性，較易明白，故養氣便可以不動心矣。精、氣、神，有先天、後天之分，元精、元氣、元神，天之所以爲天，即人之所以爲性。凡精、凡氣、凡神，則雜於欲。今羽流養後天之氣，僧流養後天之神，而養氣不動心之義不明。愚故表而出之，使後人有所問津焉，豈援儒而入墨哉？

孟子曰：逃墨必歸於楊，逃楊必歸於儒。歸斯受之而已矣。

言楊、墨相訾，必有歸儒之日，當寬以誘之於道。

今之與楊、墨辯者，如追放豚，既入其苙，又從而招之。

放，逸也。苙，閑也。招，罥也。《說文》作羂，綰繫也。放豚，不過欲其入苙；教人，不過欲其從儒。已甚，則阻其雜新之路。

附解

聖人之惡異端，以其賊己而賊人也。苟能悔悟，方將獎慰之不暇，而顧爲已甚乎？奈褊隘之徒，乏廣大之心，阻自新之徑，故孟子言此。墨與楊相惡，則必歸儒。第言逃墨歸楊，而不言逃楊歸墨，省文耳，非謂楊較墨爲優。

孟子曰：有布縷之征，粟米之征，力役之征。君子用其一，緩其二。用其二而民有殍，用其三而父子離。

織麻曰布，析絲曰縷。帶殼曰粟，脱殼曰米，三者皆常。征急之，則病民。不可以急公奉上爲無害也。

附　解

惟正之供，且不可急取於民，况暴斂乎？舊《註》：布縷取之於夏，米粟取之於秋，力役取之於冬，亦本《周禮》諸書立説，然有不可盡拘者。或布、縷、粟、米有歉，或民力太疲，則斟酌。年之豐凶，上下力之緩急，調劑而折衷之。或如常取，或一歲之中不兼取，或一歲並無所取，故孟子止以用一約言之。要使民安於業，而樂於輸，乃爲卹民之政。兩稅三輸之法始於唐。楊炎因租庸調法壞，作兩稅法。宋因之，有田者納米，有地者納絹，絹取於夏，米取於秋，不足者又寬之以冬，故朱子云今兩稅三限法也。然楊炎之法與宋不同，尤與孟子所言不同，不可混視而據以解經。

孟子曰：諸侯之寶三：土地、人民、政事。寶珠玉者，殃必及身。

時君荒國政而貴珍奇，言此以警之。

附　解

戰國之君，照乘連城，競相誇重。珠履三千，見於黃歇。當世之好尚，可知。土地所以養民，政事所以治民。孟子三平説下，蓋缺一不可也。然後世人情日奢，士庶皆以珠玉相耀，而不思仁義道德之爲樂。又孟子所不及料也。

盆成括仕於齊。孟子曰：死矣，盆成括。盆成括見殺，門人問曰：夫子何以知其將見殺？曰：其爲人也小有才，未聞君子之大道也，則足以殺其軀而已矣。

盆成，姓。括，名。才以德而後大，否則小而召殃矣。

附　解

人，何幸而有才。然以才爲善，則天下將蒙其休；以才爲非，則人物皆受其禍。夫有才者，固未嘗欲爲惡也。而一念之動，義利不分，平日未嘗講求誠正之功。始猶偶爾繼，遂習以爲常，恃才妄作，是已非人。小則殺身，大則爲害家國。孟子之於盆成括，蓋憫之也，豈欲其言之驗哉？門人記此以戒。凡爲盆成括者，豈表其師之哲哉？趙氏謂括嘗學於孟子，不知何所本。《晏子春秋》言，盆成括嘗爲孔子門人，在景公時。則顯是二人矣。

孟子之滕，館於上宫。有業屨於牖上，館人求之弗得。

館，舍也。上宫，别館也。業屨，織之有端緒而未成者。

或問之曰：若是乎從者之廋也？曰：子以是爲竊屨來與？曰：殆非也。夫子之設科也，往者不追，來者不距[①]。苟以是心至，斯受之而已矣。

從、爲，去聲。與，平聲。夫，如字。或問，問孟子也。廋，匿也。記此以見孟子大道爲公之本懷，雖小人亦諒之。

附　解

聖賢成就後學之心，惓惓不能自已，而學者罕體之。是以聖人之門，不必皆賢。竊屨不足爲孟子之門人，然亦無損於孟子。要其正大光明之心，小人猶諒之，則天下後世宜師之矣。北方宫室，多壘土石爲之，故牖上可置業屨。或人之問原非，旋卽悔而易詞，亦可取也。

孟子曰：人皆有所不忍，達之於其所忍，仁也；人皆有所不爲，達之於其所爲，義也。

所不忍、不爲，心之良，卽仁義之端也。達，自此而通彼。

人能充無欲害人之心，而仁不可勝用也；人能充無穿踰之心，而義不可勝用也；

勝，平聲。申上文達字之義，穿踰，見《論語》。害人，人所不忍。穿踰，人所不爲。能充此心，則無處非仁義。

人能充無受爾汝之實，無所往而不爲義也。

本仁而施之得宜曰義，故不義者必不仁。承上言，擴充仁義，當以誠爲之實。誠，切也。如爾汝之稱，人賤我也，雖不報復，心必不安。卽此不安之實心充之，凡非禮之事，羞惡而不爲，卽無在非義。欲人實存羞惡之良。

士未可以言而言，是以言餂之也；可以言而不言，是以不言餂之也。是皆穿窬[②]之類也。

---

① 距，阮刻本作拒。
② 窬，阮刻本作踰。

餂，音忝。餂，以舌取物，此乃暗指當時去義之弊而言。其不實也，以語默鉤致人，意求其巧合。羞惡之心已亡，即穿踰也。司馬温公曰：立誠之道，自不妄語始。亦此意。

附 解

當時遊説之士，忘廉節而務苟合。其始，不以夤緣爲辱；其既，必以得志爲榮。仁義之壞，所由來也。故孟子言人皆有所不忍、不爲之心，能擴充而達之則善。如人即至愚，必不忍害人；人即至困，必不爲穿踰，此不忍害人、不爲穿踰之心，人所固有，即仁義之見端。人能充之，以滿其量，則仁義不可勝用矣。然而往往不能充者，何哉？以其不返諸自心之良，實實克治擴充，遂使此心旋起滅，故當就天良發見時，實心擴充。如人或輕賤我，以爾汝相稱，雖貌爲承受，中必不安。此羞惡之本心，乃天良之實。人能即此而充之，凡事求其反心無愧，則事皆天理，無所往而不爲義也。義盡而仁自存，尚何至昧其本心哉？此節指以用功之要。下文以時士用言餂人，見其不以不義爲恥。昧其本心即爲不仁，故擴充仁義，必以實心，是第三層反面。蓋言者，心之聲也。訒言，即所以爲仁。易言猶不可，況揣合人情，巧爲鉤致，尚有羞惡之良乎？當時士風競尚遊説，如蘇秦揣摩成曰可以説當時之君矣。士之如斯者不少，故孟子爲學者言之，以正人心而挽頽風。士字，勿忽略看。

孟子曰：言近而指遠者，善言也；守約而施博者，善道也。

施，去聲。言以覺人，道以修己，而或徒務於遠且博，近且約者，必疏矣。故孟子曉之。

君子之言也，不下帶而道存焉；君子之守，修其身而天下平。

言以明道，道在耳目之前，隨事舉理，切近而易行。古人視不下於帶，喻切身而至近也。惟即己身而修之，所守至約。然修身，則平天下有餘也。此正申明上文之意。

人病舍其田而芸人之田，所求於人者重，而所以自任者輕。

舍，音捨。不修其慝，而攻人之惡，苛於責人，而恕於待己，常人所以無善言、善道也。此孟子所以特言此章之意。

附 解

當時談天雕龍之士，縱横捭闔之徒，競爲異論，以惑世之聽聞，而修身之義，置焉弗講，故孟子言此以曉之。意謂今之立說者務爲新奇，聽言者喜其誇誕。而按之既無實理，行之又無實功，聽者不察也，不知道本平常，知道者隨事開導，言雖至近，而紬繹其指，義味深遠，是乃善言也。返己自求，不願乎外。所守至約，而施諸天下甚博，是乃善道也。不觀諸君子乎？君子之言也，由衷而發，即目而存，不下帶而道存焉。無事繁稱博引，而牖人之明，愜人之意，可以尋味於無窮。君子之守，本身爲功操存，勿懈修其身而天下可平，未嘗張皇馳逐而懷德者感，畏威者神，自能推暨於無。既人能知君子之言，與守而法之，則何事求諸遠且博哉？無如理雖淺近，務外則昏；人雖易感，苟刻则難。天下之不能有善言、善道者，無他，以其昧於自治而工於治人。如舍己之田而芸人之田，在我者聽其荒蕪，在人者勤其薅刈，務外而不自修，尚安能析理而有善言？而且求人者重，自任者輕，欲人盡如吾願，而不知虛己從人，則人必不從其欲。己益自損，其德尚安能有善道？此亦爲當時學者競慕遊談，以舌辯爲貴，而並無善言，以迎合世主爲務。一有不合，則忿而他去，搆怨興兵，故爲是指點之詞，欲其修身善道，自然必有善言。庶士風正而世亂稍弭，非泛言也。守約雖足該善言在內，但本文係兩平說起，下分承之。當時異說惑亂人主，人主誤聽其言，不知治天下不外修身，修身之事至約，則立言之荒遠者亦何足信哉？道理一片相承，語氣兩兩指點，末節指出舍己芸人、責人恕己之弊，以見人素無修慝崇德之功，則理不能明、身不能修。不必區區分貼上文兩項，而上文自該其中要之道。理本無二端，立言各有本意。若作爲學者言亦可，但本文首揭言字，又承言君子之言，則爲立言者發。爲切不下帶，不特至近，蓋即言必由中之意。舍己芸人，與攻其惡，無攻人之惡正相反。非謂不管他人閒事之意。義所不在，爲顏子之閉戶可也；義之所在，非被髮纓冠不可。此乃以芸田譬攻惡耳。求人者重，如父責子以孝，子責父以慈；自任者輕，不自盡其道也。求人重、責己輕，與躬自厚而薄責於人相反，如此身何由而修？按《義疏》：帶，有二處。朝服之屬，其帶高於心。深衣之屬，其帶下於脇。朝祭，服之舉目即見，故不下帶也。

孟子曰：堯舜，性者也；湯武，反之也。

明堯舜、湯武用功之不同，以見聖無不可學。言惟堯舜爲性生，湯武即是由勉而企安者矣。

動容周旋中禮者，盛德之至也。哭死而哀，非爲生者也。經德不回，非以干禄也。言語必信，非以正行也。

中、爲並去聲。此明聖人之德，以爲人法。卽禮可以徵德，而悉合於自然，則非猶夫人之德也。哀死、經德、信言，有爲而然，皆常人之情。聖人不然，故卽此以爲衆曉也。經，常。回，曲也。

君子行法以俟命而已矣。

法，天理當然之則。命，謂天命。承上言。聖人之德無不至，而人不能則，以不由聖人之法而多得失、計較之心也。豈知聖人盡其當然，理與天合而天應之，自無入不得，亦何至凍餒？故君子惟行法以俟天命。

附解

人皆可以學聖而不能者，以聖人爲生是使獨；而凡己之日用倫常，甘自外於法度，又其趨避得失之念太多，希名求效之心尤甚，於是謂聖爲難，甘爲下愚而不恤。孟子言人性皆善，無不可以希聖，而人多謂聖爲天成。不知自古生安之聖無幾，由學而入者至多。卽如堯、舜、湯、武，皆爲聖人。惟堯舜生質純美，乃天性渾然，得於生初者也。若湯武之德，不亞堯舜，已中由勉强而歸自然，反之之聖也。天下無生而卽爲聖人之人，惟恃有復性之功，故聖道不絕於天壤。今當言龐事雜之日而語以學聖人，幾不知聖之所以爲聖矣。然聖人豈有他異哉？止此日用尋常之事，而聖人則學之至而自然耳。卽如動容周旋，人亦知有禮在也，而不能中者，心之私僞未除。卽强爲合，焉而不善？暫爲持，焉而不久？聖人則動容周旋，自然中禮所以然者，由其盛德積中，誠著於外，自協乎天理之當然也。又如哭死而哀，人亦有之然，或爲生者而始然。聖人則深察乎幽明始終之原，而痌瘝乎一氣相關之故，誠發於中，非爲生者也。其平居，備德於身以爲人倫之常、性命之正，在我者當如此。雖處變故，亦不回曲，天心眷屬，福祿申焉，而聖人則非有干祿之想也。若夫言語之際，無不由衷，非曰言行相依，必如是而乃正其行，亦以中之所存既熟，自無一毫妄語。聖人之德如是，不過自己身心、日用倫常之事。學聖者亦第取聖人之法，行之而已。天下萬事萬物，莫不有當然之理。聖人本成己以成人，而制爲禮法。循其法而修焉，習之既久，天命自通。蓋天衹此理，德至而天自與人合矣。君子知聖人之法度，本天理而垂爲矩矱、行其所當爲，不預求功效，自盡其道，以俟命而已矣。然能行法，則道備而德已成。天自眷之，窮達無不快然，是亦反之之聖人矣。湯武之企於堯舜不過如是，安得諉爲不能哉語？語，純是指點之詞。向來以下二節，分承上二項。謂反之之聖，不如性之，似反之之聖，動容周旋尚不盡中乎禮。哀死是爲生，經德是干祿，理旣不能且悖，夫子及其成功，則一之義，以至相沿。謂湯武不如堯舜，揖讓優於征誅，並孔子言湯武革命，順乎天應乎人，亦不足信矣。《堯曰》一章，敘帝王典堯舜同科。《書善》一章，夫子特表聖人之心。《亂臣》一章，亦非謂文王優於武王。誤解者，其弊皆由錯解此章而生。愚於各章已附論之，兹不贅。夫湯武革命，乃第一大嫌、大難之事。湯武非北面爲夏商臣者，而平日敝蹝天下之心，亦與堯舜同。故夫子稱之無異詞，其告子游也曰禮。時爲大堯授舜、湯放桀、武王伐紂時也。後人不知，其如何應天、如何順人？愚故屢詳言之。聖人之心，如天使有一毫私意，便不得爲聖人。未得聖人之學，則不知聖人之心，又安能明聖人之事？使堯舜當湯武之時，亦必征誅；使湯武當堯舜之時，何難揖讓？此事誤解，使後世亂臣皆藉口湯武，而魏晉且藉口堯舜矣。其裂名教之大防，豈細故哉？行法俟命，卽孔子所謂不怨不尤，下學而上達，熟之卽聖人立命事天，純一不已之致，勿淺視也。而已矣者，此外無希聖之法，《常解》誤認。似聖人必生而知之，方可以爲。其禍有志之士不少。故愚以孔孟所言印證詳辨之。庶人皆可以爲堯舜，其義乃明也。第學聖必有法，以忠恕之心行仁義之事，由淺而深，動靜交養，文行交修，恒久不已。如孔子十五志學，七十而後從心不踰矩，則得之矣。

孟子曰：説大人則藐之，勿視其巍巍然。

說，音稅。藐，音眇。趙氏曰：大人，當時尊貴者。藐，輕也。爲説大人者言，欲其忘勢而毋失己。

堂高數仞，榱題數尺，我得志弗爲也。食前方丈，侍妾數百人，我得志弗爲也。般樂飲酒，驅騁田獵，後車千乘，我得志弗爲也。在彼者，皆我所不爲也。在我者，皆古之制也。吾何畏彼哉？

榱，楚危反。般，音盤。樂，音洛。乘，去聲。申言大人之不足畏，以其違古制而務奢淫也。朱子曰：榱，桷也。題，頭也。食前方丈，饌食列於前者，方一丈，我之爲言，代遊士設身之詞，非孟子自謂也。古制，仁義也。

附　解

楊龜山謂孟子以己之長，方人之短。以此章之言，爲不及孔子。閻百詩辨之是矣。而又謂孟子原從曾子，子思來於顏子，少別。是謂孟子不及顏子，何其謬哉。當時，遊士旅食人國，因選舉道廢，士每單寒，亦屬時勢之所值，不得不然。苟能立身守道，不至貶己徇人，君子說無責焉。奈士多震驚勢位，見其巍巍，輒喪所守，雖有稍知自好之流，不免爲習俗所移。《孟子》此章，特爲亦知古制者破其俗見。故言大人之巍巍者，皆鄙事耳。自我守古之制，無愧於己，巍巍者視若浮雲，何畏彼哉？我字，係代遊士之詞，非孟子以己之長，方人之短。當時士風日卑，诸侯挟气凌人，而以游說之士操人短長，生端構釁，猶稍稍畏憚說士。使士皆知古制如孟子，斥功利而談仁義，於世教豈無所補？聖賢無時不以世道人心爲念，苟有一綫可導之機，則必導之。觀於語宋牼語，句踐諄諄，以守己正人爲規，憂世憂民之心，亦可見矣。不然，孟子不見諸侯，何乃又爲遊士說法？孔子亦言斗筲鄙諸夏，言義理而以時事證之，亦立說之恒，况欲人人守古制、矯時風，此亦何爲語病？或又疑《論語》畏大人，而孟子藐大人，則朱子已詳言之。蓋非藐他，是藐他堂高數仞，許多驕侈。孟子雖不□枉尺而直尋，然齊人之敬王者，實無如孟子也。第君子所畏之大人，謂有德而有位者，非但有位。位曰天位，非不足重也，但無德而徒位，則無可畏。畏字深有警惕意，故不可云畏有位之人。孔子見冕者必敬，而又鄙斗筲，曰富貴如浮雲。孟子曰貴貴、尊賢，其義一也。聖賢守理而未嘗輕人，豈故藐視大人哉？

孟子曰：養心莫善於寡欲。其爲人也寡欲，雖有不存焉者，寡矣。其爲人也多欲，雖有存焉者，寡矣。

爲欲養心者示其功，而戒寡欲以純理也。耳目口體之欲，人不能無，然有義理以宰之。養心者，靜而存養，動而省察；寡欲者，以理節情也。欲寡，則精神爽而道心日增。

附解

人心，先天陽也，後天質具而陰氣伏焉。耳目口體之欲，是人之所以生。日用飲食，非必卻之，而實未嘗累之，此惟性定者能之。初學欲復性，則必先寡欲。此欲字，祇是飲食男女、養生適性，分內不可少之事，非外天理之嗜欲也，故曰寡而不曰無。孟子生平，得力在養浩然之氣。氣，純乎先天，故能不動心。而此章言欲之與心，相關最切。養之與寡，不可稍離，語似淺而理至精微。學者試靜念此心，一日之內，安置在何處？如何是存？如何是養？欲之來也猶是。此心如何卻不是心之本體？又如何不可無存其義理之心、節制嗜欲之心？如何而後天理可存，不爲物累？其中功夫次第，豈可無師而知、淺嘗而得？夫心者，身之主也，而從欲易，從理難。使有覺之心，皆聽命於天命之性，孔子由志學而不踰矩，孟子由有諸己而至化神，其功安可不實踐？而其效豈可外人知乎？以衆見者，言精神、志慮、魂魄，皆心也，口鼻、耳目、四支，皆欲也。盡其性，而後心皆天理，不然其異於禽獸者幾希？聖人不踰矩，心卽性，性卽心也。化神者心之理純乎天而心之妙亦如天之不測焉耳。

曾皙嗜羊棗，而曾子不忍食羊棗。

曾子誠於思親，卽羊棗而見其不忍。羊棗，俗名柿棗，一名梗棗。實小而微，長色黄，熟則黑。

公孫丑問曰：膾炙與羊棗，孰美？孟子曰：膾炙哉。公孫丑曰：然則曾子何爲食膾炙而不食羊棗？曰：膾炙，所同也，羊棗，所獨也。諱名不諱姓，姓，所同也，名，所獨也。

朱子曰：肉聶而切之爲膾。炙，炙肉。丑疑曾皙不止嗜羊棗。曾子何獨不忍於是？曉之以所獨，則親之所專注，尤爲孝子所不忘。而無處不思親，可知矣。

附解

前人謂公孫丑較量於口腹爲陋，又以孟子爲權詞，皆非也。孝子無處不思親。羊棗非常設之物，見羊棗而痛親，哀尤甚焉。孟子說出同、獨二字，至性至情，乃得分明。第同與獨，自旁觀見之。然曾子何嘗較量及此？特念念憶親，觸焉而不覺。其深痛王裒廢蓼莪，庶幾近之？沒猶如此，其存可知。非深知依戀父母者不知也。古人無姓，天子建德，因生以賜姓，傳之後世，則統繫益繁，姓遂爲所同矣。古人名子，不以國，不以日月，不以隱疾。山川預爲諱之之地，周人以諱事神，名終將諱之。孝子見似目瞿，聞名心瞿，則諱名與不食羊棗，止是一副天性之自然。曾子之於親也，嚙指知痛，况明明有羊棗在目哉？

萬章曰：孔子在陳曰：盍歸乎來。吾黨之士[1]狂簡，進取，不忘其初。孔子在陳，何思魯之狂士？

---

① 士，阮刻本作小子。

盍，何不也。狂簡，質美而成章。章疑狂非美名，未足任道，故獨問之。進取，材可有爲，不忘其初，能守其前此所學。

孟子曰：孔子不得中道而與之，必也狂獧乎。狂者進取，獧者有所不爲也。孔子豈不欲中道哉？不可必得，故思其次也。

獧，音狷。章不知孔子之意，故孟子復述其言以明。思狂獧者，不得已而思其次也。

敢問何如斯可謂狂矣？

章本疑者，狂也，故復問其狀。

曰：如琴張、曾晳、牧皮者，孔子之所謂狂矣。

琴張，名牢。曾晳，名點。牧皮，未詳。蓋三人皆志意疏遠，孔子嘗以狂稱之。

何以謂之狂也？

進問狂之實狀。

曰：其志嘐嘐然，曰古之人，古之人。夷考其行而不掩焉者也。

嘐，火交反。行，去聲。趙氏曰：嘐嘐，志大言大。夷，平也。重言古之人。朱子曰：動輒稱之，知其志述。其言必以古人自期，不與俗人爲儕。雖行不掩言，不自諱也。

狂者又不可得，欲得不屑不潔[1]之士而與之，是獧也，是又其次也。

狂者，規模廣大，易於裁成。聖人恐其又不可得，故思獧者。不屑不潔，不爲非禮之事，其守定矣。

孔子曰：過我門而不入我室，我不憾焉者，其惟鄉原乎！鄉原，德之賊也。

原，與愿同。又述孔子之斥鄉原，以見非狂獧無可與也。

曰：何如斯可謂之鄉原矣？

欲得其人，以實其狀。

曰：何以是嘐嘐也？言不顧行，行不顧言，則曰：古之人，古之人。行何爲踽踽凉凉？生斯世也，爲斯世也，善斯可矣。閹然媚於世也者，是鄉原也。

行，去聲，踽，其禹反。閹，音奄。踽踽，獨行貌。凉，薄也，不見親厚於人。閹，如奄人陰柔。媚，諂也。揣鄉原之言，狂獧皆所不取，惟在脂韋隨俗。孟子言柔懦媚世，暗昧不明，是其狀也。

萬章[2]曰：一鄉皆稱原人焉，無所往而不爲原人。孔子以爲德之賊，何哉？

章疑一鄉公好宜，不足爲德之賊。

---

① 潔，阮刻本作絜。

② 章，《四書章句集注》作子。

曰：非之無舉也，刺之無刺也，同乎流俗，合乎汙世，居之似忠信，行之似廉潔，衆皆悦之，自以爲是，而不可與入堯舜之道，故曰德之賊也。

非，顯斥之。刺，隱諷之。掩覆之工，欲非刺而無從；逢迎之巧，與流汙爲附和。貌爲忠信廉潔以欺人，人遂爲所欺。自是而不求心理之正，實自外於堯舜也。

孔子曰：惡似而非者：惡莠，恐其亂苗也；惡佞，恐其亂義也；惡利口，恐其亂信也；惡鄭聲，恐其亂樂也；惡紫，恐其亂朱也；惡鄉原，恐其亂德也。

惡，去聲。莠，音有。又引孔子之言以明之。莠，似苗之草。佞人，才辯能飾，不義以爲義。利口，則虚僞而已。鄉原，諧世媚俗，似君子之無所不容，而實喪己誣世。

君子反經而已矣。經正，則庶民興，庶民興，斯無邪慝矣。

承上鄉原之亂德而言。經，常也。五倫，五性，天之常經，人之常理。德者，得此而已。鄉原，亂此常理、是非之正，人心之直皆無，故爲邪慝，必君子而後能正之。興，感發其天理之良。邪見於行，慝存於心。

附 解

此章剖析三等人至爲詳盡。學者誠能詳味之，則欲爲聖人，必自狂獧始矣。人生不過飲食、衣服、宫室、男女、嗜好。狂者不以此等卑瑣之事入其襟懷，惟以聖人爲可學，夫亦安有卑汙苟且之行哉？故進取，其於聖人之言論風裁，蓋已心乎愛慕，特實踐尚疏然；其平日之所得，固非旋得旋失者比，故曰不忘其初。孔子口中，原是贊詞，萬章不得其解，故問之。孟子引孔子之言已明明道破中道狂獧身分矣。章本意獨疑狂者，必求其人以實之，不知孔門之中，顔、曾以外，半皆狂者，第體夫子造就，後來俱化其偏，不可復以狂者目之耳。琴張、曾晳、牧皮，功修未至，其遺言、遺行，在孟子時猶有傳者，不離乎狂之故。《習》章所素知，故即以相示而曰如某某者，孔子之所謂狂矣。然三人者，其言行志趣，大都不儕。《世俗》章蓋嘗心折焉，而孔子乃以爲狂，故又問之。不知狂非肆誕之謂，乃其志太高大，行卻未及，嫌於自命太過耳。如此等人，嗜欲不足以累其心，晚近不足以圉其志，天下之不爲衣食、嗜好所困者，有幾人哉？故孔子恐其又不可得而思獧者。獧者之爲人，非必有希聖希天之志，超世絶俗之爲。第知名養可貴，人品難汙，不屑爲不潔之事，是其謹守規矩，可以寡過即可以修身，而下學上達不難矣。故亦可以任道。若夫鄉原之士，專於同流合汙、求媚於世。凡勢利所在，巧爲迎合，是非曲直，隨人俯仰。人人喜其趨承，皆以爲好人。孔子曰人之生也直，又曰斯民也，三代之所以直道而行。有此等人，是非俱被顛倒。大則君臣、父子，小則一言一行，全不講理。不特忠孝、節義誣枉，天理民彝皆壞。其爲世道人心之禍烈矣，故孔子深惡之。此等人僞爲君子，最是難辨。古今在朝在野，多多有之，舉世受其欺而不覺，學者切宜辨之。故必如狂者志在聖人，正直不欺，獧者謹守禮法，言行不苟，方可入道也。後世廉謹之士，每易流爲鄉原，其狂者，又不得。聖人之所謂狂徒以誕肆爲高，是以仔肩乎大道者鮮矣。不忘其初，在孔子口中無貶詞。萬章特不解狂字耳。舊《解》牽强不順，講章於各節問答、承接之意，更不明，今悉正之。至張甄陶謂孟子獨舉琴張三人，因孔子在陳思之，殊爲鑿空。孟子不過舉三人以實狂士，孔子何嘗明言三人乎？無舉無刺，有彌縫之巧，術在反經，兼在上在下，言經正有許多功用，周公孔子，是其證也。

孟子曰：由堯舜至於湯，五百有餘歲，若禹、皋陶，則見而知之，若湯，則聞而知之。

知，知堯舜之實也。下放此，舉禹、皋陶以該衆聖。湯，承堯舜之統者也。

由湯至於文王，五百有餘歲，若伊尹、萊朱，則見而知之，若文王則聞而知之。

趙氏曰：萊朱，即仲虺。伊尹、萊朱，視見湯、文王，則後湯而能知湯。

由文王至於孔子，五百有餘歲，若太公望、散宜生，則見而知之，若孔子則聞而知之。

散，素亶反。太公望，氏呂，名尚，姓姜。散，氏，宜生，名。亦略舉二人，以該其餘。孔子亦後文而知文之實。

由孔子而來至於今，百有餘歲，去聖人之世若此其未遠也，近聖人之居若此其甚也，然而無有乎爾，則亦無有乎爾。

由孔子至孟子，地近而時未遠，然無人知孔子之實者，故孟子歎之。蓋望及門，由己平日所言以學孔子，非自任也。

附　解

此章孟子立言之意，數千年塵封。致學者以聖人爲難能，甘於自棄，其誤天下後世不少，今正明之。道者天理，亦即人之所以爲人。人而至於聖人，亦只全得人道，非奇異事也。因世教不明，罕能知之。一、二有志之士，頗知道理，又高己自是，謂道非俗人所知。於是人人視道爲奇異，以聖人爲難學。凡日用倫常，俱任心而行，小之不過害其一身，大之遂至害及天下。孟子時去堯舜諸聖遠矣。孔子大聖，實接衆聖之學而隱於下位，人罕宗之，不過門人等私相祖述。孟子學於子思，得孔子的傳，平常教授及門，無非孔子之道，奈人習於時俗，囿於見聞，鮮有知聖人之實者，故孟子特爲指明。言聖人雖遠，苟能卽其遺言、遺行，身體力行，久久深造，便知聖人之實，不過日用倫常，俱從天理做出，無事不與天相似耳。卽如堯舜之實，禹、皋等見而知之。五百餘年後，湯亦聞而知之。由湯至文，由文至孔子皆然。安有聖人既往，便不能學聖人之理？今自孔子至今，纔百餘年耳。世不遠而居亦近，其言行具在，則效法不難。然而竟無有人知孔子之實者，是可歎也。語意全是爲門人策勵。見之、聞之之字，指聖人而言，非謂道也。道止是天理，人人有之，卽人人皆可爲聖人。因甘於自棄，而聖人獨全此理，遂覺奇異。孔孟皆以聖人望人，故曰雖愚必明，人皆可爲堯舜。但聖人言行，常人往往不知，緣聖人天理爛熟，世俗多任心遠理，故如冰炭之不相入。誠一心學聖，由淺而深，久久貫通，則知聖人毫無奇異矣。見知者知聖易，聞知者較難。孟子固學孔子者，使門人能專心致志，信從其言，力踐其行，何患不知孔子而不能然？此孟子所以慨然也。因當時孔子之道，猶未顯於世，學者不知其承堯舜諸聖之緒，獨孟子一人力爲表章。鄒魯之間，居近聖人，多有聞聖人緒論者，而孔子之所以爲孔子，仍未能知。孟子特指出見知、聞知，兩途趨重。末節言湯、文、孔子，數百年後尚知前聖，今人居近世近聞與見相似，奈何不知聖人之實，甘隨世俗自卑乎？非自謂能承孔子之道。後人誤解，謂孟子自命知孔子者，豈非大謬乎？門人記此章於七篇之末，或有尊孟子意，而孟子意中無是也。後世儒者，以道統自任，及門從而標榜之，史傳又別立理學之名。夫理卽道，道卽人之所以爲人。人人有理，卽人人有道。道，猶路也。天、地、人、神，止此一理，俱當從此路行，故曰道學。道衹是學爲聖人，聖人衹是全此人道。如何僅有數人能之？不許他人爲之？而曰統、曰宗、曰别有理學，試思無天理，尚得爲人否？欲不愧爲人，可不存天理否？天理備於聖人，故必學聖，古今止此天理。人爲萬物之靈，衹因獨得天理之正。事事恐傷天理，念念合乎天理，則聖人矣。此章本文並無道字，只說聖人。聖人卽道也。孟子欲人學聖人，歎其無有，正是望其有。不似後人，偶有所得，便說得恍惚離奇也。見知、聞知，衹大概言。知聖人者，有此二種，非謂堯、舜與湯、文。當時見知，止此數人，如稷、契、周、召，並未言及。九官、十二牧、五臣、十亂，師師濟濟者尤無盡。即孔門顔、曾、冉、閔，何遽不爲見知？子思豈亦不足取乎？孟子祇略舉一、二言聖人之實。見知者，如某人耳，何可呆看？常《解》以見知、聞知爲得道。無論禹、皋、伊、萊諸人，非堯、舜、湯之弟子。伊尹三聘始出，太公舉自文王，武王所師，豈必見湯、文始知道歟？解經拘墟穿鑿，百弊業生，辨之蓋不勝辨。學者其細審之，勿隨聲附和，自誤而因以誤人也。